道路与桥梁工程试验检测技术

（第2版）

邢世建　程庆庆　编

重庆大学出版社

内 容 提 要

本教材根据路桥工程紧密相连的特点编写。全书分为两篇,第一篇介绍道路工程试验检测,第二篇分章叙述了桥梁结构试验、桥梁上部结构检测、桥梁荷载试验以及桥梁基础检测的基本原理和方法,每章附有一定数量的思考题和习题。

本书内容精炼实用,重点突出路桥工程试验检测能力的培养。既可作为高等院校土木工程专业公路与城市道路方向、道路与桥梁方向、桥梁与隧道方向、交通土建方向的本科生教材,亦可作为道路桥梁工程试验检测人员的培训教材。此外,还可供从事市政工程和桥梁工程专业的技术人员参考使用。

图书在版编目(CIP)数据

道路与桥梁工程试验检测技术／邢世建,程庆庆编
. -- 2 版. -- 重庆：重庆大学出版社,2023.1
ISBN 978-7-5624-3483-2

Ⅰ.①道… Ⅱ.①邢… ②程… Ⅲ.①道路试验—检测—高等学校—教材②桥梁试验—检测—高等学校—教材
Ⅳ.①U416.03②U446.1

中国国家版本馆 CIP 数据核字(2023)第 006820 号

道路与桥梁工程试验检测技术
(第 2 版)

邢世建　程庆庆　编
特约编辑：秦旖旎
责任编辑：杨粮菊　　版式设计：彭　宁
责任校对：邹　忌　责任印制：张　策

*

重庆大学出版社出版发行
出版人：饶帮华
社址：重庆市沙坪坝区大学城西路 21 号
邮编：401331
电话：(023)88617190　88617185(中小学)
传真：(023)88617186　88617166
网址：http://www.cqup.com.cn
邮箱：fxk@cqup.com.cn(营销中心)
全国新华书店经销
重庆市国丰印务有限责任公司印刷

*

开本：787mm×1092mm　1/16　印张：15.75　字数：406 千
2005 年 10 月第 1 版　2023 年 1 月第 2 版　2023 年 1 月第 11 次印刷
ISBN 978-7-5624-3483-2　定价：45.00 元

前 言
（第2版）

《道路与桥梁工程试验检测技术》（第1版）自2005年10月出版以来，得到了广大土木工程专业师生和读者的肯定。本教材第1版出版后，国家相继颁布了《公路路基路面现场测试规程》（JTG 3450—2019）、《公路工程质量检验评定标准第一册土建工程》（JTG F80/1—2017）等一系列新规范，为了贯彻执行国家和行业规范，对教材中所涉及的相关条款和内容进行了修改和补充。再版内容相对于第1版有如下更新：

（1）修订了第1版中出现的文字、表格错误。

（2）根据新规范对相关内容进行了调整。

（3）删减并补充完善了部分章节的内容。

任何一本专业教材都存在着局限性，都必须紧跟该领域的研究进展，才能真正起到促进专业教育水平提升的终极作用，本次修订由邢世建、程庆庆两位老师完成。

由于编者水平和能力所限，书中定有许多不足或不当之处，敬请指正，以便进一步修正补充。意见可发至邮箱chengqingqing@ cqcst. edu. cn。

编 者

2022年11月

前　言

公路与桥梁工程领域取得的巨大成就,固然与材料科学、施工技术、设计分析理论以及科技的发展密切相关,同时也离不开试验技术的进步和发展,因为试验一直是人们获得经验的一种行之有效的重要途径。

公路与桥梁建设的特点是线长面广,工程和投资大,影响因素复杂等。在施工过程中,任何一个环节出现问题,都会给工程质量带来严重的危害,甚至会造成巨大的损失,因此,实行严格的质量控制,其意义十分重大。对公路与桥梁结构进行试验检测,既是一项控制工程质量的重要手段,也是评定工程质量必不可少的技术措施。本课程主要是结合我国公路与桥梁建设的实际情况,面向城市道路工程专业、城市桥梁工程专业、土木工程本科学生,系统全面地介绍道路与桥梁结构试验检测技术,检测方法以及工程质量评定方法,使学生对路桥测试技术有一个较为全面的了解,并掌握初步的测试分析技术、为今后从事路桥试验检测、科研、设计或施工等工作打下良好的基础。

本教材注重培养学生分析问题和解决问题的能力,每章附有一定数量的思考题和习题,适用于高等院校的土木工程专业道路与桥梁方向、桥梁与隧道方向、交通工程方向的学生使用,也可供土建工程有关专业的师生选用。此外,还可以供从事市政工程和桥梁工程工作的技术人员参考使用。

张亮亮教授对本书内容进行了审阅,并提出了宝贵建议,在此表示衷心的感谢。由于路桥结构检测技术涉及的各学科知识很多,而且知识和测试设备都不断在更新和发展;再加之编写时间仓促,水平有限,书中疏漏之处,在所难免,诚挚希望读者批评指正。

编　者
2005 年 4 月

目录

1

第**1**篇
道路工程试验检测

第**1**章
路基路面几何尺寸及路面厚度测定

1.1 公路路基路面现场测试随机选点方法

对公路路基路面各个层次进行各种测定时,为采取代表性试验数据,往往用随机取样选点的方法确定测定区间、测定断面、测点位置。随机取样选点法是按照数理统计原理,在路基路面现场测定时决定测定区间、测定断面、测点位置的方法。随机取样可采用手算和电算两种方式。

随机取样选点法需要的工具有:钢尺、皮尺、硬纸片(编号 1 ~ 28,共 28 块,每块大小 2.5 cm×2.5 cm,装在一个布袋内)、骰子(2 个)、毛刷、粉笔或能够产生随机数的计算机软件(如 WPS 表格、EXCEL)等。

1.1.1 确定测定断面或测定区间

测定区间或称为检测路段,可以是一个作业段、一个完成的路段或路线全程。在路基、路面工程检查验收时,通常取 1 km 为一个检测路段。下面主要介绍测定断面的确定步骤,检测路段的确定与此相同。

1)将检测路段按桩号间距(一般为 20 m)分成若干个断面,依次编号为 $1,2,\cdots,T$,总的断面数为 T 个。

2)从布袋中随机摸出一块硬纸片,硬纸片上的号数即为表 1.1.1 中的栏号。从 1~28 栏中选出该栏号对应的一栏。

3)按照检测频率的要求,确定测定断面的取样总数 n。依次找出与 A 列中 $01,02,\cdots,n$ 对应的 B 列中的值,共 n 对对应的 A,B 值。当 n 大于 30 时,应分次进行。

4)将 n 个 B 值与总的断面数 T 相乘,乘积四舍五入取整数后即得到 n 个断面的编号,与 A 列的 $1,2,\cdots,n$ 对应。

5)查断面编号对应的桩号,即为拟检测的断面。

例 1.1 拟从 $K18+000 \sim K19+000$ 的检测路段中选择 20 个断面测定路面宽度、高程、横坡度等外形尺寸,试确定测定断面桩号。

解 方法一(手算法):

测定断面桩号的确定步骤如下:

(1)1 km 总长的断面数 $T = 1\ 000/20 = 50$ 个,编号为 $1,2,\cdots,50$。

(2)从布袋中摸出一块硬纸片,其编号为 5,即采用表 1.1.1 中的第 5 栏。

(3)从第 5 栏中 A 列挑出小于 20 所对应的 B 列数值,将 B 与 T 相乘,四舍五入得到 20 个编号,并得到 20 个断面的桩号。

表 1.1.1 一般取样的随机数

栏号 1			栏号 2			栏号 3			栏号 4			栏号 5		
A	B	C	A	B	C	A	B	C	A	B	C	A	B	C
15	0.033	0.578	05	0.048	0.879	21	0.013	0.220	18	0.089	0.716	17	0.024	0.863
21	0.101	0.300	17	0.074	0.156	30	0.036	0.853	10	0.102	0.330	24	0.060	0.032
23	0.129	0.916	18	0.102	0.191	10	0.052	0.746	14	0.111	0.925	26	0.074	0.639
30	0.158	0.434	06	0.105	0.257	25	0.061	0.954	28	0.127	0.840	07	0.167	0.512
24	0.177	0.397	28	0.179	0.447	29	0.062	0.507	24	0.132	0.271	28	0.194	0.776
11	0.202	0.271	26	0.187	0.844	18	0.087	0.887	19	0.285	0.089	03	0.219	0.166
16	0.204	0.012	04	0.188	0.482	24	0.105	0.849	01	0.326	0.037	29	0.264	0.284
08	0.208	0.418	22	0.208	0.577	07	0.139	0.159	30	0.334	0.938	11	0.282	0.262
19	0.211	0.798	03	0.214	0.402	01	0.175	0.647	22	0.405	0.295	14	0.379	0.994
29	0.233	0.070	07	0.245	0.080	23	0.196	0.873	05	0.421	0.282	13	0.394	0.405

续表

栏号 1			栏号 2			栏号 3			栏号 4			栏号 5		
A	B	C	A	B	C	A	B	C	A	B	C	A	B	C
07	0.260	0.073	15	0.248	0.831	26	0.240	0.981	13	0.451	0.212	06	0.410	0.157
17	0.262	0.308	29	0.261	0.037	14	0.255	0.374	02	0.461	0.023	15	0.438	0.700
25	0.271	0.180	30	0.302	0.883	06	0.310	0.043	06	0.487	0.539	22	0.453	0.635
06	0.302	0.672	21	0.318	0.088	11	0.316	0.653	08	0.497	0.396	21	0.472	0.824
01	0.409	0.406	11	0.376	0.936	13	0.324	0.585	25	0.503	0.893	05	0.488	0.118
13	0.507	0.693	14	0.430	0.814	12	0.351	0.275	15	0.594	0.603	01	0.525	0.222
02	0.575	0.654	27	0.438	0.676	20	0.371	0.535	27	0.620	0.894	12	0.561	0.980
18	0.591	0.318	08	0.467	0.205	08	0.409	0.495	21	0.629	0.841	08	0.652	0.508
20	0.610	0.821	09	0.474	0.138	16	0.445	0.740	17	0.691	0.583	18	0.668	0.271
12	0.631	0.597	10	0.492	0.474	03	0.494	0.929	09	0.708	0.689	30	0.736	0.634
27	0.651	0.281	13	0.498	0.892	27	0.543	0.387	07	0.709	0.012	02	0.763	0.253
04	0.661	0.953	19	0.511	0.520	17	0.625	0.171	11	0.714	0.049	23	0.804	0.140
22	0.692	0.089	23	0.591	0.770	02	0.699	0.073	23	0.720	0.695	25	0.828	0.425
05	0.779	0.346	20	0.604	0.730	19	0.702	0.934	03	0.748	0.413	10	0.843	0.627
09	0.787	0.173	24	0.654	0.330	22	0.816	0.802	20	0.781	0.603	16	0.858	0.849
10	0.818	0.837	12	0.728	0.523	04	0.838	0.166	26	0.830	0.384	04	0.903	0.327
14	0.905	0.631	16	0.753	0.344	15	0.904	0.116	04	0.843	0.002	09	0.912	0.382
26	0.912	0.376	01	0.806	0.134	28	0.969	0.742	12	0.884	0.582	27	0.935	0.162
28	0.920	0.163	22	0.878	0.884	09	0.974	0.046	29	0.926	0.700	20	0.970	0.582
03	0.945	0.140	25	0.930	0.162	05	0.977	0.494	16	0.951	0.601	19	0.975	0.327

注:此表共 28 个栏号,第 6~28 栏号中的 A、B、C 值可参照有关规程、规范或标准。

其计算过程列于表 1.1.2。

表 1.1.2　路面宽度、高程、横坡度检测断面随机选点计算

断面序号	5 栏 A 列	B 列	$B \times T$	断面编号	桩　号
1	17	0.024	1.20	1	$K18+020$
2	07	0.167	8.35	8	$K18+160$
3	03	0.219	10.95	11	$K18+220$

续表

断面序号	5栏A列	B列	B×T	断面编号	桩号
4	11	0.282	14.10	14	K18+280
5	14	0.379	18.95	19	K18+380
6	13	0.394	19.70	20	K18+400
7	06	0.410	20.50	21	K18+420
8	15	0.438	21.90	22	K18+440
9	05	0.488	24.40	24	K18+480
10	01	0.525	26.25	26	K18+520
11	12	0.561	28.05	28	K18+560
12	08	0.652	32.60	33	K18+660
13	18	0.668	33.40	33	K18+680
14	02	0.763	38.00	38	K18+760
15	10	0.843	42.15	42	K18+840
16	16	0.858	42.90	43	K18+860
17	04	0.903	45.15	45	K18+900
18	09	0.912	45.60	46	K18+920
19	20	0.970	48.50	49	K18+980
20	19	0.975	48.75	49	K19+000

方法二（电算法）：

电算法指的是利用计算机软件（如 WPS 表格、EXCEL 表格等）生成随机数，进而确定断面桩号的方法。下面以 EXCEL 表格为例来说明。

利用'=Randbetween(a,b)'函数可生成随机数，此函数有两个参数，a 是随机数里的最小值，b 是随机数里的最大值。在此例题中，a 取 18 000，b 取 19 000。打开 EXCEL，在 A1 位置输入 =Randbetween(18 000,19 000)，敲回车，即可生成第一个随机数，如图 1.1.1 所示。

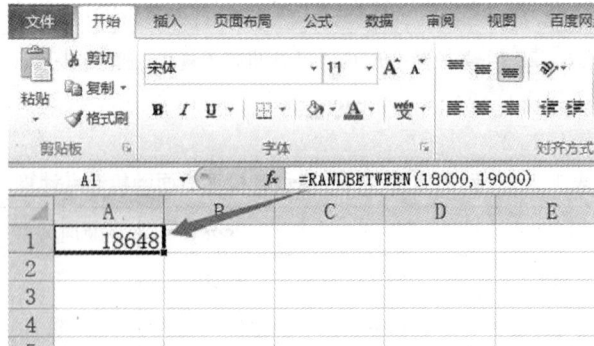

图 1.1.1　符合要求的 1 个随机数

然后,选中单元格 A1,将鼠标置于该单元格右下角,当出现"+"时,使用鼠标左键选中并下拉至 A20,此时即生成了 20 个符合要求的随机数(如图 1.1.2 所示)。

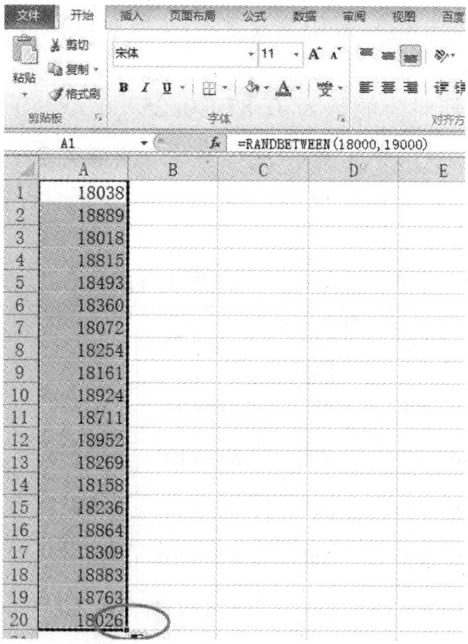

图 1.1.2　符合要求的 20 个随机数

所以,我们最终确定的测试断面桩号从小到大依次为 $K18+018$,$K18+026$,$K18+038$,$K18+072$,$K18+158$,$K18+161$,$K18+236$,$K18+254$,$K18+269$,$K18+309$,$K18+360$,$K18+493$,$K18+711$,$K18+763$,$K18+815$,$K18+864$,$K18+883$,$K18+889$,$K18+924$,$K18+952$。

需要指出的是,因为生成的是随机数,多次重复同样的步骤生成的随机数是不同的。

1.1.2　确定测点位置

确定测点位置的步骤如下:

1)从布袋中任意取出一块硬纸片,纸片上号数即为表 1.1.1 中的栏号。从 1～28 栏中选出该栏号的一栏。

2)按照测点数的频数要求,确定测点的取样总数 n。根据检测数量 n 在所定栏号的 A 列找出所需取栏位置数的全部数,如 1,2,…,n。当 n>30 时,应分次进行。

3)确定取样位置的纵向距离。找出与 A 列中相对应的 B 列中数值,以此数乘以检测区间的总长度,并加上该段的起点桩号,即得出取样位置距该段起点的距离桩号。

4)确定取点位置的横向距离。找出与 A 列中相对应的 C 列中数值,以此数乘以检测路面(路基)的宽度,再减去宽度的一半,即得出取样位置距路中心线的距离。如差值是正值,表示在中心线的右侧;如差值是负值,表示在中心线的左侧。

例 1.2　拟从 $K18+000 \sim K19+000$ 的检测路段中选择 6 个点检测压实度、结构层厚度等,试确定测点位置。

解　方法一(手算法):

测点位置的确定步骤如下:

(1)从布袋中摸出一块硬纸片,其编号为 2,即采用表 1.1.1 中的第 2 栏。

5

（2）从第 2 栏 *A* 列中挑出小于 6 的数为:05,06,04,02,03,01。

（3）从 *B* 列中挑出与这 6 个数对应的 6 个数为:0.048,0.105,0.188,0.208,0.214,0.806。

（4）取样路段长度为 1 000 m,计算出 6 个乘积分别为:48 m,105 m,188 m,208 m,214 m,806 m。

（5）从 *C* 列中挑出与 *B* 列对应的数为:0.879,0.257,0.482,0.577,0.402,0.134。

（6）路面宽度为 10 m,计算出 6 个乘积分别为:8.79 m,2.57 m,4.82 m,5.77 m,4.02 m,1.34 m,分别再减去宽度的一半即得测点的位置。

其计算结果列于表 1.1.3。

表 1.1.3　压实度、结构层厚度等随机选点计算

测点编号	*A* 列	*B* 列	距测点距离/m	桩　号	*C* 列	距边缘距离/m	距中线距离/m
1	05	0.048	48	*K*18+048	0.879	8.79	右 3.79
2	06	0.105	105	*K*18+105	0.257	2.57	右 2.43
3	04	0.188	188	*K*18+188	0.482	4.82	左 0.18
4	02	0.208	208	*K*18+208	0.577	5.77	右 0.77
5	03	0.214	214	*K*18+214	0.402	4.02	左 0.98
6	01	0.806	806	*K*18+806	0.134	1.34	左 3.66

方法二（电算法）:

同例 1.1 的方式生成 6 个随机断面桩号。然后在单元格 B1 位置,利用公式' = randbetween(0,1 000)/100'生成介于 0 到 10 之间的保留两位小数的随机数,最后拖动 B1 单元格右下角的"+"下拉到 B6,共生成 6 个满足要求的随机数,如图 1.1.3 所示。

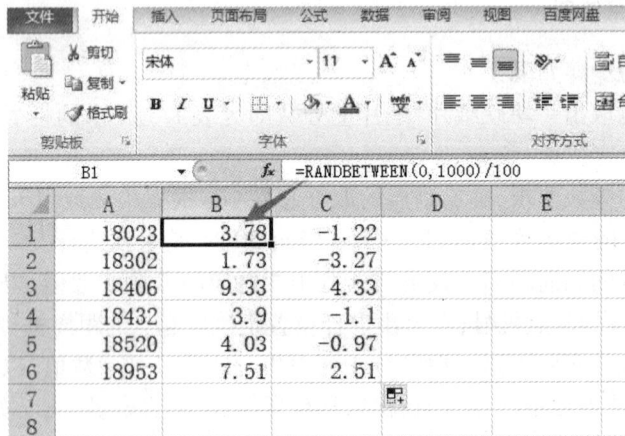

图 1.1.3　满足要求的 6 组随机数

在单元格 C1 位置,使用公式' =B1-5'得到距中线的距离,正数说明在中线右边,负数说明在中线左边。如图 1.1.4 所示。

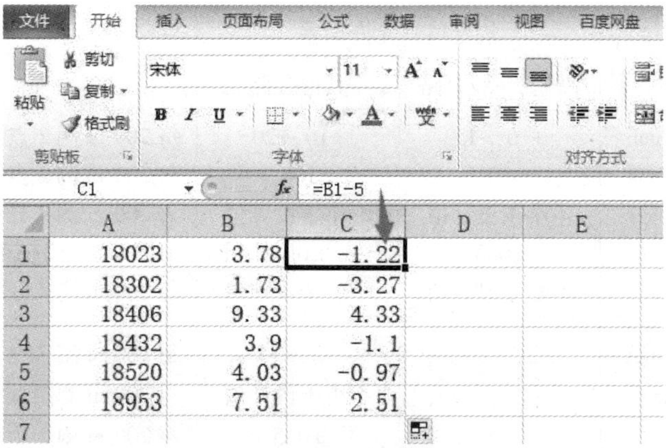

图 1.1.4　确定距中线的距离

因此,确定的 6 个测点如表 1.1.4 所示。

表 1.1.4　电算法随机选点位置

测点编号	桩号	距中心线距离/m
1	$K18+023$	左 1.22
2	$K18+302$	左 3.27
3	$K18+406$	右 4.33
4	$K18+432$	左 1.1
5	$K18+520$	左 0.97
6	$K18+953$	右 2.51

1.2　路基路面几何尺寸检测

1.2.1　检测项目与要求

在公路路基路面施工过程中、交工验收期间及旧路调查时,都需要检测路基路面各部分的宽度、高程、横坡、边坡及中线偏位等几何尺寸,以保证各组成部分的尺寸符合规定的要求。几何尺寸检测所用的仪器与材料有:钢尺、经纬仪、全站仪、精密水准仪、塔尺、粉笔等。土方路基、水泥土基层及沥青混凝土面层各检测项目的要求见表 1.1.5,其他结构层检测项目的要求参见《公路工程质量检验评定标准》(JTG F80/1—2017)。

表 1.1.5　几何尺寸检测要求

结构名称	检测项目	规定值或允许偏差		检测频率
		高速、一级公路	其他公路	
土方路基	纵断高程/mm 中线偏位/mm 宽度/mm 横坡/% 边坡	+10,-15 50 不小于设计值 ±0.3 不陡于设计值	+10,-20 100 不小于设计值 ±0.5 不陡于设计值	每 200 m 测 2 点 每 200 m 测 2 点,弯道加 HY,YH 两点 每 200 m 测 4 处 每 200 m 测 2 个断面 每 200 m 测 4 处
水泥土基层	纵断高程/mm 宽度/mm 横坡/%		+5,-15 不小于设计值 ±0.5	每 200 m 测 2 处 每 200 m 测 4 处 每 200 m 测 2 个断面
沥青混凝土面层	纵断高程/mm 中线偏位/mm 宽度/mm 横坡/%	±15 20 ±20 ±0.3	±20 30 ±30 ±0.5	每 200 m 测 2 处 每 200 m 测 2 点 每 200 m 测 4 处 每 200 m 测 2 个断面

1.2.2　准备工作

1)在路基或路面上准确恢复桩号。

2)按随机取样的方法,一个检测路段内选取测定的断面位置及里程桩号,在测定断面做上记号。通常将路面宽度、横坡、高程及中线偏位选在同一断面位置,且宜在整数桩号上。

3)根据道路设计的要求,确定路基路面各部分的设计宽度的边界位置,在测定位置上用粉笔做上记号。

4)根据道路设计的要求,确定设计高程的纵断面位置,在测定位置上用粉笔做上记号。

5)根据道路设计的要求,在与中线垂直的横断面上确定成型后的路面的实际中线位置。

6)根据道路设计的路拱形状,确定曲线与直线部分的交界位置及路面与路肩(或硬路肩)的交界处,作为横坡检验的标准;当有路缘石或中央分隔带时,以两侧路缘石边缘为横坡测定的基准点,用粉笔做上记号。

1.2.3　纵断面高程测定

1)将水准仪架设在路上平顺处整平,以路线附近的水准点高程为基准,依次将塔尺竖立在中线的测定位置上,测记测定点的高程读数,以 m 计,准确至 0.001 m。

2)连续测定全部测点,并与水准点闭合。

各测点的实测高程 h_1,与设计高程 h_{0i} 之差为

$$\Delta h_i = h_i - h_{0i} \tag{1.1.1}$$

1.2.4　路面横坡测定

1)对设有中央分隔带的路面,测定横坡时,将水准仪架设在路面平顺处整平,将塔尺分别竖立在路面与中央分隔带分界的路缘带边缘 d_1 处以及路面与路肩交界(或外侧路缘石边缘)的标记 d_2 处, d_1 和 d_2 测点必须在同一横断面上。测量 d_1 与 d_2 处的高程,记录高程读数,以 m 计,准确至 0.001 m。

2)对无中央分隔带的路面,测定横坡时,将水准仪架设在路面平顺处整平,将塔尺分别竖立在路拱曲线与直线部分的交界位置 d_1 处以及路面与路肩交界位置 d_2 处, d_1 和 d_2 测点必须在同一横断面上。测量 d_1 与 d_2 处的高程,记录高程读数,以 m 计,准确至 0.001 m。

3)用钢尺测量两测点的水平距离 B_i ,以 m 计。对于高速公路及一级公路,准确至 0.005 m;对于其他等级公路,准确至 0.01 m。

各测点断面的横坡度 i 按式(1.1.2)计算,准确至一位小数。按式(1.1.3)计算实测横坡 i_i 与设计横坡 i_{0i} 之差 Δi_i 。

$$i_i = \frac{h_{d_1} - h_{d_2}}{B_i} \times 100 \qquad (1.1.2)$$

$$\Delta i_i = i_i - i_{0i} \qquad (1.1.3)$$

式中: h_{d_1} , h_{d_2} 分别表示各测定断面两测点 d_1 和 d_2 的高程读数。

1.2.5　路基路面宽度

用钢尺沿中心线垂直方向水平量取路基路面各部分的宽度,以 m 计,准确至 0.001 m。

测量时量尺应保持水平,不得将尺紧贴路面量取,也不得使用皮尺。各测定断面的实测宽度 B_i 与设计宽度 B_{0i} 之差 ΔB_i 为

$$\Delta B_i = B_i - B_{0i} \qquad (1.1.4)$$

1.2.6　中线偏位测定

1)对有中线坐标的道路:根据待测点 P 的施工桩号,在道路上标记 P 点,从设计资料中查出该点的设计坐标,用经纬仪(全站仪)对该设计坐标进行放样,并在放样点 P′作好标记,量取 PP′的长度,即为中线偏位 Δ_{CL} ,以 mm 计,准确至 1mm。

2)对无中线坐标的道路:根据待测点 P 的施工桩号,在道路上标记 P 点,由设计资料计算出该点的坐标,用经纬仪(或全站仪)对该坐标进行放样,并在放样点 P′作好标记,量取 PP′的长度,即为中线偏位 Δ_{CL} ,以 mm 计,准确至 1mm。

1.2.7　检测路段数据整理

将路基路面几何尺寸检测结果汇总于表 1.1.6,然后根据相关规范的规定计算一个评定路段内测定值的平均值、标准差、变异系数,按照数理统计原理计算一个评定路段测定值的代表值。

表 1.1.6　路基路面几何尺寸检测记录

工程名称_____　路段桩号_____　结构名称_____

检　验　者_____　计　算　者_____　校　核　者_____　检测日期_____

序号	测点桩号	纵断高程/m			横坡/%			宽度/m			路面厚度/cm			路基边坡			中线偏位/mm
		实测值	设计值	差值/mm	实测值	设计值	差值	实测值	设计值	差值/mm	实测值	设计值	差值/mm	实测值	设计值	差值	实测值

注:不符合规范的测点应作标记。

计算代表值所使用的保证率,根据相关规范的规定采用。代表值 X_L 计算公式如下:

单侧检验的指标　　　　　　　　　$X_L = \overline{X} \pm St_\alpha / \sqrt{n}$ 　　　　　　　（1.1.5）

双侧检验的指标　　　　　　　　　$X_L = \overline{X} \pm St_{\alpha/2} / \sqrt{n}$ 　　　　　　（1.1.6）

式中: $\overline{X}$ ——一个评定路段内测定值的平均值;

　　　S ——标准差;

　　　t_α 或 $t_{\alpha/2}$ ——t 分布中随测点数和保证率(或置信度 α)而变化的系数。

单边置信水平,保证率为95%,90%时的 $t_\alpha / \sqrt{n}$ 值见第 2 章的表 1.2.9;双边置信水平,保证率为90%的 $t_{\alpha/2} / \sqrt{n}$ 值与单边水平、保证率为95%时的 $t_\alpha / \sqrt{n}$ 相同,保证率为95%的 $t_{\alpha/2} / \sqrt{n}$ 值参见相关规程。

当无特殊规定时,可疑数据的舍弃宜按照 K 倍标准差作为舍弃标准,即在资料分析中,舍弃那些在 $\overline{X} \pm KS$ 范围以外的测定值,然后再重新计算整理。当试验数据 n 为 3,4,5,6 个时,K 值分别为 1.15,1.46,1.67,1.82;n 等于或大于 7 时,K 值亦采用 3。

1.3　路面厚度检测

1.3.1　路面厚度代表值与极值的允许偏差

路面各结构层厚度的检测方法与结构层的层位和种类有关,基层和砂石路面的厚度可用挖坑法测定,沥青面层及水泥混凝土路面板的厚度应用钻孔法测定。几种常用的路面结构层厚度的代表值与极值的允许偏差见表 1.1.7。

表 1.1.7　几种常用的路面结构层厚度代表值与极值的允许偏差

类型与层次	厚　度/mm			
	代　表　值		极　值	
	高速、一级	其他公路	高速、一级	其他公路
水泥混凝土面层	−5	−5	−10	−10
沥青混凝土、沥青碎石面层	总厚度，−5%H 上面层，−10%H	$H≤60$，−5; $H>60$ 时，−8%H	总厚度，−15%H; 上面层，−20%H	$H≤60$ 时，−10; $H>60$ 时，−15%H
沥青贯入式面层	/	$H<60$ 时，−5; $H≥60$ 时，−8%H	/	$H<60$ 时，−10; $H≥60$ 时，15%H
水泥稳定粒料基层	−8	−10	−15	−20
石灰土底基层	−10	−12	−25	−30

注：1. 水泥混凝土面层，每 200 m 每车道检查 2 处。

2. 沥青混凝土、沥青碎石及沥青贯入式面层，每 200 m 每车道检查 1 处。

3. 水泥稳定粒料基层及石灰稳定土底基层，每 200 m 每车道检查 2 处。

4. H 为沥青层总厚度，h 为沥青上面层厚度。

1.3.2　挖坑法测定路面厚度

1）按随机选点法决定挖坑检查的位置。如为旧路，测点有坑洞等显著缺陷或处于接缝处时，可在其旁边检测。

2）选一块约 40 cm×40 cm 的平坦表面作为试验地点，用毛刷将其清扫干净。

3）根据材料坚硬程度，选择镐、铲、凿子等适当的工具开挖这一层材料，直至层位底面。

在便于开挖的前提下，开挖面积应尽量缩小，坑洞大体呈圆形，边开挖边将材料铲出，置于搪瓷盘内。

4）用毛刷将坑底清扫，确认为下一层的顶面。

5）将一把钢板尺平放横跨于坑的两边，用另一把钢尺或卡尺等量具在坑的中部位置垂直伸至坑底，测量坑底至钢板尺底面的距离，即为检查层的厚度，以 cm 计，精确至 0.1 cm。

6）用取样层的相同材料填补试坑。对有机结合料稳定类结构层，应按相同配比用新拌的材料分层填补，并用小锤夯实整平；对无机结构结合粒料结构层，可用挖坑时取出的材料，适当加水拌和后分层填补，并用小锤夯实整平。

1.3.3　钻孔取样法测定路面厚度

1）同于挖坑法要求的第（1）项。

2）按第 2 章第 2.3 节钻取芯样的方法用路面取芯机钻孔。钻头的标准直径为 $\phi100$ mm。如芯样仅供测定厚度而不作其他试验时，对沥青面层与混凝土板也可用 $\phi50$ mm 的钻头。对基层材料有可能损坏试件时，也可用直径 $\phi150$ mm 的钻头，钻孔深度必须达到层厚。

3）仔细取出样芯，清除表面灰土，找出与下层的分界。

4）用钢板尺或卡尺沿圆周对称的十字方向四处量取表面至上下层界层的高度，取其平均值，即为该层的厚度，准确至 0.1 cm。

在施工过程中,当沥青混凝土尚未冷却时,可根据需要随机选择测点,用大改锥插入量取或挖坑量取沥青层的厚度,但不得使用铁镐等扰动四周的沥青层。

5)用取样层的相同材料填补钻孔。对正在施工的沥青路面,用相同级配的热拌沥青混合料分层填补,并用热的铁锤或热夯夯实整平;旧路钻孔也可用乳化沥青混合料修补;对水泥混凝土面板,应按相同配比用新拌的材料分层填补并用小锤夯实,新拌材料中宜掺加快凝早强的外掺剂。

1.3.4 地质雷达检测路面面层厚度

用钻孔取芯法检测路面面层厚度时,对面层有一定的破坏作用。随着科学技术的发展,西方发达国家自20世纪80年代开始研究用地质雷达检测路面面层厚度技术,并取得了成功。

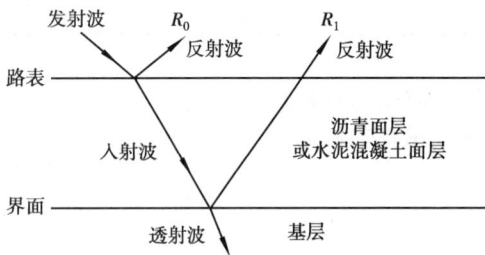

图 1.1.5　电磁波在路面面层中的反射

南京振隆科技实业公司在国内率先引进了一套公路专用地质雷达检测设备,并自行开发专用软件,形成了一套完整的公路面层厚度检测技术。该项检测技术是一种先进的、高效的、不损坏路面的、连续的检测路面面层厚度的方法。

地质雷达检测公路路面面层厚度属于反射探测法。其基本原理是,不同的介质具有不同的介电常数,地质雷达向地下发射一定强度的高频电磁脉冲波,电磁波在地下传播的过程遇到不同介电常数的界面时,一部分能量产生反射波,一部分能量继续向地下传播,如图 1.1.5 所示,地质雷达接收并记录这些反射信息。电磁波在特定介质中的传播速度是不变的,根据地质雷达记录的路面表面反射波 R_0 与面层基层界面反射波 R_1 的时间差 Δt,由式(1.1.7)计算面层的厚度 h:

$$h = V \cdot \Delta t / 2 \qquad (1.1.7)$$

式中:V——电磁波在面层中的传播速度;

Δt——从路表至基层界面的电磁波双程传播时间。

相对于雷达所用的高频电磁波(900 ~ 2 500 MHz)而言,路面面层所用的材料都是低损耗介质,电磁波在面层中的传播速度为

$$V = C / \sqrt{\varepsilon} \qquad (1.1.8)$$

式中:C——电磁波在大气中的传播速度,约 30×10^4 km/s;

ε——面层的相对有效介电常数,它取决于构成面层的所有物质的介电常数。

利用钻孔取芯标定雷达波的速度是一种较为准确、实用的确定雷达波传播速度的方法。即在地质雷达所测剖面上的某一点,钻孔取芯量其实际厚度,用剖面上该点的双程走时和实际厚度反算雷达波在面层内的传播速度。

地质雷达检测公路路面厚度已全部实现了计算机化,效率和可靠性均高,并已达到实用阶段。

1.3.5 路面结构层厚度评定

对路段内路面结构层厚度按代表值的允许偏差和单个测定值的允许偏差进行评定。厚度代表值为厚度的算术平均值的下置信界限值,即

$$X_L = \overline{X} - St_\alpha / \sqrt{n} \qquad\qquad (1.1.9)$$

式中：X_L——厚度代表值；

$\overline{X}$——厚度平均值；

S——标准差；

n——检查数量；

t_α——t 分布中随测点数和保证率（或置信度 α）而变的系数，可查表 1.2.8。采用的保证率：高速公路、一级公路基层、底基层为 99%，面层为 95%；其他公路基层、底基层为 95%，面层为 90%。

当厚度代表值大于等于设计厚度减去代表值允许偏差时，则按单个检查值的偏差是否超过极限值来评定合格率；当厚度代表值小于设计厚度减去代表值允许偏差时，则厚度指标评为零分，即不合格。代表值和单点合格值的允许偏差为表 1.1.6 所示。

沥青面层一般按沥青铺筑层总厚度进行评定，但高速公路和一级公路多分为 2～3 层铺筑，应进行上面层厚度的检查与评定。

练习题

1.1　公路路基路面现场测试随机选点方法是一种什么原理？什么是场地，它包括哪些断面？确定测点位置的方法是怎样的？

1.2　确定测点断面或测定区间的步骤是什么？

1.3　道路基层和底基层分为几类？

1.4　路基路面几何尺寸检测的目的是什么？检测项目有哪些？

1.5　路面横坡测定常采用什么仪器？怎么测试？其横坡值怎样计算？

1.6　路面厚度检测有几种方法？

1.7　当高速公路和一级公路的路面采用水泥混凝土面层，或沥青混凝土面层时，路面结构层厚度代表值与极值的允许偏差值应各为多少？

1.8　简述地质雷达测试路面面层厚度的基本原理和测试方法。

1.9　某高速公路二灰稳定砂砾基层设计厚度为 18 cm，代表值允许偏差为 -8 mm，极值允许偏差为 -15 mm。评定路段厚度检测结果（12 个测点）分别为 17.5，17.7，18.2，18.6，18.1，18.8，17.6，17.8，19.1，19.3，17.4，17.9 cm，试按保证率 99% 计算该路段厚度实际得分？

1.10　某一级公路水泥稳定砂砾基层压实厚度检测值分别为 21.5，22.6，20.3，19.7，18.2，20.6，21.3，21.8，22.0，20.3，23.1，22.4，19.0，19.2，17.6，22.6 cm，请按保证率 99% 计算其厚度的代表值，并进行评定。

第2章
路基路面压实度检测

2.1 概 述

大量的室内试验和工程实践表明：压实使土和路面材料的强度大大增加；压实使土基和路面结构层的塑性变形明显减少；压实使土基和路面结构的透水性大大降低。为了便于检查和控制压实质量，土基和多数路面结构层的压实标准用压实度来表示。土基和路面基层的压实度是指压实层材料压实后的干密度与该材料的标准最大干密度之比，用百分数表示；沥青混合料面层的压实度是指按规定方法采取的混合料试件毛体积密度与标准密度之比，亦用百分数表示，代号均为 K。

路基和路面基层、底基层的压实度以重型击实标准为准，沥青混凝土面层压实度以马歇尔稳定度击实成型标准或试验路密实度为准。对于特殊干旱、潮湿地区或过湿土，以及铺筑中、低级路面的三、四级公路路基，则以路基设计施工规范规定的击实试验方法和压实度标准进行评定。标准密度应作平行试验，求其平均值作为现场检验的标准。有关标准密度的试验方法可参见相应的规范。

路基土和路面材料的含水量测定方法有烘干法、洒精燃烧法、比重法和碳化钙气压法等，此不赘述。本章主要介绍现场压实材料密度的测定方法。

2.2 环刀法、灌砂法和灌水法测定压实度

2.2.1 环刀法测定压实度

环刀法适用于公路工程现场测定细粒土及无机结合料稳定细粒土的密度。对于无机结合料稳定细粒土，其龄期不宜超过 2 d，并且最好用于施工过程中的压实度检验。由于取样深度较浅，故测得的密度偏大。

(1)仪器与材料

1)电动取土器。由底座、行走轮、立柱、齿轮箱、升降机构、取芯头等组成。取芯头为可换式,有三种规格,即 50 mm×50 mm,70 mm×70 mm,100 mm×100 mm 三种,另配有相应的取芯套筒、扳手等。

2)人工取土器。包括环马、环盖、定向筒和击实锤等。环刀内径 6 ~ 8 cm,高 2 ~ 3 cm,壁厚 1.5 ~ 2 mm。

3)天平。分度值不大于 0.01 g。

4)其他。铁锤、凿子、铝盒、修土刀、钢丝锯、凡士林、毛刷等。

(2)测试步骤

1)擦净环刀或取芯套筒,称其质量 m_2,准确至 0.1 g。

2)在试验地点,选一块约 30 cm×30 cm 的平坦地面,并将其清扫干净。

3)将环刀垂直打入试样中,至土样伸出环刀上部为止;或开动电机,将取芯套筒钻入试样中。

4)将试样连同环刀一起挖出,注意使土样伸出环刀下部,削去两端余土,使土样与环刀口面齐平,并将剩余土样适量装入铝盒中,测定其含水量 w(烘干法或酒精燃烧法),或按取芯套筒长度制成所需的规格土芯。

5)擦净环刀或取芯套筒外壁,称环刀或取芯套筒与试样的合计质量 m_1,准确至 0.1 g。

(3)结果整理

计算湿密度:

$$\rho = \frac{m_1 - m_2}{V} \tag{1.2.1}$$

计算干密度:

$$\rho_d = \frac{\rho}{1+0.01w} \tag{1.2.2}$$

计算施工压实度:

$$K = \frac{\rho_d}{\rho_0} \times 100\% \tag{1.2.3}$$

式中:m_1——环刀或取芯套筒与试样的合计质量,g;

m_2——环刀或取芯套筒质量,g;

V——环刀或取芯套筒的容积,cm^3;

w——材料的含水率(%);

ρ_0——试样的最大干密度,g/cm^3。

试验记录格式如表 1.2.1。

表 1.2.1　密度试验记录(环刀法)

工程名称＿＿＿＿＿＿　　结构层次＿＿＿＿＿＿　　检测日期＿＿＿＿＿＿

检 验 者＿＿＿＿＿＿　　计 算 者＿＿＿＿＿＿　　校 核 者＿＿＿＿＿＿

测点桩号							
环刀号或取芯筒编号							
V/cm^3	①						
m_2/g	②						
m_1/g	③						
试样质量/g	④	③—②					
$\rho/(g \cdot cm^{-3})$	⑤	$\dfrac{④}{①}$					
$w/\%$	⑥						
$\rho_d/(g \cdot cm^{-3})$	⑦	$\dfrac{⑤}{1+0.01⑥}$					
平均干密度/$(g \cdot cm^{-3})$	⑧						

2.2.2　灌砂法测定压实度

灌砂法适用于现场测定细粒土、砂类土和砾类土压实层和基层、底基层、沥青贯入式面层等的密实度。试样的最大粒径不大于 15 mm,测定密实层的厚度小于 15 cm 时,可以采用 φ100 mm 的小型灌砂筒;如果大粒径超过 15 mm,但不大于 40 mm,测定层的厚度为 15 ~20 mm 时,则应选用 φ120 cm 的大灌砂筒。

(1)仪器与材料

1)灌砂筒。金属筒(可用白铁皮制作)的内径为 100 mm(或 150 mm),总高 360 mm。灌砂筒主要分两部分:上部为储砂筒,筒深 270 mm(容积约 2 120 cm³ 或 4 600 cm³),筒底中心有一个直径 10 mm(或 15 mm)的圆孔;下部为一倒置的锥形圆漏斗,漏斗上端开口的直径为 10 mm(或 15 mm),并焊接在一块直径为 100 mm(或 150 mm)的铁板上,铁板中心有一直径为 10 mm(或 15 mm)的圆孔与漏斗的上口相接。在储砂筒与漏斗之间设有开关。开关为一薄铁板,一端与筒底与漏斗铁板铰接在一起,另一端伸出筒身外。开关铁板上也有一个直径为 10 mm(或 15 mm)的圆孔。将开关向左移动时,开关铁板上的圆孔恰好与筒底圆孔及漏斗上开口相对,即 3 个圆孔在平面重叠在一起,砂就可以通过圆孔自由落下;将开关向右移动时,开关将筒底圆孔堵塞,砂即停止下落。

灌砂筒的型式和主要尺寸如图 1.2.1 所示。

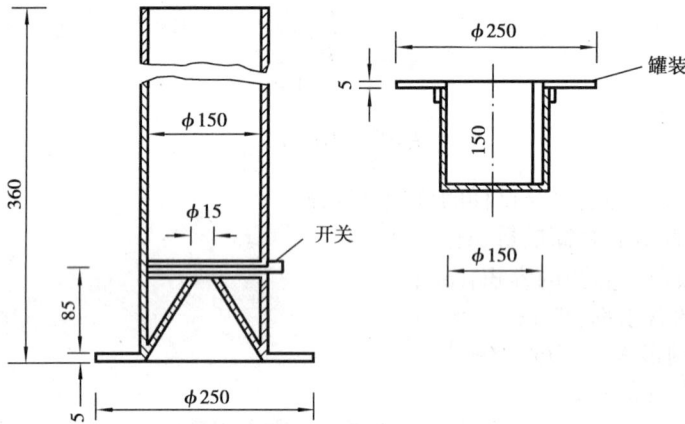

图 1.2.1　灌砂筒和标定罐(单位:mm)

2)金属标定罐。内径为 100 mm(或 150 mm)、高为 150 mm 的金属罐(可用薄铁皮制作),上端周围有一罐缘。

3)基板。边长为 350 mm、深为 40 mm 的金属方盘,盘中心有一直径为 100 mm(或 150 mm)的圆孔。

4)打洞及洞中取料的合适工具。如凿子、铁锤、长把勺、长把小簸箕、毛刷等。

5)玻璃板。边长约为 500 mm 的方形板。

6)铝饭盒或金属方盘。存放挖出的试样。

7)电子秤,分度不大于 1 g。

8)其他。铝盒、天平、烘箱等。

9)量砂。粒径为 0.3 ~0.6 mm 的清洁干燥的均匀砂,20 ~40 kg。应先烘干,并放置足够时间(通常 24 h),使其与空气的湿度达到平衡。

(2)仪器标定

确定灌砂筒下部圆锥体内砂的质量。其步骤如下：

1)在储砂筒内装灌砂。筒内砂的高度与筒顶的距离不超过 15 mm。称取筒内砂的质量 m_1，准确至 1 g。每次标定及尔后的试验都维持这个质量不变。

2)将开关打开，让砂流出，并使流出砂的体积与工地所挖试洞体积相当（或等于标定罐的容积）。然后关上开关，并称量筒内砂的质量 m_5，准确至 1 g。

3)将灌砂筒放在玻璃板上，打开开关，让砂流出，直到筒内砂不再下流时，关上开关，并细心地取走灌砂筒下部圆锥体的砂。

4)重复上述量测至少 3 次，最后取其平均值 m_2，准确至 1 g。

(3)确定量砂的密度 $\rho_s(g/cm^3)$

1)用水确定标定罐的容积 $V(cm^3)$。将空罐放在台秤上，使罐的上口处于水平位置，读记罐的质量 m_7，准确至 1 g。向标定罐中灌水，注意不要将水弄到台秤上或罐的外壁。将一直尺放在罐顶，当罐中水面快要接近直尺时，用滴管往罐口加水，直到水面接触直尺。移去直尺，读记罐和水的总质量 m_g，准确至 1 g。重复测量时，仅需用吸管从罐中取出少量水，并用滴管重新将水加满到接触直尺。标定罐的体积按下式计算：

$$V = m_g - m_7 \tag{1.2.4}$$

2)在储砂筒中装满质量为 m_1 的砂，并将灌砂筒放在标定罐上，打开开关，让砂流出，直到储砂筒内的砂不再下流时，关闭开关。取下灌砂筒，称量筒内剩余的砂质量，准确至 1 g。

3)重复上述测量至少 3 次，最后取其平均值 m_3，准确至 1 g。

4)按下式计算填满标定罐所需砂的质量 m_α：

$$m_\alpha = m_1 - m_2 - m_3 \tag{1.2.5}$$

式中：m_1——灌砂入标定罐前，筒内砂的质量，g；

m_2——灌砂筒下部圆锥体内砂的平均质量，g；

m_3——灌砂入标定罐后，筒内剩余砂的质量，g。

5)按下式计算砂的密度 ρ_s：

$$\rho_s = \frac{m_\alpha}{V} \tag{1.2.6}$$

(4)测试步骤

1)在试验地点，选一块约 40 cm×40 cm 的平坦表面，并将其清扫干净，将基板放在此平坦表面上。若此表面的粗糙度较大，则将盛有量砂 m_5(g)的灌砂筒放在基板中间的圆孔上，打开灌砂筒开关，让砂流入基板的中孔中，直到储砂筒内的砂不再下流时关闭开关。取下量砂筒，并称筒内砂的质量 m_6，准确至 1 g。

2)取走基板，将流在试验地点的量砂收回，重新将表面清扫干净。将基板放在清扫干净的表面上，沿基板中孔凿洞，洞的直径为 100 mm（或 150 mm）。在凿洞过程中，应注意不使凿出的试样丢失，并随时将凿松的材料取出，放在已知质量的塑袋内密封。试洞的深度应等于碾压层的厚度。凿洞毕，称此塑料袋中全部试样的质量，准确至 1 g。减去塑料袋的质量后，即为试样的总质量 m_t。

3)从挖出的全部试样中取出有代表性的样品，放入铝盒中，测定其含水量 w。样品数量：对于细粒土，不少于 100 g；对于中粒土，不少于 500 g。

4)将基板安放在试洞上,将灌砂筒安放在基板中间(储砂筒内放满砂到恒质量 m_1,使灌砂筒的下口对准基板的中孔及试洞。打开灌砂的开关,让砂流入试洞内。在此期间,应注意勿碰动灌砂筒。直到储砂筒内的砂不再下流时关闭开关。小心取走灌砂筒。称量筒内剩余砂的质量 m_4,准确至 1 g。

5)若清扫干净的平坦表面上粗糙度不大,则不需要放置基板,将灌砂筒直接放在已挖好的试洞上,打开筒的开关,让砂流入试洞内。在此期间,应注意勿碰动灌砂筒。直到储砂筒的砂不再下流时关闭开关。小心取走灌砂筒,称量筒内剩余砂的质量 m_4,准确至 1 g。

6)取出试洞内的砂,以备下次试验时使用。若量砂的湿度已发生变化或量砂中混有杂质,则应重新烘干、过筛,并放置一段时间,使其与空气的湿度达到平衡后再用。

7)若试洞内有较大空隙,量砂可能进入空隙时,则应按试洞外形松弛地放入一层柔软的纱布,然后再进行灌砂工作。

(5)结果整理

填灌试洞所需砂的质量 m_b 按下式计算:

灌砂时试洞上放有基板的情况

$$m_b = m_1 - m_4 - (m_5 - m_6) \qquad (1.2.7)$$

灌砂时试洞上不放基板的情况

$$m_b = m_1 - m_4 - m_2 \qquad (1.2.8)$$

式中:m_1——灌砂入试洞前筒内砂的质量,g;

m_2——灌砂筒下部圆锥体内砂的平均质量,g;

m_4——灌砂入试洞后筒内剩余砂的质量,g;

$(m_5 - m_6)$——灌砂筒下部圆锥体内及基板和粗糙表面间砂的总质量,g。

测试地点试样的湿密度 ρ 可按下式计算:

$$\rho = \frac{m_t}{m_b} \times \rho_s \qquad (1.2.9)$$

式中:m_t——试洞中取出砂的全部土样的质量,g;

m_b——填满试洞所需砂的质量,g;

ρ_s——量砂的密度,g/cm³。

试样的干密度 ρ_d、压实度 K 的计算公式同式(1.2.2)和式(1.2.3)。本试验的记录格式如表 1.2.2 所示,其余同环刀法。

表 1.2.2 密度试验记录(灌砂法)

工程名称＿＿＿＿＿＿＿＿＿ 结构层次＿＿＿＿＿＿＿＿＿ 试样品种＿＿＿＿＿＿＿＿＿

检验者＿＿＿＿＿＿＿＿＿ 计算者＿＿＿＿＿＿＿＿＿ 校核者＿＿＿＿＿＿＿＿＿ 检验日期＿＿＿＿＿＿＿＿＿

测点桩号	取样位置	试洞中湿土样质量 m_t/g	灌满试洞后剩余砂质量 m_4/g	试洞内砂质量 m_b/g	湿密度 ρ /(g·cm⁻³)	含水量测定						干密度 ρ_d /(g·cm⁻³)
						盒号	盒+湿土质量/g	盒+干土质量/g	盒质量/g	干土质量/g	水质量/g	含水量%	

2.2.3　灌水法测定压实度

灌水法亦称水袋法,适用于现场测粗粒土和巨粒土的密度。

(1)仪器与材料

1)座板。座板为中部开有圆孔,外沿呈方形或圆形的铁板,圆孔处设有环套,套孔的直径为土中所含量大石块粒径的 3 倍,环套的高度为其粒径的 5% 。

2)薄膜。聚乙烯塑料薄膜。

3)储水筒。直径应均匀,并附有刻度。

4)台秤。称量 50 kg,感量 5 g。

5)其他。铁镐、铁铲、水准仪等。

(2)测试步骤

1)根据试样的最大粒径按表 1.2.3 确定试坑尺寸。

表 1.2.3　试坑尺寸

试样最大粒径 /mm	试坑尺寸/mm		试样最大粒径 /mm	试坑尺寸/mm	
	直径	深度		直径	深度
5 ~ 20	150	200	60	250	300
40	200	250	200	800	1 000

2)按确定的试坑直径划出坑口轮廓线。将测定处的地表整平,地表的浮土、石块、杂物等应予清除,坑凹不平处用砂铺整。用水准仪检查地表是否水平。

3)在整平的地表上,将座板固定。将聚乙烯塑料薄膜沿环套内壁及表面紧贴铺好。记录储水筒初始水位刻度,拧开储水筒开关,从环套上方将水缓缓注入至满不溢出为止。记录储水筒水位高度,计算座板部分的体积。在保持座板原固定状态下,将薄膜盛装的水排至对该试验不产生影响的场所,然后将薄膜揭离底板。

4)在轮廓线内用挖掘工具沿座板下挖至要求深度,将落于坑内的试样装入盛土容器内,并测定含水量。

5)将塑料薄膜沿坑底、坑壁紧密贴地铺好。在往薄膜形成的袋内注水时,牵住薄膜的某一部位,一边拉松,一边注水,以使薄膜与坑壁空的空气得以排出,从而提高薄膜与坑壁的密贴程度。

6)记录储水筒内初始水位高度。

(3)结果整理

细粒与石粒应分开测定含水量,按下式求出整体的含水量:

$$\omega = \omega_f P_f + \omega_c(1 - P_f) \tag{1.2.10}$$

式中:ω_f——细粒料部分的含水量(%);

ω_c——粗粒料部分的含水量(%);

P_f——细粒料的干质量与全部材料干质量之比。

细粒料与石块的划分以粒径 60 mm 分界。

座板部分的容积为

$$V_1 = (h_1 - h_2)A_w \tag{1.2.11}$$

式中:h_1——座板部分注水前储水筒内水位高度,cm;

$\quad\quad h_2$——座板部分注水后储水筒内水位高度,cm;

$\quad\quad A_w$——储水筒断面面积,cm^2。

试坑容积按下式计算:

$$V = (H_1 - H_2)A_w - V_1 \tag{1.2.12}$$

式中:H_1——试坑注水前储水筒内水位高度,cm;

$\quad\quad H_2$——试坑注水后储水筒内水位高度,cm。

按下式计算试样湿密度:

$$\rho = \frac{m_p}{V} \tag{1.2.13}$$

式中:m_p——取自试坑内的试样质量,g。

灌水法密度试验记录格式如表1.2.4所示,干密度计算公式同式(1.2.2)。

表 1.2.4 密度试验记录(灌水法)

工 程 名 称_____   试坑深度_____   试样编号_____

试样最大粒径_____   检测日期_____

检 验 者_____   计 算 者_____   校 核 者_____

测点桩号			
座板部分注水前储水筒水位高 h_1 /cm	①		
座板部分注水后储水筒水位高 h_2 /cm	②		
储水筒断面面积 A_w /cm^2	③		
底板部分的容积 $V_1 = (h_1-h_2)A_w$ /cm^3	④	(①-②)×③	
试坑注水前储水筒水位高 H_1 /cm	⑤		
试坑注水后储水筒水位高 H_2 /cm	⑥		
试坑容积 $V=(H_1-H_2)A_w-V_1$ /cm^3	⑦	(⑤-⑥)×③×④	
取自试坑内的试样质量 m_p /g	⑧		
试样湿密度 $\rho = \dfrac{m_p}{V}$ /(g·cm^{-3})	⑨	$\dfrac{⑧}{⑦}$	
细粒料部分含水量 w_f/%	⑩		
石料部分含水量 w_c /%	⑪		
细粒料干质量与全部干质量之比 P_f	⑫		
整体含水量 $\omega = \omega_f P_f + w_c(1-P_f)$ /%	⑬	⑩×⑫+⑪×(1-⑫)	
试样干密度 $\rho_d = \dfrac{\rho}{1+\omega}$ /(g·cm^{-3})	⑭	$\dfrac{⑨}{1+\omega}$	

2.3　钻芯法测定沥青面层压实度

钻芯法适用于检验从压实的沥青路面上钻取的沥青混合料芯样试样的密度,以评定面层的施工压实度。

2.3.1　仪器与材料

1)路面取芯机。牵引式或车载式,钻机由发动机或电动机驱动。钻头直径根据需要决定,宜采且直径 $\phi 100$ mm 的金刚石钻头,对无机结合料稳定基层取样也可采用 $\phi 150$ mm 钻头,均有淋水冷却装置。

2)路面切割机。手推式或牵引式,由发动机或电机驱动,也可利用汽车动力由液压泵驱动,附金刚石锯片,有淋水冷却装置。

3)天平。感量不大于 0.1 g。

4)其他。溢流水槽、吊篮、石蜡、卡尺、毛刷、小勺、镐、锹、取样袋(容器)等。

2.3.2　钻芯取样

1)在选取采样地点的路面上,先用粉笔对个别取样位置作出标记或划出切割路面的大致面积。切割路面的面积根据目的和需要确定。

2)将钻机牢固地安放在取样地点,垂直对准路面放下钻头。

3)开放冷却水,启动电动机,徐徐压下钻杆,钻取芯样,但不得使劲下压钻头。特钻透全厚后,上抬钻杆,拔出钻头,停止转动,不使芯样损坏,取出芯样,试样不得破碎。沥青混合料芯样(或水泥混凝土芯样)可用清水漂洗干净备用。

当试验不允许用冷水冷却时,应采用干钻孔。此时为保护钻头,可先用干冰 3 kg 放在取样位置上冷却路面约 1 h,钻孔时通过低温 CO_2 等冷却气体以代替冷却水。

4)当切割机切割时,将锯片对准切割位置,开放冷却水,启动电动机,徐徐压下锯片到要求深度(厚度),仔细向前推进,到需要长度后抬起锯片,四面全部锯毕后用镐或铁锹仔细取出试样。取得的路面试块应保持边角完整,颗粒不得散失。

5)将钻取的芯样或切割的试块,妥善盛放于盛样器中,必要时用塑料袋封装。填写样口标签,一式两份,一份贴在试样上,另一份作为记录备查。

6)对取样的钻孔或被切割的路面坑洞,应采用同类型材料填补压实。取样时留下的水分用棉纱等吸走,待干燥后再补坑。

当一次钻孔取得的芯样包含有不同层次的沥青混合材料时,应根据结构组合情况用切割机将芯样沿各层结合面锯开,分层进行测定。

2.3.3　测定试件密度

1)将钻取的试件在水中用毛刷轻轻刷净粘附的粉尘。若试件边角有浮松颗粒,则应仔细清除。

2）将试件晾干或用电风扇吹干不少于 24 h，直到恒重，称取试件在空气中的质量 $m_a(\text{g})$。

3）测定试件的体积 $V(\text{cm}^3)$，测试方法视试件的吸水率或空隙率而定。

试件的吸水率 S_a 是指试件吸水体积占沥青混合料部分体积的百分率，按下式计算：

$$S_a = \frac{m_f - m_a}{m_f - m_w} \times 100\% \qquad (1.2.14)$$

式中：m_w——试件的水中质量，g。它是指试件于网蓝中浸水 3~5 min 后称取的水中质量；

m_f——试件的表干质量，g。它是指试件从水中取出，用洁净柔软的拧干湿毛巾轻轻擦试去试件的表面水后称取的质量。

①当试件的吸水率小于 2% 时，采用水中重法或表干法测定。

$$\text{水中重法：} \quad V = \frac{m_a + m_w}{\rho_w} \qquad (1.2.15)$$

$$\text{表干法：} \quad V = \frac{m_f - m_w}{\rho_w} \qquad (1.2.16)$$

式中：ρ_w——常温水的密度，约为 1 g/cm³。

②当试件的吸水率大于 2% 时，用蜡封法测定。体积计算公式可参见《公路工程沥青及沥青混合料试验规程》（JTG E20—2011）。

③空隙率很大的透水性混合料及开级配混合料用体积法测定。

$$\text{圆柱体试件的毛体积：} V = \frac{\pi d^2}{4} h \qquad (1.2.17)$$

$$\text{棱柱体试件的毛体积：} V = l \cdot b \cdot h \qquad (1.2.18)$$

式中：d——圆柱体试件的直径，cm；

h——试件的高度，cm；

l——试件的长度，cm；

b——试件的宽度，cm。

4）计算试件的视密度或毛体积密度 ρ_s：

$$\rho_s = \frac{m_a}{V} \qquad (1.2.19)$$

5）计算沥青面层的压实度 K：

$$K = \frac{\rho_s}{\rho_0} \times 100\% \qquad (1.2.20)$$

式中：ρ_0——沥青混合料的标准密度，g/cm³。

利用马歇尔击实试件成型密度或试验路面钻孔取样的密度。

钻芯法密度试验记录格式如表 1.2.5。

表1.2.5　密度试验记录(钻芯法)

工程名称_____　　试样品种_____　　试验日期_____
检 验 者_____　　计 算 者_____　　校 核 者_____

测点桩号	取样位置	路面层次	试样编号	试样质量 m_a/g	试样表干质量 m_f/g	试样水中质量 m_w/g	试样体积 V/cm³	试样毛体积密度或视密度 ρ_s/(g·cm⁻³)

2.4　核子仪测定压实度

在施工现场,用核子密度湿度仪以散射法或直接透射法可以快速测定路基或路面材料的密度和含水量,并计算施工压实度。由于核子仪测定的结果误差较大,不宜用作仲裁试验或评定验收的依据。

测定沥青混合料面层的压实密度时,在表面用散射法测定,所测定沥青面层的层厚应不大于根据仪器性能决定的最大厚度;测定土基或基层材料的压实度及含水量时,打洞后用直接透射法测定,测定层的厚度不宜大于30 cm。

2.4.1　仪器与材料

1)核子密度湿度仪。符合国家规定的关于健康保护和安全使用标准,密度的测定范围为 1.12～2.73 g/cm³,测定误差绝对值不大于0.03 g/cm³。含水率测量范围为0～0.64 g/cm³,测定误差绝对值范围为±0.015 g/cm³。

2)细砂。粒径0.15～0.30 mm。

3)其他。天平或台秤、毛刷等。

核子仪每次使用之前,均需用标准板测定仪器的指标值,检查仪器性能是否正常。具体方法是:先按照仪器使用说明书建议的预热时间预热测定仪,然后在标准板上取3～4个读数的平均值建立原始标准值,并与使用说明书提供的标准值核对。当标准读数超过规定的限界时,应重复此项标准的测量;如第二次标准计数仍超出规定限界时,视为仪器有故障,并进行仪器检查。

2.4.2　仪器标定

测定沥青混合料压实层密度前,用核子仪对钻孔取样的试件进行标定;测定其他材料的密度时,宜与灌砂法的结果进行标定。标定步骤如下:

1)选择压实层的表面,按要求的测定步骤用核子仪测定密度,读数。

2)在测定的同一位置用钻芯法或灌砂法取样,量取厚度,按规定的程序测定材料的密度。

3)对同一种路面厚度及材料类型,在使用前至少测定 15 处,求取两种不同方法测定的密度的相关关系,其相关系数应不小于 0.95。

2.4.3 核子仪测量材料密度的方法

用核子仪测定材料密度时,测试位置与路面边缘或其他物体的最小距离不得小于 30 cm。核子仪距其他的射线源不得少于 8 m。核子仪按规定的时间预热后,按下述步骤进行测定:

1)用散射法测定时,先用细砂填平测试位置路面结构凸凹不平的空隙,使路表面平整,能与仪器紧密接触,然后按图 1.2.2 的方法将核子仪平稳地置于测定位置上。

2)用直接透射法测定时,先在测试层表面上用钻杆打孔,孔深略深于要求测定的深度,孔应竖直圆滑并稍大于射线源探头。然后按图 1.2.3 的方法将放射源探头放下,插入预先打好的孔内。

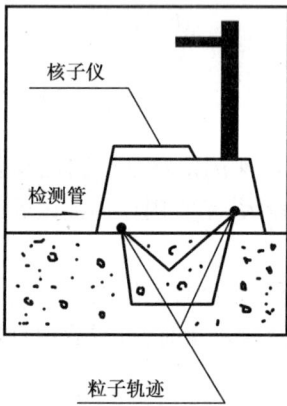

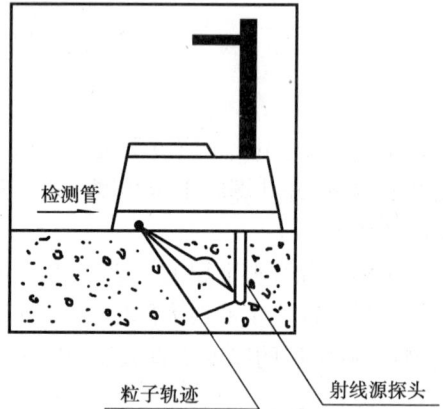

图 1.2.2　散射法　　　　　　　　　　　　　图 1.2.3　直接透射法

3)打开仪器,测试员退出仪器 2 m 以外,按照选下的测定时间进行测量,至达测定时间后,读取显示的各项数据,并迅速关机。

4)结束整理。根据核子仪显示的湿密度和含水量,按式(1.2.2)计算干密度。对于智能化核子仪可直接显示测点的密度和压实度值。

核子仪法试验记录格式如表 1.2.6。

表 1.2.6　核子仪法密度试验记录

工程名称＿＿＿＿＿＿　　结构名称＿＿＿＿＿＿　　测定厚度＿＿＿＿＿＿　　检验日期＿＿＿＿＿＿
检验温度＿＿＿＿＿＿　　试　验　者＿＿＿＿＿＿　　计　算　者＿＿＿＿＿＿　　校　核　者＿＿＿＿＿＿

测点桩号	测量位置	路面层位	测量编号	湿密度 $\rho/(\text{g}\cdot\text{cm}^{-3})$	含水量 $\omega/\%$	干密度 $\rho_d/(\text{g}\cdot\text{cm}^{-3})$

2.5　路基路面压实度评定

路基路面各结构层压实度标准与层位和交通荷载等级有关,工程中常用的材料压实度标准见表 1.2.7。

表 1.2.7　几种常用材料的压实度标准值 K_0

检查项目				规定值或允许偏差			检查频率
				高速公路、一级公路	其他公路		
					二级公路	三、四级公路	
土方路基	上路床		$0 \sim 0.3$ m	≥96	≥95	≥94	每200 m 每压实层测2处
	下路床	轻、中及重交通荷载等级	$0.3 \sim 0.8$ m	≥96	≥95	≥94	
		特重、极重交通荷载等级	$0.3 \sim 1.2$ m	≥96	≥95	--	
	上路堤	轻、中及重交通荷载等级	$0.8 \sim 1.5$ m	≥94	≥94	≥93	
		特重、极重交通荷载等级	$1.2 \sim 1.9$ m	≥94	≥94	--	
	下路堤	轻、中及重交通荷载等级	>1.5 m	≥93	≥92	≥90	
		特重、极重交通荷载等级	>1.9 m				
稳定粒料基层	基层	代表值		≥98	≥97		每200 m 测2点
		极值		≥94	≥93		
	底基层	代表值		≥96	≥95		
		极值		≥92	≥91		
沥青混凝土面层、沥青碎石面层				≥试验室标准密度的96%（＊98%）≥最大理论密度的92%（＊94%）≥试验段密度的98%（＊99%）			每200 m 测1点

注:沥青混凝土面层、沥青碎石面层压实度,高速公路、一级公路应选用2个标准评定,以合格率低的作为评定结果;其他公路选用1个标准进行评定。带＊号者是指SMA路面。

检验评定路段的压实度检测结果汇总于表 1.2.8,并按下式计算压实度的代表值 K(算术平均值的下置信界限):

$$K = \overline{K} - t_a S / \sqrt{n} \geq K_0 \tag{1.2.21}$$

25

式中：$\bar{K}$——检验评定路段内各测点压实度的平均值（％）；

t_a——t 分布表中随测点数和保证率（或置信度 α）而变的系数，见表 1.2.9。高速公路、一级公路：基层、底基层保证率取 99％，路基、路面面层取 95％；其他公路：基层、底基层取 95％，路基、路面面层取 90％；

S——检测值的均方差；

n——检测点数；

K_0——压实度标准值。

表 1.2.8　压实度测定记录

工程名称＿＿＿＿＿＿　　路段桩号＿＿＿＿＿＿　　结构名称＿＿＿＿＿　压实度标准值 K_0＿＿＿＿

检验日期＿＿＿＿＿＿　　检验者＿＿＿＿＿＿　　计算者＿＿＿＿＿＿　校核者＿＿＿＿＿＿

测点桩号	检测位置	测点干密度或毛体积密度 $\rho_d/(g \cdot cm^{-3})$	标准密度 $\rho_0/(g \cdot cm^{-3})$	压实度 $K_i/\%$	压实度平均值 $\bar{K}/\%$	压实度代表值 $K/\%$

表 1.2.9　$t_a/\sqrt{n}$ 值

测点数	保证率 α			测点数	保证率 α		
	99％	95％	90％		99％	95％	90％
2	22.501	4.465	2.176	20	0.568	0.387	0.297
3	4.021	1.686	1.084	21	0.552	0.376	0.289
4	2.270	1.177	0.819	22	0.537	0.367	0.282
5	1.676	0.953	0.686	23	0.523	0.358	0.275
6	1.374	0.823	0.603	24	0.510	0.350	0.269
7	1.188	0.734	0.544	25	0.498	0.342	0.264
8	1.060	0.670	0.500	26	0.487	0.335	0.258
9	0.966	0.620	0.466	27	0.477	0.328	0.253
10	0.892	0.580	0.437	28	0.467	0.322	0.248
11	0.833	0.546	0.414	29	0.456	0.316	0.244
12	0.785	0.518	0.393	30	0.449	0.310	0.239
13	0.744	0.494	0.376	40	0.383	0.266	0.206
14	0.708	0.473	0.361	50	0.340	0.237	0.184
15	0.678	0.455	0.347	60	0.308	0.216	0.167
16	0.651	0.438	0.335	70	0.85	0.199	0.199
17	0.605	0.410	0.314	80	0.266	0.186	0.145
18	0.605	0.410	0.314	90	0.249	0.175	0.136
19	0.586	0.398	0.305	100	0.236	0.166	0.129

对于路基、基层和底基层：

当 $K \geqslant K_0$ 且单点压实度 K_i 全部大于等于规定值减 2 个百分点时，评定路段的压实度可得规定满分；当 $K \geqslant K_0$ 且单点压实度 K_i 全部大于等于规定极限值时，对于测点值低于规定值减 2 个百分点的测点，按其占总检查点数的百分率计算扣分值。

当 $K < K_0$ 或某一单点的压实度 K_i 小于规定的极值时，该路段的压实度为不合格。

对于沥青路面：

当 $K \geqslant K_0$ 且全部测点压实度 K_i 大于等于规定值减 1 个百分点时，评定路段的压实度可得规定满分；当 $K \geqslant K_0$，对于测定值低于规定值减 1 个百分点时，按其占总检查点数的百分率计算扣分值。

当 $K < K_0$ 时，评定路段的压实度为不合格。

练习题

2.1　压实度的意义是什么？

2.2　土基和多数路面结构层的压实度怎样表示？

2.3　沥青混合料面层的压实度怎样表示？

2.4　压实度的测试方法有几种？各自的适用条件是什么？

2.5　灌砂法测定压实度的主要步骤是什么？

2.6　沥青混凝土按基孔隙率可分为几类？何谓开级配？何谓闭级配？

2.7　测定沥青混合料面层压实度采用什么方法？测定试件密度主要步骤是什么？

2.8　核子密度仪测定压实度的适用范围是什么？

2.9　核子密度仪测量材料密度的方法和主要步骤是怎样的？

2.10　简述路基路面压实度评定方法。各类公路基层面层等的代表值的保证率应符合什么要求？

2.11　对某一级公路水泥稳定砂砾基层的 49 个点随机抽样进行压实度质量检查，其检测结果为：压实度平均值为 97.3%，变异系数为 4.2%。试推算具有 95% 单边置信水平的置信下限（已知：$t_{0.95}/7 = 0.240, t_{0.975}/7 = 0.281$）。

2.12　某一级公路水泥稳定砂砾基层压实度厚度检测值分别为 21.5，22.6，20.8，19.8，18.2，21.6，21.3，21.8，22.5，23.3，23.1，22.4，19.6，19.7，17.9，22.7 cm，请按保证率 99% 计算其厚度的代表值，并进行评定。（已知：$h_s = 19$ cm，代表值允许偏差为 $\Delta h = 8$ mm，极值允许偏差为 $\Delta h_i = 15$ mm；$t_{0.95}/4 = 0.438, t_{0.99}/4 = 0.651$）

2.13　现对某二级公路路基压实度进行质量检验，经检测，各点（共 12 个测点）的干密度（g/cm³）分别为 1.72，1.69，1.71，1.76，1.78，1.76，1.68，1.75，1.74，1.73，1.73，1.70，最大干密度为 1.82 g/cm³。试按 95% 的保证率评定该路段的压实质量是否满足要求（压实度标准为 93%）。

2.14　某二级公路土方路基工程进行交工验收，现测得某段的压实度数值为 94.0，97.2，93.3，97.1，96.3，90.4，98.6，97.8，96.2，95.5，95.9，96.8%，请对检测结果进行评定，并计算其得分值。

2.15　现对某新建高速公路路基95施工区中的某一路段压实质量进行检查,压实度检测结构分别为96.6,95.4,93.5,97.2,96.2,95.8,95.9,96.8,95.3,95.9,92.6,95.6,97.2,95.8,94.6,97.5%。试按95%的保证率计算该路段的代表压实度。

2.16　在某新建高速公路路基施工中,要对其中某一路段上路床压实质量进行检查,压实度检测结果为98.6,95.4,93.0,99.2,96.2,92.8,95.9,96.8,96.3,95.9,92.6,95.6,99.2,95.8,94.6,99.5%。试按95%的保证率计算该路段的代表压实度,并进行分析评定。

第 3 章
路基路面平整度检测

3.1 概 述

路面平整度是评价路面使用品质和施工质量优劣的重要指标。

路面平整度是以几何平面为基准,以规定的标准量规,间断地或连续地测定路面的表面纵、横方向的凸凹量。它是一个整体性指标,又是衡量工程质量及现有路面破坏程度的一个重要指标。它不仅影响汽车行驶条件、汽车的动力作用、行驶速度、轮胎消耗、燃料和润滑油的消耗及运输成本,而且还影响着路面的使用年限。因此,必须对路面平整度给以高度重视。

我国采用 3 m 直尺测量的最大间隙和平整度仪测定结果的标准差作为路基、路面平整度的指标。

《公路工程质量检验评定标准》中对路基、各类面层、基层、底基层的平整度要求见表 1.3.1。

平整度测量的用途有 4 个:①确定路面是否具有适应汽车行驶的平整性;②作为一个相关因素用以判别路面结构的一层或几层的破坏;③检查和控制路面施工质量与用于竣工验收;④根据测定的路面平整度确定养护计划。

路面不平整性有纵向和横向两类,主要是由于施工原因而引起的,其次是由于结构层的承载能力不足所致,特别是沥青面层中使用的混合料抗变形能力低而导致路面的塑性变形。纵向和横向的不平整都影响交通安全、车速及行驶的舒适性。

路面平整度的主要表示方法有:①单位长度上的最大间隙;②单位长度的间隙积累值;③单位长度内的间隙超过某定值的个数;④路面不平整的斜率;⑤路面的纵断面;⑥振动和加速度(将行车舒适感作为评价指标)。

表 1.3.1　路基、面层、基层、底基层的平整度要求

结构类型	规定值或允许偏差				检查方法与频率
	3m 直尺:最大间隙/mm		平整度仪:标准偏差/mm		
	高速、一级公路	其他公路	高速、一级公路	其他公路	
土方路基	15	20	—	—	每 200 m 测 2 处×5 尺
石方路基	20	30	—	—	
水泥混凝土面层	3.0	5.0	1.32(2.2)	2.0(3.3)	3 m 直尺每 200 m 测 2 处×5 尺(水泥混凝土面层为半幅车道板带);平整度仪:全线每车道连续按每 100 m 计算 σ 或 IRI
沥青混凝土面层	—	5.0	1.2(2.0)	2.5(4.2)	
沥青碎石面层	—	5.0	1.2(2.0)	2.5(4.2)	
沥青贯入式路面	—	8.0	—	3.5(5.8)	
沥青表面处治路面	—	10.0	—	4.5(7.5)	
稳定粒料基层	8.0	12.0	—	—	
稳定土基层	12		—	—	
级配矿石基层	8.0	12.0	—	—	
填隙碎石基层	—	12.0	—	—	

注:括号中的数值为国际平整度指数 IRI(m/km)。

3.2　3 m 直尺与连续式平整度仪测定平整度

3.2.1　3 m 直尺测定平整度的方法

3 m 直尺是测定路面平整度的最简单的仪器,可用来测定纵向、横向的不平整度,因而得到了广泛的应用。其原理是将直尺置于行车道的两点上,测定路面与直尺之间的最大坑洼深度,即直尺底面与面层之间的间隙距离。这种方法适用于测定压实成型的路面各层表面的平整度,以评定路面的施工质量及使用质量,也可用于路基表面成型后的施工平整度检测。

(1)仪器与设备

1)3 m 直尺。硬木或铝合金制成,底面平直,长 3 m。

2)楔形塞尺。木制或金属制的三角形塞尺,有手柄。塞尺的长度与高度之比不小于 10,宽度不大于 15 mm,边部有高度标准,刻度精确度不小于 0.5 mm。也可用其他类型的量尺。

3)其他。皮尺或钢尺、粉笔等。

(2)准备工作

1)选择测试路段。

2)在测试路段上选择测试地点。当为施工过程中质量检测需要时,测试地点根据需要确定,可以单杆检测;当进行路基路面工程质量检查验收或路况评定时,应连续测量 10 尺。除特殊需要外,应以行车道一侧车辆轮迹(距车道线 80～100 cm)作为连续测定的标准位置。对旧路已形成车辙的路面,应取车辙中间位置为测定位置,用粉笔在路面上作好标记。

3)清扫路面测定位置处的污物。

（3）测试步骤

1）在施工过程中检测时，按确定的方向，将 3 m 直尺摆在测试地点的路面上。

2）目测 3 m 直线底面与路面之间的间隙情况，确定间隙为最大的位置。

3）用有高度标线的塞尺塞进间隙处，量取最大间隙的高度（mm），准确至 0.5 mm。

4）施工结束后检测时，按现行《公路工程质量检验评定标准》的规定，每一处连续检测 10 尺，按 1）~3）的步骤测记 10 个最大间隙。

（4）计算

单杆检测路面平整度的计算，以 3 m 直尺与路面的最大间隙为测定结果。连续测定 10 尺时，判断每个测定值是否合格，根据要求计算合格率，并计算 10 个最大间隙的平均值。

3.2.2 连续式平整度仪测定平整度方法

连续式平整度仪（如图 1.3.1 所示）是近年来我国用于测定路面平整度的新型仪器，它的主要优点是可沿路面连续测量。它一般采用先进的微机处理技术，可自动计算，自动打印，自动显示路面平整度的均方差、正负超差等各项技术指标，并绘出路面平整度偏差曲线。

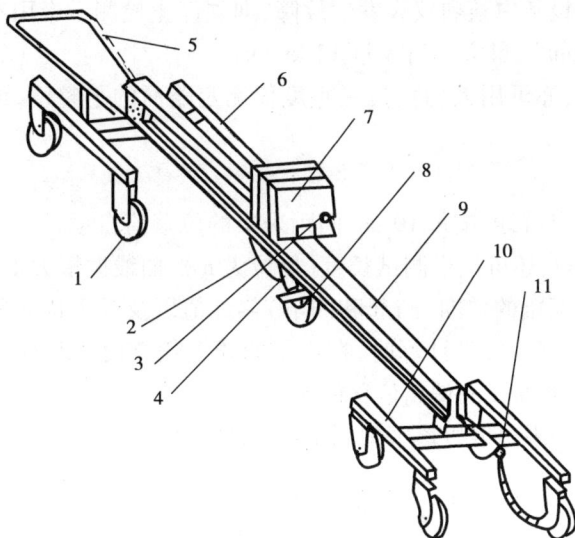

图 1.3.1 连续式平整度仪

1—脚轮；2—拉簧；3—离合器；4—测量架；5—牵引架；
6—前架；7—记录计；8—测定轮；9—纵梁；10—后架；11—软轴

本方法适用于测定路面纵向相对高程的标准差，以评定路面的施工质量和使用质量，但不适用于在已有较多坑槽、破坏严重的路面上测定。

（1）仪器设备

1）连续式平整度仪。其标准长度为 3 m，中间为一个 3 m 长的机架，机架可缩短或折叠，前后各有 4 个行走轮，前后两组轮的轴间距离为 3 m。机架中间有一个能起落的测定轮。机架上装有蓄电池电源及可拆卸的检测箱，检测箱可采用显示、记录、打印或绘图等方式输出测试结果。测定轮上装有位移传感器、距离传感器等检测器。自动采集位移数据时，测定间距为 10 cm，每一计算区间的长度为 100 m，输出一次结果；当为人工检测，无自动采集数据及计算

31

功能时,应能记录测试曲线。机架头装有一牵引钩及手拉柄,可用汽车或人力牵引。

2)牵引车。小面包车或其他小型汽车。

3)其他。皮尺和测绳。

(2)准备工作

1)选择测试路段。

2)当为施工过程中质量检测需要时,测试地点根据需要测定;当为路面工程质量检查验收或进行路况评定需要时,通常以行车道一侧车轮迹带作为连续测定的标准位置。对旧路已形成车辙的路面,取一侧车辙中间位置为测定位置。

3)清扫路面测定位置的脏物。

4)检查仪器检测箱各部分是否完好、灵敏,并将各连续线接妥,安装记录设备。

(3)试验步骤

1)将连续式平整度测定仪置于测试路段路面起点上。

2)在牵引车的后部将平整度仪的挂钩挂上后,放下测定轮,启动检测器及记录仪,随即启动汽车,沿道路纵向行驶,横向位置保持稳定,并检查平整度检测仪表上测定数字显示、打印、记录的情况。如遇检测设备中某项仪表发生故障,即须停止检测。牵引车平整度仪的速度应保持匀速,速度宜为 5 km/h,最大不得超过 12 km/h。

在测试路段较短时,亦可用人力拖拉平整度仪测定路面的平整度,但拖拉时应保持匀速前进。

(4)计算

连续式平整度仪测定后,可按每 10 cm 间距采集的位移值自动计算 100 m 计算区间的平整度标准差(单位为 mm),还可记录测试长度(单位为 m)、曲线振幅大于某一定值(如 3,5,8,10 mm 等的次数)、曲线振幅的单向(凸起和凹下)累计值以及以 3 m 机架为基准的中点路面偏差曲线图,计算打印。当为人工计算时,在记录曲线上任意设一基准线,每隔一定距离(宜为 1.5 m)读取曲线偏离基准线的偏离位移值 d_i。

每一路面区间的路面平整度以该区间测定结果的标准差表示,按下式计算:

$$\sigma_i = \sqrt{\frac{\sum d_i^2 - (\sum d_i)^2/n}{n-1}}$$ (1.3.1)

式中:σ_i——各计算区间的平整度计算值,mm;

d_i——以 100 m 为一个计算区间,每隔一定距离(自动采集区间为 10 cm,人工采集区间为 1.5 m)采集的路面凹凸偏差位移值,mm;

n——计算区间用于计算标准差的测试数据个数。

3.2.3 平整度评定

表 1.3.1 规定的检查频率为双车道公路每一检查段内的最低检查频率,多车道公路必须按车道数与双车道之比,相应增加检查数量。

路基的平整度(包括弯沉、纵断高程、中线偏位、宽度、横坡、边坡),在路基完成后对路基顶面进行检查测定,以采用 3 m 直尺测定的最大间隙作为指标,按合格率计分(满分 15 分)。

当用 3 m 直尺测定平整度时,单杆检测的结果应随时记录测试的位置及检测结果。连续测定 10 尺时,应报告平均值、不合格尺数、合格率。当用连续式平整度仪测定平整度时,应列表报告每一个评定路段内各测定区间的平整度标准差,各评定路段平整度的平均值、标准差、变异系数以及不合格区间数。

平整度检测报告格式如表 1.3.2 及表 1.3.3 所示。

表 1.3.2 平整度检测报告(3 m 直尺法)

工程名称_____ 结构名称_____ 规定值_____ 路段桩号_____
检 验 者_____ 计 算 者_____ 校核者_____ 检验日期_____

测定区间桩号	测尺序号或桩号	最大间隙/mm	合格尺数	合格率/%	平均值/mm

表 1.3.3 平整度检测报告(连续平整度仪法)

工程名称_____ 结构名称_____ 规定值_____ 路段桩号_____
检 验 者_____ 计 算 者_____ 校核者_____ 检验日期_____

测定区间桩号	序号	标准差/mm	平均值/mm	标准差/mm	变异系数	合格区间数	合格率/%

3.3 车载式颠簸累积仪测定平整度

车载式颠簸累积仪测定路面平整度的方法,是用车载式颠簸累积仪测量车辆在路面上通行时后轴与车箱之间的单向位移累积值 VBI,以此表示路面的平整度,以 cm/km 计算。

本方法适用于测定路面表面的平整度,评定路面的施工质量和使用期间的舒适性,不适于在已有较多坑槽、破损严重的路面上测定。

3.3.1 仪器与设备

(1)车载式颠簸累积仪

该仪器由机械传感器、数据处理器及微型打印机组成。传感器固定安装在测试车的底板上,如图1.3.2所示。仪器的主要技术性能指标如下:

1)测试速度可在30~80 km/h范围内选定。

2)最小读数1 mm。

3)最大测试幅值±20 cm。

4)最大显示值9 999 cm。

5)系统最高反应频率5 kHz。

6)使用环境温度0~50 ℃。

7)使用环境相对湿度<85%。

8)稳定性,连续开机8 h,漂移范围±1 cm。

9)使用电源,12 VDC,1 A。

10)测试路段计算长度选择100 m,200 m,300 m,400 m,500 m,600 m,700 m,800 m,900 m,1 000 m等10种,试验时选择其中一种。

11)数据显示及输出,可显示数据及打印输出测试路面计算长度内的单向位移颠簸累积值。

(2)测试车

测试车指旅行车、越野车或小轿车。

3.3.2 准备工作

(1)仪器安装

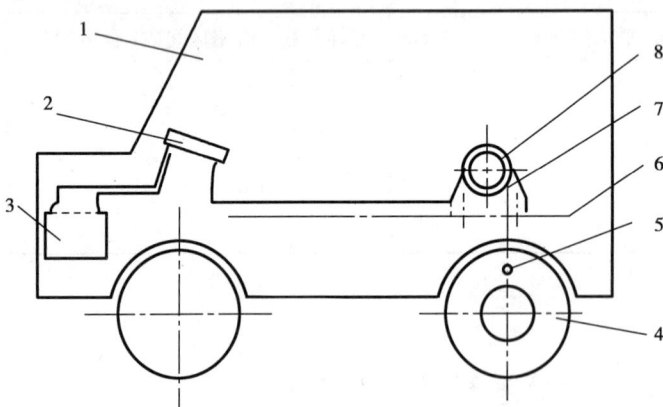

图1.3.2 车载试验颠簸累积仪安装

1—测试车;2—数据处理器;3—电瓶;4—后桥;

5—挂钩;6—底板;7—钢丝绳;8—颠簸累积仪传感器

1)车载式颠簸累积仪的机械传感器应对准测试车的后桥差速器上方,用螺栓固定在车厢底上,如图1.3.2所示。

2)从机械传感器的定量位移轮线槽引出钢丝绳,穿过此孔洞与后桥差速器盒连接,但钢丝绳不能与孔洞边缘磨擦或接触。

3)将后桥差速器盒盖螺丝卸下,加装一个用 $\phi3$ mm铁丝或2 mm厚钢板做成的小挂钩再装回拧紧,以备挂测量钢丝绳之用。

4)机械传感器在挂钢丝绳之前,定量位移轮应预先按箭头方向沿其中轴旋转2~3圈,使内部发条具有一定的紧度,钢丝绳则绕其线槽 2 ~ 3 圈后引出,穿过车厢底板所打的 $\phi2.5$ cm 的孔洞至差速器新装的挂钩上挂住,钢丝绳应张紧,这时仪器即处于测量准备状态。注意:在不测量时应松开挂钩,收回钢丝绳置于车厢内。

5)数据处理器及打印机安置于车上任何便于操作的位置或座位上。

(2)仪器检查及准备

1)仪器装载车,轮胎气压应符合所使用测试汽车的规定值。轮胎应清洁,不得粘附有沥青块等杂物。车上人员及载重应与仪器标定时相符。汽车底盘悬挂没有松动或异常响声。

2)要求挂好的钢丝绳在线槽上应没有重叠,张力良好。

3)连接电源,用 12 V 直流电源供电,也可使用汽车蓄电池,或加装一插头接于汽车点烟器插座处供电。电源线红色为正极,白色为负极,电源极性不得接错。

4)安妥机械传感器、打印机及数据处理器的连接线插头。

5)打开打印机边上的电源开关,试验开关置于空白处。

6)设定测试路段计算区间的长度,标准的计算区间长为 100 m,根据要求也可为 200 m,500 m 或 1 000 m。

3.3.3　测试步骤

1)汽车停在测量起点前 300 ~ 500 m 处,打开数据处理器的电源,打印机打印出"VBI"等字头,在数码管上显示"P"字样,表示仪器已准备好。

2)在键盘上输入年、月、日,然后按"D"键,打印机打出测试日期。

3)在键盘上输入测试路段编码后按"C"键,路段编码即被打印出,如"C010"。

4)在键盘上输入测试起点公里桩号及百米桩号,然后按"A"键,起点桩号即被打印出,如"A018+100 km"。

注:"F"键为改错键,当输入数据出错时,按"F"键后可重新输入正确的数字。

5)发动汽车向被测路段驶去,逐渐加速,保证在到达测试起点前稳定在选定的测试速度范围内,但必须与标定时的速度相同,然后控制测试速度的误差绝对值不超过 3 km/h。除特殊情况外,标准的测试速度为 32 km/h。

6)到达测试起点时,按下开始测量键"B",仪器即开始自动累积被测路面的单向颠簸值。

7)当到达测试路段终点时,按所选的测试路段计算区间长度相对应的数字键(例如数字键"1"代表 100 m,"2"代表 200 m,"5"代表 500 m,"0"为 1 000 m 等),将测试路段的颠簸累积值换算成以千米计的颠簸累积值打印出来,单位为 cm/km。

8)连续测试。以每段长度 100 m 为例,到达第一段终点后按"1"键,车辆继续稳速前进;到达第二段终点时,按数字键"2";依此类推。在测试中被测路段长度可以变化,仪器除能把不足 1 000 m 的路段长度测试结果换算成以千米计的测试结果 VBI 外,还可以把测试过的路段长度自动累加后连同测试结果一起打印出来。

注:"E"键为暂停键,测试过程中按此键将使所显示数值在 3 s 内保持不变,供测试者详细观察或记录测试数字,但内部计数器仍在继续累积计数,过 3 s 后数据重新显示新的数据,暂停期间不会中断或丢失所测数据。

9)测试结果。常规路面调查一般可取一次测量结果,如属重要路面评价测试或与前次测量结果有较大差别时,应重复测试 2 ~ 3 次,取其平均值作为测试结果。

10)测试完毕,关闭仪器电源,把挂在差速器外壳的钢丝绳摘开,钢丝绳由车厢底板下拉上来放好,以备下次测试。注意:松钢丝绳时要缓慢放松,因机械传感器的定量位移轮内部有张紧发条,松绳过快易损坏仪器,甚至会被钢丝绳划伤。

注:装好仪器(挂好钢丝绳)的汽车,不测量时不要长途驾驶。

3.3.4 VBI 值与其他平整度指标间的相互关系

用车载式颠簸累积仪测定的 VBI 值需要与其他平整度指标,如连续式平整度仪的标准差、国际平整度指标(IRI)等进行换算时,应将车载式颠簸累积仪的测试结果进行标定,即与相关的平整度仪测量结果建立相关关系,相关系数均不得小于 0.99。

为与其他平整度指标建立相关关系,选择的标定路段应符合下列要求:

1)有 5～6 段不同平整度的现有道路,从好到坏不同程度地都应各有一段。

2)每段路长不小于 300 m。

3)每一段中的平整度应均匀,段内应无太大差别,包括路段前 50 m 的引道。

4)标定路段应选纵坡变化较小的平坦、直线路段。

5)选择交通量小或可以疏导的路段,减少标定时车辆的干扰。

标定路段起讫点用油漆作好标记,并每隔一定距离作中间标记,标定宜选择在行车道的正常轮迹上进行。

(1)用连续式平整度仪进行标定的步骤

1)用于标定的仪器应使用按规定校准后能准确测定路面平整度的连续平整度仪。

2)用连续式平整仪沿选择的每个路段全程连续测量平整度 3～5 次,取其平均值作为该路段的测试结果(以标准差表示)。

3)用车载式颠簸累积仪沿各个路段进行测量,重复 3～5 次后,取其各次颠簸累积值作为该路段的测试结果,与平整度仪的各段测试结果相对应。标定时的测试车速应在 30～50 km/h 范围内选用一种或两种稳定的车速分别进行,记录车速及搭载量,以后测试时的情况应与标定时的相同。

4)整理相关关系。将连续式平整度仪测出的标准差 σ 及车载式颠簸累积仪测出的颠簸累积值 VBI_V 绘制出曲线,并进行回归分析,建立下式的相关关系:

$$\sigma = a + b \cdot VBI_V \quad (1.3.2)$$

式中:σ——用连续式平整度仪测定的以标准差表示的平整度,mm;

VBI_V——测试速度为 V(km/h)时用颠簸累积仪测得的累积值 VBI,cm/km;

a,b——回归系数。

(2)将车载式颠簸累积仪测定结果换算在国际平整度指数的标定方法

1)将所选择的标定路段在标记上每隔 0.25 m 作出补充标记。

2)在每个路段上用经过校准的精密水平仪分别测出每隔 0.25 m 标点上的标高,按有关方法计算国际标准平整度指数 IRI(m/km)。

3)用车载式颠簸累积仪测试得到各个路段的测试结果。

4)将各个路段的国际平整度指数 IRI 与颠簸累积值 VBI_V 绘制出曲线,并进行回归分析,建立下式的相关关系:

$$IRI = a + b \cdot VBI_V \quad (1.3.3)$$

式中：IRI——国际平整度指数，m/km；

　　　VBI_V——测试速度为 V（km/h）时用颠簸累积仪测得的累积值 VBI，cm/km；

　　　a,b——回归系数。

3.4　车载式激光平整度仪测试平整度

本方法适用于车载式激光平整度仪测量路面国际平整度指数（IRI），以表征路面平整度。本方法适用于在无严重坑槽、车辙等病害及无积水、无冰雪、无泥浆的正常通车条件下路面上进行平整度测试。

3.4.1　仪器和设备

车载式激光平整度仪（以下简称激光平整度仪）由承载车、距离传感器、纵断面高程传感器和主控制系统组成，基本技术参数的要求如下：

1）测试速度：30～100 km/h；

2）采样间隔：≤500 mm；

3）传感器测试精度：1.0 mm；

4）距离标定误差：≤0.05%。

3.4.2　准备工作

1）检查激光平整度仪的各传感器。

2）检查承载车轮胎气压，应达到车辆轮胎规定的标准气压，车胎应清洁，不得沾附杂物。

3）现场安装距离测量装置，应确保机械紧固装置安装牢固，螺丝无松动。

4）检查激光平整度仪各部分应符合测试要求，不应有破损。

5）打开系统电源，启动控制程序，检查各部分的工作状态。

3.4.3　测试步骤

1）测试开始之前应让承载车以一定速度行驶 5～10 km/h，按照规定的预热时间对激光平整度仪预热。

2）承载车停在测试起点前 50～100 m 处，启动平整度测试系统程序，按照测试路段的现场技术要求设置完毕所需的测试状态。

3）驾驶员应按照要求的测试速度范围驾驶承载车，宜在 50～80 km/h 之间，避免急加速和急减速，急弯路段应放慢车速，沿正常行车轨迹驶入测试路段。

4）进入测试路段后，测试人员启动系统的采集和记录程序，在测试过程中必须及时准确地将测试路段的起、终点和其它需要特殊标记的位置输入测试数据记录中。

5）当承载车辆驶出测试路段后，测试人员停止数据采集和记录，并恢复仪器各部分至初始状态。

6）检查测试数据文件应完整，内容应正常，否则需要重新测试。

7）关闭系统电源，结束测试。

3.4.4 数据处理

激光平整度仪采集的数据是路面相对高程值,应以 100 m 为计算区间长度用 IRI 的标准计算程序计算国际平整度指数 *IRI* 值,以 m/km 计,保留 2 位小数。

3.4.5 激光平整度仪测值与国际平整度指数 IRI 相关性关系试验

此相关关系的确定方法可参考本教材 3.3.4,即颠簸累计仪测定的 *VBI* 值与国际平整度指数 *IRI* 的相关关系的确定。

练习题

3.1 测定路面平整度常用的方法有哪些? 各方法的适用场合是什么?

3.2 路面平整度是以什么为基准? 什么量规可进行什么值的测定?

3.3 路面不平整性有纵向和横向两类,其不平整性主要原因是什么引起的?

3.4 路面平整度指标主要表示方法有哪些?

3.5 简述用连续式平整度仪(CP-4 型)进行平整度测试的步骤。

3.6 车载式颠簸累积仪测定平整度的适用范围是什么? 主要优点是什么?

3.7 累积值 *VBI* 与其他平整度指标是否应进行换算? 其相关系数为多少?

3.8 平整度评定应包括哪些内容? 合格率计分标准是多少?

第4章
路面抗滑性能检测

4.1 概　述

路面的表面应有足够的抗滑能力,以保证行车安全。当路面抗滑能力不足时,汽车起动,会发生空转打滑现象;汽车在弯道上行驶,会产生横向滑移;紧急制动,所需的制动距离就会增长。这些都容易酿成交通事故。经调查,交通事故 80% 以上与路面滑溜有关,即与路面摩擦系数较低有关。因此,对于路面来说,抗滑性能是一项非常重要的质量评定指标。

4.1.1 影响路面抗滑性能的因素

路面具有一定的粗糙度是保证汽车在道路上安全行驶的必要条件。车轮轮胎与路面相互作用产生的摩擦阻力起制约作用。评价路面粗糙度的指标很多,但通常采用的是摩擦系数。路面的摩擦系数越大,粗糙度就越好。

影响轮胎与路面之间摩擦系数的因素主要有下述几个方面:

(1)轮胎的磨耗量、表面形状及构造

在相同结构的路面上,由于轮胎特性不同,其摩擦系数也不同。轮胎的磨耗量在一定程度上影响摩擦系数的大小。当轮胎磨耗率达 80% 以上时,摩擦系数减小 10% ~ 30%;在潮湿路面上行驶时,轮胎的表面花纹影响到摩擦系数的值,这是由于轮胎表面形状不同而引起路面上排水效果不同所致;轮胎的橡胶性质对摩擦系数也有影响。此外,轮胎的接触压力、轮重等变化时,也会引起摩擦系数的变化。

(2)路面类型、干湿状态、温度与车速

不同的路面类型,其摩擦系数值也有一定的差异,但在干燥状态下路面的摩擦系数差异不大,一般是能保证汽车安全行驶的。当路表处于潮湿状态,特别是路表与轮胎之间形成水膜时,摩擦系数要小得多。随着车速的提高,摩擦系数将降低。温度对摩擦系数也有影响,一般随着路面温度的升高,摩擦系数相应减小。

（3）面层结合料及集料

结合料的品种对摩擦系数有很大影响。根据试验和实践得知,就沥青路面的抗滑性而言,以煤沥青最好,混合沥青次之,粘稠石油沥青稍差,多蜡液体沥青(渣油)最差。不论何种结合料,随着其用量增加,摩擦系数均降低。集料的种类、性质、形状也明显影响摩擦系数。碱性石料对沥青的吸附性好,但不耐磨耗。路面建成初期摩擦系数高,但经过行车作用后易磨损而变光滑。未风化的酸岩石,大多强度高、耐磨,但与石油沥青的粘附性较差,所以要经过碱性处理。有棱角、表面粗涩、形状接近立方体的集料,其摩擦系数要比圆滑的集料大得多。此外,在集料的级配组成上,开级配的路面表面抗滑性能较好。

（4）路面上结冰、积雪及其他状态

路面上的结冰与积雪,均会使路面摩擦系数降低。因为轮胎与路面正常的接触条件被隔断,而变形了轮胎与冰、雪的接触。由于冰和雪的摩擦系数很低,通常在 0.1～0.3 之间,因此在结冰或积雪的路面上行车是非常危险的。路面上的脏物,如矿粉末、污泥及松散砂粒、汽车滴下的油类、轮胎磨耗的胶粉也会对摩擦系数产生影响。

4.1.2　路面抗滑标准

大量的试验与实践表明,由于雨水的润滑作用,引起路面摩擦系数降低,使路面滑溜。路面的滑溜给行车带来的危险性,主要表现在三个方面:汽车的制动距离增长;侧滑危险增大;方向控制失灵。因此,为了减少公路交通事故,特别是雨天的交通事故,需要提高路面的抗滑能力。哪些条件是影响路面抗滑能力的主要因素,用什么方法检测,指标数值确定多大合适,这是制定路面抗滑标准所要解决的问题。

影响路面抗滑性能的因素很多,但主要的有石料的抗滑性能(即石料磨光值 PSV),它既影响低速行车时路面的抗滑能力,也影响高速行车时路面的抗滑能力。在正常施工条件下,就影响幅度而言,石料的抗滑性能是影响抗滑性能的最主要因素(影响幅度达 30%～50%),因此,应当选用抗滑性能好的集料(即强度高、耐磨耗、表面粗糙、有棱角、接近立方体等)作用层骨料,并采用优质沥青或掺配添加剂(包括掺水泥或掺石灰处理酸性石料等)。路面的宏观构造是影响高速行车时路面抗滑能力的一个因素(影响幅度为 20%～30%)。路面的宏观构造是指路面集料间形成的宏观粗糙度(相对于集料本身的粗糙度,亦称微观构造而言)。宏观构造大,高速行车时的路表水能迅速排除,保证轮胎与石料直接接触,路面的抗滑性能就好;反之,路面宏观构造小,表面易形成水膜,路面的抗滑性能就差。关于路面抗滑条件的控制指标各国间不太一致,有的国家采用单一的指标,有的则采用多项指标,但总的趋势是抗滑标准从单项指标向多项指标发展,这是因为多项指标的抗滑标准更能保证高速行车的安全。

《公路沥青路面设计规范》中规定:在设计高速公路、一级公路的沥青表面层时,应选用抗滑、耐磨石料,其石料磨光值应大于 42。沥青路面表层抗滑性能指标有:

1）摩擦系数。高速公路、一级公路宜在竣工后第一夏季采用摩擦系数测定车,以(50±1) km/h 的车速测定横向力系数 SFC。

2）路面宏观构造深度。应在路面竣工后第一夏季用铺砂法或激光构造深度仪测定。

3）一般于竣工后第一个夏季测定沥青面层横向力系数或摆值、路面宏观构造深度。

高速公路、一级公路的沥青面层抗滑标准见表 1.4.1,其他公路的沥青表面未作具体要求。

表1.4.1 沥青表面层抗滑标准

指标	竣工验收值		
	横向力系数 SFC	摆值 FB(BPN)	构造深度 TD/mm
规定值	≥54	≥45	≥0.55

对于水泥混凝土路面,抗滑性能以构造深度为指标,其竣工验收值为:高速公路、一级公路不应低于0.8 mm,其他各级公路不应低于0.6 mm。对于降雨量在500 mm以下的地区,可适当降低。

构造深度的检测(铺砂法)频率按每200 m一处。

4.2 路面构造深度测定

4.2.1 手工铺砂法测定路面构造深度

路面的宏观构造(即路表面集料之间形成的凹凸状况)是影响抗滑性能的重要因素。特别是在雨天和高速行驶的条件下更为明显。宏观构造大的路面(即纹理构造深度大的路表面)不但能及时排除雨水,使轮胎与路面集料直接接触,而且由于路面上突出的尖棱切入轮胎使抗滑阻力增大。纹理构造深度浅的路面在雨天高速行驶时易形成水膜,使摩擦系数大大降低。因此,以路面构造深度作为路面抗滑的附加标准是很有必要的。铺砂法的基本原理是:将已知体积的砂在路面表面上摊成一定范围的圆,砂的体积与所覆盖表面的平均面积的比称为路面的构造深度,用 TD 表示,单位为 mm。

本方法适用于测定沥青路面及水泥混凝土路面表面构造深度,用以评定路面表面的宏观粗糙度、排水性能及抗滑性能。

(1)仪器设备

1)人工铺砂仪。由圆筒、摊平板组成。

①量砂筒。一端是封闭的,内径为 φ20 mm,外径为 φ26 mm,总高为90 mm,容积为(25±0.15)ml。可通过称量砂筒中水的质量以确定其容积 V,并调整其高度,使其容积符合高度要求。

②摊平板。摊平板应为木制或铝制,直径50 mm,底面粘一层厚1.5 mm的橡胶片,上面有一圆柱把手。

③刮平尺。可用30 cm钢板尺代替。

2)量砂。足够数量的干燥洁净的匀质砂,粒径0.15~0.3 mm。

3)量尺。钢板尺、钢卷尺或采用专门的构造深度尺。

4)其他。装砂容器、小铲、扫帚或毛刷、挡风板等。

(2)准备工作

1)量砂准备。将洁净的细砂晾干、过筛,取0.15~0.3 mm的砂置于适当的容器中备用。量砂只能在路面上使用一次,不宜重复使用。回收砂必须经干燥、过筛处理后方可使用。

2)确定测点。对测试路段按随机取样的方法确定测点。测点应选在行车道的轮迹带上，距路面边缘不应小于 1 m。

(3)试验步骤

1)用扫帚或毛刷子将测点附近的路面清扫干净，面积不小于 30 cm×30 cm。

2)用小铲装砂，沿筒向圆筒中注满砂，手提圆筒上方，在硬质路上轻轻叩打 3 次，使砂密实，补足砂面，用钢尺一次刮平。注意不可直接用量筒装砂，以免影响量砂密度的均匀性。

3)将砂倒在路面上，用底面粘有橡胶片的推平板，由里向外重复做摊铺运动。稍稍用力将砂细心地尽可能地向外摊开，使砂填入凹凸不平的路表面空隙中。尽可能将砂摊成圆形，并不得在表面上留有浮动的余砂。注意摊铺时不可用力过大或向外摊挤。

4)用钢板尺测定所构成圆的两个垂直方向的直径，取其平均值，准确至 1 mm。

5)按以上方法，同一处平行测定不少于 3 次，3 个测点均位于轮迹带上，测点间距 3~5 m。该处的测定位置以中间测点的位置表示。

路面表面构造深度测定结果按下式计算：

$$TD = \frac{1\ 000V}{\pi D^2/4} = \frac{31\ 831}{D^2} \tag{1.4.1}$$

式中：TD——路面表面构造深度，mm；

V——砂的体积，25 cm³；

D——摊平砂的平均直径，mm。

试验记录格式如表 1.4.2 所示。

表 1.4.2　手工铺砂法路面构造深度试验记录

工程名称_____　结构层次_____　路段桩号_____

检验者_____　计算者_____　校核者_____　检验日期_____

测试地点		构造深度 TD/mm				路况描述	备注
桩号	横距/m	1	2	3	平均值		
测点数		规定值		平均值		标准差	变异系数	合格率

当平均值小于 0.2 mm 时，试验结果以"<0.2 mm"表示。同时还要计算每个评定路段路面构造深度的平均值、标准差、变异系数等。

一般来说，手工铺砂法误差较大，其原因很多，例如装砂的方法无标准，致使量筒中的砂紧密程度不一样，影响砂量；还有摊砂用的摊平板无标准，更主要的是砂摊开到多大程度为止，无明确规定，故各人掌握不一样。为了克服手工铺砂法掌握不统一、测量不准的缺点，可采用电动铺砂法和激光法。

4.2.2 激光构造深度仪测定路面构造深度

激光构造深度仪是智能化仪器,它适用于测定沥青路面干燥表面的构造深度,用以评价路面抗滑及排水能力,测试温度不低于 0 ℃。不适用于有积水、积雪、泥浆等情况的路面及带有沟槽构造的水泥路面的构造深度测定。

(1)仪器设备

1)激光构造深度仪。在两轮的手推小车上装有光电测试设备、打印机及仪器操作装置。最大测量范围为 20 mm,精度为 0.01 mm。

2)其他。扫帚、打气筒、充电器、打印纸、色带、标志板、小红旗等。

(2)准备工作

1)检查仪器是否正常。

2)检查电池电压,如不充足应予以充电,充电时间宜为 12~15 h。

3)检查轮胎压力,应符合(0.07±0.01) MPa 的要求,保持轮胎顶面的清洁,无沥青及泥块等粘附物。

4)安装打印纸带及色带。

5)选择测定路段,测定位置应位于行车带轮迹上。

6)将所测定的路段用扫帚清扫干净,作出起、终点标记。

7)打开手柄的钥匙开关,接通电路,操作控制器和指标器开始工作。

(3)试验步骤

1)将激光构造深度仪置于测工作状态(READ),仪器备有下列四档程序:①标准程序(CALIBRATION)或厂家调试程序;②大孔隙或粗糙度大的路面测量程序(TEXTUREHRA);③一般路面测量程序(TEXTURE);④传感器校核程序(SENSORCHECK)。

正式测量时应首先使用传感器校核程序在待测路面上进行传感器检测校准,其峰值数(百分数)应分布在 112~144 范围内。如果峰值分布明显过高或过低,则表示轮胎气压不正常、已严重磨损或粘满了沥青材料。

2)根据被测路面状况,选择一般路面测量程序或大孔隙、粗糙度大的路面测量程序进行测量。

3)以稳定的速度推车行驶进行测定,仪器按每一个计算区打印出该段构造深度的平均值。标准的计算区间长度为 100 m,根据需要也可为 10 m 或 50 m。

激光构造深度仪适宜的行驶速度为 30~50 km/h。同一计算区间平行测定 2 次,重复性误差绝对值不大于 0.02 mm。

4.2.3 电动铺砂仪测定路面构造深度

本方法适用于测定沥青路面及水泥混凝土路面表面构造深度,用以评定路面表面的宏观粗糙度及路面表面的排水性能和抗滑性能。

(1)仪器设备

1)电动铺砂仪。利用可充电的直流电源,将量砂通过砂漏铺设成宽度 5 cm、厚度均匀一致的器具,如图 1.4.1 所示。

2)量砂。足够数量的干燥洁净的匀质砂,粒径为 0.15~0.3 mm。

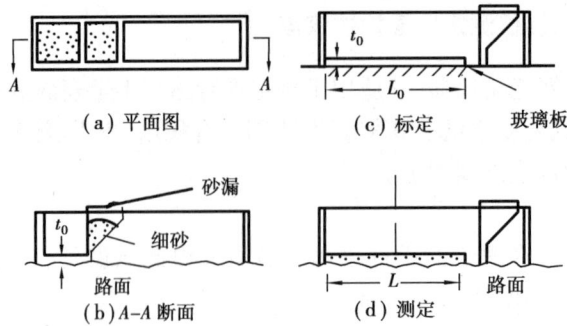

图 1.4.1　电动铺砂仪

3）标准量筒。容积 50 ml。

4）玻璃板。面积大于铺砂器，厚 5 mm。

5）其他。直尺、扫帚、毛刷等。

（2）准备工作

1）量砂准备。取洁净的细砂，晾干，过筛。取 0.15 ~ 0.3 mm 的砂置于适当的容器中备用。已在路面上使用过的砂若回收重复使用时，应重新过筛并晾干。

2）确定测点。对测试路段按随机取样选点的方法，决定测点所在的横断面的位置。测点应选在行车道的轮迹带上，距路面边缘不小于 1 m。

3）电动铺砂器标定：

①将铺砂器平放在玻璃板上，将砂漏移至铺砂器端部。

②使灌砂漏斗口和量筒大致齐平，通过漏斗向量筒中缓缓注入准备好的量砂至高出量筒成尖顶状，用直尺沿筒口一次刮平，其容积为 50 ml。

③使漏斗口与铺砂器砂漏上口大致齐平。将砂通过漏斗均匀倒入砂漏，漏斗前后移动，使砂的表面大致齐平，但不得用任何其他工具刮动砂。

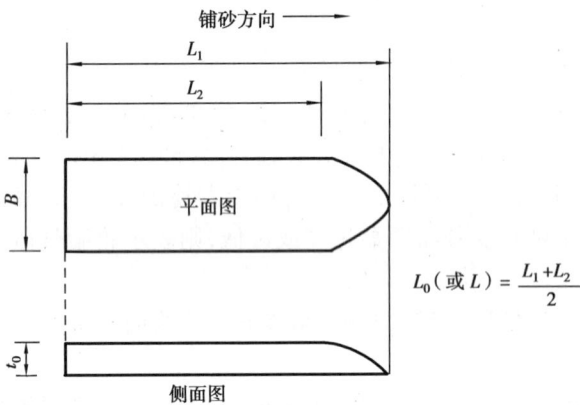

图 1.4.2　决定 L_0 及 L 的方法

$$L_0（或 L）= \frac{L_1 + L_2}{2}$$

④开动电动机，使砂漏向另一端缓缓运动，量砂沿砂漏底部铺成如图 1.4.2 所示的宽 5 cm 的带状，待砂全部漏完后停止。

⑤按图 1.4.2 由 L_1 及 L_2 的平均值决定量砂的摊铺长度 L_0，准确至 1 mm。

$$L_0 = (L_1 + L_2)/2 \tag{1.4.2}$$

⑥重复标定 3 次，取平均值决定 L_0，准确至 1 mm。标定应在每次测试前进行，用同一种量砂，由承担测试的同一试验员进行。

铺砂仪在玻璃板上摊铺的量砂厚度 t_0(mm) 为

$$t_0 = \frac{V}{B \cdot L_0} \times 1\ 000 = \frac{1\ 000}{L_0} \tag{1.4.3}$$

式中:V——量砂体积,50 ml;

　B——铺砂仪铺砂宽度,50 mm。

(3)测试步骤

1)将测试地点用毛刷刷净,面积大于铺砂仪。

2)将铺砂仪沿道路纵向平稳地放在路面上,将砂漏移至端部。

3)按与准备工作中(2)~(5)相同的步骤,在测试地点摊铺 50 ml 量砂,按图 1.4.2 的方法量取摊铺长度 L_1 及 L_2,由式(1.4.2)计算 L,准确至 1 mm。

4)按以上方法,同一处平等测定不少于 3 次,3 个测点均位于轮迹带上,测点间距 3~5 m。该处的测点位置以中间测点的位置表示。

路面构造深度按下式计算:

$$TD = \frac{L_0 - L}{L} \cdot t_0 = \frac{L_0 - L}{L \cdot L_0} \times 1\,000 \tag{1.4.4}$$

式中:TD——路面的构造深度,mm;

　L——路面上 50 ml 量砂摊铺的长度,mm。

每一处均取 3 次路面构造深度的测定结果的平均值作为试验结果,准确至 0.1 mm。其他要求同手工铺砂法。

表 1.4.3　电动铺砂法路面构造深度试验记录

工程名称_____　结构层次_____　路段桩号_____

检 验 者_____　计 算 者_____　校核者_____　检验日期_____

测试地点		L_0 /mm	t_0 /mm	L_1 /mm	L_2 /mm	L /mm	TD /mm	平均值 TD /mm
桩号	横距/m							

测点数		规定值		平均值		标准差		变异系数		合格率	

4.3 路面摩擦系数测定

4.3.1 摆式仪测定路面摩擦系数

摆式仪属于轻便型测量仪器,许多国家都采用。它具有结构简单、操作方便、数据稳定的优点。但它毕竟是一种比照试验法,其试验条件与路面实际行车条件没有直接关系,故有一定的局限性。本方法适用于测定沥青路面及水泥混凝土路面的抗滑值,用以评定路面在潮湿状态下的抗滑能力。摆式仪构造如图1.4.3所示。

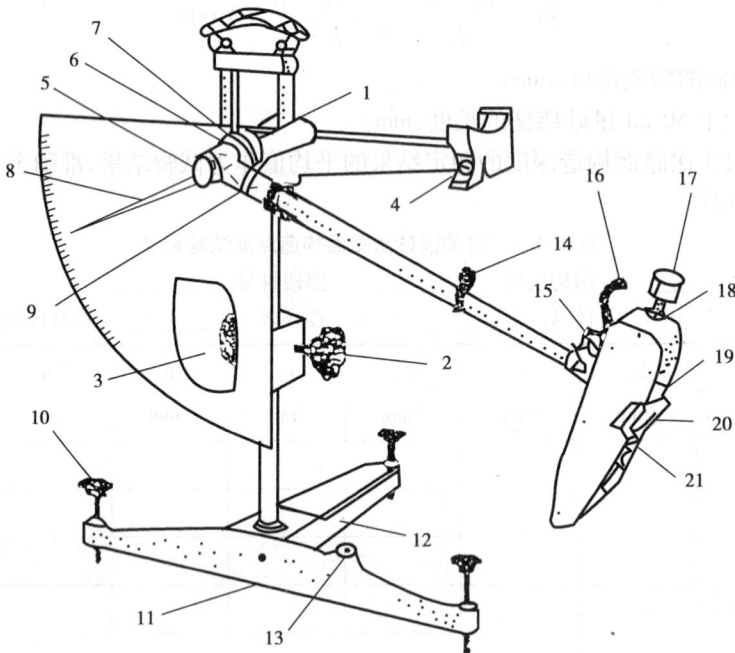

图 1.4.3 摆式仪的构造

1,2—紧固把手;3—升降把手;4—释放把手;5—转向节螺盖;6—调节螺母;
7—针簧片或毡垫;8—指针;9—连接螺母;10—调平螺母;11—底座;12—垫块;13—水准泡;
14—卡环;15—定位螺丝;16—举升柄;17—平衡锤;18—并紧螺母;
19—滑溜块;20—橡胶片;21—止滑螺丝

(1)仪器准备

1)摆式仪。

2)橡胶片。尺寸为 6.35 mm×25.4 mm×76.2 mm,橡胶质量符合规定要求。

3)标准量尺。长 126 mm。

4)洒水壶。

5)橡胶刮板。

6)路面温度计。分度不大于 1 ℃。

7）其他。皮尺或钢卷尺、扫帚、粉笔等。

（2）准备工作

1）检查摆式仪的调零灵敏情况，并定期进行仪器的标定。当用于路面工程检查验收时，仪器必须重新标定。

2）对测试路段按随机取样选点的方法选定测点。测点应选在行车车道的轮迹带上，距路面边缘不应小于 1 m，并用粉笔作出标记。测点位置与铺砂法一一对应。

（3）试验步骤

1）仪器调平

①将仪器置于路面测点上，并使摆的摆动方向与行车方向一致。

②转动底座上的调平螺栓，使水准泡居中。

2）调零

①放松上、下两个紧固把手，转动升降把手使摆升高，并能自由摆动，然后旋紧紧固把手。

②将摆向右运动，按下安装于悬臂上的释放开关，使摆上的卡环进入开关槽，放开释放开关，摆即处于水平释放位置，并把指针抬至与摆杆平行处。

③按下释放开关，使摆向左带动指针摆动，当摆达到最高位置下落时，用左手将摆杆接住，此时指针应指零。若不指零时，可稍旋紧可放松摆的调节螺母，重复本项操作，直至指针指零。调零允许误差为±1BPN。

3）校核滑动长度

①用扫帚扫净路面表面，并用橡胶刮板清除摆动范围内路面上的松散粒料。

②让摆自由悬挂，提起摆头上的举升柄，将底座上垫块置于定位螺丝下面，使摆头上的滑溜块升高。放松紧固把手，转动立柱上的升降把手，使摆缓缓下降。当滑溜块上的橡胶片刚刚接触路面时，即将紧固把手旋紧，使摆头固定。

③提出举升柄，取下垫块，使摆向右运动，然后提举升槽使摆向左运动，直至橡胶片的边缘刚刚接触路面。在橡胶片的外边摆动方向设置标准量尺，尺的一端正对该点。再用手提起升柄，使滑溜块向上抬起，并使摆继续移动至左边，使橡胶片返回落下再一次接触路面。橡胶片两次同路面接触点的距离（即滑动长度）应符合 126 mm±1 mm 的要求。若滑动长度不符合标准时，用升高或降低仪器底正面的调平螺丝来校正。但需调平水准泡，重复此项校核直至使滑动长度符合要求，而后将摆和指针置于水平位置。应注意在校核滑动长度时，应以橡胶片长边刚刚接触路面为准，不可借摆的力量向前滑动，以免标定的滑动长度过长。

④用喷壶的水浇洒测试路面，并用橡胶刮板刮除表面泥浆杂质。

⑤再次洒水，并按下释放开关，使摆在路面滑过，指针即可指示出路面的摆值。但第一次测定不作记录。当摆杆回落时，用左手接住摆，右手提起举升柄使滑块升高，将摆向右运动，并使摆杆和指针重新置于水平释放位置。

⑥重复第（5）项的操作测定 5 次，并读取每次测定的摆值，即 BPN。5 次数值中最大值与最小值的差值不得大于 3 BPN。如差数大于 3 BPN，应检查产生的原因，并再次重复上述各项操作直至符合规定为止。取 5 次测定的平均值作为每个测点路面的抗滑值（即摆值 F_B），取整数，以 BPN 表示。

⑦在测点位置上用路表温度计测记潮湿路面的温度，准确至 1 ℃。

⑧按以上方法,同一处平行测定不小于 3 次,3 个测点均位于轮迹带上,测点间距 3 ~ 5 m。该处的测点位置以中间测点的位置表示。每一处均取 3 次测定结果的平均值作为试验结果,准确至 1 BPN。

(4) 抗滑值的温度修正

当路面温度为 $T(℃)$ 时测得的摆值为 F_{BT},必须按下式换算成标准温度 20 ℃ 的摆值 F_{B20}:

$$F_{B20} = F_{BT} + \Delta F \tag{1.4.5}$$

式中:F_{B20}——换算成标准温度 20 ℃ 的摆值;

F_{BT}——路面温度 T 时测得的摆值,BPN;

T——测定的路表潮湿状态下的温度,℃;

ΔF——温度修正值,按表 1.4.4 采用。

表 1.4.4　温度修正值

温　度　T/℃	0	5	10	15	20	25	30	35	40
温度修正值　ΔF	−6	−4	−3	−1	0	+2	+3	+5	+7

(5) 测试报告内容

1) 测试日期,测点位置,天气情况,洒水后潮湿路面的温度,并描述路面类型、外观、结构类型等。

2) 列表逐点报告路面抗滑值的测定值 F_{BT},经温度修正后的 F_{B20} 及 3 次测定的平均值。

3) 每一个评定路段(不小于 5 个测点)路面抗滑值的平均值、标准值、变异系数。

4) 精密要求是同一个测点,重复 5 次测定的差值不大于 3 BPN。

4.3.2　路面横向力系数测定

用标准的摩擦系数测定车测试,当测定轮与行车方向成一定角度且以一定速度行驶时,轮胎与潮湿路面之间摩擦阻力与接触面积的比值,称为路面横向力系数,代号 SFC,无量钢。

用标准的摩擦系数测定车测定沥青路面或水泥混凝土路面的横向力系数,测试结果可作为竣工验收或使用期评定路面抗滑能力的依据。

(1) 仪器设备

1) 摩擦系数测定车。SCRIM 型,主要组成如图 1.4.4 所示,由车辆底盘、测量机构、供水系统、荷载传感器、仪表及操作记录系统、标定装置等组成。

测定车应符合下列要求:

①测量机构。可以为单侧或双侧各安装一套,测试轮与车辆行驶方向成 20°角,作用于测试轮上的静态标准载荷为 2 kN。测试轮胎应为 3 ~ 20 mm 的光面轮胎,其标准气压为 (0.35±0.02) MPa。当轮胎直径减少 6 mm 时(每个测试轮测 350 ~ 400 km),需更换新轮胎。

②测定车辆轮胎气压应符合所使用汽车规定的标准气压范围。

③能控制洒水量,使路面水膜厚度不小于 1 mm。通常测量速度为 50 km/h 时,水阀开启量宜为 50%;测量速度为 70 km/h 时,宜为 70%;余此类推。

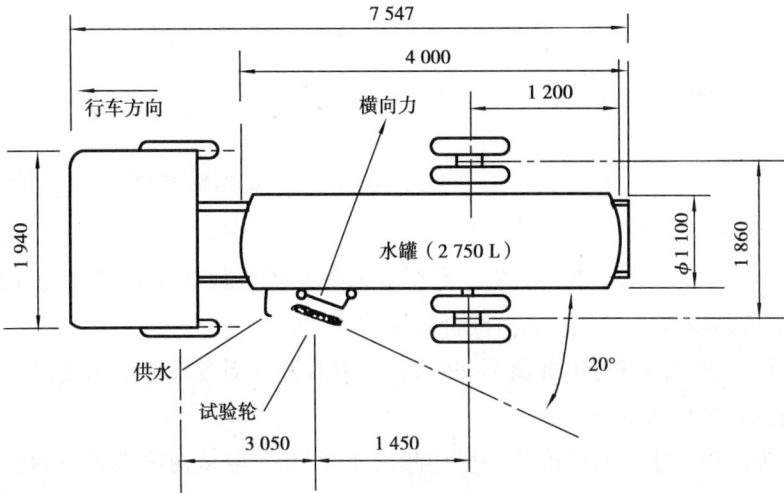

图 1.4.4　横向摩擦系数测定车机构(单位:mm)

2)其他备件。备用轮胎等备件。

(2)准备工作

1)按照仪器设备技术手册或使用说明书对测定系统进行标定。对仪器设备进行标定、检查时,必须在关闭发动机的情况下进行。标定按 SFC 值 10,20,30,…,100 的不同档次进行,满量程为 100 时的示数误差范围为±2。

2)检查横向摩擦系数测定车系统的各项参数是否符合规定的要求,检查外部警告标志是否正常。

3)贮水罐灌水。

4)将测试轮安装紧固,且保持在升起的位置上。

5)将记录装置置于正常使用状态,安装足够的打印纸。打开记录预热不少于 10 min。

6)根据需要确定采用连续测定或断续测定以及每公里测定的长度。选择并设定"计算区间",即输出一个测定数据的长度。标准的计算区间为 20 m,根据要求也可选择为 5 m 或 10 m。

7)根据要求设定为单轮测试或双轮测试。

8)输入所需的说明性预设数据,如测试日期、路段编号、里程桩号等。

9)发动车辆驶向测试地段。

(3)测定步骤

1)在测试路段起点前约 500 m 处停住,开机预热不少于 10 min。

2)降下测试轮,打开水阀检查水流情况是否正常及水流是否符合需要,检查仪表各项指数是否正常,然后升起测试轮。

3)将车辆驶向测试路段前 100~200 m 处降下测试轮。测定车的车速可根据公路等级的需要选择。除特殊情况外,标准车速为 50 km/h,测试过程中必须保持匀速。

4)进入测试段后,按开始键,开始测试。在显示器上监视测试运行变化,检查速度、距离有无反常波动,当需要标明特征(如桥位、路面变化等)时,操作功能键插入到数据流中,整千米里程桩上也应做相应的记录。

(4)测试数据处理

测定的摩擦系数数据存贮在磁带中,摩擦系数测定车 SCRIM 系统配有专门的数据处理程序软件,可计算和打印出每一个计算区间的摩擦系数值、行驶速度、统计个数、平均值及标准差,同时还可打印出摩擦系数的变化图。根据要求将摩擦系数在 0 ~ 100 范围内分成若干区间,作出各区间的路段长度占总测试里程百分比的统计表。

当测试车速和测试温度与标准值不一致时,还需要按以下方式进行速度修正和温度修正。

1)SFC 值的速度修正

以测试结果使用时所需的速度作为标准测试速度,其它测试速度条件下得到的 SFC 值应通过式 1.4.6 转换至标准速度下的等效 SFC 值。

$$SFC_{标} = SFC_{测} - 0.22(V_{标} - V_{测}) \qquad (1.4.6)$$

式中:$SFC_{标}$——标准测试速度下的等效 SFC 值;

$\quad\quad SFC_{测}$——现场实际测试速度条件下的 SFC 测试值;

$\quad\quad V_{标}$——标准测试速度,km/h;

$\quad\quad V_{测}$——现场实际测试速度,km/h。

2)SFC 值的温度修正

测试系统的标准现场测试地面温度范围为(20±5)℃,其他地面温度条件下测试的 SFC 值必须通过表 1.4.5 转换至标准温度下的等效 SFC 值。系统测试要求控制在 8 ~ 60 ℃的地面温度范围内。

表 1.4.5　SFC 值温度修正

温度/℃	10	15	20	25	30	35	40	45	50	55	60
修正	−3	−1	0	+1	+3	+4	+6	+7	+8	+9	+10

(5)测试报告内容

1)测试路段名称及桩号、公路和等级、测试日期、天气情况,路面在潮湿状态下的路表温度,描述面结构类型及外观等。

2)测试过程中交叉口、转弯等特殊路段及里程桩号的记录。

3)数据处理打印结果,包括各测点路面摩擦系数值、行程距离、行驶速度,每一个评定路段路面摩擦系数值统计个数、平均值、标准差、变异系数。

4)公路沿线摩擦系数的变化图,不同摩擦系数区间的路段长度占总测试里程百分比的统计表。

表 1.4.6　路面摩擦系数检验记录

工程名称＿＿＿＿＿＿　路面类型＿＿＿＿＿＿　路段桩号＿＿＿＿＿＿　检验日期＿＿＿＿＿＿

检 验 者＿＿＿＿＿＿　计 算 者＿＿＿＿＿＿　校 核 者＿＿＿＿＿＿　路面温度＿＿＿＿＿＿

测点位置		测点序号	路况描述	摆　值/BPN						测点摆值/BPN	修正后摆值/BPN
桩号	横距/m			1	2	3	4	5	平均值		
		1									
		2									
		3									
		1									
		2									
		3									
		1									
		2									
		3									
测点数		规定值/BPN		平均值/BPN			标准差		变异系数	合格率	

练习题

4.1　路面的表面是否具有足够的抗滑能力的意义是什么？

4.2　影响路面抗滑性的主要因素有哪些？

4.3　规范中规定的路面的抗滑性能的检测方法有哪些？简述其原理。

4.4　何谓路面宏观构造深度？重要性是什么？

4.5　手工铺砂法测定路面构造深度的适用范围是什么？基本原理是什么？

4.6　激光构造深度仪测定路面构造深度的适用范围是什么？主要试验步骤有哪些？

4.7　电动铺砂仪测定路面构造深度的适用范围是什么？与手动铺砂法异同点是什么？

4.8　简述摆式仪测定路面抗滑性能的测试要点。

4.9　摆式仪测定抗滑值报告的主要内容有哪些？

4.10　用标准的摩擦系数测定车测定的横向力系数,能否作为竣工验收评定路面抗滑性能力的依据？

第 **5** 章
路基路面强度与弯沉检测

土基的强度可用若干指标来表达(如抗剪强度、CBR 值、回弹模量等)。我国是以路表设计弯沉值作为路面整体强度的设计控制指标,因此采用土基回弹模量 E_0 来表示土基的强度。这是因为处于或接近弹性状态的路面,在荷载作用下,在一定的界限范围内,其回弹弯沉值与总弯沉是很接近的。对于强度高和使用多年而处于稳定状态的老路面,由于残余弯沉很小,可认为是处于或接近弹性工作状态,因此,可采用土基回弹模量 E_0 表示土基的强度。在一定的车轮荷载作用下,土基的回弹模量 E_0 值越大,其所产生的回弹弯沉值 L_0 就越小。

土基回弹模量的确定可以通过现场实测、室内实验法或通过经验公式计算确定。现场实测是在已竣工的路基上,用大型承载板或弯沉仪测定土基回弹模量值。

我国现行沥青路面设计规范中各层材料的模量、路面材料的回弹模量值应在不利季节进行测定。测定方法有两种:一种是整层材料测定法;另一种是由层状体理论反算法。其基本的方法是在专门修建的整层路面材料上利用汽车加荷或承载板加荷,测定其回弹弯沉值 L_1,利用弹性半空间体理论公式计算回弹模量值 E_1。

5.1 承载板法测定土基回弹模量

公路土基的回弹模量是路面厚度计算的重要参数,它对于正确设计路面有决定性的影响。在土基表面,用承载板采用逐级加载、卸载的方法,测出每级荷载相应的回弹变值,通过计算可求得土基回弹模量值。

5.1.1 主要测试仪器

1)加载设施,用载有铁块或集料等重物、后轴重不小于 60 kN 的汽车 1 辆作加载设备(轮胎内压 0.5 MPa),在汽车大梁的后轴之后约 80 cm 处,附设加劲小横梁一根作为反力架。

2)刚性承载板 1 块,直径为 30 cm,板厚 20 mm,直径两端设有立柱和可以调整高度的支座,供安放弯沉仪测头。

3)路面弯沉仪 2 台,由贝克曼梁百分表及其支架组成,其构造如图 1.5.1 所示。

4)油压千斤顶 1 台,规格 80~100 kN,装有经过标定的压力表或测力环。

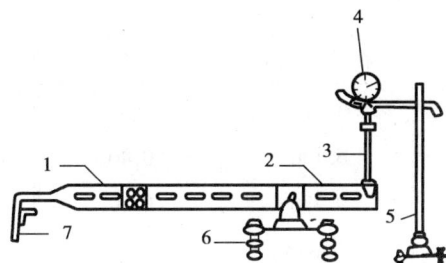

图 1.5.1　路面弯沉仪的构造

1,2—前后杠杆;3—立杆;4—百分表;5—表架;6—支座;7—测头

5)其他仪具,如秒表、水平尺、细砂、毛刷、铲等。

试验装置如图 1.5.2 所示。

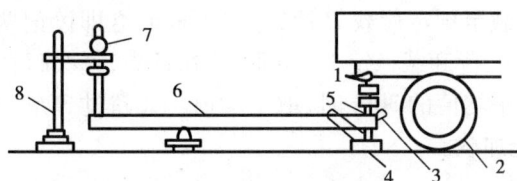

图 1.5.2　承载板试验

1—支承小横梁;2—汽车后轮;3—千斤顶油压表;
4—承载板;5—千斤顶;6—弯沉仪;7—百分表;8—表架

5.1.2　测定步骤

1)选定有代表性的测点,测点应位于水平的路基上,土基均匀,不含杂物。

2)仔细平整土基表面,撒细砂填土基凹处。砂子不可覆盖全部土基表面,以避免形成一层。

3)安置承载板,并用水平尺进行校正,使承载板呈水平状态。

4)将试验车置于测点上,使系于加劲小横梁中部的垂球对准承载板中心,然后收起垂球。

5)在承载板上安放千斤顶,上面衬垫钢圆筒、钢板,并将球座置于顶部与加劲横梁接触。如用测力环时,应将测力环置于千斤顶与横梁中间,千斤顶及衬垫物必须保持铅直,以免加压时千斤顶倾倒发生事故,影响测试数据的准确性。

6)将两台弯沉仪的测头分别置于承载板立柱的支座上,百分表对零或其他合适位置。

7)测绘土基的压力-变形曲线。采用逐级加载卸载法,用经过标定的压力表或测力环控制加载值。各级压力所需的加载值见表 1.5.1。为了使加载和计算方便,加载数值可适当调整为整数。

表 1.5.1　各级压力所需的加载值

压　强/MPa	荷　载/kN	压　强/MPa	荷　载/kN
0.05	3.079	0.30	18.473
0.10	6.156	0.40	24.630
0.15	9.236	0.50	30.788
0.20	12.315		

首先预压 0.05 MPa,使承载板与土基紧密接触,同时检查百分表的工作情况是否正常,然后放松千斤顶油门卸荷。百分表稳定 1 min 后,将指针对零或记录初始读数。

后期荷载施加采用逐级加载卸载法,用压力表或测力环控制加载量,荷载小于 0.1 MPa 时,每级增加 0.02 MPa,以后每级增加 0.04 MPa 左右。为了使加载和计算方便,加载数值可适当调整为整数。每次加载至预定荷载 P 后,稳定 1 min,立即读记两个百分表数值,然后轻轻放开千斤顶油门卸载至 0,待卸载稳定 1 min 后,再次读数,每次卸载后百分表不再调零。当两个百分表读数之差小于平均值的 30% 时,取平均值。如超过 30%,则应重测。当回弹变形值超过 1 mm 时,即可停止加载。

回弹变形按下式计算:

$$l_i' = (l_1 - l_2) \times 2 \tag{1.5.1}$$

式中:l_i'——各级荷载下实测的回弹变形,0.01 mm;

l_1——各级荷载下百分表读数平均值,0.01 mm;

l_2——各级荷载卸荷后对应的百分表读数平均值,0.01 mm。

变形测定结束后,在紧靠试验点的适当位置测定土基的密度和含水量。

由于汽车后轮的重力对承载板的回弹变形值会有一定的影响,因此,当承载板试验完毕后,尚需进行汽车后轮对承载板的影响量 a 值的测定。

8)测定总影响量 a。加载结束后取走千斤顶,重新读取百分表的初读数,再将汽车开出 10 m 以外,读取终读数,两个百分表的初、终读数之差即为总影响量 a。

各级压力的计算回弹变形值为

$$l_i = l_i' + a_i \tag{1.5.2}$$

式中:l_i'——各级荷载下实测的回弹变形,0.01 mm;

a_i——各级荷载下相应的影响量,0.01 mm。

表 1.5.2 是以后轴重为 60 kN 的汽车为测试车的各级荷载影响量。若用其他车型,应先测其各级荷载的影响量。

表 1.5.2　各级荷载影响量

承载板压力/MPa	0.05	0.10	0.15	0.20	0.30	0.40	0.50
影响量 a_i	0.06a	0.12a	0.18a	0.24a	0.36a	0.48a	0.60a

5.1.3　资料整理

承载板法试验记录格式如表 1.5.3 所示。

表 1.5.3　承载板法测定记录

路线和编号＿＿＿＿＿＿＿＿　　　路面结构＿＿＿＿＿＿＿＿　　　测定层位＿＿＿＿＿＿＿＿

测定用汽车型号＿＿＿＿＿＿　　　承载板直径/m＿＿＿＿＿＿　　　测定日期＿＿＿＿＿＿＿＿

检 验 者＿＿＿＿＿＿＿＿　　　计 算 者＿＿＿＿＿＿＿＿　　　校 核 者＿＿＿＿＿＿＿＿

千斤顶读数	荷载 p /kN	承载板压力 p /MPa	百分表读数 /0.01mm			总变形 /0.01 mm	回弹变形 /0.01 mm	分级影响量 /0.01 mm	计算回弹变形 /0.01 mm	备 注
			加载前	加载后	卸载后					
总影响量/0.01 mm:			土基含水量/%:			密度/(g·cm⁻³):			压实度/%:	
土基回弹模量 E_0 值/MPa:										

（1）绘制 p—l 曲线

将各级计算回弹变形值点绘于标准计算纸上，排除异常点，并绘出压力 p 与回弹变形 l 曲线，如图 1.5.3 所示。

（2）计算 E_0 值

按下式计算土基回弹模具 E_0 值：

$$E_0 = \frac{\pi}{4} \frac{pD}{l}(1 - \mu_0^2) \qquad (1.5.3)$$

式中：D——承载板直径，30 cm；

p——承载板压力，MPa；

l——相对于 p 的回弹变形，cm；

μ_0——泊松比，根据路面设计规范规定取用，当无规定时，非黏性土可取 0.30，高黏性土取 0.50。一般可取 0.35 或 0.40。

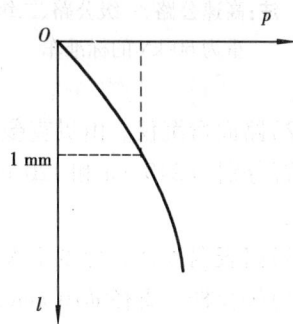

图 1.5.3　压力—回弹变形曲线

由 p—l 曲线可知，土基回弹横量不是一个定值。规范规定：当 $l<1$ mm 时用线性归纳法计算 E_0 值：

$$E_0 = 20.7 \frac{\sum p_i}{\sum l_i} \qquad (1.5.4)$$

式中：$\sum P_i$—— 对应于 l_i 的压力值之和；

$\sum l_i$——1 mm 变形前的各级实测值之和。

路面材料的抗压回弹模量亦可用承载板法测定。

对于细粒土,在试验室内亦可用小承载板法和强度仪法测定其回弹模量。

5.2　贝克曼梁测定路基路面回弹模量

本方法适用于在土基、厚度不小于 1 m 的粒料整层表面,用弯沉仪测定各测点的回弹弯沉值,通过计算求得该材料的回弹模量值的试验;也适用于在旧路表面测定路基路面的综合回弹模量。

5.2.1　仪器和仪具

1)标准车。双轴、后轴双侧四轮的载重车,标准车参数见表 1.5.4。

表 1.5.4　测定弯沉用的标准车参数

标准轴载等级	BZZ—100	BZZ—60
后轴标准轴重 P/kN	100±1	60±1
一侧双轮荷载/kN	50±0.5	30±0.5
轮胎充气压力/MPa	0.7±0.05	0.5±0.05
单轮传压面当量圆直径/cm	21.30±0.5	19.50±0.5
轮隙宽度	应能满足自由插入弯沉仪侧头的测试要求	

注:高速公路、一级公路、二级公路应采用后轴重为 100 kN 的标准车,其他等级公路可采用后轴重为 60 kN 的标准车。

2)路面弯沉仪。由贝克曼梁、百分表及表架组成。贝克曼梁由合金铝制成,上有水泡,其前后臂分别为 240 cm 和 120 cm,加长弯沉仪分别为 360 cm 和 180 cm。弯沉值采用百分表量得。

3)路表温度计。分度不大于 1 ℃。

4)接长杆。直径 ϕ16 mm,长 500 mm。

5)其他。皮尺、口哨、粉笔、指挥旗等。

5.2.2　准备工作

选择洁净的路基路面表面作为测点,在测点处作好标记并编号。

5.2.3　测试步骤

选择适当的标车,实测各测点处的路面回弹弯沉值 L_i。如在旧沥青面层上测定时,应读取温度,并按规定的方法进行测定弯沉值的温度修正,得到标准温度 20 ℃时的弯沉值。

5.2.4　资料整理

各测点回弹弯沉值 L_i 的记录格式与表 1.5.6 基本相同。

全部测点的回弹弯沉值测定后,分别计算其算术平均值、单次测量的标准差 S 和自然误差 r_0:

$$\bar{L} = \sum l_i/n \qquad (1.5.5)$$

$$S = \sqrt{\frac{\sum (l_i - \bar{L})^2}{n - 1}} \qquad (1.5.6)$$

$$r_0 = 0.675S \qquad (1.5.7)$$

式中:$\bar{L}$——回弹弯沉的平均值,0.01 mm;

　　S——回弹弯沉测定值的标准差,0.01 mm;

　　r_0——回弹弯沉测定值的自然误差,0.01 mm;

　　L_i——各测点的回弹弯沉,0.01 mm;

　　n——测点总数。

分别计算各测点的测定值与算术平均值的偏差值 $d_i = L_i - \bar{L}$,并计算较大的偏差与自然误差之比 d_i/r_0。当某个测点观测值的 d_i/r_0 值大于表 1.5.5 中的 d/r 极限值时,则应舍弃该测点,然后重新计算所余各测点的算术平均值($\bar{L}$)及标准差(S)。

表 1.5.5　相应于不同观测次数的 d/r 极限值

n	5	10	15	20	50
d/r	2.5	2.9	3.2	3.3	3.8

按下式计算代表弯沉值:

$$L_1 = \bar{L} + S \qquad (1.5.8)$$

式中:L_1——代表弯沉值,0.01 mm;

　　$\bar{L}$——舍弃不合要求的测点后所余各测点弯沉的算术平均值,0.01 mm;

　　S——舍弃不合要求的测点后所余各测点弯沉的标准差,0.01 mm。

土基、整层材料的回弹模量(E_1)或旧路的综合回弹模量为

$$E_1 = \frac{20p\delta}{L_1}(1 - \mu^2)\alpha \qquad (1.5.9)$$

式中:E_1——计算的土基、整层材料的回弹模量或旧路的综合回弹模量,MPa;

　　p——测定车的轮胎充气压力,MPa;

　　δ——测定车双圆荷载单轮传压面当量圆的半径,cm;

　　μ——测定层材料的泊松比,土基取 0.35,路面材料取 0.25;

　　α——弯沉系数,$\alpha = 0.712$。

5.3　路基与柔性路面弯沉测定

5.3.1　概述

弯沉是指路基或路面表面在规定的标准车作用下,路基或路面表面轮隙位置产生的总垂直变形(总弯沉)或垂直回弹变形(回弹弯沉),以 0.01 mm 为单位。由于弯沉能够代表路基路面整体抵抗垂直变形的能力,测定又比较直观、简便,因此是路基路面现场质量检测的常规项目之一。公路工程质量检验评定标准中规定:土方路基、沥青混凝土面层、沥青碎石面层、沥青贯入式或沥青上拌下贯式面层及沥青表面处治面层表面的弯沉均不得超过设计允许值。

弯沉测定的方法有贝克曼梁弯沉仪测定法、自动弯沉仪测定法及落锤式弯沉仪测定法等,我国目前采用贝克曼梁或自动弯沉仪测定,本节介绍这两种方法。

5.3.2　贝克曼梁测定路基路面回弹弯沉

(1)仪器设备

1)标准车。同本章 5.2 节。

2)弯沉仪。由贝克曼梁、百分表及表架组成,贝克曼梁的前臂(接触路面)与后臂(装百分表)长度比为 2:1。弯沉仪总长度有两种,一种长 3.6 m,另一种长 5.4 m。当在半刚性基层沥青路面或水泥混凝土路面测定时,宜采用长度为 5.4 m 的贝克曼梁弯沉仪,并采用 BZZ-100 标准车。

3)皮尺及温度计。皮尺 1~2 把,长 30~50 m;接触式路表温度计(或点温计),分度不大于 1 ℃。

4)其他工具与物品。千斤顶、加载重物、手旗、口哨、粉笔、油漆等。

(2)准备工作

1)检查测定用标准车的车况并保持其刹车性能良好,轮胎内胎符合规定压力。

2)向汽车车槽中装载重物(如铁块或集料),并在地磅上称量后轴总重量,应达到规定的轴重要求。在汽车行驶及测定过程中,轴重不得变化。

3)测定轮胎接地面积,在平整光滑的硬质路面上,用千斤顶将汽车后轴顶起,在轮下方铺一张新的复写纸,轻轻落下千斤顶,即在方格纸上印上轮胎印痕。用求积仪或数方格的方法测算轮胎接地面积,准确至 0.1 cm^2。

4)在沥青路面上测定时,要测定试验时气温和路表温度,并通过气象台了解前 5 天平均气温。

5)记录沥青路面修建或改建时材料、结构、厚度、施工及养护等情况。

(3)测试步骤

1)在测试路段布置测点,其距离随测试需要而定。测点应在路面行车车道的轮迹带上,并用白油漆或粉笔划上标记。

2)将试验车后轮轮隙对准测点后 3~5 cm 处的位置上。

3)将弯沉仪插入汽车后轮之间的缝隙处,与汽车方向一致,梁臂不得碰到轮胎。弯沉仪测头置于测点上(轮隙中心前方 3~5 cm 处),并装百分表于弯沉仪的测杆上;百分表调零:用手指轻轻叩打弯沉仪,检查百分表是否稳定回零。

4)测定者吹哨发令指挥汽车缓缓前进,百分表随路面变形的增加而持续向前转动,当表针转动到最大值时,迅速读取初读数 L_1。汽车仍在继续前进,表针反向回转,待汽车驶出弯沉影响半径(3 m 以上)后,令汽车停止。待表针回转稳定后,再读取终读数 L_2。汽车前进的速度宜为 5 km/h 左右。

5)令汽车驶至下一测点,重复(2)~(4)步骤,测完所有点。

6)将各点读取的数值记录到回弹弯沉试验记录表中(见表 1.5.6)。

表 1.5.6　回弹弯沉试验记录

路线名称_____　　试验车型号_____　　气温_____　　路面温度_____

单轮当量圆直径_____　　后　轴　重_____　　车轮单位压力_____

检　验　者_____　　计　算　者_____　　校核者_____　　检验日期_____

编号	测点桩号	百分表读数/0.01 mm				支点变形修正值 /0.01 mm $(L_3-L_4)\times6$	温度修正系数 K	回弹弯沉 /0.01 mm	路况修况	计算结果
		初读数 L_1		终读数 L_2						
		左	右	左	右					
										弯沉平均值 $\bar{L}=$
										标准差 $S=$
										代表弯沉值 $L_1=$

因弯沉仪的杠杆比为 2:1,故所测的回弹弯沉值为

$$L_t = (L_1 - L_2) \times 2 \tag{1.5.10}$$

式中:L_t——花沥青面层平均温度 t 时的回弹弯沉值,0.01 mm;

L_1——车轮中心临近贝克曼梁测头时百分表的最大读数,0.01 mm;

L_2——加载车驶出弯沉影响半径后待百分表稳定后的终读数,0.01 mm。

若是两台弯沉仪,则每测点弯沉值为

$$L_T = \frac{L_{T左} + L_{T右}}{2} \tag{1.5.11}$$

式中:$L_{T左}$——左侧车轮的弯沉值;

$L_{T右}$——右侧车轮的弯沉值。

(4)弯沉仪的支点变形修正

当采用长度为 3.6 m 的弯沉仪对半刚性基层沥青路面、水泥混凝土路面等进行弯沉测定时,有可能引起弯沉仪支座处变形,因此,测定时应检查支点有无变形。检验的方法是:用另一对检验用的弯沉仪安装在测定用弯沉仪的后方,其测点架在测定用弯沉仪的支点旁。当汽车开出时,同时测定两台弯沉仪的弯沉读数,若检验用的弯沉仪百分表有读数,即应该记录并进行支点变形修正。当在同一结构层上测定时,可在不同位置测定 5 次,求取平均值,以后每次测定时以此作为修正值。贝克曼梁支点变形修正原理如图 1.5.4 所示。

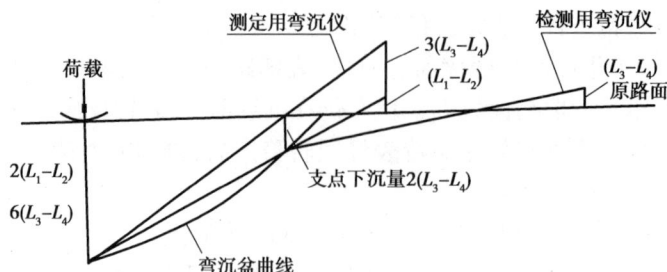

图 1.5.4　贝克曼梁支点变形修正原理

弯沉仪支点变形修正值为

$$L_T = (L_3 - L_4) \times 6 \tag{1.5.12}$$

式中：L_3——车轮中心临近弯沉仪测头时检验用弯沉仪的最大读数，0.01 mm；

　　L_4——汽车驶出弯沉影响半径后检验用弯沉仪的终读数，0.01 mm。

当需要进行弯沉仪支点变形修正时，路面测点的回弹弯沉为

$$L_T = (L_1 - L_2) \times 2 + (L_3 - L_4) \times 6 \tag{1.5.13}$$

当采用长度为 5.4 m 的弯沉仪测定时，可不进行变形修正。

（5）回弹弯沉的温度修正

沥青路面的弯沉以路表温度 20 ℃时为准。当沥青面层厚度小于或等于 5 cm 时，不需温度修正；当路面温度在（20±2）℃时，也不进行温度修正；其他情况下测定的弯沉值均应进行温度修正。

采用不同基层的沥青路面弯沉值的温度修正常数 K，根据沥青层平均气温 T 及沥青层厚度查图确定。沥青层平均温度 T 及弯沉值的温度修正系数 K 的确定方法见《公路路基路面现场测试规程》（JTG 3450—2019）。

沥青路面回弹弯沉为

$$L_{20} = L_T \cdot K \tag{1.5.14}$$

式中：L_{20}——换算为 20 ℃的沥青路面回弹弯沉值，0.01 mm；

　　L_T——测定时沥青面层内平均温度为 T 时的回弹弯沉值，0.01 mm；

　　K——温度修正系数。

（6）路基、柔性路面弯沉值评定

每一双车道评定路段（不超过 1 km）检查 80～100 个点，多车道公路必须按车道数与双车道之比，相应增加测点数。每一个评定路段的代表弯沉取弯沉测量值的上波动界限，用下式计算：

$$L_T = \bar{L} + Z_a S \tag{1.5.15}$$

式中：L_T——一个评定路段的代表弯沉，0.01 mm；

　　$\bar{L}$——一个评定路段内经各项修正后的各测点弯沉的平均值，0.01 mm；

　　S——一个评定路段内经各项修正后的各测点弯沉的标准差，0.01 mm；

　　Z_a——与保证率有关的系数。

高速、一级公路，对于路基采用 $Z_a = 2.0$，对于沥青面层采用 $Z_a = 1.645$；二、三级公路，对于路基采用 $Z_a = 1.645$，对于沥青面层采用 $Z_a = 1.5$。

计算平均值和标准差时,应将超出 $\overline{L}\pm(2\sim3)S$ 的弯沉特异值舍弃。对舍弃的弯沉值过大的点,应找出其周围界限,进行局部处理。

弯沉代表值不大于设计要求的弯沉值时得满分,大于设计要求的弯沉值时得零分。

5.3.3　自动弯沉仪测定路面弯沉

用自动弯沉仪在标准条件下每隔一定距离连续测试路面的总弯沉,并计算总弯沉值的平均值,以此作为尚无坑洞等严重破坏的道路验收检验及旧路面强度的评价指标,为路面养护管理系统提供数据,经过与贝克曼梁测定值进行换算后,也可用于路面结构设计。

(1)仪器设备

自动弯沉仪测定车:洛克鲁瓦型,由测试汽车、测量机构、数据采集处理系统三部分组成,如图 1.5.5 所示。测量机构安装在测试车底盘下面,测臂夹在后轴轮隙中间。汽车运行时测量机构提起,离开路面。

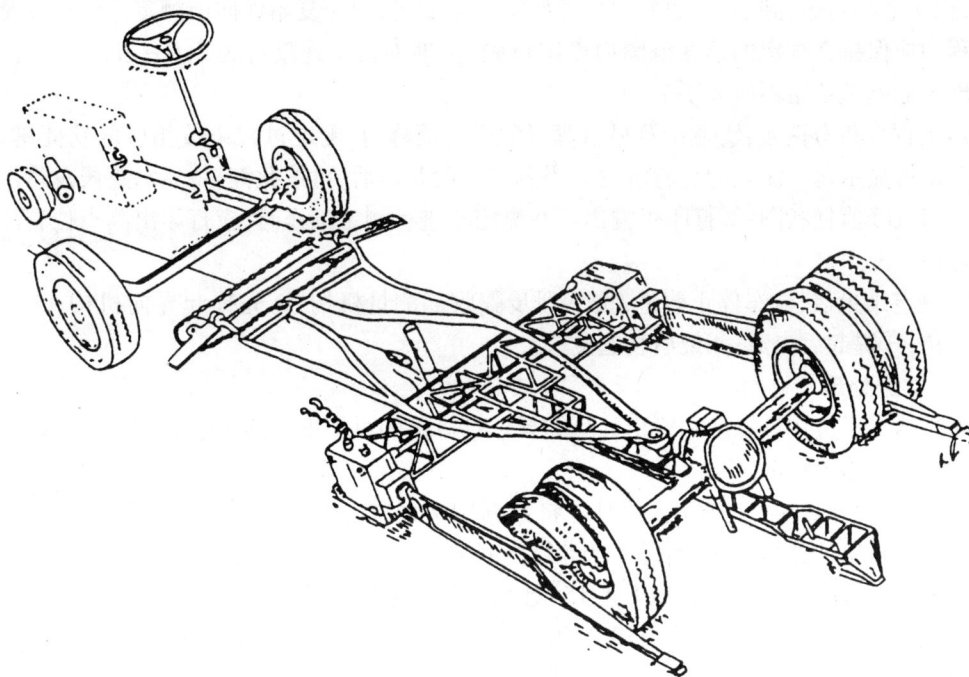

图 1.5.5　自动弯沉仪的测量机构

自动弯沉仪测定车的主要技术参数如下:

测试车轴距　　　　　　　　　6.75 m

测臂长度　　　　　　　　　　1.75~2.40 m

后轴荷载　　　　　　　　　　100 kN

测定轮对路面的压强　　　　　0.7 MPa

最小测试步距　　　　　　　　4~10 m

测试精度　　　　　　　　　　0.01 mm

测试速度   1.5 ~ 4.0 km/h

(2)测试步骤

1)将自动弯沉仪测定车开到检测路段的测定车道(一般为行车道)上,测点应在路面行车道的轮迹带上。

2)汽车到达测试地点一个测点位置后,按下列步骤放下测量机构:①关闭汽车发动机;②松开离合器转盘;③放下测量头,测量头位于测定梁(后轴)前方的一定距离上;④放下后支点,勾好把手;⑤放下测量架,销好把手;⑥放下导向机构;⑦插上仪器与汽车的连接销杆或开动液压转向同步系统;⑧检查钢丝绳一定要在离合器的槽内;⑨启动汽车发动机,在操作键盘上按动离合器开关,竖测量机构于最前端。

3)开始测试时,汽车以一定速度行进,测量头连续检测汽车后轴左右轮隙下产生的路面瞬间弯沉。通过测定梁支点的位移传感器将位移转换为电信号,并传送到数据记录器,待汽车后轮通过测量头后,监程器上显示弯沉盆或弯沉峰值,打印机输出弯沉峰值及测定距离。当第一点测定完毕后,车辆前面的牵引装置以两倍于汽车行进速度的速度把测量机构拉到测定轮前方,汽车继续行进,到达下一测点时,开始第二点测定,周而复始地向前测定。汽车在整个测试过程中应保持在规定的速度范围内稳定行驶,标准的行车速度应为3.0 ~ 3.5 km/h。在标准速度下的测试步距不应大于10 m。

4)数据采集分两步:①显示器显示弯沉盆或弯沉峰值,测定过程中按相应的功能键,显示器屏幕即可显示每一测点的总弯沉盆。当测定一段距离后,再按此键,将显示路段总弯沉均匀程度的弯沉峰值柱状图;②打印机输出。在测定车进行测定工作时,应打印出测点位置和左右弯沉峰值。

5)测定结束后,汽车停止前进,按下列步骤收起测量机构:①先提起导向机构;②提起测量架机构;③提起后支点;④最后挂起测头。

(3)数据处理

测定结束后应按计算区间输出计算结果。计算区间可根据公路等级和测试要求确定。标准的计算区间为100 m。

测定时,随着打印机的输出,同时应将数据用文件方式记录在磁带或硬盘上,长期保存。通过计算机输出计算结果,包括每一个计算区间的平均总弯沉值、标准差、代表总弯沉值,如表1.5.7所示。代表总弯沉值按式(1.5.15)计算。如已进行过自动弯沉仪总弯沉与贝克曼梁回弹弯沉对比试验,则可据此计算出相应的回弹弯沉值。

表1.5.7　按计算区间列出的总弯沉测定示例

记录号	路线号	公里桩	百米桩	平均总弯沉值 /0.01 mm	标准差 /0.01 mm	代表总弯沉 /0.01 mm
1	10	76	100	41	19.156	79
2	10	76	200	45	9.986	65
3	10	76	300	55	10.622	76
4	10	76	400	50	12.739	75
5	10	76	500	42	9.096	60

注:本表计算区间为100 m,代表总弯沉按平均总弯沉加2倍标准差计算。

按有关公式计算一个评定路段的平均值、标准差、变异系数、代表总弯沉值。

（4）自动弯沉仪与贝克曼梁弯沉仪对比试验

针对不同地区选择某种路面结构的代表性路段，进行两种测定方法的对比试验，以便将自动弯沉仪测定的总弯沉换算成贝克曼梁测定的回弹弯沉值。测定路段的长度为 300～500 m，并应使测定的弯沉值有一定的变化幅度。

对比试验步骤如下：

①采用同一辆自动弯沉测定车，使测定车型、荷载大小和轮胎作用面积完全相同。

②用油漆标记对比路段起点位置。

③用自动弯沉仪测定对比路段的总弯沉，同时仔细用油漆标出每一测点和位置。

④在每一标记位置用贝克曼梁定点测定回弹弯沉，测点范围准确至 10 cm² 以内。

⑤逐点对应计算两者的相关关系，得出回归方程式 $L_B = a + bL_A$，式中 L_B，L_A 分别为贝克曼梁和自动弯沉仪测定的弯沉值，相关系数不得小于 0.95。

由于不同路面结构和材料、路基状况、温度、水文条件、路面使用状况不同，对比关系也有所不同，为了提高数据的准确性，应分别情况作此项对比试验。

5.4　土基与基层材料 *CBR* 值测定

5.4.1　概述

加州承载比试验法又称 *CBR* 法，是评定土基强度及路面基层材料强度的一种方法。由于该法简便，试验数据稳定，因而被许多国家和地区采用。承载比的意义是

$$CBR 值 = \frac{试验荷载单位压力}{标准荷载单位压力} \times 100\%$$

标准荷载单位压力是指在标准碎石上当贯入杆（端面直径 50 mm 的金属柱）达到一定贯入量时的荷载单位压力。贯入量为 2.5 mm 的标准压力为 7.0 MPa，贯入量为 5 mm 标准压力为 10.5 MPa。将规定条件下制成的标准试件放到路面材料强度仪或其他荷载装置上，加荷使贯入杆以 1～1.25 mm/min 的速度压试件，记录不同贯入量时测力计读数。一般采用贯入量为 2.5 mm 时的单位压力与标准压力之比作为材料的承载比（*CBR*），即

$$CBR = \frac{p}{7.0} \times 100\% \tag{1.5.16}$$

式中：*CBR*——承载比；

　　p——单位压力，MPa。

同时计算贯入量为 5 mm 时的承载比：

$$CBR = \frac{p}{10.5} \times 100\% \tag{1.5.17}$$

若贯入量为 5 mm 时的承载比大于 2.5 mm 时的承载比，则试验要重做；如果仍然如此，则应采用 5 mm 时的承载比。

5.4.2 土基现场 *CBR* 测定

本方法适用于在现场测试各种土基材料的现场 *CBR* 值。也适用于基层、底基层砂性土、天然砂砾、级配碎石等材料现场 *CBR* 值的试验,用于评价材料的承载能力。本方法不适用于填材料粒径超过 31.5 mm 的土基现场 *CBR* 值测试。

(1)仪器设备

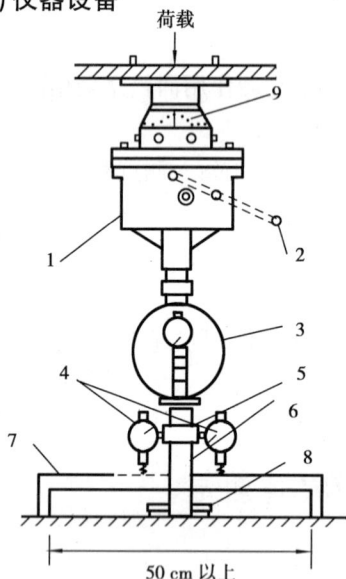

图 1.5.6 *CBR* 现场测试装置

1—加载千斤顶;2—手柄;3—测力计;
4—贯入量测定装置(百分表);5—百分表夹持具;
6—贯入杆;7—平台;8—承载板;9—环座

1)荷重装置。加装有铁块或集料等重料的载重汽车,后轴重不小于 60 kN,在汽车大梁的后轴之后设有一加劲横梁作反力架用。

2)现场测试装置。如图 1.5.6 所示,由千斤顶(机械或液压)、测力计(测力环或压力表)及环座组成。千斤顶可将贯入杆的贯入速度调节成 1 mm/min。测力计的容量不小于土基强度,测定精度不小于测力计量程的 1/100。

3)贯入杆。直径 φ50 mm、长约 200 mm 的金属圆柱体。

4)承载板。每块 1.25 kg,直径 φ150 mm,中心孔眼直径 φ52 mm,不小于 4 块,并沿直径分为两个半圆块。

5)贯入量测定装置。由图 1.5.11 中所示的平台及百分表组成,百分表量程 20 mm,精度 0.01 mm,数量 2 个,对称固定于贯入杆上,端部与平台接触。平台跨度不小于 50 cm。此设备也可用两台贝克曼梁弯沉仪代替。

6)细砂。洁净干燥的细干砂,粒径 0.3~0.6 mm。

7)其他。铁铲、盘、直尺、毛刷、天平等。

(2)准备工作

1)在试验地点直径约 φ30 cm 范围的表面找平,用毛刷刷净浮土。如表面为粗粒土时,应撒布少许洁净的干砂填平,但不能覆盖全部土基,避免形成一层。

2)装置测试设备,按图 1.5.11 安装贯入杆及千斤顶,千斤顶顶在汽车后轴上且调节至高度适中。贯入杆应与土基表面紧密接触。

3)安装贯入量测定装置,将支架平台、百分表(或两台贝克曼梁弯沉仪)按图 1.5.11 安装好。

(3)测试步骤

1)在贯入杆位置安放 4 块 1.25 kg 的分开成半圆的承载板(共 5 kg)。

2)调节测力计及贯入量百分表,调零,记录初始读数。

3)起动千斤顶,使贯入杆以 1 mm/min 的速度压入土基。当相当于贯入量为 0.5,1.0,1.5,2.0,2.5,3.0,4.0,5.0,7.5,10.0 及 12.5 mm 时,分别读取测力计读数。根据情况,也可在贯入量达 7.5 mm 时结束试验。

用千斤顶连续加载,两个贯入量百分表及测力计均应在同一时刻读数。当两个百分表读数不超过平均值的 30% 时,以平均值作为贯入量,当两个表的读数差值超过平均值的 30% 时,应停止试验。

4)卸除荷载,移去测定位置。

5)在试验点下取样,测定材料的含水量。取样数量如下:

最大粒径不大于 4.75 mm,试样数量约 120 g。

最大粒径不大于 19 mm,试样数量约 250 g。

最大粒径不大于 31.5 mm,试样数量约 500 g。

6)在紧靠试验点旁边的适当位置,用灌砂法或环刀法等测定土基的密度。

绘制贯入量与单位压力关系曲线,CBR 值的确定方法与室内法基本相同。

(4)数据处理

将贯入试验得到的等级荷重数除以贯入断面积($1\ 963.5\ \text{mm}^2$),得到各级压强(MPa),绘制荷载压强—贯入量关系曲线,如图 1.5.7 所示。

图上曲线 1 不需要修正,曲线 2 在起点处有明显凹凸,需要进行修正。修正时在拐点引一切线,与纵坐标交于 O′点,O′即为修正后的原点。

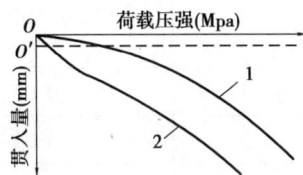

图 1.5.7　荷载压强—贯入量关系曲线

从压强—贯入量曲线上读取贯入量为 2.5 mm 或 5.0 mm 时的荷载压强 P_1,按式 1.5.18 计算现场 CBR 值。CBR 一般以贯入量 2.5 mm 时的测试值为准,当贯入量为 5.0 mm 时的 CBR 大于 2.5 mm 时的 CBR 时,应重新试验,如重新试验仍然如此时,则以贯入量 5.0 mm 时的 CBR 为准。

$$CBR_{现场} = \frac{P_1}{P_0} \times 100 \qquad (1.5.18)$$

式中:$CBR_{现场}$——承载比(%),精确至 0.1%;

P_1——荷载压强(MPa);

P_0——标准压强,当贯入量为 2.5 mm 时为 7 MPa,当贯入量为 5 mm 时为 10.5 MPa。

练习题

5.1　土基的强度用什么指标来描述? 我国规范用什么值来表示土基的强度?

5.2　沥青路面设计规范中各层材料的模量,应在什么状态下测试? 测定的方法有几种?

5.3　自动弯沉仪在标准条件下每隔一定距离连续测定路面的总弯沉值,能否作为路面结构设计值?

5.4　何谓加州承载比试验方法? CBR 值的意义是什么?

5.5　土基现场 CBR 值测定,对试样集料有什么要求? 主要测定设备有哪些? 测试原理是什么?

5.6　请论述承载板法测定土基回弹模量的主要过程。

5.7　试述承载板现场测试土基回弹模量的试验步骤。

5.8 简述贝克曼梁测定路表回弹弯沉的试验步骤。

5.9 用贝克曼梁法测定某路段路基路面的综合回弹模量,经整理各测点弯沉值如下:38,45,32,42,36,37,40,44,52,46,42,45,37,41,44(0.01 mm)。其中,测试车后轴重 100 kN(轮胎气压为 0.7 MPa,当量圆半径为 10.65 cm)。请计算该路段的综合回弹模量。

5.10 用连续平整度仪测定某一级公路沥青混凝土面层的平整度,检测结果为 1.4,1.0,1.2,1.6,1.8,1.1,1.3,1.0,0.8,1.2,1.5,0.9,1.3,1.2,1.4,1.1,1.7,1.0,1.3,1.2 mm。规定值为 $\sigma = 1.5$ mm,$IRI = 0.5$ m/km。请计算平整度指标的得分。

5.11 简述贝克曼梁法测定土基回弹弯沉的步骤。

5.12 为什么要测试土基的回弹模量值?

5.13 某承载板试验结果如下表,请绘制 $p—l$ 曲线,并计算土基回弹模量(注:$a_i = 0.79\ p_i \cdot a$)。

序号	承载板单位压力 p/MPa	百分表读数/0.01 mm			
		加载后		卸载后	
		左	右	左	右
1	0.02	14	13	3	3
2	0.04	28	29	7	8
3	0.06	38	40	8	9
4	0.08	52	54	10	11
5	0.1	66	72	12	14
总影响量	0	左　　6			
		右　　8			

5.14 弯沉检测时,某测点的百分表初读数为 62.5(0.01 mm),终读数为 29.0(0.01 mm),请问读数的有效数字有几个? 该测点弯沉值又有几个有效数字?

5.15 某路段垫层施工质量检查中,用标准轴载测得 15 个点的弯沉值分别为 100,101,110,108,98,96,95,102,110,95,98,93,96,103,104(0.01 mm),试计算该结构层弯沉值的算术平均值、中位数、极差、标准偏差和变异系数以及弯沉的代表值。

第2篇
桥梁结构试验检测

第1章
桥梁结构试验

1.1 桥梁结构试验的任务、目的及分类

1.1.1 桥梁结构试验的任务

任何桥梁结构都可以看作一个系统,作用在桥梁结构上的外界作用(例如各种静荷载、动荷载、强迫位移、特定的温度场等)可以看作系统的输入,而由外界作用引起的桥梁结构的位移、应力、应变、振动等可以看作系统的输出,根据安全和使用要求提出的对位移、应力等的限制称为约束。

在进行桥梁结构设计时,一般先根据经验选择适当的材料,假定结构各部分的尺寸,然后

对结构进行结构分析。因此结构分析的任务是给定系统（系统特性是已知的），已知输入，求输出。如果输出满足所有的约束条件则设计通过，否则要修改设计，即改变系统特性，使输出满足约束条件。

桥梁结构试验的任务是：对给定系统（系统特性可以是已知的也可以是未知的），已知输入，用测试的手段求得输出。在测得输出后，可以直接将测试值与分析值进行比较，以检验分析方法的合理性、正确性；另外在系统特性未知的情况下，还可以根据系统的输入和输出反求系统的特性，以便判断系统的实际特性是否符合设计要求。其任务可归纳为：

①确定桥梁的承载能力及其运行条件；

②分析桥梁病害的产生原因，掌握其变化规律；

③对新建桥梁或改建桥梁进行竣工鉴定，检验设计的预期效果。

1.1.2 桥梁结构试验的目的

通过荷载试验，了解桥梁在试验荷载作用下的实际工作状况，判断桥梁结构的安全承载能力和使用条件。对某些在理论上难以计算的部位，通过试验分析可达到直接了解其受力状态、应力分布规律的目的；通过结构试验还常常有助于发现在一般性检查中难以发现的隐蔽病害；通过试验也可检验结构的设计与施工质量的优劣。

根据桥梁结构试验的目的和试验的择重点不同，可以将试验分成两个方向，即科学研究性试验和生产性试验。

(1) 科学研究性试验

科学研究性试验要达到以下目的：

1) 验证新的结构分析理论、设计计算方法。例如李国豪教授提出了桁梁扭转理论，将由上下弦杆、腹杆以及横向联接系等离散杆件组成的桁梁，转换成等效的连续结构，然后导出其平衡微分方程。在当时计算机没有广泛应用的情况下，为了验证这一理论，他在自己家里亲自动手制作模型、进行加载试验。为解决桁梁的振动和侧倾稳定问题作出了重大贡献，此事曾被桥梁工程界传为佳话。又如在进行桥梁结构分析时所采用的荷载横向分布系数计算方法，就是将复杂的空间问题简化成平面问题进行计算，为了验证这种简化是否合理，曾配合理论分析做了一系列的模型试验。

这两个例子说明了科学研究性试验，对于检验新的结构理论、验证新的计算方法方面的作用。

2) 为运用和推广新的结构形式、新的建筑工艺积累经验。当一种新的结构形式或新的建筑工艺刚提出来时，往往缺少设计和施工方法的经验，为了积累这方面的实际经验，常常借助于试验。例如为了寻求一种抗风稳定性好的斜拉桥主梁横断面形式，就要对各种不同横断面形式的桥梁进行抗风稳定性试验。又如近三十年来开始应用于我国桥梁工程上的部分预应力混凝土工艺、预拉预应力混凝土、预弯预应力混凝土工艺等在正式推广使用前都做过探索性的试验。

3) 为制定新的设计规范提供依据。随着设计理论的提高和设计观念的改变（例如从按容许应力设计到按极限承载力设计，从确定性设计到按概率设计等），设计规范也应作相应的修改，新规范的依据常常来自相应的试验。

科学研究性试验主要是要解决科研和生产中有探索性、开创性的问题，所以试验的针对性较强。在进行试件设计、决定测试方法、选择测量仪器时都要突出主要问题,而对其他方面只要一般地满足。

(2) 生产性试验

生产性试验主要有以下几种情况:

1) 对新建桥梁进行鉴定。为了对新建桥梁的质量进行鉴定,必须通过一定的试验手段,对桥梁的主要质量指标(例如桥梁各部分的尺寸、混凝土质量、钢材的焊接质量、检验荷载作用下桥梁的最大挠度或挠曲线、最不利断面上的应力等)进行测试,根据测得的这些基本数据,对新建桥梁的质量进行评定。这种试验可以用来检验设计理论以及施工质量,为即将投入使用的桥梁的运行、养护提供依据。

2) 对既有桥梁进行鉴定。既有桥梁在运行过程中,因受到地震、台风、雨雪、冰冻等自然因素的影响以及冲击荷载等人为因素的作用,桥梁结构都会受到不同程度的损害。为了了解桥梁的实际损害程度,以便决定采取何种养护或维修措施,就有必要对这些受损桥梁进行鉴定测试。对于一些重要桥梁,如南京长江大桥,为了确保其运行安全,除了日常的养护、检查外,每隔十年还要进行一次大规模的测试鉴定工作,试验包括准备工作在内历时数月,试验高潮时有几百人参加工作。

另外,随着交通运输事业的发展,许多公路都要提高运输等级,线路上的桥梁也要进行改建或重建。为了选择切合实际的旧桥改造方案,以便获得最佳的经济和社会效益,常常有必要对既有桥梁的实际承载能力进行测定,从而决定采用何种措施来满足线路对桥梁的诸如承载能力、桥宽、纵坡等各项指标的要求。

1.1.3　桥梁结构试验的分类

桥梁结构试验除了按试验目的可以分成科研性试验和生产性试验外,经常还以试验对象、测试内容等对试验进行分类。

(1) 原型试验和模型试验

1) 原型试验。原型试验的对象是实际结构或构件。桥梁结构原型试验的对象一般就是实际桥梁,所以原型试验有时也称实桥试验。

原型试验一般直接为生产服务,但也有以科研为目的的。例如近年来同济大学桥梁试验室对南昌八一大桥、宁波灵桥等既有桥梁的质量鉴定试验以及对东营胜利大桥、蚌埠淮河公路桥等新建桥梁的鉴定试验,基本上都属生产性试验;而对天津永和斜拉桥进行的施工全过程动力特性测试,则基本上是以科研为目的,是为斜拉桥的抗震、抗风研究积累实测资料。

原型试验是以实际结构为测试对象,试验结果真实地反映了实际结构的工作状态。对于评价实际结构的质量、检验设计理论都比较直接可靠,特别是质量鉴定性试验,只能在实际结构上进行。但是原型试验存在所需费用大、周期长、现场测试条件差等问题。

2) 模型试验。当进行桥梁结构的原型试验由于投资大、周期长、测量精度受环境影响以及在物质上或技术上存在某些困难时,往往采用模型试验的办法,来解决设计中的疑难问题,特别是科学研究性试验,则更需要借助模型进行试验。模型是仿照真实结构,按照一定比例关系复制成的真实结构的试验代表物,它具有实际结构的全部或部分特征,但模型的尺寸比原型小得多。

根据不同的试验目的,可以将模型试验分成两类,一类以解决生产实践中的问题为主要目的的模型试验。这类模型试验的模型的设计制作与试验要严格按照相似理论,使模型与原型之间满足几何相似、力学相似和材料相似的关系。这样,模型才能反映原型的特性,模型试验的结果才可以直接返回到原型上去。这种模型试验常常用于解决一些目前尚难于用分析的办法解决的工程实际问题;还有一类模型试验,主要是用来验证计算理论或计算方法的。这类试验的模型与原型之间不必满足严格的相似条件,一般只要满足几何相似就可以。将这种模型的试验结果与理论计算的结果对比校核,用以研究结构的性能,验证设计假定与计算方法的正确性,并认为这些结果所证实的一般规律与计算理论可以推广到实际结构中去。

(2)静力试验与动力试验

1)静力试验。静力试验是结构试验中最大量最常见的基本试验。因为桥梁结构工作时所受的荷载主要是静力荷载,桥梁结构的自重当然属于静力荷载,就是荷载位置随时间而变的移动车辆荷载一般也是作为静载来考虑。这样做的原因,一方面是因为区分静力问题与动力问题的主要标志并不是与结构受力状态有关的各物理量是否随时间变化,而是由结构的运动加速度引起的惯性力是否已经大到不可忽略的程度,通常由移动车辆荷载引起的结构反应的动态增量部分只占全部反应的极小部分;另一方面将移动车辆荷载作为动力问题来考虑,分析起来过于复杂,因此常用将静力荷载乘以冲击系数的办法来近似考虑移动车辆荷载的动力影响。

静力试验一般可以通过重力或其他类型的加载设备来实现和满足加载要求,静力试验的加载过程是从零开始逐步递增,一直到预定的荷载为止。静力试验是了解结构特性的重要手段,不仅用它来直接解决结构的静力问题,就是在进行结构动力试验时,一般也要先进行静力试验,以测定与结构有关的特性参数。

2)动力试验。桥梁结构的动力试验目前主要包括两方面的内容:一是测量移动车辆荷载作用下桥梁指定断面上的动应变或指定点的动挠度,二是测量桥梁结构的自振特性(或动力特性)。

移动车辆荷载作用下的动应变或动挠度测定,一般用于实桥试验。试验时将单辆或多辆载重车辆按不同的车速通过桥梁,有时为了模拟路面的不良情况,还在桥面上设置人工障碍(比如有一定宽度和高度的木板),使行驶车辆产生跳动,以形成对桥梁的冲击作用,此时测出指定断面上的动应变或动挠度,将动态情况下的峰值与相应的静态数值相比,可以求出车辆振动引起的动态增量。用测试的方法确定桥梁的动态增量,是研究车辆对桥梁动力作用的一种手段。由试验求得的数据可以作为确定桥梁冲击系数的依据。

桥梁自振特性的测量对象可以是实际桥梁,也可以是桥梁模型。测量模型的自振特性时,一般要对模型进行专门的激励(输入),然后测量模型的响应(输出)。在已知激励和响应(或只有响应)的情况下可以求出模型(系统)的自振特性;测量实桥的自振特性时也可以同模型试验一样,对实桥进行激振,测得结构的各输入响应后就可以求出自振特性。有时也可以不用对实际结构进行专门的激振,而是利用自然因素(如风、水流、地脉动等)作为实际桥梁的振源(只要能满足一定的条件),测出实际桥梁在这些自然因素作用下的响应,就可以求出实际桥梁的自振特性。

正确确定桥梁结构的自振特性是进行桥梁抗震研究、抗风研究和车辆振动研究的基础。结构自振特性中除阻尼比以外,其频率与振型两项可以用计算的方法求得。但计算时所采用的计算图式与实际结构往往有区别,所以用试验的方法确定桥梁结构的自振特性就显得很有必要。

1.2　桥梁结构试验的设计、数据整理及报告的编写

1.2.1　桥梁结构试验的设计

(1)试验的总体组织

为了使试验能顺利进行并能达到预期的目的,试验的总体组织工作十分重要。试验组织者必须熟悉与试验有关的各个方面,特别是大型复杂的试验,须做大量细致的试验组织工作,组织者也最好要有一定的实践经验。在进行试验组织时必须做好以下几方面的工作:

1)明确试验目的。在进行其他各项工作以前必须首先了解清楚试验要达到的目的以及各项具体要求。如果提出试验要求的不是试验组织者本人,则试验组织者有必要与提出试验要求的人进行讨论。询问提出各项试验要求的前提与背景,通过试验要解决的问题,然后再将试验目标确定下来,最好要能分清各项的主次,试验时万一不能兼顾各项目标时可以放弃次要目标而保证完成主要任务。

2)阅读有关文献。在明确试验目的以后,应该阅读与试验有关的文献资料。如果有人做过类似的试验则通过阅读他人试验报告或情况介绍,弄清试验目的有何不同,哪些地方可以改进等等。

3)收集设计、计算资料。如果试验对象具有实际工程背景,在组织试验时要向有关部门收集与试验有关的设计资料,以便对试验对象有透彻的了解。在试验前应模拟试验状态对结构进行必要的分析计算,以便对试验结果有初步的估计。

4)拟定试验方法。在以上几步工作的基础上,可以拟定试验方法,拟定试验方法主要是根据试验目的和客观条件确定静力试验的加载方法和动力试验的激振方法;选择合适的测试仪器和观察方法;确定试验程序。

5)测试仪器设备的准备和试验人员的组织。在确定了试验方法以后,就可着手测试仪器设备的准备和试验人员的组织。为了保证试验的顺利进行,测试仪器的规格、数量、测试精度等都要能满足试验的要求,对于使用数量大、容易损坏的仪器还应有一定数量的备件。对于规模较大的试验,通常需要较多的测试人员,单靠某一个单位的专业测试人员往往是不够的,还需要几个单位的测试人员通力合作,此外,还可能需要非专业测试人员的协助,试验前应该做好所有参加试验人员的组织工作。

(2)试验计划的制订

在完成试验组织的基础上,还应订出详细的试验计划以便照此执行。试验计划一般应包括如下内容:

1)试验目的以及测量要求;

2)加载方法(包括荷载数量及种类、加载设备、加载装置、加载位置、加卸载顺序、加卸载时间);

3)测试内容(包括每一测试项目的测量断面、每一测量断面上测点位置);

4)测量方法(包括仪器的型号选择、仪器的安装方法、测站位置的选择、测试人员的配备);

5)试验程序(包括加卸载程序与各测试项目观测程序之间的协调配合);

6)试验进度。

1.2.2 试验数据整理及报告的编写

测试过程完毕并不意味试验的结束,试验过程中的原始记录,是试验结果的真实记录。但是原始记录的数据必须经过分析、整理或画成图表以后才能清晰明了地反映试验结果的情况。

试验报告则是整个试验的总结,要概括试验的各主要环节。试验报告的内容一般包括:

①试验目的;

②试验对象的简介;

③试验方法及依据;

④试验情况及问题;

⑤试验成果及分析;

⑥结论。

一项试验,从进行试验设计开始直到写出试验报告为止,是一个前后紧密联系的过程,必须从一开始就要非常慎重、非常细致地对待试验的每一个环节。试验前对有关试验的各个方面、各个环节考虑得当,试验计划订得周密,可以使试验进行得井然有序;试验过程中一丝不苟,认真测读,有利于保证试验数据正确无误。但是在整理分析数据、撰写试验报告阶段如果草率从事,就会使整个试验前功尽弃,使花了大量精力测得的试验数据说明不了什么问题或者引起错误的结论。因此,在进行数据整理时必须十分仔细,使经过整理后的数据能真实反映试验实际。对试验结果中反映出来的与常识或理论不符的"反常"现象要仔细推敲并反复核对,不宜轻易判断为测试中的失误。往往这些反常现象揭示了在理论分析时被忽视而客观存在的事实。这正是试验优于理论的地方。参照理论分析的结果,对试验结果进行分析说明是试验报告的重要组成部分,也是试验人员深化对试验认识的过程。试验报告的结论部分应该明确回答作为试验目的所希望解决的问题,同时列出通过试验发现的新规律、新事实。

练习题

1.1 桥梁结构试验的主要任务有哪些?

1.2 根据试验目的和择重点的不同,简述桥梁试验分成两个方向性试验的主要内容。

1.3 根据桥梁结构试验的试验对象,测试内容可以分成几类?

1.4 桥梁结构的动力试验主要包括哪些内容?

1.5 在桥梁结构试验报告数据分析整理时,应真实反映哪些方面的内容和结论?

1.6 定性绘出三跨简支梁桥成桥试验的总体组织,试验计划的制订,试验数据整理及报告编写的工作流程。

第**2**章
桥梁上部结构检测

2.1 桥梁支座检验

2.1.1 桥梁支座

桥梁支座设置在梁板式体系中主梁与墩台之间,其主要功能是将上部结构的各种荷载传递给墩台,并能适应上部结构的荷载、温度变化、混凝土收缩等各种因素所产生的变形(水平位移及转角),使上部结构的实际受力情况符合设计计算图式。

桥梁支座按其材料可划分为小桥涵上使用的简易垫层支座、大中桥上使用的钢板支座、钢筋混凝土支座、铸钢或不锈钢支座以及目前使用极为广泛的橡胶支座等。

桥梁橡胶支座构造简单,成本低,目前已实现了产品的标准化、系列化,也是我国桥梁支座的发展方向。本节主要介绍桥梁板式橡胶支座的检验方法。

(1)板式桥梁橡胶支座构造特性

板式桥梁橡胶支座(如图 2.2.1 所示)通常由若干层橡胶片与薄钢板为刚性加劲物组合

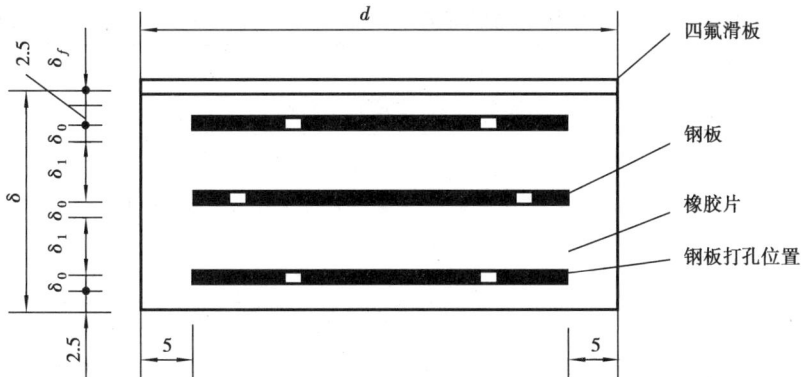

图 2.2.1　板式橡胶支座结构(单位:mm)

而成,各层橡胶与上下钢板经加压硫化牢固的粘接成为一体。支座在竖向荷载作用下,具有足够的刚度,主要是由于嵌入橡胶片之间的钢板限制橡胶的侧向膨胀。在水平力作用下,支座的水平位移量取绝于橡胶片的净厚度。在运营期间为防止嵌入钢板的锈蚀,支座的上下面及四边都有橡胶保护层。

(2)板式桥梁橡胶支座的技术要求

交通部行业标准(JT/T 4—2019)规定了桥梁板式橡胶支座标准系列规格,其设计参数应符合表2.2.1的要求,支座成品力学性能指标及质量要求应符合表2.2.2~表2.2.6的规定,标准系列规格以外型式的支座应根据试验结果自行确定设计参数。

表2.2.1　标准系统规格支座设计参数

$[\sigma]$ /MPa		$[G]$ /MPa	E /MPa	$\tan\alpha$		$\tan\theta$		μ_f
矩形支座	圆形支座		$E=53S-41.8$ S——支座 形状系数	不计制动力	计制动力	钢筋混凝土桥	钢桥	0.06
10.0	12.5	1.0		0.5	0.7	1/300	1/500	

注:①当温度低于-30 ℃时,抗剪强模值应增大20%,四氟滑板与不锈钢板间摩擦系数 μ_f 值应增大30%。
　　②四氟板与不锈钢板间若不加润滑硅脂时,摩擦系数 μ_f 加倍。

表2.2.2　支座成品的力学性能指标

项目		指标	
		矩形支座	圆形支座
极限抗压强度 R_u/MPa		≥70	≥75
抗压弹性模量 E/MPa		$[E]\pm[E]\times20\%$	$[E]\pm[E]\times20\%$
抗剪弹性模量 G/MPa		$[G]\pm[G]\times15\%$	$[G]\pm[G]\times15\%$
橡胶片允许剪切角正切值 $\tan\alpha$		≥0.7	≥0.2
支座允许转角正切值 $\tan\theta$	钢筋混凝土桥	≥1/300	≥1/300
	钢桥	≥1/500	≥1/500
四氟板与不锈钢板表面摩擦系数 μ_f(加硅脂时)		≤0.03	≤0.03

表2.2.3　支座解剖检验

项目	质量要求
锯开后胶层厚度	胶层厚度必须均匀,δ 为5 mm或8 mm时,其允许偏差为±0.4 mm;δ 为11 mm时,其偏差不得大于±0.7 mm;δ 为15 mm时,其偏差不得大于±1.0 mm。
钢板与橡胶粘接	钢板与橡胶粘结应牢固,且无离层现象,其平面尺寸偏差为±1 mm,上下保护层偏差(+0.5 mm,0 mm)。

表 2.2.4 每块支座成品外观检验

项目	质量要求（不允许有以下三项缺陷同时存在）
气泡、杂质	气泡、杂质总面积不得超过支座平面面积 0.1%，且每一处气泡、杂质面积不能大于 0.5 cm²，最大深度不超过 2 mm。
凹凸不平	当支座平面面积小于 1 500 cm² 时，不多于 2 处；大于 1 500 cm² 时，不得多于 4 处，且每处凹凸高度不超过 0.5 mm，面积不超过 6 mm²。
四侧面裂纹、钢板外露	不允许
掉块、崩裂、机械损伤	不允许
钢板与橡胶粘接处开裂或剥落	不允许
支座表面平整度	①普通支座：小于或等于平面最大长度的 0.4%； ②滑板式支座：小于等于滑板平面最大长度的 0.2%。
滑板表面划痕、碰伤、敲击	不允许
滑板与橡胶支座粘贴错位	不得超过橡胶支座短边或直径尺寸的 0.5‰。

表 2.2.5 支座成品平面尺寸偏差范围

矩形		圆形	
边长 l_b	允许偏差	直径 d	允许偏差
$l_b \leq 300$	+2.0	$d \leq 300$	+2.0
$300 < l_b \leq 500$	+4.0	$300 < d \leq 500$	+4.0
$l_b > 500$	+5.0	$d > 500$	+5.0

表 2.2.6 支座成品厚度偏差范围

矩形		圆形	
厚度 t	允许偏差	厚度 t	允许偏差
$t \leq 49$	+1.0	$t \leq 49$	+1.0
$49 < t \leq 100$	+2.0	$49 < t \leq 100$	+2.0
$100 < t \leq 150$	+3.0	$100 < t \leq 150$	+3.0
$t > 150$	+4.0	$t > 150$	+4.0

（3）板式桥梁橡胶支座检验方法

桥梁橡胶支座检验有型式检验、出厂检验和使用前抽检三种质量控制环节。型式检验是指厂家在投产、胶料配方改变、工艺和结构形式改变及正常生产中质检部门或国家监督机构定期检测。出厂检验必须由厂家质量管理部门进行检验，确认合格后才可出厂，供货时必须附有产品质量合格证明文件及合格证。而桥涵工程使用前抽检是指针对具体支座的设计要求，以行业标准为依据，进行的常规性检验。通常应在支座进入工地后抽取一定比例送检，主要检验项目有支座成品力学性能检验、支座成品解剖检验和外观、几何尺寸检验等。

1)抗压弹性模量检验。试验方法为通过中心受压试验,得出橡胶支座的应力应变曲线,并据此求出支座的抗压弹性模量,实测出使用应力下支座的最大压缩量并观察支座在受压情况下的工作状态。

大量的试验研究表明,橡胶支座在受压荷载作用下,在压应力不大时,支座的应力应变是非线性关系,即 σ—ε 关系开始有一曲线段;其后随着荷载的逐步加大,压缩变形几乎成比例增加,则 σ—ε 曲线呈线性关系,卸载后变形基本上可完全恢复原位。橡胶支座抗压弹性模量就是根据上述曲线中的直线段确定的。其试验步骤为:

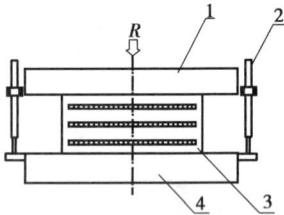

图 2.2.2　压缩试验示意图
1—上承载板;2—位移传感器;
3—支座试样;4—下承载板

①如图 2.2.2 所示,将试样置于试验机的承载板上,上、下承载板与支座接触面不应有油渍;对准中心,精度应小于 1% 的试件短边尺寸或直径。缓缓加载至压应力 1.0 MPa 且稳压后,对承载板四角对称安置四只位移传感器,确认无误后,开始预压。

②预压:将压应力以 0.03 MPa/S ~ 0.04 MPa/S 的速率连续增至平均压应力 σ 为 10 MPa,持荷 2 min,然后以相同速率将压应力卸至 1.0 MPa,持荷 5 min,记录初始值,绘制"应力—应变"关系图。预压三次。

③正式加载:每一加载循环自 1.0 MPa 开始,将压应力以 0.03 MPa/S ~ 0.04 MPa/S 的速率均匀加载至 4 MPa,持荷 2 min 后,采集支座变形值,然后以同样速率每 2 MPa 为一级逐级加载,每级持荷 2 min 后,采集支座变形数据,直至平均压应力 σ 为止,绘制的应力—应变图应呈线性关系,然后以同样速率卸载至压应力为 1.0 MPa。加载过程连续进行三次,每一次间隔 10 min。

④以承载板四角所测变化值的平均值,作为各级荷载下试样累计竖向压缩变形 Δ_c,已知试样橡胶层的总厚度 δ_i,则在各级试验荷载作用下试样的累计压缩应变 ε_i 可用式 $\varepsilon_i = \dfrac{\Delta_c}{\delta_i}$ 计算。

试样实测抗压弹性模量按式(2.2.1)计算(采用支座有效面积):

$$E = \frac{\sigma_{10} - \sigma_4}{\varepsilon_{10} - \varepsilon_4} \qquad (2.2.1)$$

式中:E ——试样实测的抗压弹性模量计算值,精确至 1 MPa;

σ_4、ε_4——4 MPa 级试验荷载下的压应力和累积压缩应变值;

σ_{10}、ε_{10}——10 MPa 级试验荷载下的压应力和累积压缩应变值。

每一块试样的抗压弹性模量 E 为三次加载过程所得的三个实测结果的算术平均值。但单项结果和算术平均值之间的偏差不应大于算术平均值的 3% ,否则应对该试样重新复核试验一次,若仍超过 3% ,应由试验机生产厂专业人员对试验机进行检修和检定,合格后再重新进行试验。

橡胶支座在一定的压力作用下,其竖向变形主要由两个因素决定。一是支座中间橡胶片与加劲钢板接触面的状态,即橡胶与钢板粘接质量。如果粘接牢固,橡胶的侧向膨胀受到钢板的约束减少了支座的竖向变形,反之则增大竖向变形。同批支座中,个别支座受压后变形量比同类支座相比差异较大,说明在支座加工时,胶片与钢板的粘接处存在缺陷,达不到极限抗压强度时会有剧响;第二个起决定作用的因素是支座受压面积与其自由膨胀侧面积之比值,常称之为形状系数。

对于矩形支座

$$S = \frac{L_a \times L_b}{2(L_a + L_b)\delta_i} \tag{2.2.2}$$

对于圆形支座

$$S = \frac{d}{4\delta_i} \tag{2.2.3}$$

式中:S——形状系数;

L_a——支座短边长度,mm;

L_b——支座长边长度,mm;

δ_i——支座中间单层橡胶片厚度,mm;

d——圆形支座的直径,mm。

支座抗压弹性模量容许值按下式计算:

$$[E] = 66S - 162 \tag{2.2.4}$$

2)极限抗压强度检验。由于桥梁橡胶支座极限抗压强度很大,因此部颁标准规定了 70 MPa(矩形支座)和 75 MPa(圆形支座)作为橡胶支座的极限抗压强度,极限抗压强度检验可在抗压弹模试验完成后按每分钟 1.0 MPa 的加荷速率加载至压应力达到极限抗压强度为止,并随时观察,支座完好无损,其指标为合格。

3)抗剪弹性模量检验。由于梁体受温度、收缩徐变以及车辆制动力等环境条件产生的水平位移将使支座产生剪切变形,而橡胶支座水平位移量的大小主要取决于橡胶片的净厚度。也就是说,支座的剪切位移是靠胶层的变形产生的,我国交通部行业标准规定了橡胶支座的剪切模量检验办法,如图 2.2.3 所示。

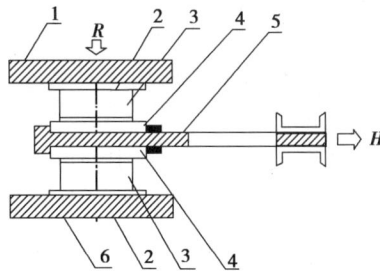

图 2.2.3　橡胶支座剪切试验示意图
1—试验机上承载板;2—防滑摩擦板;3—支座试样;
4—不锈钢板试样;5—中间钢拉板;6—试验机下承载板

橡胶支座抗剪弹性模量试验是以正压力为容许压应力,并在抗剪过程中保持不变的情况下,采用两块支座用中间钢拉板推或拉组成双剪装置,橡胶支座的顶面或底面必须与实桥设计(钢筋混疑土梁、钢梁)图纸一致,而且中间钢拉板的对称轴应和加压设备中轴处在同一垂直面上。剪切变形量的量测一般采用 2 个大标距的位移传感器或百分表,正压力和剪切力一般采用力传感器进行量测控制。正式试验前应进行预载,以控制安装偏差和消除初应力。正式加载时,施加水平力至剪应力 $\tau = 1.0$ MPa 后持荷 5 min,然后卸载至剪应力 $\tau = 0.1$ MPa 后记录位移计初始值。

正式加载:每一加载值循环自 $\tau = 0.1$ MPa 开始,每级剪应力增加 0.1 MPa,持荷 1 min,读取位移计读数,至 $\tau = 1.0$ MPa 为止,然后卸载剪应力为 0.1 MPa。10 min 后,进行下一循环。加载过程连续进行三次。

将各级水平荷载下位移计所测出的试样累积为水平变形 Δ_s,按试样橡胶层的总厚度 δ_i 求出在各级试验荷载作用下试样的累计剪切应变 γ_i。

抗剪弹性模量按下式计算(采用支座平面毛面状):

$$G = \frac{\tau_{1.0} - \tau_{0.3}}{\gamma_{1.0} - \gamma_{0.3}} \qquad (2.2.5)$$

式中:G——试样的实测抗剪弹性模量计算值,精确至 1%,MPa;

　　$\tau_{1.0}$、$\gamma_{1.0}$——1.0 MPa 级试验荷载下的剪应力(Mpa)和累积剪切应变值;

　　$\tau_{0.3}$、$\gamma_{0.3}$——0.3 MPa 级试验荷载下的剪应力(Mpa)和累积剪切应变值。

每两个检验支座所组成试样的综合剪弹性模量 G 为这组试件三次加载所得到的三个结果的算术平均值。但各单项结果与算术平均值之间的偏差不应大于算术平均值的 10%,否则该试样应重新进行一次试验。

4)容许剪切角检验。容许剪切角试验方法同抗剪弹性模量试验一样,并可与抗剪弹性模量试验同时完成。

试样的容许剪切角按下式计算

$$\tan \alpha = \frac{\tau_{max}}{G} \qquad (2.2.6)$$

式中:τ_{max}——试验时最大剪应力,MPa;

　　G——试样抗剪弹性模量,MPa;

　　$\tan \alpha$——试样橡胶片容许剪切角正切值。

5)摩擦系数检验。摩擦系数试验,除要求必须对四氟板与不锈钢板进行检验外,对橡胶与混凝土、橡胶与钢板间摩擦系数试验可按需要或用户要求进行检验。

将试样按图 2.2.2 规定摆好,对准中心位置。

施加压应力至 $[\sigma]$,并在整个摩擦系数试验过程中保持不变。

逐级均匀施加水平力,每级间隔 30 s 增加水平剪应力为 0.2 MPa,至支座试样与混凝土板、钢板、不锈钢板试样接触面间发生滑动时为止,记录此时水平剪应力。试验过程连续进行三次。

试样的摩擦系数按下式计算,并求出三次的算术平均值。

$$\mu = \frac{\tau}{[\sigma]} \qquad (2.2.7)$$

式中:τ——接触面间发生滑动时的水平剪应力,MPa。

6)允许转角检验。在外荷载作用下,支座在发生竖向压缩的同时,由于梁体的挠曲作用还产生转动。支座转动时,一侧的橡胶被压缩,而另一侧则逐渐被抬起。随着转角的增大,支座各层间的橡胶将由压力大的区域逐次向压力小的地方"转移",但这种转移因受上下钢板的约束影响,只能进行到一定程度。如果竖向压缩回弹变形值大于其总压缩量,支座边缘必将出现脱空现象。这是检验橡胶支座的厚度在梁体端部可能出现最转角的作用下能否满足设计要求的必要条件。橡胶支座容许转角检验装置如图2.2.4 所示。

检测时,在距支座中心 600 mm 处,安装使支座产生转动的千斤顶和测力传感器,并在假定梁体的四角安置位移传感器或百分表。

首先进行预压,将压应力缓缓增至 $[\sigma]$,维持 5 min,然后卸载至力为 1.0 MPa。如此反复预压三遍。

正式加载。施加压力至 $[\sigma]$,停 5 min 读数。维持 $[\sigma]$ 不变,用油压千斤顶对中间工字梁施加一个向上的力 P,使其达到预期转角的正切值(偏差不大于 5%),停 5 min 后,读取千斤顶力 P 及百分表的读数。

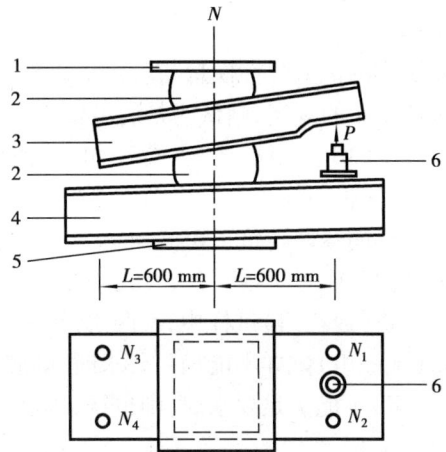

图 2.2.4　容许转角检验装置示意图
1—加压设备上承力板;2—支座;3—假想梁体;
4—承载梁(板);5—加压设备下承力板;6—千斤顶;
$N_1 \sim N_4$—位移计测点(安装传感器)

①实测转角的正切值计算:

$$\tan \theta = \frac{\Delta_1^2 + \Delta_3^4}{2L} \tag{2.2.8}$$

式中:$\tan \theta$——实测转角的正切值;

Δ_1^2——百分表 N_1,N_2 处的变形平均值,mm;

Δ_3^4——百分表 N_3,N_4 处的变形平均值,mm;

L——转动力臂,$L = 600$ mm。

②各种转角下,由于垂直荷载和转动共同影响产生的压缩变形值按下式计算:

$$\Delta_2 = \overline{\Delta}_c - \Delta_1 \tag{2.2.9}$$

$$\Delta_1 = (\Delta_1^2 - \Delta_3^4)/2 \tag{2.2.10}$$

式中:$\overline{\Delta}_c$——垂直荷载 N 作用下试样累积压缩变形值,mm;

Δ_1——转动试验时,试样中心平均回弹变形值,mm;

Δ_2——垂直荷载和转动共同影响下试样中心处产生压缩变形值,mm。

③各种转角下,试样边缘换算变形值计算:

$$\Delta_3 = \frac{L_a}{2}\tan \theta \tag{2.2.11}$$

式中:L_a——试样短边尺寸,mm;

Δ_3——试样边缘换算变形值,mm。

④各种转角下,支座边缘最大、最小变形值计算:

$$\Delta_{\max} = \Delta_2 + \Delta_3 \tag{2.2.12}$$

$$\Delta_{\min} = \Delta_2 - \Delta_3 \tag{2.2.13}$$

7)判定规则。试样的抗压弹性模量与表2.2.2规定值的偏差在±20%范围之内时,则认为是满足要求的。

试样的抗剪弹性模量与表2.2.2规定值的偏差在±15%范围之内,容许剪切角正切值符合表2.2.2的规定,则认为是满足要求的。

在70 MPa(矩形支座)或75 MPa(圆形支座)的压应力时,橡胶层未被挤坏,中间层钢板未断裂,四氟板与橡胶未发生剥离,则认为试样的极限抗压强度是满足要求的。

试样的容许转角正切值,混凝土、钢筋混凝土桥在1/300,钢桥在1/500时,试样边缘最小变形值大于或等于零时,认为试样容许转角是满足要求的。

三块(或三组)试样中,有两块(或两组)不能满足要求时,则认为该批产品不合格。若有一块(或一组)试样不能满足要求时,则应重新抽取三块(或三组)试样进行试验,若仍有一块(或一组)不能满足要求时,则也认为该批产品不合格。

2.2　混凝土结构构件试验检测

桥涵混凝土结构、钢筋混凝土结构或预应力混凝土结构或构件的检验,依据交通部的有关标准,主要包括内容有三个方面:一是施工阶段的质量控制,包括原材料的试验检验、混凝浇注前的检查等;二是外观质量检测,主要是在构件成型达到一定强度后检测结构实物的尺寸和位置偏差,混凝土表面平整度、蜂窝、麻面、露筋及裂缝等;三是构件混凝土的强度等级,通常以立方体试件的抗压强度来反映。当对某一方面的检验内容产生怀疑时,如构件的强度离散大、强度不足或振捣不密实时,通常还需要通过专项强度检验或荷载试验来判定,荷载试验内容将在桥梁荷载试验一章介绍,本节仅讲述专项强度检验和混凝土缺陷检验的方法。

2.2.1　结构混凝土强度等级评定

(1)混凝土立方体试件的取样原则

结构混凝土立方体试验制取组数是以不同等级及不同配合比的浇注地点或拌和地点随机制取,浇注一般体积的结构物(如基础、墩台)时,每一单元结构应制取2组;连续浇注大体积结构时,每80 m^3或每一工作班应制取2组。桥梁上部构造主要构件长度在16 m以下时,应制取1组;16~30 m时,应制取2组;31~50 m长时,应制取3组;50 m以上者,不少于5组。对小型构件每批或每个工作班至少应制取2组;对于钻孔桩每条至少应制取2组;当桩长在20 m以上时,不少于3组;对桩径大、灌桩时间很长时不少于4组。另外,还要根据施工的需要,再制取几组作为拆模、张拉和吊装等施工阶段强度依据。

(2)结构混凝土强度评定

结构混凝土强度的合格标准评定的常规方法是以浇注或拌和现场制取试件,以28 d龄期的极限抗压强度值进行统计评定。规范规定,对于大桥等重要工程及中小桥、涵洞工程的取样试件大于或等于10组,应以数理统计方法按下述条件评定:

$$\overline{R}_n - K_1 S_n \geqslant 0.9 R \tag{2.2.14}$$

$$R_{\min} \geqslant K_2 R \tag{2.2.14'}$$

式中:n——同批混凝土试件组数;

$\overline{R}_n$——同批 n 组试件强度的平均值,MPa;

S_n——同批 n 组试件强度的标准差,MPa。当 $S_n < 0.06$ MPa 时,取 $S_n = 0.06 R$;

R——混凝土的设计强度等级,MPa;

R_{min}——n 组试件中强度最低的一组值,MPa;

K_1,K_2——合格判定系数,见表2.2.7。

表2.2.7 K_1,K_2 值表

n	10 ~ 14	15 ~ 24	>25
K_1	1.70	1.65	1.60
K_2	0.9	0.85	

对于中小桥及涵洞工程中,同批混凝土试件少于 10 组时,可用非数理统计方法按下述条件进行评定:

$$\overline{R}_n \geqslant 1.15 R \qquad\qquad (2.2.15)$$

$$R_{min} \geqslant 0.95 R \qquad\qquad (2.2.15')$$

2.2.2 钻芯取样法检验混凝土强度

钻芯取样法检验混凝土强度指从混凝土结构中钻取芯样和检查芯样,测定混凝土的劈裂抗拉强度或抗压强度,作为评定结构的主要品质指标。但是由于结构或构件部位的条件、所处位置及受力状态的影响,钻取芯样的数量通常比较少,在一定程度上可作为抽检混凝土抗压强度、均匀性和内部缺陷的指标。其检验原则如下:

(1)芯样钻取

在钻取芯样前应考虑由于钻芯可能导致对结构的不利影响,应尽可能避免在靠近混凝土构件的接缝或边缘钻取,且基本上不应带有钢筋。

芯样直径应为混凝土所有集料最大粒径的 3 倍,一般为 150 mm 或 100 mm。任何情况下不小于集料最大粒径的 2 倍。

钻出后的每个芯样应立即清楚地标上记号,并记录芯样在混凝土结构中钻取的位置。

钻取的芯样数量应满足下列规定:

1)按单个构件检验时,每个构件钻取芯样数不少于 3 个,对较小构件至少应取 2 个;

2)对构件局部区域检验时,应由要求检验的单位确定取芯位置及数量。

(2)钻取芯样检查

每个芯样应详细描述有关裂缝、分层、麻面或离析等,并估计集料的最大粒径、形状种类及粗细集料的比例与级配,检查并记录存在的气孔的位置、尺寸与分布情况,必要时应进行拍照。

在芯样的中间及两端 1/4 处按两个垂直方向测量三对数值确定芯样的平均直径 d,精确至 mm。

取芯样直径两端侧面测定钻取后芯样的长度及端面加工后的长度,其尺寸误差应在 0.25 mm 之内,取平均值作为试件平均长度 L,精确至 1.0 mm。

如有必要,应测定芯样的表观密度。

(3)试件的制作

抗压试验用的试件长度(端部加工后)不应小于直径,也不应大于直径的2倍。芯样端面必须平整,必要时应磨平或用抹顶等方法处理。

(4)芯样抗压强度 f_{cu}^c 按下式计算:

$$f_{cu}^c = \alpha \cdot \frac{P}{A} = \alpha \cdot \frac{4P}{\pi d^2} \tag{2.2.16}$$

式中:f_{cu}^c——混凝土芯样抗压强度,MPa;

$\quad P$——极限荷载,N;

$\quad A$——受压面积,mm^2;

$\quad d$——芯样截面的平均直径,mm;

$\quad \alpha$——不同高径比芯样试件混凝土强度换算系数,参见表2.2.8。

表2.2.8 抗压强度尺寸修正系数表

长度与直径(L/d)	修正系数(α)	说明
2.00	1.00	
1.75	0.98	
1.50	0.96	当 L/d 为表列中间值时,
1.25	0.93	修正系数可用插入法求得
1.00	0.89	

结果计算精确至0.1 MPa。

混凝土圆柱体强度与立方体强度的关系如表2.2.9所示。

表2.2.9 圆柱体试件与方块试件抗压强度关系表

混凝土等级	28 d 抗压强度/MPa	
	圆柱体 ϕ150 mm×300 mm	方块 150 mm×150 mm×150 mm
C2.5/2.5	2.0	2.5
C4/5	4.0	5.0
C6/7.5	6.0	7.5
C8/10	8.0	10.0
C10/12.5	10.0	12.5
C16/20	16.0	20.0
C20/25	20.0	25.0
C25/30	25.0	30.0
C30/35	30.0	35.0
C35/40	35.0	40.0
C40/45	40.0	45.0
C45/50	45.0	50.0
C50/55	50.0	55.0

注:上表中间值换算时,可直线插入。

2.2.3　回弹法检验混凝土强度

(1)回弹法的基本原理

回弹法是采用回弹仪的弹簧驱动重锤,通过弹击杆弹击混凝土表面,并以重锤被反弹回来的距离(称回弹值,指反弹距离与弹簧初始长度之比)作为强度相关指标来推算混凝土强度的一种方法。

(2)回弹法检测混凝土强度的原则

回弹法检验混凝土强度是对常规检验的一种补充。当对构件怀疑时,例如,试件与结构中混凝土质量不一致,对试件的检验结果有怀疑或供检验用的试件数量不足时,可采用回弹法检测,并将检测结果作为处理混凝土问题的一个主要依据。

另外,施工阶段,如构件拆模、预应力张拉或移梁、吊装时,回弹法可作为评估混凝土强度的依据。

回弹法的使用前提,是要求被测结构或构件混凝土的内外质量基本一致。因此,当混凝土表层与内部质量有明显差异,例如遭受化学腐蚀或火灾、硬化期间遭受冻伤等或内部存在缺陷时,不能用回弹法评定混凝土强度。

(3)回弹法的测强曲线

回弹法测定结构混凝土强度的基本依据,就是回弹值与混凝土抗压强度之间的相关性。这种相关性以基准曲线或经验公式的形式予以确定。

基准曲线的制定方法,是在试验室中制作一定数量的,考虑不同强度、不同原材料条件、不同期龄等各种因素的立方体试块,测定其回弹值、碳化深度及抗压强度等参数,然后进行回归分析,求得拟合程序最好,相关系数大的回归方程,作为经验公式或画出基准曲线。因为混凝土强度与回弹值、碳化深度的相关关系,受许多因素的影响,在制定曲线的过程中,所考虑的影响因素越多,曲线的适应性和覆盖面越大,但其离散性也越大,推算混凝土强度的误差也越大。当被测试的结构混凝土的各种条件越接近于制定基准曲线时所顾及的各种条件,测试误差越小。

为了提高回弹法测强的精度,目前常用的基准曲线可分为三种类型:

1)专用测强曲线。专用测强曲线是针对某一工程、某一预制厂或某一商品混凝土供应区的特定的原材料质量、成型和养护工艺、测试龄期等条件而制定的基准曲线,由于专用曲线所考虑的条件可以较好地与被测混凝土相吻合,因此,影响因素的干扰较少,推算强度的误差也较小。

当被测结构混凝土的各种条件与专用曲线相一致时,应优先使用专用曲线进行强度推定。

2)地区测强曲线。地区测强曲线是针对某一省、市、自治区或条件较为类似的特定地区而制定的基准曲线。它适应于某一地区的情况,所涉及的影响因素比专用曲线广泛,因此,其误差也稍大。

3)通用测强曲线。为了便于应用,在允许的误差范围内,应尽量扩大基准曲线的覆盖面。我国在制定《回弹法评定混凝土抗压强度技术规程》时,在全国广泛布点,进行了研究。最后选定的回归方程和有关指标如下:

$$R_n = 0.025\,0\overline{N}^{2.010\,8} \times 10^{-0.035\,8\overline{L}} \qquad (2.2.17)$$

式中:R_n——为测区混凝土的抗压强度,MPa,精确至 0.1 MPa;

$\overline{N}$——为测区混凝土平均回弹值,精确至 0.1;

$\overline{L}$——为测区混凝土平均碳化深度,mm,精确至 0.1 mm。

全国通用测强曲线所列测区混凝土强度换算表(见附表 1)应为符合下列条件的混凝土:

①符合普通混凝土用材料、拌和用水的质量标准;

②不掺外加剂或仅掺非引气型外加剂;

③采用普通成型工艺;

④采用符合国家现行标准《混凝土结构工程施工及验收规范》规定的钢模、木模及其他材料制作的模板;

⑤自然养护或蒸气养护出池后以自然养护 7 d 以上,且混凝土表层为干燥状态;

⑥龄期为 14 ~ 1 000 d;

⑦抗压强度为 10 ~ 50 MPa。

制订该表所依据的统一测强曲线,其强度误差值为:

$$平均相对误差 \quad \delta \leqslant \pm 15.0\%$$

$$相对标准差 \quad e_r \leqslant 18.0\%$$

当有下列情况之一时,不得按附表 1 换算测区混凝土强度值,但可制定专用测强曲线或通过试验进行修正:

①粗集料最大粒径大于 60 mm;

②特种成型工艺制作的混凝土;

③检测部位曲率半径小于 250 mm;

④潮湿或浸水混凝土。

(4)专用测强曲线的制定方法

1)制定专用测强曲线的单位,需具有一级试验室的资质。

2)制定专用测强曲线的试件应与欲测结构或构件在原材料(含品种、规格)的成型工艺与养护方法等方面条件相同。

3)试件的制作和养护:

①按最佳配合比设计 5 个强度等级,每一强度等级每一龄期制作 6 个 150 mm 立方体试件,同一龄期试件宜在同一天内成型完毕。

②在成型后的第二天,将试件移至与被测结构或构件相同的硬化条件下养护,试件拆模日期宜与结构或构件的拆模日期相同。

4)试件的测试:

①将到达龄期的试件表面擦净,将其两个相对测面置于压力机的上下承压板之间,加压 30 ~ 80 kN(低强度试件取低吨位加压)。

②在试件保持 30 ~ 80 kN 的压力下,用符合规定的标准状态的回弹仪和规定的操作方法,在试件的另外两个相对侧面上分别选择均匀分布的 8 个点进行弹击。

③从每一试件的 16 个回弹值中分别剔除其中 3 个最大值和 3 个最小值,然后再求余下的 10 个回弹值的平均值,计算精确至 0.1,即得该试件的平均回弹值 R_m。

④将试件加荷直至破坏,然后计算试件的抗压强度换算值 f_{cu}^c(MPa)。

5）专用测强曲线的计算：

①专用测强曲线的回归方程，应按每一试件求得的 R_m 和 f_{cu}^c 数据，采用最小二乘法原理计算。

②推荐采用的回归方程如下：

$$f_{cu}^c = AR_m^B \qquad (2.2.18)$$

③计算回归方程式的强度平均相对误差 δ 和强度相对标准差 e_r。当 δ 和 e_r 均符合规定时，即可报请上级主管部门审批。

如需制定具有较宽龄期范围的专用测强曲线，则应在试验及回归分析时引入碳化深度变量，并求得碳化深度修正系数。

$$\delta = \pm \frac{1}{n} \sum_{i=1}^{n} \left| \frac{f_{cu,i}}{f_{cu,i}^c} - 1 \right| \times 100 \qquad (2.2.19)$$

$$e_r = \sqrt{\frac{1}{n-1} \sum_{i=1}^{n} \left(\frac{f_{cu,i}}{f_{cu,i}^c} - 1 \right)^2} \times 100 \qquad (2.2.20)$$

式中：δ——回归方程式的强度平均相对误差，%，精确至 0.1；

e_r——回归方程式的强度相对标准差，%，精确至 0.1；

$f_{cu,i}$——由第 i 个试件抗压试验得出的混凝土抗压强度值，MPa，精确至 0.1 MPa；

$f_{cu,i}^c$——由同一试件的平均回弹值 R_m 按回归方程式算出的混凝土强度值，MPa，精确至 0.1 MPa。

n——制定回归方程式的试件数。

（5）回弹法测试混凝土强度的原则

1）检测结构或构件混凝土强度可采用下列两种方式，其适用范围及构件数量应符合下列规定：

①单个检测，适用于单独的结构或构件的检测；

②批量检测，适用于在相同的生产工艺条件下，混凝土强度等级相同，原材料、配合比、成型工艺、养护条件基本一致且龄期相近的同类构件。按批进行检测的构件，抽检数量不得少于同批构件总数的 30% 且测区数量不得少于 100 个。抽检构件时，有关方面应协商一致，使所选构件具有一定的代表性。

2）每一构件的测区，应符合下列要求：

①对长度不小于 3 m 的构件，其测区数不少于 10 个；对长度小于 3 m 且高度低于 0.6 m 的构件，其测区数量可适当减少，但不应少于 5 个；

②相邻两测区的间距应控制在 2 m 以内，测区离构件边缘的距离不宜大于 0.5 m；

③测区应选在使回弹仪处于水平方向，检测混凝土浇筑侧面，当不能满足这一要求时，可选在使回弹仪处于非水平方向，检测混凝土浇筑侧面、表面或底面；

④测区宜选在构件的两个对称可测面上，也可选在一个可测面上，且应均匀分布。在构件的受力部位及薄弱部位必须布置测区，并应避开预埋件；

⑤测区的面积宜控制在 0.04 m²；

⑥检测面应为原状混凝土面，并应清洁、平整，不应有疏松层和杂物，且不应有残留的粉末

或碎屑；

⑦对于弹击时会产生颤动的薄壁、小型构件应设置支撑固定。

3)结构或构件的测区应标有清晰的编号,必要时应在记录纸上描述测区布置示意图和外观质量情况。

4)当检测条件与测强曲线的适用条件有较大差异时,可采用同条件试件或钻取混凝土芯样进行修正,试件数量应不少于 3 个。计算时,测区混凝土强度换算值应乘以修正系数。

修正系数可按式(2.2.21a)或式(2.2.21b)计算:

$$\eta = \frac{1}{n} \sum_{i=1}^{n} f_{cu,i} / f_{cu,i}^{c} \qquad (2.2.21a)$$

$$\eta = \frac{1}{n} \sum_{i=1}^{n} f_{cor,i} / f_{cu,i}^{c} \qquad (2.2.21b)$$

式中:η——修正系数,精确到 0.01;

$f_{cu,i}$,$f_{cor,i}$——分别为第 i 个混凝土立方体试件(边长为 150 mm)或芯样试件(ϕ100 mm× 100 mm)的抗压强度值,精确到 0.1 MPa;

$f_{cu,i}^{c}$——对应于第 i 个试件的回弹值和碳化深度值,由附录可查得的混凝土强度换算值;

n——试件数。

5)检测时,回弹仪的轴线应始终垂直于结构或构件混凝土检测面,缓慢施压,准确读数,快速复位。

6)测点宜在测区范围内均匀分布,相邻两侧点的净距一般不小于 20 mm,测点距构件边缘或外露钢筋、预埋件的距离一般不小于 30 mm,测点不应在气孔或外露石子上,同一测点只允许弹击一次。每一测区应记取 16 个回弹值,每一测点的回弹值读数精确至 1。

7)回弹值测量完毕后,应选择不小于构件数的 30%测区数在有代表性的位置上测量碳化深度值。

8)测量碳化深度值时,可用合适的工具在测区表面形成直径约 15 mm 的孔洞,其深度大于混凝土的碳化深度。然后除净孔洞中的粉末和碎屑,不得用水冲洗。立即用浓度为 1% ~ 2%酚酞酒精溶液滴在孔洞内壁的边缘处,再用深度测量工具测量已碳化与未碳化混凝土交界面到混凝土表面的垂直距离,该距离即为混凝土的碳化深度值。每次读数精确至 0.25 mm,应取三次测量的平均值作为检测结果,并应精确至 0.5 mm。

(6)回弹值的计算

1)计算测区平均回弹值时,应从该测区的 16 个回弹值中剔除 3 个最大值和 3 个最小值,然后将余下的 10 个回弹值按下列公式计算:

$$R_m = \frac{\sum_{i=1}^{10} R_i}{10} \qquad (2.2.22)$$

式中:R_m——测区平均回弹值,精确至 0.1;

R_i——第 i 个测点的回弹值。

2)回弹仪非水平方向检测混凝土浇筑侧面时,应按下列公式修正:

$$R_m = R_{ma} + R_{aa} \qquad (2.2.23)$$

式中:R_{ma}——非水平方向检测时测区的平均回弹值,精确至 0.1;

R_{aa}——非水平方向检测时回弹值的修正值,参见表 2.2.10。

3)回弹仪水平方向检测混凝土浇筑表面时,应按下列公式修正:

$$R_m = R_m^t + R_a^t \tag{2.2.24a}$$

$$R_m = R_m^b + R_a^b \tag{2.2.24b}$$

式中:R_m^t,R_m^b——水平方向检测混凝土浇筑表面、底面时,测区的平均回弹值,精确至 0.1;

R_a^t,R_a^b——混凝土浇筑表面、底面回弹值的修正值,按表 2.2.11 查用。

4)如检测时仪器非水平方向且测试面非混凝土的浇筑侧面,则应先对回弹值进行角度修正,然后再对修正后的值进行浇筑面修正。

(7)混凝土强度的推算

1)结构或构件第 i 个测区混凝土强度换算值,可按式(2.2.23)或式(2.2.24a)、式(2.2.24b)求得的平均回弹值 R_m 及求得的平均碳化深度值 d_m 由附表 1 查得。有地区或专用测强曲线时,混凝土强度换算值应按地区或专用测强曲线换算得出。

2)由各测区的混凝土强度换算值可计算得出结构或构件混凝土的强度平均值。当测区数不少于 10 个时,还应计算强度标准差。平均值及标准差按下列公式计算:

$$m_{f_{cu}^c} = \frac{\sum_{i=1}^{n} f_{cu,i}^c}{n} \tag{2.2.25}$$

$$S_{f_{cu}^c} = \sqrt{\frac{\sum_{i=1}^{n} (f_{cu,i}^c)^2 - n(m_{f_{cu}^c})^2}{n-1}} \tag{2.2.26}$$

式中:$m_{f_{cu}^c}$——构件混凝土强度平均值,MPa,精确至 0.1 MPa;

n——对于单个检测的构件,取一个构件的测区数;对于批量检测的构件,取被抽取构件测区数之和;

$S_{f_{cu}^c}$——构件混凝土强度标准差,MPa,精确至 0.01 MPa。

3)构件混凝土强度推定值 $f_{cu,e}$ 的确定:

①当按单个构件检测时,以最小值作为该构件的混凝土强度推定值

$$f_{cu,e} = f_{cu,\min}^c \tag{2.2.27}$$

②当按批量检测时,应按下列公式计算:

$$f_{cu,e1} = m_{f_{cu}^c} - 1.645 S_{f_{cu}^c} \tag{2.2.28}$$

$$f_{cu,e2} = m_{f_{ci,\min}^c} \tag{2.2.29}$$

式中:$m_{f_{cu,\min}^c}$——该批每个构件中最小的测区混凝土强度换算值的平均值,MPa,精确至 0.1 MPa。

取式(2.2.28)或式(2.2.29)中的较大值为该批构件的混凝土强度推定值。

4)对于按批量检测的构件,当该批构件混凝土强度标准差出现下列情况之一时,则该批构件应全部按单个构件检测。

①当该批构件混凝土平均值小于 25 MPa 时,且 $S_{f_{cu}^c} > 4.5$ MPa 时;

②当该批构件混凝土强度平均值不小于 25 MPa 时,且不大于 60 Mpa,$S_{f_{cu}^c} > 5.5$ MPa 时。

表 2.2.10　非水平方向检测时回弹值的修正值

R_{ma}	检测角度							
	向　上				向　下			
	90	60	45	30	−30	−45	−60	−90
20	−6.0	−5.0	−4.0	−3.0	+2.5	+3.0	+3.5	+4.0
21	−5.9	−4.9	−4.0	−3.0	+2.5	+3.0	+3.5	+4.0
22	−5.8	−4.8	−3.9	−2.9	+2.4	+2.9	+3.4	+3.9
23	−5.7	−4.7	−3.9	−2.9	+2.4	+2.9	+3.4	+3.9
24	−5.6	−4.6	−3.8	−2.8	+2.3	+2.8	+3.3	+3.8
25	−5.5	−4.5	−3.8	−2.8	+2.3	+2.8	+3.3	+3.8
26	−5.4	−4.4	−3.7	−2.7	+2.2	+2.7	+3.2	+3.7
27	−5.3	−4.3	−3.7	−2.7	+2.2	+2.7	+3.2	+3.7
28	−5.2	−4.2	−3.6	−2.6	+2.1	+2.6	+3.1	+3.6
29	−5.1	−4.1	−3.6	−2.6	+2.1	+2.6	+3.1	+3.6
30	−5.0	−4.0	−3.5	−2.5	+2.0	+2.5	+3.0	+3.5
31	−4.9	−4.0	−3.5	−2.5	+2.0	+2.5	+3.0	+3.5
32	−4.8	−3.9	−3.4	−2.4	+1.9	+2.4	+2.9	+3.4
33	−4.7	−3.9	−3.4	−2.4	+1.9	+2.4	+2.9	+3.4
34	−4.6	−3.8	−3.3	−2.3	+1.8	+2.3	+2.8	+3.3
35	−4.5	−3.8	−3.3	−2.3	+1.7	+2.3	+2.8	+3.3
36	−4.4	−3.7	−3.2	−2.2	+1.7	+2.2	+2.7	+3.2
37	−4.3	−3.7	−3.2	−2.2	+1.6	+2.2	+2.7	+3.2
38	−4.2	−3.6	−3.1	−2.1	+1.6	+2.1	+2.6	+3.1
39	−4.1	−3.6	−3.1	−2.1	+1.6	+2.1	+2.6	+3.1
40	−4.0	−3.5	−3.0	−2.0	+1.5	+2.0	+2.5	+3.0
41	−4.0	−3.5	−3.0	−2.0	+1.5	+2.0	+2.5	+3.0
42	−3.9	−3.4	−2.9	−1.9	+1.4	+1.9	+2.4	+2.9
43	−3.9	−3.4	−2.9	−1.9	+1.4	+1.9	+2.4	+2.9
44	−3.8	−3.3	−2.8	−1.8	+1.3	+1.8	+2.3	+2.8
45	−3.8	−3.3	−2.8	−1.8	+1.3	+1.8	+2.3	+2.8
46	−3.7	−3.2	−2.7	−1.7	+1.2	+1.7	+2.2	+2.7
47	−3.7	−3.2	−2.7	−1.7	+1.2	+1.7	+2.2	+2.7
48	−3.6	−3.1	−2.6	−1.6	+1.1	+1.6	+2.1	+2.6
49	−3.6	−3.1	−2.6	−1.6	+1.1	+1.6	+2.1	+2.6
50	−3.5	−3.0	−2.5	−1.5	+1.0	+1.5	+2.0	+2.5

注:①R_{ma} 小于 20 或大于 50 时,均分别按 20 或 50 查表;
②表中未列入的相应于 R_{ma} 的修正值 R_{aa},可用内插法求得,精确至 0.1。

表 2.2.11　不同浇筑面上回弹值的修正值

R_m^t 或 R_m^b	表面修正值(R_a^e)	底面修正值(R_a^b)	R_m^t 或 R_m^b	表面修正值(R_a^t)	底面修正值(R_a^b)
20	+2.5	−3.0	36	+0.9	−1.4
21	+2.4	−2.9	37	+0.8	−1.3
22	+2.3	−2.8	38	+0.7	−1.2
23	+2.2	−2.7	39	+0.6	−1.1
24	+2.1	−2.6	40	+0.5	−1.0
25	+2.0	−2.5	41	+0.4	−0.9
26	+1.9	−2.4	42	+0.3	−0.8
27	+1.8	−2.3	43	+0.2	−0.7
28	+1.7	−2.2	44	+0.1	−0.6
29	+1.6	−2.1	45	+0	−0.5
30	+1.5	−2.0	46	+0	−0.4
31	+1.4	−1.9	47	+0	−0.3
32	+1.3	−1.8	48	+0	−0.2
33	+1.2	−1.7	49	+0	−0.1
34	+1.1	−1.6	50	+0	0
35	+1.0	−1.5			

注:①R_m^t 或 R_m^b 小于 20 或大于 50 时,均分别按 20 或按 50 查表;

②表中有关混凝土浇筑表面的修正系数,是指一般原浆抹面的修正值;

③表中有关混凝土浇筑底面的修正系数,是指构件底面与侧面采用同一类模板在正常浇筑情况下的修正值;

④表中未列入的相应于 R_m^t 或 R_m^b 的 R_a^b 值,可用内插法求得,精确至 0.1。

2.2.4　超声回弹综合法检验混凝土强度

超声回弹综合法检测混凝土强度,是目前我国使用较广的一种结构中混凝土强度非破损检验方法。它较之单一的超声或回弹非破损检验方法具有精度高、适用范围广等优点。但是,它也是对常规检验补充的一种办法,当对结构的混凝土强度有怀疑时,可按此办法进行检验,以推定混凝土的强度,作为处理其质量问题的依据。

在有条件的情况,可用钻芯取样法作校核。

应用超声回弹综合法时,应尽量建立专用测强曲线并优先使用。在缺少该类曲线时,可采用通用测强曲线。通用测强曲线测区混凝土强度换算表适用下列条件的混凝土:

①混凝土采用的水泥、砂石、外加剂、掺合料、拌合用水符合国家现行标准的有关规定;

②自然养护或蒸汽养护后经自然养护 7 d 以上,且混凝土表层为干燥状态;

③龄期为 7 ~ 2 000 d;

④混凝土抗压强度为 10 ~ 70 MPa。

(1)建立地区混凝土曲线的基本要求

1)使用的回弹仪及混凝土超声波检测仪应符合现行行业标准有关规定。

2)混凝土采用的水泥、砂石、外加剂、掺合料、拌合用水应符合国家对相关产品的质量规定。

3)应选用本地区常用水泥、粗骨料、细骨料,按常用配合比制作混凝土强度等级为 C15、C20、C30、C40、C50、C60 的标准试件。

4)试件准备应符合下列规定:

试模应符合现行行业标准《混凝土试模》(JG/T 237—2008)的有关规定;每一混凝土强度等级的试件,应取自同一盘或同一车混凝土中,均匀装模振动成型,做成边长为 150 mm×150 mm×150 mm 的立方体试件;试件拆模后应浇水养护 7 d,然后按"品"字形堆放在不受日晒雨淋处自然养护;试件的测试龄期宜分为 14 d、28 d、60 d、90 d、180 d 和 365 d;对同一强度等级的混凝土,应一次成型完成;每一强度等级、每一龄期所需试件最小数量为 30 个。

5)试块声时值测试,应按下列规定进行:

①试块声时测量,应取试块浇注方向的侧面为测试面,宜采用黄油为耦合剂。

②声时测量应采用对测法,在一个相对测试面上测 3 点(测点布置见图 2.2.5,发射和接收换能器轴线应在一直线上,试块声时值 t_m 为 3 点平均值,保留小数点后一位数字。试块边长测量精确至 1 mm,测量误差不大于 1%。

③试块的声速值应按下式计算:

$$V_a = l/t_m \tag{2.2.30}$$

式中:t_m——声时值, μs;

l——超声测距,mm。

6)试块回弹值应按下列规定进行测试:

①回弹值测量应选用同于声时测量的一相对侧面。将试块油污擦净放置在压力机上下承板之间,加压至 30 ~ 50 kN,并在此压力下,在试块相对测试面上各测 5 点回弹值,剔除 1 个最大值和最小值,将余下 8 个回弹值的平均值作为该试块的回弹值 R_a,计算精确至 0.1。

②回弹值测试完毕后,卸荷将回弹面放置在压力机承压板间。以每秒 6 kN±4 kN 的速度连续均匀加荷至破坏。抗压强度值 f_{cu} 精确至 0.1 MPa。

7)测强曲线应按下述步骤进行计算:

①将各试块测试所得的声速值 V_a、回弹值 R_a 及试块抗压强度值 f_{cu} 汇总,进行多元回归分析和误差分析。

②回归分析时,可采用下列回归方程式:

$$f_{cu}^c = a(V_a)^b(R_a)^c \qquad (2.2.31)$$

式中:a——常数项系数;

　　b,c——回归系数;

　　f_{cu}^c——混凝土强度换算值,MPa。

相对标准误差 e_r,可按下列公式计算:

$$e_r = \sqrt{\dfrac{\sum\limits_{i=1}^{n} (f_{cu,i}/f_{cu,i}^c - 1)^2}{n-1}} \times 100\% \qquad (2.2.32)$$

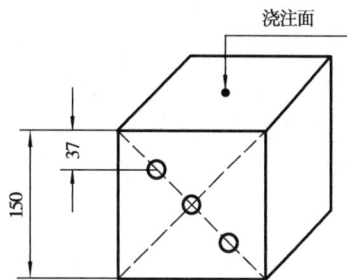

图 2.2.5　声时测量测点布置示意(单位:mm)

式中:e_r——相对标准误差,MPa;

　　$f_{cu,i}$——对应于 i 个立方体块抗压强度,MPa;

　　f_{cu}^c——对应于 i 个立方体试块按式(2.2.31)计算的强度换算值,MPa。

8)经上述计算,如回归方程式的误差符合《超声回弹综合法检测混凝土强度技术规程》中的相应的要求时,则可报请有关部门批准,作为专用或地区测强曲线。

9)按回归方程式,列出 f_{cu}^c—V—R 测区混凝土强度换算表。超声声速应精确至 0.01 km/s,回弹值应精确至 0.1,强度值应精确至 0.1 MPa。

10)强度换算表限于所试验的范围,不得外推。

(2)测区回弹值及声速值的测量原则

1)测区布置规定:

①当按单个构件检测时,应在构件上均匀布置测区,每个构件上的测区数不应少于 10 个;

②对同批构件按批抽样检测时,构件抽样数应不少于同批构件的 30%,且不少于 10 件,每个构件测区数不应少于 10 个;

③对长度小于或等于 2 m 的构件,其测区数可适当减少,但不应不少于 3 个。

2)当按批抽样检测时,符合下列条件的构件才可作为同批构件:

①混凝土强度等级相同;

②混凝土原材料、配合比、成型工艺、养护条件及龄期基本相同;

③构件种类相同;

④在施工阶段所处状态相同。

3)构件的测区,应满足下列要求:

①测区布置在构件混凝土浇注方向的侧面;

②测区均匀分布,相邻两测区的间距不宜大于 2 m;

③测区避开钢筋密集区和预埋件;

④测区尺寸为 200 mm×200 mm;

⑤测试面应清洁、平整、干燥,不应有接缝、饰面层、浮浆和油垢,并避开蜂窝、麻面部位,必要时可用砂轮片清除杂物和磨平不平整处,并擦净残留粉尘。

4）结构或构件上的测区应注明编号，并记录测区位置和外观质量情况。

5）结构或构件的每一侧区，宜先进行回弹测试，后进行超声测试。

6）非同一测区内的回弹值及超声声速值，在计算混凝土强度换算值时不得混用。

（3）回弹值的计算

超声回弹综合法中回弹值的测试和计算与回弹法相同。

（4）超声声速值的测量与计算

1）超声测点应布置在回弹测试的同一测区内。

2）测量超声声时值时，应保证换能器与混凝土耦合良好。

3）测试的声时值应精确至 0.1 μs，声速值应精确至 0.01 km/s。超声测距的测量误差不大于±1%。

4）在每个侧区内的相对测试面上，应各布置 3 个测点，且发射和接收换能器的轴线应在同一轴线上。

5）测区声速应按下列公式计算：

$$v = l/t_m \tag{2.2.33}$$

$$t_m = (t_1 + t_2 + t_3)/3 \tag{2.2.34}$$

式中：v——测区声速值，km/s；

l——超声测距，mm；

t_m——测区平均声时值，μs；

t_1, t_2, t_3——分别为测区中 3 个测点的声时值。

6）当在混凝土浇灌的顶面与底面测试时，测区声速值应按下列公式修正：

$$v_a = \beta V \tag{2.2.35}$$

式中：v_a——修正后的测区声速值，km/s；

β——超声测试面修正系数。在混凝土浇注面的顶面及底面测试时，$\beta=1.034$；在混凝土侧面测试时，$\beta=1$。

（5）混凝土强度的推定

1）构件第 i 个测区的混凝土强度换算值 $f_{cu,i}^c$ 应采用修正后的测区回弹值 R_{ai} 及修正后的测区声速值 v_{ai}，优先采用专用或地区测强曲线推定。当无该类测强曲线时，可按附表 2 和附表 3 查阅混凝土强度或按下列公式计算：

①粗骨料为卵石时

$$f_{cu,i}^c = 0.003\,8(v_{ai})^{1.23}(R_{ai})^{1.95} \tag{2.2.36}$$

②粗骨料为碎石时

$$f_{cu,i}^c = 0.008(v_{ai})^{1.72}(R_{ai})^{1.57} \tag{2.2.37}$$

式中：$f_{cu,i}^c$——第 i 个测区混凝土强度换算值，MPa，精确至 0.1 MPa；

v_{ai}——第 i 个测区修正后的超声声速值，km/s，精确至 0.01 km/s；

R_{ai}——第 i 个测区修正后的回弹值，精确至 0.1。

2）当结构所用材料与制定的测强曲线所用材料有较大差异时，须用同条件试件块或从结构构件测区钻取的混凝土芯样进行修正，试件数量应不少于 3 个。此时，得到的测区混凝土强度换算值应乘以修正系数。修正系数可按下列公式计算：

①有同条件立方试块时

$$\eta = \frac{1}{n} \sum_{i=1}^{n} f_{cu,i}/f_{cu,i}^c \qquad (2.2.38)$$

②有混凝土芯样试件时

$$\eta = \frac{1}{n} \sum_{i=1}^{n} f_{cor,i}/f_{cu,i}^c \qquad (2.2.39)$$

式中:η——修正系数,精确至小数点后两位;

$f_{cu,i}$——第 i 个混凝土立方体试块抗压强度值(以边长为 150 mm 计),MPa,精确至 0.1 MPa;

$f_{cu,i}^c$——对应于第 i 个立主体块或芯样试件的混凝土强度换算值,MPa,精确至 0.1 MPa;

$f_{cor,i}$——第 i 个混凝土芯样试件抗压强度值(以 $\phi100$ mm×100 mm 计),MPa,精确至 0.1 MPa;

n——试件数。

3)结构或构件的混凝土强度推定值 $f_{cu,e}$ 可按下列条件确定:

①当按单个构件检测时,单个构件的混凝土强度推定值 $f_{cu,e}$ 取该构件各测区中最小的混凝土强度换算值 $f_{cu,\min}^c$。

②当按批抽样检测时,该批构件的混凝土强度推定值应按下列公式计算:

$$f_{cu,e} = m_{f_{cu}^c} - 1.645 S_{f_{cu}^c} \qquad (2.2.40)$$

式中各测区混凝土强度换算值的平均值 $m_{f_{cu}^c}$ 及标准差 $S_{f_{cu}^c}$,应按下列公式计算:

$$m_{f_{cu}^c} = \frac{1}{n} \sum_{i=1}^{n} f_{cu,i}^c \qquad (2.2.41)$$

$$S_{f_{cu}^c} = \sqrt{\frac{\sum_{i=1}^{n} (f_{cu,i}^c)^2 - n(m_{f_{cu}^c})^2}{n-1}} \qquad (2.2.42)$$

③当同批测区混凝土强度换算值标准差 $S_{f_{cu}^c}$ 过大时,该批构件的混凝土强度推定值也可按下列公式计算:

$$f_{cu,e} = m_{f_{cu,\min}^c} = \frac{1}{m} \sum_{i=1}^{m} f_{cu,\min,i}^c \qquad (2.2.43)$$

式中:$m_{f_{cu,\min}^c}$——该批每个构件中最小的测区混凝土强度换算值的平均值,MPa;

$f_{cu,\min,i}^c$——第 i 个构件中的最小测区混凝土强度换算值,MPa;

m——抽取的构件数。

4)当属同批构件按批抽样检测时,若全部测区强度的标准差出现下列情况时,则该批构件应全部按单个构件检测:

①当混凝土强度等级低于或等于 C20、$S_{f_{cu}^c}>4.5$ MPa 时;

②当混凝土强度等级高于 C20、$S_{f_{cu}^c}>5.5$ MPa 时。

2.2.5 后装拔出法检测混凝土强度

后装拔出法检测混凝土强度,是指在硬化混凝土表面进行钻孔、磨槽、嵌入锚固件,使用拔出仪进行拔出试验,测定极限拔出力,并根据预先建立的拔出力与混凝土强度之间的相关关系

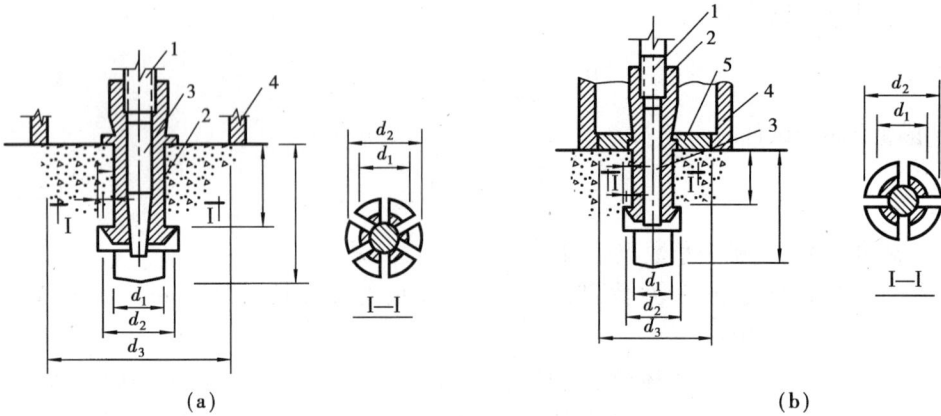

图 2.2.6 拔出试验装置基本组成
(a)三点式拔出试验装置示意图
1—拉杆;2—胀簧;3—胀杆;4—反力支承
(b)圆环式拔出试验装置示意图
1—拉杆;2—胀簧;3—胀杆;4—反力支承;5—对中圆盘

检测混凝土强度。拔出试验装置基本组成如图 2.2.6 所示。

当对构件或结构混凝土强度有怀疑时,或对旧结构混凝土强度检验时,可用本方法进行检测,检测结果可作为评价混凝土强度的依据。检测部位混凝土表层与内部质量应一致,若存在明显差异时,应清除薄弱层后再作检测。

(1)建立测强曲线的基本要求

1)混凝土采用的水泥、砂石、外加剂、掺合料、拌合用水应符合国家对相关产品的质量规定。

2)建立测强曲线所用混凝土强度等级,要求不少于 8 个,主要根据目前工程中常用的混凝土强度等级,一般在 10 ~ 80 MPa。规定每个混凝土强度等级不少于 6 组数据,每组数据须制作 3 块 150 mm×150 mm×150 mm 立方体试块(测定混凝土抗压强度用)及 1 块 300 mm×300 mm×300 mm 的立方体试块(后装拔出法用)。

3)每组拔出试件和方立体试块,应采用同盘混凝土,在同一振动台上同时振捣成型,同条件自然养护。

4)拔出试验应按下列规定进行:

①拔出试验的测点应布置在试件混凝土成型侧面;

②在每一拔出试件上,应进行不少于 3 个测点的拔出试验,取平均值为该试件的拔出力计算值 F,精确至 0.1 kN。

③3 个立方体试块的抗压强度代表值,应按现行国家标准《混凝土强度检验评定标准》(GB/T 50107—2010)确定。

5)测强曲线应按下述步骤进行计算:

①将每组试件的拔出力计算值及立方体试块的抗压强度代表值汇总,按最小二乘法原理进行回归分析。

②推荐采用的回归方程式如下:

$$f_{cu}^c = AF + B \tag{2.2.44}$$

式中: f_{cu}^c——混凝土强度换算值,MPa,精确至 0.1 MPa;

　　F——拔出力,kN,精确至 0.1 kN;

　　A,B——测强公式回归系数。

　　③回归方程的相对标准差 e_r 可按下式计算:

$$e_r = \sqrt{\dfrac{\sum\limits_{i=1}^{n}(f_{cu,i}/f_{cu,i}^c - 1)^2}{n-1}} \times 100\% \tag{2.2.45}$$

式中:e_r——相对标准差;

　　$f_{cu,i}$——第 i 组立体试块抗压强度代表值,MPa,精确至 0.1 MPa;

　　$f_{cu,i}^c$——由第 i 个拔出试件的拔出力计算值 F_i 按式(2.2.44)计算的强度换算值,MPa,精确至 0.1 MPa;

　　n——建立回归方程式的试块(试件)组数。

　　6)经上述计算,如回归方程式的相对标准差不大于12%时,可报请当地主管部门审定后实施。

　　7)测强曲线的使用,仅限于在建立回归方程所试验的混凝土强度范围内,不得外推。

(2)拔出试验基本要求

1)试验前宜具备下列有关资料:

①工程名称及设计、施工、建设单位名称;

②结构或构件名称、设计图纸及图纸要求的混凝土强度等级;

③粗骨料品种及最大粒径;

④混凝土浇筑和养护情况以及混凝土的龄期;

⑤结构或构件存在的质量问题等。

2)拔出试验前,应对钻孔机、磨槽机、拔出仪的工作状态是否正常及钻头、磨头、锚固件的规格、尺寸是否满成孔尺寸要求,进行检测。

3)结构或构件的混凝土强度可按单个构件检测或同批构件按批抽样检测。

4)符合下列条件的构件可作为同批构件:

①混凝土强度等级相同;

②混凝土原材料、配合比、施工工艺、养护条件及龄期基本相同;

③构件种类相同;

④构件所处环境相同。

5)测点布置应符合下列规定:

①按单个构件检测时,应在构件上均匀布置 3 个测点。当 3 个拔出力中的最大拔出力和最小拔出力与中间值之差均小于中间值的 15% 时,仅布置 3 个测点即可;当最大拔出力或最小拔出力与中间值之差大于中间值的 15%(包括两者均大于中间值的 15%)时,应在最小拔出力测点附近再加测 2 个测点。

②当同批构件按批抽样检测时,抽检数量应不少于同批构件总数的 30%,且不少于 10 件,每个构件不应少于 3 个测点。

③测点宜布置在构件混凝土成型的侧面,如不能满足这一要求时,可布置在混凝土成型的表面或底面。

④测点应避开接缝、蜂窝、麻面部位和混凝土表层的钢筋、预埋件。

6) 测试面应平整、清洁、干燥,对饰面层、浮浆等应予清除,必要时进行磨平处理。

7) 结构或构件的测点应标有编号,并应描绘测点布置的示意图。

8) 在钻孔过程中,钻头应始终与混凝土表面保持垂直,垂直度偏差不应大于 3°。

9) 在混凝土孔壁磨环形槽时,磨槽机的定位圆盘应始终紧靠混凝土表面回转,磨出的环形槽形状应规整。

10) 成孔尺寸应满足下列要求:

①钻孔直径 d_1 应比规定值大 0.1 mm,且不宜大于 1.0 mm;

②钻孔深度 h_1 应比锚固深度 h 深 20～30 mm;

③锚固深度 h 应符合规定,允许误差为 ±0.8 mm;

④环形槽深度 c 应为 3.6～4.5 mm。

(3) 混凝土强度换算及推定

1) 混凝土强度换算值应按式(2.2.44)计算。

2) 当被测结构所用混凝土的材料与制定测强曲线所用材料有较大差异时,可在被测结构上钻取混凝土芯样,根据芯样强度对混凝土强度换算值进行修正。芯样数量应不少于 3 个,在每个钻取芯样附近 3 个测点的拔出试验,取 3 个拔出力的平均值代入式(2.2.44)计算每个芯样对应的混凝土强度换算值。修正系数可按下式计算:

$$\eta = \frac{1}{n} \sum_{i=1}^{n} (f_{cor,i} / f_{cu,i}^c) \tag{2.2.46}$$

式中:η——修正系数,精确至 0.01;

   $f_{cor,i}$——第 i 个混凝土芯样试件抗压强度值,精确至 0.1 MPa;

   $f_{cu,i}^c$——对应于第 i 个混凝土芯样式件的 3 个拔出力平均值的混凝土强度换算值,MPa,精确至 0.1 MPa;

   n——芯样试件值。

3) 单个构件混凝土弹度推定:

①单个构件的拔出力计算值,应按下列规定取值:当构件 3 个拔出力中的最大或最小拔出力与中间值之差均小于中间值的 15% 时,最小值作为该构件拔出力计算值;当加测时,加测的 2 个拔出力值和最小拔出力值一起取平均值,再与前一次的拔出力中间值比较,取小值作为该构件拔出力计算值。

②将单个构件拔出计算强度换算值(修正系数 η 乘以强度换算值)作为单个构件混凝土强度推定值 $f_{cu,e}$。

$$f_{cu,e} = f_{cu}^c \tag{2.2.47}$$

4) 抽检构件的混凝土强度推定:

①将同批构件抽样检测的每个拔出力按式(2.2.44)计算强度换算值或用式(2.2.46)得到的修正系数 η 乘以强度换算值)。

②混凝土强度的推定值 $f_{cu,e}$ 按下列公式计算:

$$f_{cu,e1} = m_{f_{cu}^c} - 1.645 S_{f_{cu}^c} \tag{2.2.48}$$

$$f_{cu,e2} = m_{f_{cu,min}^c} = \frac{1}{m} \sum_{j=1}^{m} f_{cu,min,j}^c \tag{2.2.49}$$

式中:$m_{f_{cu,min}^c}$——批抽检每个构件混凝土强度换算值中最小值的平均值,MPa,精确至 0.1 MPa;

$f_{cu,min,j}^c$——第 j 个构件混凝土强度换算值中的最小值,MPa,精确至 0.1 MPa;

m——批抽检的构件数。

$m_{f_{cu,min}^c}$——批抽检构件混凝土强度换算值的平均值,MPa,精确至 0.1 MPa,按下式计算:

$$m_{f_{cu,min}^c} = \frac{1}{n} \sum_{i=1}^n f_{cu,i}^c \qquad (2.2.50)$$

式中:$f_{cu,i}^c$——第 i 个测点混凝土强度换算值;

$S_{f_{cu}^c}$——批抽检构件混凝土强度换算值的标准差,MPa,精确至 0.1 MPa,按下式计算:

$$S_{f_{cu}^c} = \sqrt{\frac{\sum_{i=1}^n (f_{cu,i}^c)^2 - n(m_{f_{cu}^c})^2}{n-1}} \qquad (2.2.51)$$

n——批抽检构件的测点总数。

取式(2.2.48)、式(2.2.49)中较大值作为该批构件的混凝土强度推定值。

③对于按批抽样检测的部件,当全部测点的强度标准差出现下列情况时,则该批构件应全部按单个构件检测:

当混凝土强度换算值的平均值小于或等于 25 MPa 时,$S_{f_{cu}^c} > 4.5$ MPa;

当混凝土强度换算值的平均值大于 25 MPa 且不大于 50 MPa 时,$S_{f_{cu}^c} > 5.5$ MPa。

当混凝土强度换算值的平均值大于 50 MPa 时,变异系数 δ 大于 0.11,$\delta = \dfrac{S_{f_{cu}^c}}{m_{f_{cu}^c}}$。

2.2.6　超声法检测混凝土缺陷

在混凝土结构物的施工及使用过程中,往往会造成一些缺陷和损伤,形成这些缺陷和损伤的原因是多种多样的。一般而言,主要有四方面的原因:其一是施工原因,例如振捣不足,钢筋网过密而骨料最大粒径选择不当、模板漏浆等所造成的内部孔洞、不密实区、蜂窝及保护层不足、钢筋外露等;其二是由于混凝土非外力作用所形成的裂缝,例如在大体积混凝土中因水泥水化热积蓄过多,在凝固及散热过程中的不均匀收缩而造成的温度裂缝,混凝土干缩及碳化收缩所造成的裂缝;其三是长期在腐蚀介质或冻融作用下由表及里的层状疏松;其四是受外力作用所产生的裂缝,例如因龄期不足即行吊装而产生的吊装裂缝等。

这些缺陷和损伤往往会严重影响结构物的承载能力和耐久性,因此是事故处理、施工验收、旧有建筑物安全性鉴定、进行维修和补强设计时必须检测的项目。

所谓混凝土探伤,指的是以无损检测的手段,确定混凝土内部缺陷的存在、大小、位置和性质的一项专门技术。

可用于探伤的无损检测手段有超声脉冲法和射线法两大类,其中射线法因穿透能力有限,以及操作中需解决人体防护等问题,在我国使用较少。目前最有效的方法是超声脉冲法。

金属材料的探伤主要是应用超声波在内部缺陷界面上的反射特性,以反射波作为判断缺陷状态的基本依据。鉴于混凝土的非均质特性,高频超声波在混凝土中传播时,将受到无数个界面的反射,所以若用金属超声探伤仪进行混凝土探伤,是难以作出缺陷鉴别的。因此,混凝土超声探伤的基本原理与金属探伤不同。

（1）采用混凝土超声探伤判断缺陷的基本依据

1）根据低频超声在混凝土中遇到缺陷时的绕射现象，按声时及声程的变化，判别和计算缺陷的大小。

2）根据超声波在缺陷界面上产生反射，因而到达接收探头时能量显著衰减的现象判断缺陷的存在及大小。

3）根据超声脉冲各频率成分在遇到缺陷时被衰减的程度不同，因而接收频率明显降低，或接收波频谱产生差异，也可判别内部缺陷。

4）根据超声波在缺陷处的波形转换和叠加，造成接收波形畸变的现象判别缺陷。

以上四点可以单独运用，也可综合运用。

（2）声学参数测量

测量之前应视测试距离（以下简称测距）大小将仪器的发射电压调在某一档，并以扫描基线不产生明显噪声干扰为前提，将仪器"增益"调至较大位置保持不动。

1）声时测量时，应将发射换能（以下简称 T 换能器）和接收换能器（以下简称 R 换能器）分别耦合在测区同一测点对应位置上，用"衰减器"将接收信号首波调至一定高度，再调节游标脉冲，用其前沿对准首波前沿基线弯曲的起始点，读取调取读标脉冲，用其前沿对准首波前沿基线弯曲的起始点，读取声时值 t_i（精确至 0.1 μs）。该测点混凝土声时值应按下式计算：

$$t_{ct} = t_i - t_0 \tag{2.2.52}$$

式中：t_{ct}——第 i 点混凝土声时值，μs；

t_i——第 i 点测读声时值，μs；

t_0——声时初读数，μs。当采用厚度振动式换能器时，可参照仪器使用说明书测得，当采用径向振动式换能器时，可按"时—距"法测得。

2）波幅测量时，应在保持换能器良好耦合状态下采用下列两种方法之一进行读数：

①刻度法。将衰减固定在某一衰减位置，从仪器波屏上读取首波幅度（格数）：

②衰减值法。采用衰减器将首波幅度调至一定高度（如 5 mm 或刻度一格），读取衰减器上的 dB 值。

3）频率测量时，应先将游标脉冲调至首波前半个周期的波谷（或波峰），读取声时值 t_1（μs），再将游标脉冲调至相邻的波谷（或波峰），读取声时值 t_2（μs），由此即可按下式计算出该点（第 i 点）第一周期波的频率 f_i（精确至 0.1 kHz）。

$$f_i = \frac{1\,000}{t_2 - t_1} \tag{2.2.53}$$

4）波形观察时，主要观察接收信号的波形是否畸变或观察包络线的形状，必要时可描绘或拍照。

（3）换能器的布置方法

接收换能器检测出最早到达的脉冲分量。这一分量通常是纵向振动的前缘。尽管所传播的最大能量的方向是垂直发射换能器的表面，但是可能在其他的一些方向检测到通过混凝土传播的脉冲。因此，可以按下面三个方式之一来布置两只换能器以测量脉冲速度：

①两只换能器对面布置（直接传播），见图 2.2.7（a），称直穿法；

②两只换能在相邻面布置(半直接传播),见图 2.2.7(b),称斜穿法。

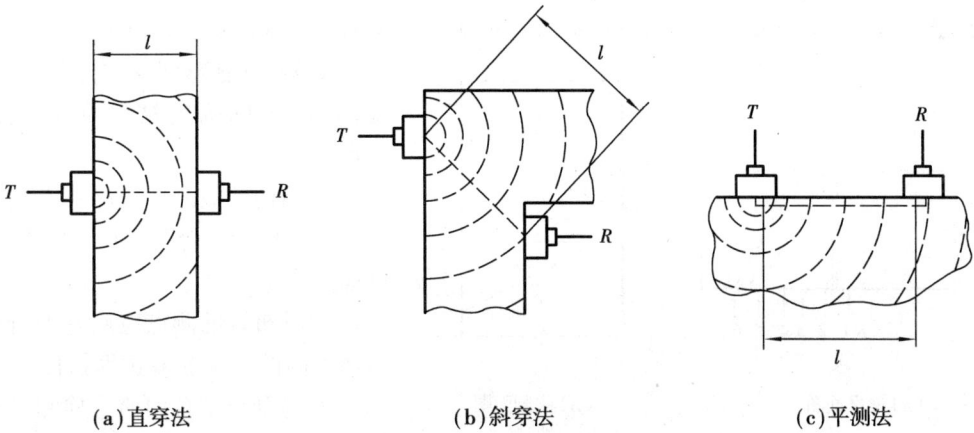

(a)直穿法   (b)斜穿法   (c)平测法

图 2.2.7 探头的布置方法

③两只换能器布置在同一表面(间接传播或表面传播),见图 2.2.7(c),称平测法。

(4)混凝土缺陷检测

1)混凝土均匀性检测。构件内部或各构件之间的混凝土不均匀性可引起脉冲速度的差异,这种差异又和质量的差别相连。脉冲速度的测量为研究匀质性提供了手段。而为达此目的,就得选定足以均匀地布置该混凝土结构一定体积的若干测点,测点间距一般为 200~500 mm,测点布置时应避开与声波传播方向相一致的钢筋。

各测点的声速值按下式计算:

$$v_i = \frac{L_i}{t_{ci}} \tag{2.2.54}$$

式中:v_i——第 i 点混凝土声速值,km/s;

L_i——第 i 点声径长度或称测距值,mm;

t_{ci}——第 i 点混凝土的声时值,μs。

各测点混凝土的声速平均值 m_v 和标准差 S_v 及离差系数 C_v 分别按下式计算:

$$m_v = \frac{1}{n} \sum_{i=1}^{n} v_i \tag{2.2.55}$$

$$S_v = \sqrt{\left(\sum_{i=1}^{n} v_i^2 - nm_v^2 \right) / (n-1)} \tag{2.2.56}$$

$$C_v = S_v / m_v \tag{2.2.57}$$

式中:m_v——声速平均值,km/s;

n——测点数;

v_i——第 i 点的声速值,km/s;

S_v——声速标准差;

C_v——声速离差系数。

根据声速的标准差和离差系数,可以相对比较相同测距的同类结构或各部位混凝土均匀性的优劣。

2)混凝土结合面质量检测。混凝土结合面(简称结合面),系指前后两次浇筑间隔时间大于 3 h 的混凝土之间所形成接触面,如施工缝、修补加固等。

混凝土结合面检测时(如图 2.2.8 所示),被测部位及测点的确定应满足以下要求:

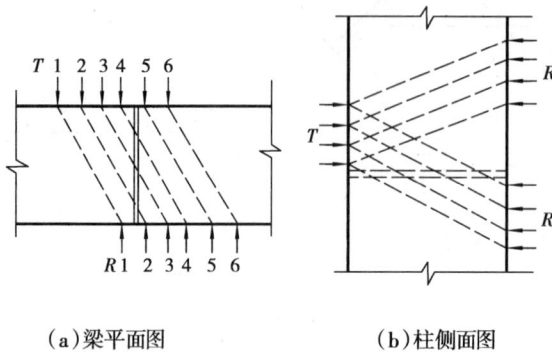

（a）梁平面图　　　（b）柱侧面图

图 2.2.8　检测结合面的换能器布置

A. 测试前应查明结合面的位置及走向,以正确确定被测部位及布置测点。

B. 结构的被测部位应具有使声波垂直或斜穿结合面的一对平行测试面。

C. 所布置的测点应避开平行声波传播方向的主钢筋或预埋铁件。

D. 混凝土结合面质量检测可采用斜测法布置测点。布置测点时应注意以下几点:

a. 使测试范围覆盖全部结合面或有怀疑的部位;

b. 各对 T,R 换能器连线的倾斜角及测距应相等;

c. 测点的间距视结构尺寸和结合面外观质量情况而定,可控制在 100 ~ 300 mm。

按布置好的测点分别测出各点的声时、波幅和频率值对某一测区各测点声时、波幅和频率值分别进行统计和异常值判断,当通过结合面的某些测点的数据被判为异常,并查明无其他因素影响时,可判定混凝土结合面在该部位结合不良。

3)混凝土表面损伤层检测。检测表面损伤厚度时,被测部位和测点的确定应满足以下要求:

①根据结构的损伤情况和外观质量选取有代表性的部位布置测区;

②结构被测表面应平整并处于自然干燥状态,且无接缝和饰面层;

③测点布置时应避免 T,R 换能器的连线方向与附近主钢筋的轴线平行。

表面损伤层检测宜选用频率较低的厚度振动式换能器。

测试时 T 换能器应耦合保持不动,然后将 R 换能器依次耦合在测点 1,2,3…位置上,如图 2.2.9,读取相应的声时值 t_1,t_2,t_3…,并测量每次 R,T 换能器之间的距离 l_1,l_2,l_3…。R 换能器每次移动的距离不宜大于 100 mm,每一测区的测点数不得少于 5 个。

当结构的损伤层厚度不均匀时,应适当增加测区数。

以各测点的声时值 t_i 和相应测距值 l_i 绘制"时—距"坐标图,如图 2.2.10 所示。由图可以得到声速改变所形成的拐点,并按式(2.2.58)和式(2.2.59)算出损伤混凝土的声速(v_f)和未损伤混凝土的声速(v_a)。

$$v_f = \cot \alpha = \frac{l_2 - l_1}{t_2 - t_1} \tag{2.2.58}$$

$$v_a = \cot \beta = \frac{l_5 - l_3}{t_5 - t_3} \tag{2.2.59}$$

4)混凝土不密实区和空洞检测。

①进行混凝土不密实区和空洞检测时,结构的被测部位及测区应满足以下要求:

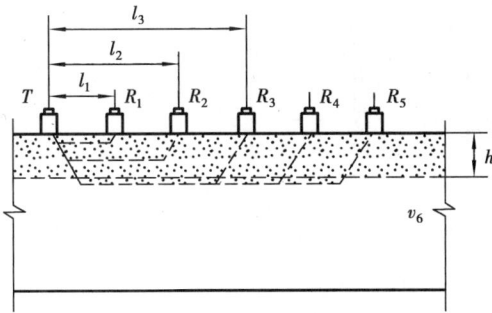

图 2.2.9　损伤层检测的换能器布置

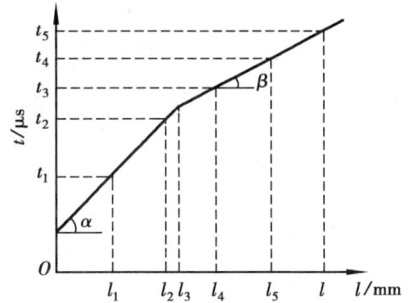

图 2.2.10　损伤层检测"时—距"图

A. 被测部位应具有一对(或两对)互相平行的测试面;

B. 测区的范围应大于有怀疑的区域;

C. 在测区布置测点时,应避免 T, R 换能器的连线与附近的主钢筋轴线平行。

②根据被测结构实际情况,可按下列方法之一布置换能器:

A. 结构具有两对相互平行的测试面时可采用对测法,其测试方法如图 2.2.11 所示。在测区的两对相互平行的测试面上,分别画间距为 200 ~ 300 mm 的网络,并编号确定对应的测点位置;

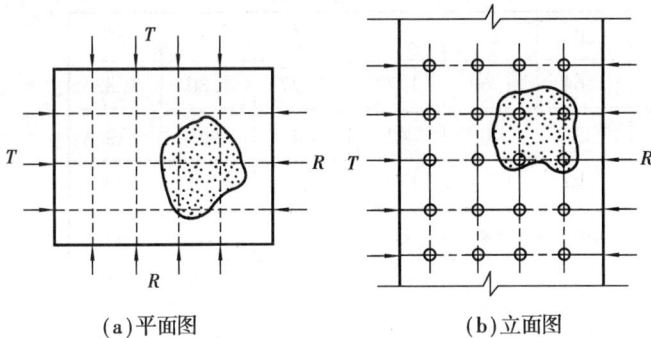

(a)平面图　　　　　(b)立面图

图 2.2.11　对测法换能器布置图

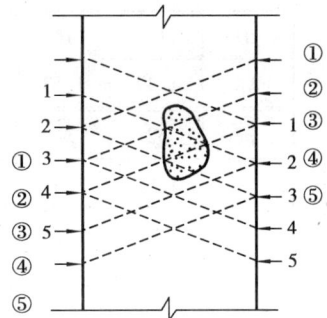

图 2.2.12　斜测法换能器布置立面图

B. 结构中只有一对相互平行的测试面时可采用斜测法。即在测区的两个相互平行的测试面上,分别画出交叉测试的两组测点位置,如图 2.2.12 所示;

C. 当结构的测试距离较大时,为了提高测试灵敏度,可在测区适当位置钻出平行于侧面的测试孔。测孔直径 45 ~ 50 mm,深度视测试需要而定,结构侧面采用厚度振动换能器,用黄油耦合。测孔中用径向振动式换能器,用水耦合,换能器布置如图 2.2.13 所示。

每一测点的声时、波幅、频率和测距的测量,应分别按规定进行。

测区混凝土声时(或声速)、波幅、频率测量值的平均值(m_x)和标准差(S_x)应按下式计算:

$$m_x = \frac{1}{n} \sum_{i=1}^{n} X_i \tag{2.2.60}$$

$$S_x = \sqrt{\left(\sum_{i=1}^{n} X_i^2 - n m_x^2 \right) / (n-1)} \tag{2.2.61}$$

101

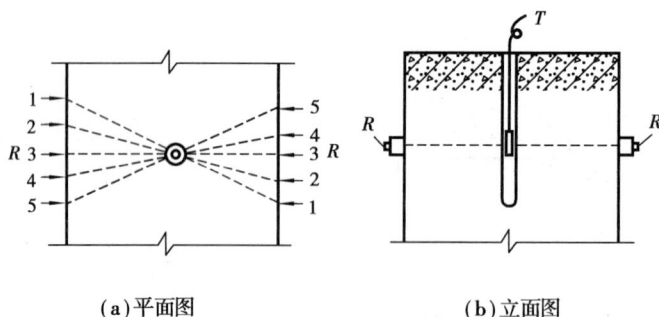

(a)平面图   (b)立面图

图 2.2.13 钻孔测法换能器布置图

式中:X_i——第 i 点的声时(或声速)、波幅、频率的测量值;

    n——一个测区参与统计的测点数。

③测区中的异常数据可按以下方法判别:

A. 将一测区各测点的声时值由小至大按顺序排列,即 $t_1 \leqslant t_2 \leqslant \cdots \leqslant t_n \leqslant t_{n+1} \cdots$,将排在后面明显大的数据视为可疑,再将这些可疑数据中最小的一个(假定 t_n)连同其前面的数据按式(2.2.60)和式(2.2.61),计算出 m_t 及 S_t,并代入式(2.2.62),算出异常情况的判断值(X_0)。

$$X_0 = m_t + \lambda_1 S_t \tag{2.2.62}$$

式中:λ_1——异常值判定系数,应按表2.2.12 查。

表 2.2.12 统计数的个数 n 与对应的 λ_1 值

n	14	16	18	20	22	24	26	28	30
λ_1	1.47	1.53	1.59	1.64	1.69	1.73	1.77	1.80	1.83
n	32	34	36	38	40	42	44	46	48
λ_1	1.86	1.89	1.92	1.94	1.96	1.98	2.00	2.02	2.04
n	50	52	54	56	58	60	62	64	66
λ_1	2.18	2.19	2.21	2.23	2.24	2.26	2.28	2.29	2.31
n	68	70	74	78	80	81	88	90	95
λ_1	2.18	2.19	2.21	2.23	2.24	2.26	2.28	2.29	2.31
n	100	105	110	115	120	125	130	135	140
λ_1	2.32	2.34	2.36	2.38	2.40	2.41	2.42	2.43	2.45
n	145	150	155	160	170	180	190	200	210
λ_1	2.46	2.48	2.49	2.50	2.52	2.54	2.56	2.57	2.50

把 X_0 值与可疑数据中最小值(t_n)相比较,若 t_n 大于或等于 X_0,则 t_n 及排在其后的各声时值均为异常值;当 t_n 小于 X_0 时,应再将 t_{n+1} 放进去重新进行统计计算和判别。

B. 将一测区各测点的波幅、频率由大到小按顺序排列,即 $X_1 \geqslant X_2 \geqslant \cdots \geqslant X_n \geqslant X_{n+1} \cdots$,将排在后面明显小的数据视为可疑,再将这些可疑数据中最大的一个(假定 X_0)连同其前面的数据按式(2.2.60)、式(2.2.61)计算出 m_x 及 S_x 值,并代入式(2.2.63)计算出异常情况的判断值(X_0)。

$$X_0 = m_x - \lambda_1 \cdot S_x \qquad (2.2.63)$$

将判断值(X_0)与可疑数据的最大值(X_n)比较,如 X_n 小于或等于 X_0,则 X_n 及排列于其后的各数据均为异常值;当 X_n 大于 X_0,应再将 X_{n+1} 放进去重新进行统计计算和判别。若耦合条件保证不了测幅稳定,则波幅值不能作为统计法的判别。

C. 当测区中某些测点的声时值(或声速值)、波幅值(或频率值)被判为异常值时,可结合异常测点的分布及波形状况确定混凝土内部存在不密实区和空洞的范围。

D. 空洞尺寸估算方法。当判定缺陷是空洞时,可按以下的方法估算其尺寸:

如图 2.2.14 所示,设检测距离为 l,空洞中心(在另一对测试面上,声时最长的测点位置)距一个测试面的垂直距离为 l_h,声波在空洞附近无缺陷混凝土中传播的时间平均值为 m_{ta},绕空洞传播的时间(空洞处的最大声时)为 t_h,空洞半径为 r。

根据 l_h/l 值和 $\dfrac{t_h - m_{ta}}{m_{ta}} \times 100\%$ 值,可由表 2.2.13 查得空洞半径 r 与测距 l 的比值,再计算空洞大致尺寸 r。

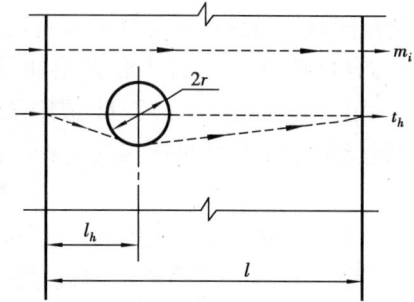

图 2.2.14　空洞尺寸估算原理

表 2.2.13　空洞半径 r 与测距 l 的比值

x ╲ z ╲ y	0.05	0.08	0.10	0.12	0.14	0.16	0.18	0.20	0.22	0.24	0.26	0.28	0.30
0.10(0.9)	1.42	3.77	6.26	—	—	—	—	—	—	—	—	—	—
0.15(0.85)	1.00	2.56	4.06	5.97	8.39	—	—	—	—	—	—	—	—
0.2(0.8)	0.78	2.03	3.18	4.62	6.36	8.44	10.9	13.9	—	—	—	—	—
0.25(0.75)	0.67	1.72	2.69	3.90	5.34	7.03	8.98	11.2	13.8	16.8	—	—	—
0.3(0.7)	0.60	1.53	2.40	3.46	4.73	6.21	7.91	9.38	12.0	14.4	17.1	20.1	23.6
0.35(0.65)	0.55	1.41	2.21	3.19	4.35	5.70	7.25	9.00	10.9	13.1	15.5	18.1	21.0
0.4(0.6)	0.52	1.34	2.09	3.02	4.12	5.39	6.84	8.48	10.3	12.3	14.5	16.9	19.8
0.45(0.55)	0.50	1.30	2.03	2.92	3.99	5.22	6.62	8.20	9.95	11.9	14.0	16.3	18.8
0.5	0.50	1.28	2.02	2.89	3.94	5.16	6.55	8.11	9.84	11.8	13.3	16.1	18.6

注:表中 $x = (t_h - m_{tu}) / t_{tu} \times 100\%$; $y = l_h / l$; $z = r / l$。

如被测部位只有一对可供测试的表面,空洞尺寸可用下式计算:

$$r = \frac{1}{2} \sqrt{\left(\frac{t_h}{m_{ta}}\right)^2 - l} \qquad (2.2.64)$$

式中:r——空洞半径,mm;

  l——T,R 换能器之间的距离,mm;

  t_h——缺陷处的最大声时值,μs;

  m_{ta}——无缺陷区的平均声时值,μs。

④浅裂缝检测。需要检测的裂缝中,不得有水或泥土等夹杂物。

如有主钢筋穿过裂缝且与 T,R 换能器的连线大致平行,布置测点时应注意使 T,R 换能器连线至少与该钢筋轴线相距 1.5 倍的裂缝预计深度。

当结构的裂缝部位只有一个可测表面,可采用平测法检测,平测时应在裂缝的被测部位以不同的测距同时按跨缝和不跨缝布置测点进行声时测量。

A. 不跨缝声时测量。将 T 和 R 换能器置于裂缝同一侧,以两个换能器内边缘间距(l'),绘制"时—距"坐标图,如图 2.2.15 或用统计的方法求出两者关系式。

每测点超声实际传播的距离应为:

$$l_i = l'_i + a \qquad (2.2.65)$$

式中:l_i——第 i 点的超声实际传播距离,mm;

  l'_i——第 i 点的 R,T 换能器内边缘间距,mm;

  a——"时—距"图中 l' 轴的截距或回归所得的关系式的常数项,mm。

B. 跨缝的声时测量。如图 2.2.16 所示,将 T,R 换能器分别置于以裂缝为轴线的对称两侧,两换能器中心连线垂直于裂缝走向,以 $l' = 100$ mm,150 mm,200 mm,250 mm,300 mm…分别读声时值 t_i^0。

C. 当结构的裂缝部位具有两个相互平行的测试表面时,可采用斜测法检测。其方法如图 2.2.17 所示,将 T,R 换能器分别置对于应测点 1,2,3…的位置,读取相应声时值 t_i 和波辐值 A_i 及频率值 f_i。

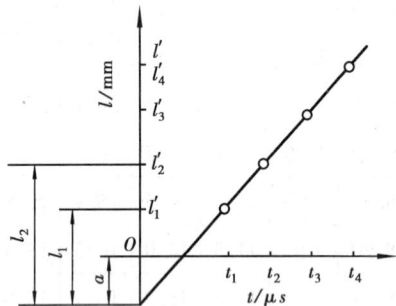

图 2.2.15　平测"时—距"图　　图 2.2.16　绕过裂缝测试图　　图 2.2.17　斜测裂缝示意图

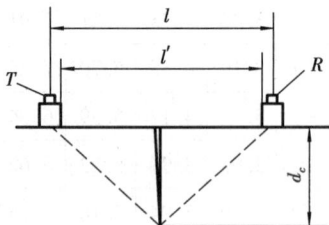

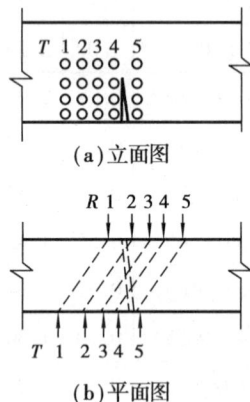

D. 平测法的裂缝深度可按下式计算:

$$d_{ci} = \frac{l_i}{2}\sqrt{\left(\frac{t_i^0}{t_i}\right)^2 - 1} \qquad (2.2.66)$$

式中:d_{ci}——裂缝深度,mm;

　　t_i,t_i^0——分别代表测距为 l_i 时不跨缝、跨缝平测的声时值,μs。

以不同测距取得的 d_{ci} 的平均值作为该裂缝的深度值(d_c)。如所得的 d_c 值大于原测距中任一个 l_i',则应把该 l_i 距离的 d_{ci} 舍弃后重新计算 d_c 值。

E. 斜测法时,如 T,R 换能器的连线通过裂缝,则接收信号的波幅和频率明显降低。根据波幅和频率的突变,可以判定裂缝深度以及是否在平面方向贯通。

⑤深裂缝检测。

A. 被检测结构应满足下列要求:

a. 允许在裂缝两旁钻测试孔;

b. 裂缝中不得充水或泥浆。

B. 被测结构上钻取的测试孔应满足下列要求:

a. 孔径应至少比裂缝预计深度深 700 mm,经测试如浅于裂缝深度,则应加深钻孔;

b. 对应的两个测试孔,必须始终位于裂缝两侧,其轴线应保持平行;

c. 两个对应测试孔的间距宜为 2 000 mm,同一结构的各对应测孔间距应相同;

d. 如图 2.2.18(a)所示,宜在裂缝一侧多钻一个较浅的孔,测试无缝混凝土的声学参数,供对比判别之用。

C. 深裂缝检测应选用频率为 20～40 kHz 的径向振动式换能器,并在其接线上作出等距离标志(一般间隔 100～500 mm)。

D. 测试前应先向测试孔中注满清水,然后将 T 和 R 换能器分别置于裂缝两侧的对应孔中,以相同高程等间距从上至下同步移动,逐点读取声时、波幅和换能器所处的深度。如图 2.2.18(b)所示。

E. 以换能器所处深度(d)与对应的波幅值(A)绘制 $d—A$ 坐标图,如图 2.2.19 所示。随着换能器的下移,波幅逐渐增大,当换能器下移至某一位置后,波幅达到最大值并基本稳定,该位置所对应的深度便是裂缝深度 d_c,图中裂缝深度为 120 mm。

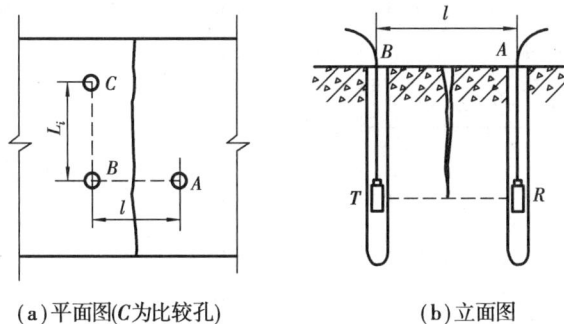

(a)平面图(C为比较孔)　　(b)立面图

图 2.2.18　钻孔测裂缝深度

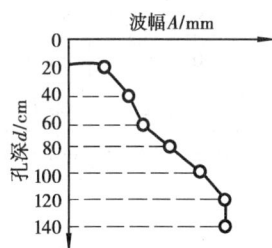

图 2.2.19　$d—A$ 坐标图

2.3　预应力混凝土结构试验检测

2.3.1　预应力钢材试验检测

用于预应力混凝土的钢材包括采用热轧、轧后余热处理或热处理等工艺生产的螺纹钢筋、冷拉或消除应力的低松弛光圆、螺旋肋和刻痕钢丝、由冷拉光圆钢丝及刻痕钢丝捻制的钢绞线等。

（1）预应力混凝土用螺纹钢筋检验

1）外观检查。钢筋外形采用螺纹状无纵肋且钢筋两侧螺纹在同一螺旋线上，其外形如图2.2.20 所示，验收时逐根进行目测检查。钢筋的公称直径范围为 15 mm～75 mm，其外形尺寸及允许偏差应符合表2.2.14 的规定。

表 2.2.14　钢筋外形尺寸及允许偏差表

公称直径/mm	基圆直径/mm				螺纹高/mm		螺纹底宽/mm		螺距/mm		螺纹根弧 r/mm	导角 α
	d_h		d_v		h		b		l			
	公称尺寸	允许偏差	公称尺寸	允许偏差	公称尺寸	允许偏差	公称尺寸	允许偏差	公称尺寸	允许偏差		
15	14.7	±0.2	14.4	±0.5	1.0	±0.2	4.2	±0.3	10.0			0.5	78.5°
18	18.0	±0.4	18.0	+0.4 −0.8	1.2	±0.3	4.5		10.0	±0.2	0.5	80.5°
25	25.0		25.0		1.6		6.0		12.0		1.5	81°
32	32.0		32.0		2.0	±0.4	7.0		16.0		2.0	81.5°
36	36.0		36.0		2.2		8.0		18.0			81.5°
40	40.0		40.0		2.5	±0.5	8.0	±0.5	20.0	±0.3		81.5°
50	50.0		50.0		3.0		9.0		24.0			81.8°
60	60.0	±0.5	60.0	+0.4 −1.2	3.0		10.0		22.0		2.5	83.7°
63.5	63.5		63.5		3.0		12.0		22.0			84°
65	65.0		65.0		3.0	±0.6	12.0		22.0	±0.4		84.1°
70	70.0		70.0		3.0		12.0		22.0			84.5°
75	75.0		75.0		3.0		12.0		20.0			85°

注：螺纹底宽允许偏差属于轧辊设计参数。

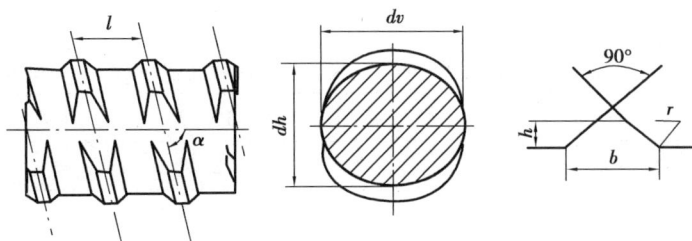

图 2.2.20 钢筋表面及截面形状

2)力学性能试验。预应力混凝土用螺纹钢筋力学性能试验主要包括拉伸试验、松弛试验肯疲劳试验。验收时,拉伸试验应从每批随机抽选 2 根并各截取一段试样,规定每批钢筋量不大于 60 t,超过 60 t 的部分,每增加 40 t,增加一个拉伸试样。疲劳试验和松弛试验均是从每 1 000 t 任选 1 根钢筋截取 1 段试样。试样的力学性能应符合表 2.2.15 的规定。

表 2.2.15 钢筋的力学性能表

级别	屈服强度 /MPa	抗拉强度 /MPa	断后伸长率/%	最大力 下总伸长率/%	应力松弛性能	
					初始应力	1 000 h 后应力松弛率/%
	不小于					
PSB785	785	980	8	3.5	0.7 * 抗拉强度	≤4.0
PSB830	830	1 030	7			
PSB930	930	1 080	7			
PSB1080	1 080	1 230	6			
PSB1200	1 200	1 330	6			

试验结果中如有一项不符合要求,则该盘钢筋为不合格品予以报废,再从未经试验过的钢筋里取双倍数量的试件进行复检,如仍有不合格的产品,则该批钢筋判为不合格品,不予验收。

(2)预应力钢丝检验

钢丝应成批检查和验收,每批钢丝由同一牌号、同一炉号、同一形状、同一尺寸及同一交货状态的钢丝组成,每批质量不大于 60 t。钢丝应逐盘进行形状、尺寸和表面检查。从检查合格的钢丝中抽取 5%,但不少于 3 盘,进行力学性能试验及其他试验。

1)外观检查。光圆钢丝尺寸及允许偏差、每米理论重量如表 2.2.16 规定。

表 2.2.16 光圆钢丝尺寸及允许偏差、每米理论重量表

公称直径/mm	直径允许偏差/mm	公称横截面积/mm²	每米理论重量/g·m⁻¹
4.00	±0.04	12.57	98.6
4.80		18.10	142

续表

公称直径/mm	直径允许偏差/mm	公称横截面积/mm²	每米理论重量/g·m⁻¹
5.00	±0.05	19.63	154
6.00		28.27	222
6.25		30.68	241
7.00		38.48	302
7.50		44.18	347
8.00	±0.06	50.26	394
9.00		63.62	499
9.50		70.88	556
10.00		78.54	616
11.00		95.03	746
12.00		113.1	888

螺旋肋钢丝外形见图 2.2.21,每条钢丝有 4 条螺旋肋,其尺寸及允许偏差应符合表 2.2.17 的规定,钢丝的公称横截面积、每米理论重量与光圆钢丝相同。

表 2.2.17　螺旋肋钢丝的尺寸及允许偏差表

公称直径 / mm	基圆尺寸		外轮廓尺寸		单肋尺寸	螺旋肋导程/ mm
	基圆直径 / mm	允许偏差 / mm	外轮廓直径 / mm	允许偏差 / mm	宽度 / mm	
4.00	3.85	±0.05	4.25	±0.05	0.90 ~ 1.30	24 ~ 30
4.80	4.60		5.10		1.30 ~ 1.70	28 ~ 36
5.00	4.80		5.30			
6.00	5.80		6.30		1.60 ~ 2.00	30 ~ 38
6.25	6.00		6.70			30 ~ 40
7.00	6.73		7.46	±0.10	1.80 ~ 2.20	35 ~ 45
7.50	7.26		7.96		1.90 ~ 2.30	36 ~ 46
8.00	7.75		8.45		2.00 ~ 2.40	40 ~ 50
9.00	8.75		9.45		2.10 ~ 2.70	42 ~ 52
9.50	9.30		10.10		2.20 ~ 2.80	44 ~ 53
10.00	9.75		10.45		2.50 ~ 3.00	45 ~ 58
11.00	10.76		11.47		2.60 ~ 3.10	50 ~ 64
12.00	11.78		12.50		2.70 ~ 3.20	55 ~ 70

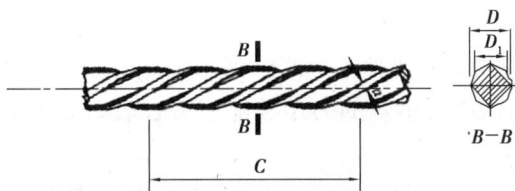

图 2.2.21　螺旋肋钢丝

三面刻痕钢丝的外形见图 2.2.22,三条刻痕中的其中一条倾斜方向与其他两条相反。其尺寸及允许偏差应符合表 2.2.18 的规定,钢丝的横截面积、每米理论重量与光圆钢丝相同。

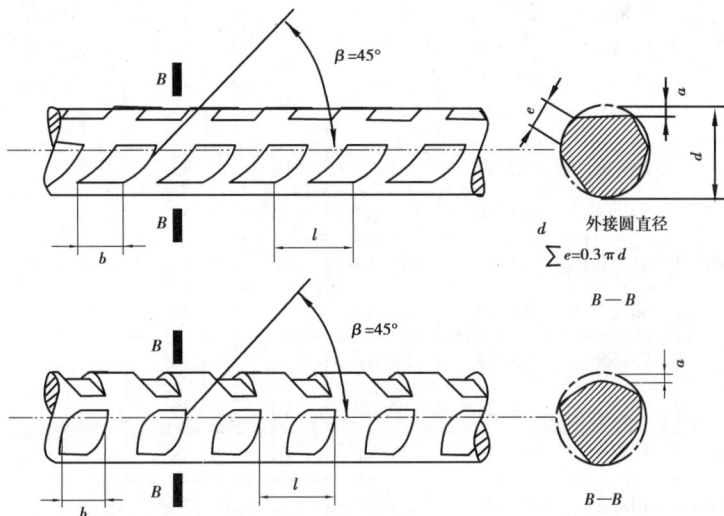

图 2.2.22　三面刻痕钢丝

表 2.2.18　三面刻痕钢丝尺寸及允许偏差

公称直径/mm	刻痕深度		刻痕长度		节距	
	公称深度/mm	允许偏差/mm	公称长度/mm	允许偏差/mm	公称节距/mm	允许偏差/mm
≤5.00	0.12	±0.05	3.5	±0.5	5.5	±0.5
>5.00	0.15		5.0		8.0	

2)力学性能试验。消除应力钢丝的伸直性、最大力、0.2% 屈服力、最大力总伸长率、断面收缩率、反复弯曲、弯曲、扭转等指标的检测,应从每批产品随机抽检 3 根,从抽检盘任一端截取试样。

1 000 h 应力松弛试验、疲劳性能试验和消除应力钢丝的氢脆敏感性应力腐蚀试验只进行型式试验,即当原料、生产工艺、设备有较大变化,新产品投产及停产后重新生产时进行型式检验。抽检比例为:应力松弛试验每批 1 根、疲劳性能试验每批 2 根、消除应力钢丝的氢脆敏感性每批 6 根,从抽检盘任一端截取。

各力学性能指标试验方法参照《预应力混凝土用钢材试验方法》(GB/T 21839—2019)的规定执行。拉伸试验中,钢筋的横截面面积按公称直径计算,规定非比例延伸力测定 0.2% 屈服力。使用计算机采集数据或使用电子拉伸设备的,测量总延伸率时预加负荷对试样所产生的伸长应加在总伸长内,测得的总延伸率应修约到 0.5%。

压力管道用无涂(镀)层冷拉钢丝的力学性能应符合表 2.2.19 规定。0.2% 屈服力应不小于最大力的特征值的 75%。

表 2.2.19　压力管道用冷拉钢丝的力学性能

公称直径 /mm	公称抗拉强度 /MPa	最大力的特征值/kN	最大力的最大值 /kN	0.2% 屈服力 $F_p 0.2$ /kN ≥	每 210 mm 扭矩的扭转次数 ≥	断面收缩率/% ≥	氢脆敏感性能负载为 70% 最大力时,断裂时间/h≥	应力松弛性能初始力为最大力70% 时,1 000 h 应力松弛率 r/%
4.00		18.48	20.99	13.86	10	35		
5.00		28.86	32.79	21.65	10	35		
6.00	1 470	41.56	47.21	31.17	8	30		
7.00		56.57	64.27	42.42	8	30		
8.00		73.88	83.93	55.41	7	30		
4.00		19.73	22.24	14.80	10	35		
5.00		30.82	34.75	23.11	10	35		
6.00	1 570	44.38	50.03	33.29	8	30		
7.00		60.41	68.11	45.31	8	30		
8.00		78.91	88.96	59.18	7	30	75	7.5
4.00		20.99	23.50	15.74	10	35		
5.00		32.78	36.71	24.59	10	35		
6.00	1 670	47.21	52.86	35.41	8	30		
7.00		64.26	71.96	48.20	8	30		
8.00		83.93	93.99	62.95	6	30		
4.00		22.25	24.76	16.69	10	35		
5.00		34.75	38.68	26.06	10	35		
6.00	1 770	50.04	55.69	37.53	8	30		
7.00		68.11	75.81	51.08	6	30		

消除应力的光圆及螺旋肋钢丝的力学性能应符合表2.2.25 的规定。0.2% 屈服力应不小于最大力的特征值的 88%。

消除应力的刻痕钢丝的力学性能,除弯曲次数外其他指标也应符合表 2.2.20 规定。对所有规格消除应力的刻痕钢丝,其弯曲次数均应不小于 3 次。

表 2.2.20　消除应力光圆及螺旋肋钢丝的力学性能

公称直径/mm	公称抗拉强度/MPa	最大力的特征值/kN	最大力的最大值/kN	0.2%屈服力 $F_p0.2$/kN ≥	最大总伸长率（$L_0=200$ mm）/% ≥	反复弯曲性能		应力松弛性能	
						弯曲次数 ≥	弯曲半径/mm	初始力为最大力的百分数	1 000 h 应力松弛率 r/%
4.00		18.48	20.99	16.22		3	10		
4.80		26.61	30.23	23.35		4	15		
5.00		28.86	32.78	25.32		4	15		
6.00		41.56	47.21	36.47		4	15		
6.25		45.10	51.24	39.58		4	20		
7.00		56.57	64.26	49.64		4	20		
7.50	1 470	64.94	73.78	56.99		4	20		
8.00		73.88	83.93	64.84		4	20		
9.00		93.52	106.25	82.07		4	25		
9.50		104.19	118.37	91.44		4	25		
10.00		115.45	131.16	101.32		4	25		
11.00		139.69	158.70	122.59		—	—		
12.00		166.26	188.88	145.90		—	—		
4.00		19.73	22.24	17.37		3	10		
4.80		28.41	32.03	25.00		4	15		
5.00		30.82	34.75	27.12		4	15		
6.00		44.38	50.03	39.06		4	15		
6.25		48.17	54.31	42.39		4	20		
7.00		60.41	68.11	53.16		4	20	70	2.5
7.50	1 570	69.36	78.20	61.04		4	20		
8.00		78.91	88.96	69.44		4	20		
9.00		99.88	112.60	87.89	3.5	4	25		
9.50		111.28	125.46	97.93		4	25		
10.00		123.31	139.02	108.51		4	25	80	4.5
11.00		149.20	168.21	131.30		—	—		
12.00		177.57	200.19	156.26		—	—		
4.00		20.99	23.50	18.47		3	10		
5.00		32.78	36.71	28.85		4	15		
6.00		47.21	52.86	41.54		4	15		
6.25	1 670	51.24	57.38	45.09		4	20		
7.00		64.26	71.96	56.55		4	20		
7.50		73.78	82.62	64.93		4	20		
8.00		83.93	93.98	73.86		4	20		
9.00		106.25	118.97	93.50		4	25		
4.00		22.25	24.76	19.58		3	10		
5.00		34.75	38.68	30.58		4	15		
6.00	1 770	50.04	55.69	44.03		4	15		
7.00		68.11	75.81	59.94		4	20		
7.50		78.20	87.04	68.81		4	20		
4.00		23.38	25.89	20.57		3	10		
5.00		36.51	40.44	32.13		4	15		
6.00	1 860	52.58	58.23	46.24		4	15		
7.00		71.57	79.27	62.98		4	20		

　　注:允许使用推算法确定 1 000 h 松弛值。应进行初始力为实际最大力 70% 的 1 000 h 松弛试验,如需方要求,也可以做初始力为实际最大力 80% 的 1 000 h 松弛试验。

在检查中,如有某一项检查结果不符合产品标准或合同的要求,则该盘不得交货。并从同一批未经试验的钢丝盘中取双倍数量的试样进行该不合格项目的复验(包括该项试验所要求的任一指标),复验结果若仍有不合格试样,则不得整批交货,但允许对该批产品逐盘检验,合格产品允许交货。供方可以对复验不合格钢丝进行分类加工(包括热处理)后,重新提交验收。

(3)预应力钢绞线检验

预应力钢绞线应以热轧盘条为原料,经冷拔后捻制成钢绞线。捻制后,钢绞线应进行连续的稳定化处理。钢绞线按结构分为以下8类,具体结构形式及结构代号为:用两根钢丝捻制的钢绞线(1×2)、用三根钢丝捻制的钢绞线(1×3)、用三根刻痕钢丝捻制的钢绞线(1×3 I),用七根钢丝捻制的标准型钢绞线(1×7)、用六根刻痕钢丝和一根光圆中心钢丝捻制的钢绞线(1×7 I)、用七根钢丝捻制又经模拔的钢绞线((1×7) C)、用十九根钢丝捻制的1+9+9 西鲁式钢绞线(1×19 S)、用十九根钢丝捻制的1+ 6+6/6 瓦林吞式钢绞线(1×19 W),本章节列举1×7 型的钢绞线的各性能指标,其他型号钢绞线相关内容详见《预应力混凝土用钢绞线》(GB/T 5224—2014)。1×7 型的钢绞线截面示意图如图 2.2.23 所示。

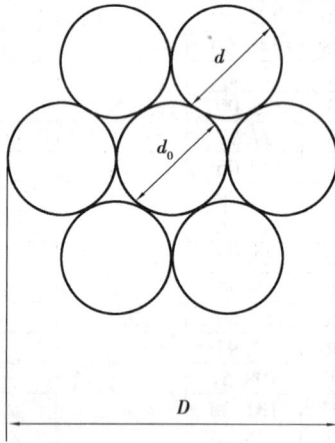

图 2.2.23　1X7 型的钢绞线截面示意图

钢绞线应成批检查和验收,每批钢绞线由同一牌号、同一规格、同一生产工艺捻制的钢绞线组成,每批重量不大于60 t。每盘成品钢绞线的长度应不小于200 m;钢绞线盘的内径应不小于1 000 mm。钢绞线的捻距应为钢绞线公称直径的12 ~ 16 倍,如无特殊要求,钢绞线的捻编方向为左捻。

1)外观质量检验。对钢绞线表面质量应逐盘进行目测检查,钢绞线内不得有折断、横裂和相互交叉的钢丝;每根成品钢绞线表面不得带有任何形式的电接头。成品钢绞线表面不得带有润滑剂、油渍等降低钢绞线与混凝土粘结力的物质。钢绞线表面允许有轻微的浮锈,但锈蚀不得成肉眼可见的麻坑。钢绞线的直径应逐盘使用分度值不大于 0.02 mm 的量具测量,测量位置距离端头不小于 300 mm,直径 D 应以横穿直径方向的相对两根上层钢丝为准,如图 2.2.23 所示,在同一截面不同方向上测量三次,取平均值。

1×7 型的钢绞线的公称直径、直径允许偏差、中心钢丝直径加大范围等指标应符合表 2.2.21 的规定,表中所列每1 000 m 长度的质量仅供参考。

表 2.2.21　1×7 型的钢绞线截面尺寸及允许偏差

钢绞线结构	公称直径/mm	直径允许偏差/mm	钢绞线公称横截面积/mm²	每米理论重量/g·m⁻¹	中心钢丝直径加大范围/%≥
1×7	9.50 (9.53)	+0.30 −0.15	54.8	430	2.5
	11.10 (11.11)		74.2	582	
	12.70		98.7	775	
	15.20 (15.24)		140	1101	
	15.70	+0.40 −0.15	150	1178	
	17.80 (17.78)		191 (189.7)	1500	
	18.90		220	1727	
	21.60		285	2237	

2）力学性能试验。钢绞线伸直性、整根钢绞线最大力、0.2% 屈服力、最大力总伸长率及弹性模量等指标应从外观质量合格的产品中抽取 3 根进行检验;应力松弛性能试验每批抽检数量不少于 1 根。钢绞线屈服力采用引伸计标距(不小于一个捻距)的非比例延伸达到引伸计标距 0.2% 时所受的力($F_p0.2$)。为便于供方日常检验,也可以测定总延伸达到原标距 1% 的力,其值符合本标准规定的 $F_p0.2$ 值时可以交货,但仲裁试验时测定 $F_p0.2$ 。钢绞线的最大力、最大力伸长率及应力松弛性能试验均应按《预应力混凝土用钢材试验方法》(GB/T 21839—2019)规定进行。应力松弛试验标距长度不小于公称直径的 60 倍,试样制备后不得进行任何热处理和冷加工,允许用至少 120 h 的测试数据推算 1 000 h 的松弛率。疲劳试验所用试样是成品钢绞线上直接截取的试样,试样长度应保证两夹具之间的距离不小于 500 mm。钢绞线应能经受 $2×10^5$ 次 $0.7F_{ma}$ ~ ($0.7F_{ma}-F_r$)脉动负荷后而不断裂。其中 F_{ma} 为钢绞线的实际最大力, F_r 为应力范围的等效负荷值,两者单位均为牛(N)。1×7 型钢绞线的力学性能指标应符合表 2.2.22 规定。

表2.2.22 1×7型钢绞线的力学性能指标

钢绞线公称直径/mm	公称抗拉强度/MPa	整根钢绞线最大力/kN ≥	整根钢绞线最大力的最大值/kN ≤	0.2%屈服力/kN ≥	最大力总伸长率/% ≥	应力松弛性能	
						初始负荷相当于实际最大力的百分数/%	1 000 h应力松弛率/% ≤
15.20 (15.24)	1470	206	234	181			
	1570	220	248	194			
	1670	234	262	206			
9.50 (9.53)	1720	94.3	105	83			
11.10 (11.11)		128	142	113			
12.70		170	190	150			
15.20 (15.24)		241	269	212			
17.80 (17.78)		327	365	288			
18.90	1820	400	444	352			
15.70	1770	266	296	234			
21.60		504	561	444			
9.50 (9.53)	1860	102	113	89.8	3.5	70	2.5
11.10 (11.11)		138	153	121		80	4.5
12.70		184	203	162			
15.20 (15.24)		260	288	229			
15.70		279	309	246			
17.80 (17.78)		355	391	311			
18.90		409	453	360			
21.60		530	587	466			
9.50 (9.53)	1960	107	118	94.2			
11.10 (11.11)		145	160	128			
12.70		193	213	170			
15.20 (15.24)		274	302	241			

当某一项检验结果不符合要求时,则该盘卷不得交货,并从同一批未经试验的钢绞线盘卷

中取双倍数量的试样进行该不合格项目的复验,复验结果若有一个及以上试样不合格,则整批钢绞线不得交货,或进行逐盘检验合格者交货。

2.3.2　预应力锚具、夹具和连接器检测

锚具是指用于保持预应力筋的拉力并将其传递到结构上所用的永久性锚固装置。夹具即建立或保持预应力筋预应力的临时性锚固装置,也称为工具锚。连接器则是用于连接预应力筋的装置。

(1)产品分类

根据对预应力筋的锚固方式不同,锚具、夹具和连接器可分为夹片式、支承式、握裹式和组合式 4 种基本类型。它们的代号如表 2.2.23 所示。

表 2.2.23　锚具、夹具和连接器的代号

分类代号		锚具	夹具	连接器
夹片式	圆形	YJM	YJJ	YJL
	扁形	BJM	BJJ	BJL
支承式	镦头	DTM	DTJ	DTL
	螺母	LMM	LMJ	LML
握裹式	挤压	JYM	——	JYL
	压花	YHM	——	——
组合式	冷铸	LZM	——	——
	热铸	RZM	——	——

它们的标记由 4 部分组成,第一部分为产品代号,由三个汉语拼音首字母组成;第二部分预应力筋类型,纤维增强复合材料筋为 F,预应力钢材不标注;第三部分为预应力筋直径;第四部分为预应力筋根数(生产企业的体系代号只在需要时进行加注)。例如:锚固 12 根直径为 15.2 mm 钢绞线的圆形夹片式群锚锚具表示为:YJM15-12;锚固 12 根直径为 12.7 mm 钢绞线的挤压握裹式锚具表示为:JYM13-12;锚固 1 根直径为 10 mm 碳纤维预应力筋的圆形夹片式群锚锚具表示为:YJMF10-1。

(2)技术要求

锚具、夹具和连接器应具有可靠的锚固性能和足够的承载力,以保证充分发挥预应力筋的强度。产品的外观、硬度、尺寸及偏差应符合技术文件的规定,且不应出现裂纹;锚板和连接器体应进行表面磁粉探伤,并符合《重型机械通用技术条件第 15 部分:锻钢件无损检测》(JB/T 5000.15—2007)的 Ⅱ 级的规定。

锚具按其使用位置不同可分为体内、体外束中预应力钢材用锚具、拉索中预应力钢材用锚具、纤维增强复合材料筋用锚具三大类,它们的静载锚固性能要求指标应符合表 2.2.24 规定。

表 2.2.24　锚具静载锚固性能要求

锚具类型	锚具效率系数 η_a	总伸长率
体内、体外束中预应力钢材用锚具	$\eta_a = \dfrac{F_{Tu}}{n \times F_{pm}} \geqslant 0.95$	≥2.0%
拉索中预应力钢材用锚具	$\eta_a = \dfrac{F_{Tu}}{F_{ptk}} \geqslant 0.95$	≥2.0%
纤维增强复合材料筋用锚具	$\eta_a = \dfrac{F_{Tu}}{F_{ptk}} \geqslant 0.90$	——

预应力筋的公称极限抗拉力 F_{ptk} 按式(2.2.67)计算：

$$F_{ptk} = A_{pk} \times f_{ptk} \tag{2.2.67}$$

预应力筋-锚具组装件达到实测极限拉力时，全部零件均不应出现肉眼可见的裂缝或破坏。预应力筋-夹具组装件达到实测极限拉力时，全部零件均不应出现肉眼可见的裂缝或破坏，应有良好的自锚性能和松锚性能；需敲击才松开的夹具，必须保证其对预应力筋的锚固没有影响，且对操作人员安全不会造成危害。锚具宜满足分级张拉、补张拉以及放松预应力筋的要求。锚具及其附件上应设置灌浆孔，灌浆孔应具有保证浆液畅通的截面面积。

预应力筋-锚具组装件除应满足静力锚固性能外，还应通过 200 万次疲劳荷载性能试验，试验后，锚具不应发生疲劳破坏。预应力筋因锚具夹持作用发生疲劳破坏的截面面积不应大于组装件中预应力筋总截面面积的 5%。

夹具应能重复使用且应有可靠的自锚性能、良好的松锚性能。在使用过程中，应能保证操作人员的安全。夹具的静载锚固性能应符合 $\eta_a = \dfrac{F_{Tu}}{F_{ptk}} \geqslant 0.95$ 的要求。

张拉后永久留在混凝土结构或构件中的连接器，其性能应符合锚具的性能要求；张拉后还需要放张和拆卸的连接器，其性能应符合夹具的性能要求。

(3)试验方法

1)一般规定。试验用的预应力筋锚具、夹具或连接器组装件应由全部零件和预应力筋组装而成，组装时不得在锚固零件上添加影响锚固性能的物质，如金刚砂、石墨等(设计规定的除外)。束中各根预应力筋应等长、平行、初应力均匀，其受力长度不应小于 3 m。单根钢绞线的组装件及钢绞线母材力学性能试验用的试件，钢绞线的受力长度不应小于 0.8 m。

试验机的测力系统，其准确度不应低于 1 级，预应力筋总伸长率测量装置在测量范围内，示值相对误差不应超过±1%。

应在预应力筋有代表性的部位取至少 6 根试件进行母材力学性能试验，试验结果应符合国家现行标准的规定，每根预应力筋的实测抗拉强度在相应的预应力筋标准中规定的等级划分均应与受检锚具、夹具或连接器的设计等级相同。试验用索体试件应在成品索体上直接截取，试件数量不应少于 3 根。已受损伤或者有接头的预应力筋不应用于组装件试验。

2)静载试验。预应力筋-锚具(或夹具)组装件可按图 2.2.24 的装置进行静载锚固性能试验，受检锚具下方安装的环形支承垫板内径应与受检锚具配套使用的锚垫板上口直径一致。

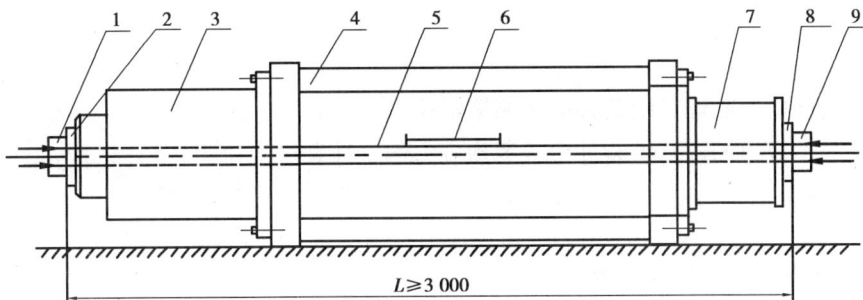

图2.2.24 预应力筋-锚具(或夹具)组装件静载锚固性能试验装置示意图

1,9—试验锚具或夹具;2,8—环形支承垫板;3—加载用千斤顶;
4—承力台座;5—预应力筋;6—总伸长率测量装置;7—荷载传感器

预应力筋-连接器组装件可按图2.2.25的装置进行静载锚固性能试验,被连接段预应力筋安装预紧时,可在试验连接器下临时加垫对开垫片,加载后可适时撤除。

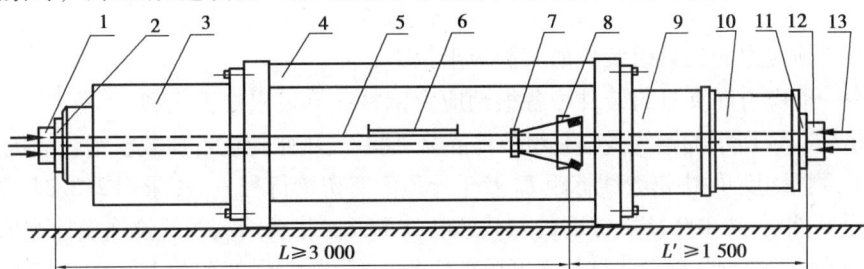

图2.2.25 预应力筋-连接器组装件静载锚固性能试验装置示意图

1,12—试验锚具;2,11—环形支承垫板;3—加载用千斤顶;
4—承力台座;5—续接段预应力筋;6—总伸长率测量装置;
7—转向约束钢环;8—试验连接器;9—附加承力圆筒或穿心式千斤顶;
10—荷载传感器;13—被连接段预应力筋

受检预应力筋锚具、夹具或连接器组装件应安装全部预应力筋。加载之前应先将各种测量仪表安装调试正确,将各根预应力筋的初应力调试均匀,初应力可取预应力筋公称抗拉强度 f_{ptk} 的 5% ~ 10%;总伸长率测量装置的标距不宜小于 1 m。

对预应力筋分级等速加载,加载方式为:对于普通按预应力钢材,按其抗拉强度标准值 F_{ptk} 的 20%,40%,60%,80% 分 4 级进行;对纤维增强复合材料筋,按其抗拉强度标准值 F_{ptk} 的 20%,40%,50% 分 3 级进行。加载速度每分钟宜为 100 MPa,达到 80% 后,持荷 1 h,随后缓缓加载至破坏。

试验过程中进行测量、观察和记录的项目应包括:

①荷载为 $0.1 F_{ptk}$ 时总伸长率测量装置的标距和预应力筋的受力长度;

②选取有代表性的若干根预应力筋,测量试验荷载从 $0.1 F_{ptk}$ 增长到 F_{Tu} 时,预应力筋与锚具、夹具或连接器之间的相对位移 Δa;

③组装件的实测极限抗拉力 F_{Tu};

④试验荷载从 $0.1 F_{ptk}$ 增长到 F_{Tu} 时,预应力筋受力长度的总伸长率 ε_{Tu}。

根据试验结果记录计算锚具、夹具和连接器的锚固效率系数 η_a 或 η_g,编写试验报告。

锚具效率系数按下式计算:

$$\eta_a = \frac{F_{apu}}{\eta_p F_{apu}^c} \tag{2.2.68}$$

式中：F_{apu}——预应力筋锚具组装件的实测极限拉力；

F_{apu}^c——预应力筋锚具组装件中各根预应力钢材计算极限拉力之和，$F_{apu}^c = f_{ptm}A_p$；

f_{ptm}——预应力钢材中抽取的试件极限抗拉强度的平均值；

A_p——预应力筋锚具、夹具组装件中预应力钢材截面积之和；

η_p——预应力筋的效率系数。

对于锚具、夹具产品出厂检验，预应力筋为预应力钢丝、钢绞线和热处理钢筋时，η_p取 0.97；预应力筋为冷拉Ⅱ，Ⅲ，Ⅳ级钢筋时，η_p取 1.00。对于生产厂的产品定型试验，η_p的取用按（GB/T 14370—2015）附录 A 确定。

夹具效率系数按下式计算：

$$\eta_g = \frac{F_{gpc}}{\eta_p F_{gpu}^c} \tag{2.2.69}$$

式中：F_{gpu}——预应力筋夹具组装件的实测极限拉力；

F_{gpu}^c——预应力筋夹具组装件中各根预应力钢材计算极限拉力之和。

对于图 2.2.23 所示的钢绞线锚具组装件静荷试验，先用张拉设备加载至钢绞线抗拉强度标准值的 10%，测量组装件中钢绞线标距 L_0 及千斤顶活塞初始行程 L_1，测量图 2.2.24 中所示 a,b 值，并做记录。然后，按 100 MPa/min 的加载速度分 4 级加载至钢绞线抗拉强度标准值的 20%，40%，60% 和 80%，张拉到钢绞线抗拉强度标准值 80% 后锚固，保持荷载 1 h，逐步加大荷载至试件破坏。试验过程中测量记录项目包括：钢绞线锚具（或连接器）组装件的内缩量 Δ_a，锚具（或连接器）各零件之间的相对位移 Δ_b，荷载达到钢绞线抗拉强度标准值的 80% 后及持荷 1 h 时锚具（或连接器）的变形，试件实测极限拉力 F_{apu}，并对试件破坏进行观察描述，静载试验采用表 2.2.25 记录。根据试验记录可以计算锚具效率系数和总应变，我国交通部行业标准《公路桥梁预应力钢绞线用锚具、连接器试验方法及检验规则》（JT 329.2—1997）规定的预应力钢绞线锚具效率系数和总应变按式（2.2.70）和式（2.2.71）计算，静载试验的结果由表 2.2.26 给出。

$$\eta_a = F_{apu}/F_{apu}^c \tag{2.2.70}$$

$$\varepsilon_{apu} = \frac{L_2 - L_1 - \Delta_a}{L_0} \times 100\% \tag{2.2.71}$$

预应力锚具组装件进行疲劳试验时，应根据预应力筋种类不同选取试验应力上限和应力幅度：预应力筋为钢丝、钢绞线或热处理钢筋时，试验应力上限取预应力钢材抗拉强度标准值的 65%，应力幅度取 80 MPa；预应力筋为冷拉Ⅱ，Ⅲ，Ⅳ级钢筋时，试验应力上限取预应力钢材的抗拉强度标准值的 80%，应力幅度取 80 MPa。试验选用的疲劳试验机（一般采用脉冲千斤顶）的脉冲频率不应超过 500 次/min。当疲劳试验机的能力不够时，只要试验结果有代表性，在不改变试件中各根预应力钢材受力的条件下，可以将预应力筋的根数适当减少，或用较少规格的试件，但最少不得低于实际预应力钢材根数的 1/10。试验台的长度应大于等于 3 m，试验台的承载力应满足试验要求。

表 2.2.25　静载试验记录

锚具型号			钢绞线	规格		计算极限拉力之和/kN		
千斤顶型号				刻度级别/MPa		实测极限应力/kN		
传感器型号			L_0/mm			破断情况		
序号	加载量/kN	夹片位移量 Δ_b/mm		内缩量 Δ_a/mm		千斤顶活塞行程/mm	破断时	Δ_a/mm
		固定端	张拉端	固定端	张拉端			Δ_b/mm
持荷时间								
持荷后								
破断时								

参加人：　　　　　　　　　　　　　　　　　　　　　　　　　　日期：

表 2.2.26　静载试验结果

试件编号	锚具型号	钢绞线根数	钢绞线计算极限拉力之和/kN	钢绞线锚具组装件实测极限拉力/kN	锚具效率系数	总应变/%	破坏情况			
							破断丝数	颈缩丝数	斜切口断丝数	其他

试验者：　　计算者：　　委托单位：　　备注：

校对者：　　审核者：　　生产厂家：

试验单位：　　试验日期：　　监检单位：

3）疲劳试验。疲劳试验时以 100 MPa/min 的速度加载至试验应力的下限值,再调节应力幅度达到规定值后,开始记录循环次数。试验过程中观察记录锚具和连接器部件与钢绞线疲劳损伤情况及变形情况,疲劳的钢绞线的断裂位置、数量和相应的疲劳次数。并将疲劳试验结果用表 2.2.27 记录。

表 2.2.27　疲劳试验结果

试验编号	锚具型号	预应力筋抗拉强度标准值/MPa	预应力筋截面面积/mm²	试验荷载/kN		频率/次/min	疲劳次数/10⁴次	试件情况
				上限	下限			

试验者：　　　计算者：　　　委托单位：　　备注：

校对者：　　　审核者：　　　生产厂家：

试验单位：　　试验日期：　　监检单位：

4）周期荷载试验。进行周期荷载试验时,预应力钢材若为钢丝、钢绞线或热处理钢筋,试验应力上限取预应力钢材抗拉强度标准值的 80%,下限取预应力钢材抗拉标准值的 40%;预应力钢材若为冷拉Ⅱ,Ⅲ,Ⅳ级钢筋,试验应力上限取预应力钢材抗拉强度的标准值,下限取预应力钢材抗拉强度标准值的 40%。周期荷载设备、仪器的锚具组装形式和静载试验相同。

组装好试件后,以约 100 MPa/min 的速度加载至试验压力上限值,再卸荷至试验应力下限值为第一周期,然后以荷载自下限值经上限值再回复到下限值为一个周期,重复 50 个周期。周期荷载试验结果见表 2.2.28 记录。

表 2.2.28　周期荷载试验结果

试验编号	锚具型号	预应力筋抗拉强度标准值/MPa	预应力截面面积/mm²	试验应力/MPa		试验次数/次	试件情况
				上限	下限		

试验者：　　　计算者：　　　委托单位：　　备注：

校对者：　　　审核者：　　　生产厂家：

试验单位：　　试验日期：　　监检单位：

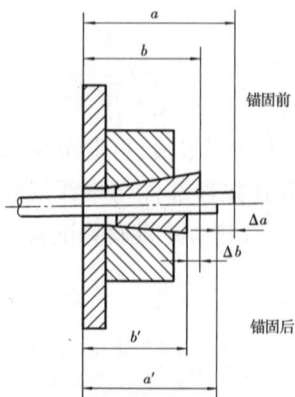

图 2.2.26　内缩量计算图

5）辅助性试验。对于新型锚具、夹具和连接器应进行辅助性试验,包括锚具、夹具的内缩量试验、锚口摩阻损失试验和张拉锚固工艺试验。具体内容如下:

①锚具和夹具的内缩量试验。内缩量试验使用的设备、仪器及试件安装与静载试验相同,试验施加的张拉力为有关规范规定的最大张拉控制应力,内缩量可测量锚固处预应力筋相对位移后计算得出。试件组装后测量图 2.2.26 中每根预应力筋的 a_i 值,用试验设备张拉试件至预应力筋张拉控制应力后锚固,测量每根预应力筋的 a_i' 值,计算出每根预应力筋的内缩量 Δa_i 和锚具组装件的内缩量 Δa:

$$\Delta a_i = a_i - a_i' \qquad (2.2.72)$$

$$\Delta a = \frac{1}{n}\sum_{i=1}^{n}\Delta a_i \tag{2.2.73}$$

式中:n——锚具组装件中预应力筋的根数。

内缩量试验试件数不少于3个,试验结果取其平均值,并用表2.2.29记录。

表2.2.29　内缩量试验结果

试件编号	锚具型号	预应力筋抗拉强度标准值 /MPa	预应力筋截面积 /mm²	内缩量 Δa_i/mm	内缩量(平均值) Δa/mm

试验者:　　　计算者:　　　委托单位:　　备注:

校对者:　　　审核者:　　　生产厂家:

试验单位:　　试验日期:　　监检单位:

②锚口摩阻损失试验。锚口摩阻损失试验使用的设备和仪器也和静载试验相同,试件安装可参考图2.2.27。试件安装好后,用试验设备张拉组装件至预应力筋的张拉控制应力,进行锚固,测出锚具前后预应力筋拉力差值 ΔF,按下式计算锚口摩阻损失:

$$u = \frac{\Delta F}{npF_{pk}} \times 100\% \tag{2.2.74}$$

式中:n——锚具组装件中预应力筋的根数;

　　　F_{pk}——预应力筋抗拉强度标准值;

　　　p——最大张拉控制应力与预应力筋抗拉强度值标准之比。对钢丝和钢绞线 $p=0.8$,对于冷拉粗钢筋 $p=0.95$。

锚口摩阻损失试验试件数不应少于3个,试验结果取其平均值,并用表2.2.30记录。

表2.2.30　锚口摩阻损失测定值

试件编号	锚具型号	预应力筋抗拉强度标准值 /kN	锚固前后预应力筋拉力差值 /kN	锚口摩阻损失/%	锚口摩阻损失平均值 /%

试验者:　　　计算者:　　　委托单位:　　备注:

校对者:　　　审核者:　　　生产厂家:

试验单位:　　试验日期:　　监检单位:

③张拉锚固工艺试验。试验设备仪器及试件组装形式与静载试验相同。用试验设备按预应力筋最大张拉控制应力25%,50%,75%和100%分4级张拉锚具组装件,每张拉一级荷载锚固1次,张拉完毕后,放松张拉应力。通过张拉、锚固工艺试验观察:

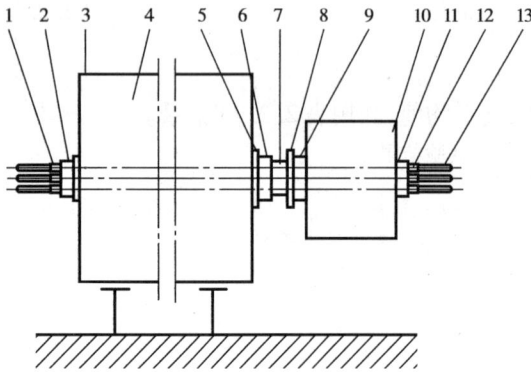

图 2.2.27　锚口摩阻损失试验组装形式
1,12—夹片;2,7,11—锚圈;3,5—垫板;
4—试验台座;6,9—传感器;
8—限位板;10—千斤顶;13—预应力筋

a.分级张拉或因张拉设备倒换行程需要临时锚固的可能性;

b.经过多次张拉锚固后,预应力筋内各根预应力钢材受力的均匀性;

c.张拉发生故障时,将预应力筋全部放松的可能性。

d.试件抽样及检验判定:

对于同类型、同一批原材料和同一工艺生产的锚具、夹具或连接器作为一批验收,每批不超过 1 000 套。外观检验抽取 10%,且不少于 10 套;硬度检验抽取 5%,且不少于 5 套;交通部标准 JT329—2010 规定钢绞线锚具,连接器硬度检验抽取 10%,且不少于 10 套;静载试验、疲劳试验和周期荷载试验各抽取 3 套试件。

外观检验如表面无裂缝,尺寸符合设计要求,判定为合格;如有一套表面有裂缝或裂缝超过允许偏差,应另取双倍数量的试件重做检验,如仍有一套试件不符合要求,则应逐套检查,合格者方可使用。

硬度检验每个零件测试 3 点,当硬度值符合设计要求的范围应判为合格。如有 1 个零件不合格,则应另取双倍数量的零件重做检验;如仍有 1 个零件不合格,则应逐个检验,合格者方可使用。

静载锚固能力检验、疲劳荷载试验及周期荷载检验如符合技术要求的规定,应判为合格。如有 1 个试件不符合要求,则另取双倍数量试件重做试验;如仍有 1 个试件不合格,则该批为不合格品。

一般使用单位材料进场和生产厂家产品出厂,应对预应力锚具,夹具和连接器抽样进行外观、硬度检验和静载试验。生产厂家对新产品或采用新工艺生产的锚具、夹具和连接器的型式检验需进行外观和硬度检验、静载试验、疲劳试验、周期荷载试验及辅助性试验。

2.3.3　张拉设备校验

预应力筋的张拉方式有机械张拉和电热张拉两类。机械可采用张拉液压拉伸机、手动螺杆张拉器、电动螺杆张拉机。桥梁工程中通常采用液压拉伸机,由油压千斤顶和配套的高压油泵、压力表及外接油管等组成。液压拉伸机的千斤顶按其构造可分为台座式(普通油压千斤顶)、穿心式、锥锚式和拉杆式。预应力张拉机具应与锚具配套使用,并在进场前进行检查和校验。

油压千斤顶的作用力一般用油压表测定和控制。油压表上的指示读数为油缸内的单位油压,在理论上将其乘以油塞面积即应为千斤顶的作用力。但由于油缸与活塞之间有一定的摩阻力,此项摩阻力抵消一部分作用力,因此实际作用力要比理论值为小。为正确控制张拉力,一般均用校验标定的方法测定油压千斤顶的实际作用力与油压读数的关系。校验时,应将千斤顶及配套使用的油泵、油压表一起配套进行。校验仪器可采用压力试验机、标准测力计或传感器等,一般采用长柱压力试验机的方法。

(1)用长柱压力试验机校验

压力试验机的精度不得低于±2%。校验时,应采取被动校验法,即在校验时用千斤顶顶试验机,这样活塞运行方向、摩阻力的方向与实际工作时相同,校验比较准确。

在进行被动校验时,压力试验机本身也有摩阻力,且与正常使用时相反,故试验机表盘读数反映的也不是千斤顶的实际作用力。因此,用被动法校验千斤顶时,必须事先用具有足够吨位的标准测力计对试验机进行被动标定,以确定试验机的度盘读数值。标定后在校验千斤顶时就可以从试验机度盘上直接读出千斤顶的实际作用以及相应的油压表的准确读数。

用压力试验机校验的步骤如下:

1)千斤顶就位。当校验穿心式千斤顶时,如图 2.2.28(a)所示,将千斤顶放在试验机台面上,千斤顶活塞面或撑套与试验机压板紧密接触,并使千斤顶与试验机的受力中心线重合。

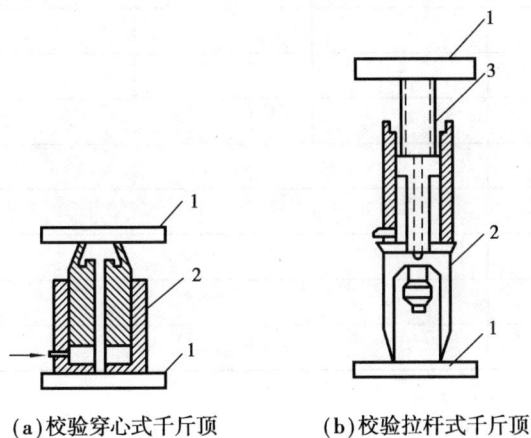

(a)校验穿心式千斤顶　　　　(b)校验拉杆式千斤顶

图 2.2.28　用压力试验机校验拉伸机
1—试验机上下压板;2—拉伸机;3—无缝钢管

当校验拉杆式千斤顶时,如图 2.2.28(b)把千斤顶的活塞杆推出,取下封尾板,在缸体内放入一根厚壁无缝钢管,然后将千斤顶两脚向下立于试验机的中心线部位。放好后,调整试验机,使钢管的上端与试验机上压板接紧,下端与缸体内活塞面接紧,并对准缸体中心线。

2)校验千斤顶。开动油泵,千斤顶进油,使活塞杆上升,顶试验机上压板。在千斤顶顶试验机的平缓增加负荷载的过程中(此时不得用试验机压千斤顶),自零位到最大吨位,将试验机被动标定的结果逐点标定到千斤顶的油压表上。标定点应均匀地分布在整个测量范围内,且不少于 5 点。当采用最小二乘法回归分析千斤顶的标定经验公式时需 10~20 点。各标定点应重复标定 3 次,取平均值,并且只测读进程,不得读回程。

表 2.2.31　张拉设备校验记录表

张拉设备	油压千斤顶	名　称	型号规格	精度等级	制造厂	出厂编号
	高压油泵					
	油压表					
	检定吨位 /kN	油压表校验读数				
		（一）	（二）	（三）	平均	
试验机	型号规格					
	精度等级					
	制造厂					
	出厂编号					
备　注						

送检单位　　　　　检定日期
检定地点　　　　　有效期至
检定时室温　　　　检定单位(盖章)

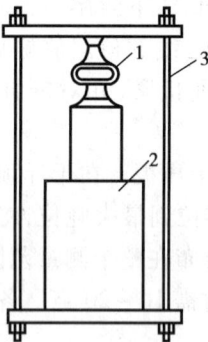

图 2.2.29　标准测力计校验
千斤顶装置
1—标准测力计；
2—千斤顶；3—框架

3）对千斤顶校验数值采用表 2.2.31 记录，并可根据校验结果绘千斤顶校验曲线供预应力筋钢材张拉时使用，亦可采用最小二乘法求出千斤顶校验的经验公式，供预应力筋张拉时使用。

（2）用标准测力计校验

用水银压力计、测力环、弹簧拉力计等标准测力计校验千斤顶，是一种简单可靠的方法。校验穿心式千斤顶时的装置如图 2.2.29（校验拉杆式千斤顶的附加装置与压力试验机校验时相同）所示。校验时，开动油泵，千斤顶进油，活塞杆推出，顶压测力计。当测力计达到一定吨位 T_1 时，立即读出千斤顶油压表相应读数 P_1，同样方法可得 T_2，P_2；T_3，P_3；此时 T_1，T_2，T_3…即为相应于油压表读数 P_1，P_2，P_3…的实际作用力。将测得的各值绘成曲线，实际使用时，即可由此曲线找出要求的 T 值和相应的 P 值。

（3）用电测传感器校验

传感器是在金属弹性元件表面贴上电阻应变片所组成的一个测力装置。当金属元件受外力作用变形后，电阻片也相应变形而改变其电阻值。改变的电阻值通过电阻应变仪测定出来，即可从预先标定的数据中查出外力的大小。将此数据再标定到千斤顶油压表上，即可用以进行作用力的控制。

电测传感器校验千斤顶的装置如图 2.2.30 所示。图中横梁与传感器间应设置可转动的球铰，横梁宜设球座。

（4）千斤顶检验结果的回归计算

千斤顶的作用力 T 和油缸的油压 P 的关系是线性关系，考虑活塞和油缸之间的摩阻力后，它们的关系可以表示为：

$$T = AP + B \qquad (2.2.75)$$

可以利用千斤顶检验测得的作用力和油压（T_1，P_1），（T_2，P_2），…，（T_n，P_n）对式（2.2.76）进行线性回归，利用最小二乘原理求式（2.2.76）的回归值：

$$\hat{T} = \hat{A}P + \hat{B} \qquad (2.2.76)$$

$$\left.\begin{array}{l} \hat{A} = L_{PT} / L_{PP} \\ \hat{B} = \overline{T} - \hat{A}\overline{P} \end{array}\right\} \qquad (2.2.77)$$

$$\overline{P} = \frac{1}{n} \sum_{i=1}^{n} P_i$$

$$\overline{T} = \frac{1}{n} \sum_{i=1}^{n} T_i$$

$$L_{PP} = \sum_{i=1}^{n} P_i^2 - \frac{1}{n} \left(\sum_{i=1}^{n} P_i \right)^2$$

$$L_{PT} = \sum_{i=1}^{n} P_i T_i - \frac{1}{n} \left(\sum_{i=1}^{n} P_i \right) \left(\sum_{i=1}^{n} T_i \right)$$

如某 YQ—50 型千斤顶检验后得到的校正方程为：$T = 68.62P - 23$，式中 P 的单位为 MPa，T 的单位为 kN。从式（2.2.77）可知，通过测量油压 P 可对张拉力 T 进行控制。

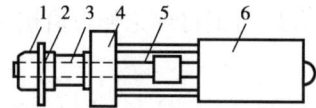

(a)校验拉杆式千斤顶

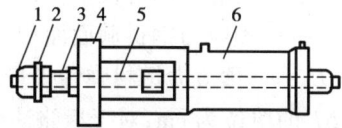

(b)校验穿心式千斤顶

图 2.2.30　用传感器校验千斤顶装置
1—螺母；
2—垫板；3—传感器；
4—横梁；5—张拉杆；6—千斤顶

2.3.4　张拉力控制

预应力钢材的张拉方法和控制应力应符合设计要求，采用超张拉时，张拉控制力不应超过设计规范规定的最大超张拉应力。张拉应按千斤顶油压和预应力钢材伸长量双重控制，即采用预应钢材张拉控制应力乘预应力表面积和张拉控制力 N_y。根据千斤顶校验公式求出相应的油表压力 P，进行张拉力控制，同时采用预应力钢材伸长量进行校验。预应力钢材实测伸长值应和相应的理论计算值的差应控制在 6% 以内，否则停止张拉，查明原因并采取措施加以调

整后再继续张拉。理论伸长值的计算及实际伸长值的量测方法如下:

1)预应力钢材理论伸长值按下式计算:

$$\Delta L = \frac{\overline{P}L}{A_y E_g} \tag{2.2.78}$$

式中:$\overline{P}$——预应力钢材的平均张拉力,N;

    L——预应力钢材长度,cm;

    A——预应力钢材截面面积,mm^2;

    E_g——预应力钢材弹性模量,MPa。

ΔL 的单位为 cm,对于后张法张拉的预应力钢材有:

$$\overline{P} = P \cdot \frac{\left[1 - e^{-(\mu\theta + kL)}\right]}{\mu\theta + kL} \tag{2.2.79}$$

式中:P——预应力钢材张拉端的张拉力,N;

    μ——预应力钢材与管道孔壁的摩擦系数;

    k——管道每米局部偏差对摩擦的影响系数;

    θ——管道曲线始端与末端切线的夹角,rad。

式(2.2.79)用于曲线管道预应力钢材伸长量计算,当管道为直线时,$\theta = 0$,式(2.2.78)可以简化为

$$\Delta L = \frac{P}{kA_y E_g}(1 - e^{-kL}) \tag{2.2.80}$$

当管道为直线且无局部偏差摩擦时预应力钢材的伸长量和先张法相同,计算公式为:

$$\Delta L = \frac{PL}{A_y E_g} \tag{2.2.81}$$

2)实际伸长值的测量:

预应力钢材张拉前,应先调整到初应力 σ。一般初应力可取控制应力的 10% ~ 25%,作伸长值测量标记,然后进行张拉至张拉控制应力,测量伸长值。实测伸长值 ΔL 表示从初应力到张拉控制应力的伸长值,相应的理论计算值为:

$$\Delta L_1 = \Delta L - \Delta L_2 \tag{2.2.82}$$

式中:ΔL_2——初应力时的推算伸长值,$\Delta L_2 = \sigma_0 L / E_g$。

利用实测值 ΔL_s 和相应的理论值对比,校核控制张拉力。

2.3.5 水泥浆的技术条件

对后张法有粘结的预应力构件,在预应力钢材张拉完毕后 10 h 至 14 d 之内须向管道内压注水泥浆,以保证预应力钢材防锈及其与构件混凝土粘结成整体。一般采用纯水泥浆,管道较粗时可采用加入细砂的水泥砂浆。水泥浆采用标号不低于 425 号的硅酸盐水泥和普通水泥;水灰比宜采用 0.4 ~ 0.45,掺入适量减水剂时水灰比可减小至 0.35。采用的拌和水及减水剂须对预应力钢材无锈蚀作用。水泥浆经试验后可掺入适当膨胀剂,掺入膨胀剂后水泥浆的自由膨胀应小于 10%。水泥浆的泌水率最大不超过 4%,拌和后 3 h 泌水率宜控制在 2%,24 h以后泌水应全部被浆吸回。水泥浆稠度宜控制在 14 ~ 18 s 之间;自水泥浆拌制到灌入管道的延续时间,一般不超过 30 ~ 45 min。压浆时每一班应留取不少于 3 组 7.07 cm×7.07 cm×

7.07 cm 的试件,进行抗压强度试验,并作为水泥浆质量评定的依据。

(1)水泥浆泌水率和膨胀率试验

1)试验容器。容器用有机玻璃制成,带有密封盖,直径 100 mm,高 120 mm,置放于水平面上,如图 2.2.31 所示。

2)试验方法。将拌制好的水泥浆装入试验容器约深 100 mm,测量水泥浆填灌高度并作记录,然后盖严。置放 3 h 和 24 h 后量测其离析水面和水泥浆膨胀表面,然后按下列公式计算其泌水率和膨胀率:

$$泌水率 = \frac{(a_2 - a_3)}{a_1} \times 100\% \tag{2.2.83}$$

$$膨胀率 = \frac{(a_3 - a_1)}{a_1} \times 100\% \tag{2.2.84}$$

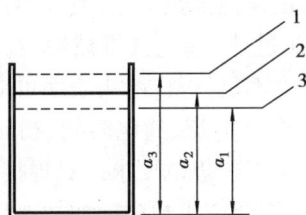

图 2.2.31　水泥浆泌水率和膨胀率试验
1—水面;2—水泥浆面;
3—最初填灌和水泥浆面

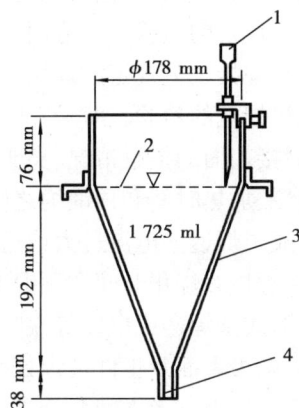

图 2.2.32　水泥浆稠度试验漏斗
1—点测规;2—水泥浆表面;
3—不锈钢漏斗体(厚 3 mm);
4—流出口(内径 13 mm)

(2)水泥浆稠度试验

1)试验仪器。水泥浆稠度试验漏斗如图 2.2.32 所示。

2)稠度试验方法。测定时先将漏斗调整放平,关上底口活门将搅拌均匀的水泥浆倾入漏斗内,直至表面触点及点测规下端。打开活门,让水泥浆自由流出,水泥浆全部流完的时间 s,即为水泥浆的稠度。

2.4　钢结构试验检测

2.4.1　构件焊接质量检验

桥梁建造工程中许多构件需焊接加工,其焊接质量的好坏直接影响着构件的质量,故钢结构构件焊接质量的检验工作是确保产品质量的重要措施。根据焊接工序的特点,检验工作是贯穿焊接始终的。一般分成三个阶段,即焊前检验、焊接过程中检验和焊后成品的检验。

（1）焊前检验

焊前检验是指焊接实施之前准备工作的检验,包括原材料的检验、焊接结构设计的鉴定及其他可能影响焊接质量因素的检验(如焊工考试、电源的质量、工具和电缆的检查)。检验应根据图纸要求和相应的国家标准及行业标准进行。

（2）焊接过程中的检验

在焊接过程中主要检验焊接规范、焊缝尺寸和结构装配质量。

1）焊接规范的检验

焊接规范是指焊接过程中的工艺参数,如焊接电流、焊接电压、焊接速度、焊条(焊丝)直径、焊接的道数及层数、焊接顺序、能源的种类和极性等。正确的规范是在焊前进行试验总结取得的。有了正确的规范,还要在焊接过程中严格执行才能保证接头质量的优良和稳定。对焊接规范的检查,不同的焊接方法有不同的内容和要求。

①手工焊规范的检验。一方面检验焊条的直径和焊接电流是否符合要求,另一方面要求焊工严格执行焊接工艺规定的焊接顺序、焊接道数、电弧长度等。

②接触焊规范的检验。对于对焊,主要检查夹头的输出功率、通电时间、顶锻量、工作伸出长度、工件焊接表面的接触情况、夹头的夹紧力和工件与夹头的导电情况等。电阻对焊时还要注意焊接电流、加热时间和顶锻力之间的相互配合。压力正常但加热不足,或加热正确而压力不足都会形成未焊透。电流过大或通电时间过长会使接头过热,降低其机械性能。闪光对焊时,特别要注意检查烧化时间和顶锻速度。若焊接时顶锻力不足,焊件断头表面可能因氧化物未被挤出而形成未焊透或白斑等缺陷。对于点焊,要检查焊接电流、通电时间、初压力以及加热后的压力、电极表面及工件被焊处表面的情况等是否符合工艺规范要求。对焊接电流、通电时间、加热后的压力三者之间配合是否恰当要认真检查,否则会产生缺陷。如加热后的压力过大会使工件表面显著凹陷和部分金属被挤出;压力不足会造成未焊透;电流过大或通电时间过长会引起金属飞溅和焊点缩孔。对于缝焊,要检查焊接电流、滚轮压力和通电时间是否符合工艺规范。通电时间过少会形成焊点不连续,电流过大或压力不足会使焊缝区过烧。

③气焊规范的检验。要检查焊丝的牌号、直径、焊嘴的号码,并检查可燃气体的纯度和火焰的性质。如果选用过大的焊嘴会使焊件烧坏,过小的焊嘴会形成未焊透,使用过分的还原性火焰会使金属渗碳,而氧化焰会使金属激烈氧化。这些都会使焊缝金属机械性能降低。

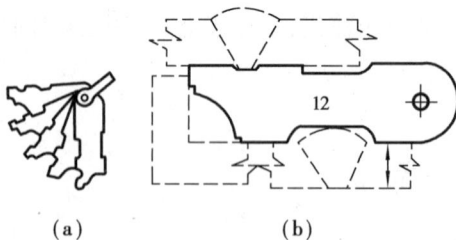

图 2.2.33　样板及其对焊缝的测量

2）焊缝尺寸的检查

焊缝尺寸的检查应根据工艺卡或行业标准所规定的要求进行。一般采用特制的量规和样板来测量。图 2.2.33 和图 2.2.34 是普通样板和万能量规测量的示意图。

3）结构装配质量的检验

在焊接之前进行装置质量检验是保证结构焊成后符合图纸要求的重要措施。对装配结构应作如下几项检查:

①按图纸检查各部分尺寸、基准线及相对位置是否正确,是否留有焊接收缩余量和机械加工余量。

②检查焊接接头的坡口型式及尺寸是否正确。

③检查点固焊的焊缝布置是否恰当,能否起到固定作用,是否会给焊后带来过大的内应力。并检查点固焊缝的缺陷。

④检查焊接处是否清洁,有无缺陷(如裂缝、凹陷、夹层)。

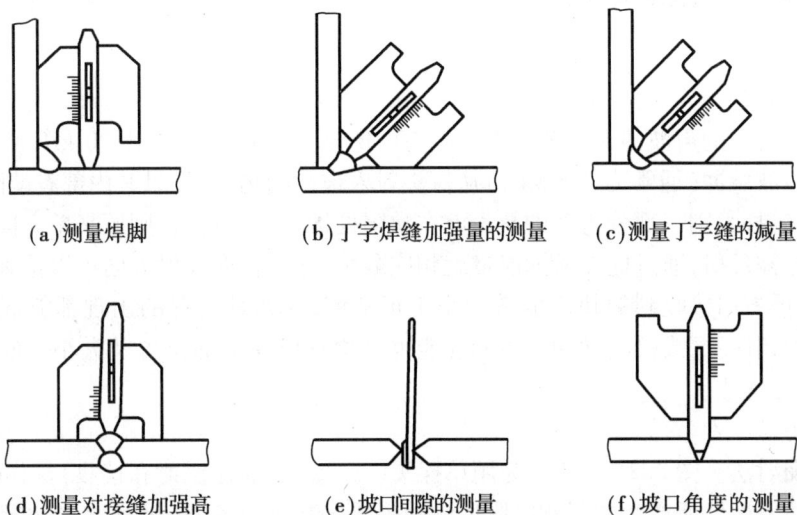

(a)测量焊脚　　　　　(b)丁字焊缝加强量的测量　　　　(c)测量丁字缝的减量

(d)测量对接缝加强高　　　　(e)坡口间隙的测量　　　　(f)坡口角度的测量

图 2.2.34　万能量规的用法

2.4.2　焊后成品的检验

焊接产品虽然在焊前和焊接过程中进行了检查,但由于制造过程中外界因素的变化,如操作规范的不稳定、能源的波动等都有可能引起缺陷的产生。为了保证产品的质量,对成品必须进行质量检验。钢结构构件一般用外观检测法检测表面缺陷,内部缺陷用超声波探伤和射线探伤检测。下面先介绍外观检测方法,其他探伤原理和方法将作专门介绍。

焊接接头的外观检测是一种手续简便而应用广泛的经验方法,是成品检验的一项重要内容。这种方法有时亦使用于焊接过程中,如厚壁焊件作多层焊时,每焊完一层焊道便采用这种方法进行检查,以防止前道焊层的缺陷被带到下一层焊道中去。

外观检查主要是发现焊缝表面的缺陷和尺寸上的偏差。

这种检查一般是通过肉眼观察,借助标准样板、量规和放大镜等工具进行检验,故有肉眼观察或目视法之称。

检查之前,必须将焊缝附近 10 ~ 20 mm 基本金属上的所有飞溅及其他污物清除干净。在清除焊接渣时,要注意焊渣覆盖的情况。一般来说,根据熔渣覆盖的特征和飞溅的分布情况,可粗略地预料在该处会出现什么缺陷。例如,贴焊缝面的溶渣表面有裂纹痕迹,往往在焊缝中也有裂纹;若发现有飞溅成线状集结在一起,则可能因电流产生磁场磁化工件后,金属微粒堆积在裂纹上。因此,应在该处仔细地检查是否有裂纹。

对合金钢的焊接产品作外部检查,必须进行两次,即紧接着焊接之后和经过 15 ~ 30 d 以后。这是因为有些合金钢内产生的裂纹形成得很慢,以致在第二次检查时才能发现裂缝。

对未填满的弧坑应特别仔细检查,因该处可能会有星形散射状裂纹。

若焊缝表面出现缺陷,焊缝内部便有存在缺陷的可能。如焊缝表面出现咬边或满溢,则内

129

部可能存在未焊透或未熔合;焊缝表面多孔,则焊缝内部亦可能会有气孔或非金属夹杂物存在。

焊缝尺寸的检查可采用前面介绍的量规和样板进行。

2.4.3 钢材焊缝无损探伤

(1)超声波探伤

1)探伤原理

人耳可听得见的声波的频率范围大约是 20 Hz 至 20 kHz。频率比 20 kHz 更高的声波叫超声波。超声波脉冲(通常为 1.5 MHz)从探头射入被检测物体,如果其内部有缺陷,缺陷与材料之间便存在界面,则一部分入射的超声波在缺陷处被反射或折射,则原来单方向传播的超声能量有一部分被反射,通过此界面的能量就相应减少。这时,在反射方向可以接到此缺陷处的反射波;在传播方向接收到的超声能量会小于正常值,这两种情况的出现都能证明缺陷的存在。在探伤中,利用探头接收脉冲信号的性能也可检查出缺陷的位置及大小。前者称为反射法,后者称为穿透法。

2)探伤方法

①脉冲反射法。图 2.2.35 所示为用单探头(一个探头兼作反射和接收)探伤的原理图。

图中脉冲发生器所产生的高频电脉冲激励探头的压电晶片振动,使之产生超声波。超声波垂直入射到工件中,当通过界面 A、缺陷 F 和底面 B 时,均有部分超声波反射回来,这些反射波各自经历了不同的往返路程回到探头上,探头又重新将其转变为电脉冲,经接收放大器放大后,即可在荧光屏上显现出来。其对应各点的波型分别称为始波(A')、缺陷波(F')和底波(B')。当被测工件中无缺陷存在时,则在荧光屏上只能见到始波 A' 和底波 B'。缺陷的位置(深度 AF)可根据各波型之间的间距之比等于所对应的工件中的长度之比求出,即

$$AF = \frac{AB}{A'B'} \times A'F' \tag{2.2.85}$$

其中 AB 是工件的厚度,可以测出;$A'B'$ 和 $A'F'$ 可从荧光屏上读出。缺陷的大小可用当量法确定。

由于图 2.2.35 所示的探伤方法的超声波脉冲的振动方向与传播方向相同(为纵波),故叫纵波探伤或直探头探伤。

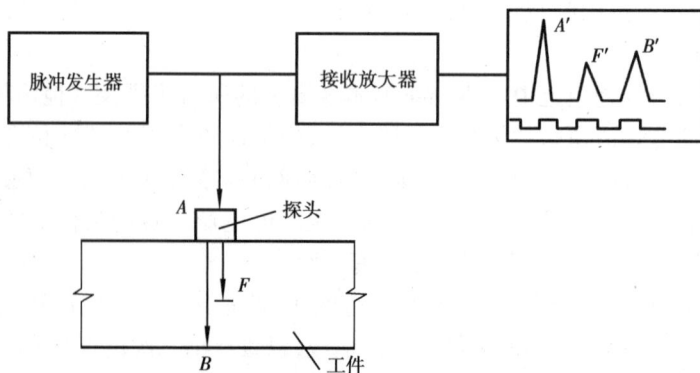

图 2.2.35 脉冲反射法探伤原理

当入射角不等于零的超声波入射到固体介质中,且超声波在此介质中的纵波和横波的传播速度均大于在入射介质中的传播速度时,则同时产生纵波和横波。又由于材料的弹性模量 E 总是大于剪切模量 G,因而纵波传播速度总是大于横波的传播速度。根据几何光学的折射规律,纵波折射角也总是大于横波折射角。当入射角取得足够大时,可以使纵波折射角等于或大于 $90°$,从而使纵波在工件中消失,这时工件中就得到了单一的横波(这时超声波脉冲的振动方向与传播方向相垂直),故称之为横波脉冲反射探伤。图 2.2.36 表示单探头横波探伤的情况。横波入射工件后,遇到缺陷时便有一部分被反射回

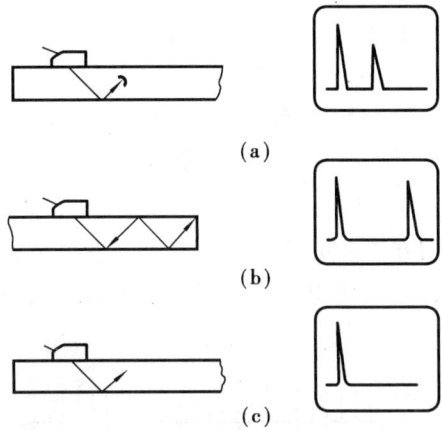

图 2.2.36　横波脉冲反射法波型示意图

来,即可以从荧光屏上见到脉冲信号,如图 2.2.36(a)所示;若探头离工件端面很近,会有端反射(如图 2.2.36(b)所示),因此应该注意与缺陷区分;若探头离工件端面很远且横波又没有遇到缺陷,有可能由于过度衰减而出现图 2.2.36(c)之情况(超声波在传播中存在衰减)。

横波探伤的定位在生产中采用标准试块调节或三角试块比较法。缺陷的大小同样用当量法确定。

钢结构构件焊缝的超声波探伤必须由持证专业人员按规范(GB/T 11345—2013)进行,并根据图纸技术要求和行业标准确定验收。

②穿透法。穿透法是根据超声波能量变化情况来判断工件内部状况的,它是将发射探头和接收探头分别置于工件的两相对表面。发射探头发射的超声波能量是一定的,在工件不存在缺陷时,超声波穿透一定工件厚度后,在接收探头上所接收到的能量也是一定的;而工件存在缺陷时,由于缺陷的反射使接收到的能量减小,从而断定工件存在缺陷。

根据发射波的不同种类,穿透法有脉冲波探伤法和连续波探伤法两种,如图 2.2.37 和图 2.2.38 所示。

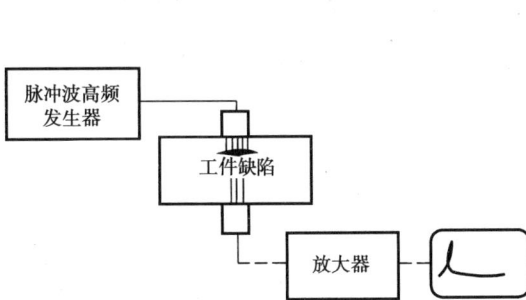

图 2.2.37　脉冲波穿透探伤法示意图

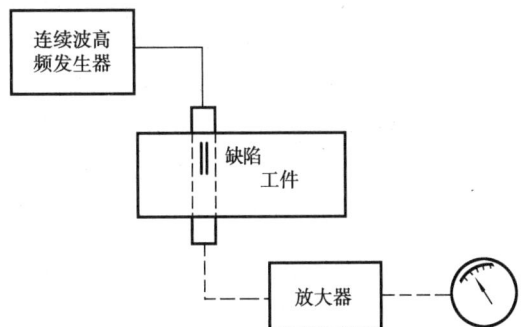

图 2.2.38　连续波穿透探伤法示意图

穿透法探伤的灵敏度不如脉冲反射法高,且受工件形状的影响较大,但较适宜检查成批生产的工件。如板材一类的工件,可以通过接收能量的精确对比而得到高的精度,宜实现自动化。

（2）射线探伤

射线探伤是利用射线可穿透物质和在物质中有衰减的特性来发现缺陷的一种探伤方法。按探伤所用的射线不同,射线探伤可以分为 X 射线、γ 射线和高能射线探伤三种。由于显示缺陷的方法不同,每种射线探伤又有电离法、荧光屏观察照相法和工业电视法几种。运用最广的是 X 射线照相法,下面介绍其探伤原理和过程。

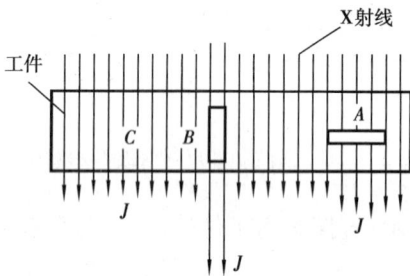

(a)射线透视有缺陷的工件的强度变化情况

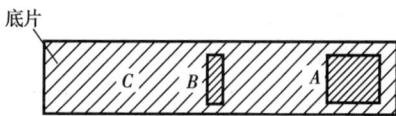

(b)不同射线强度对底片作用的黑度变化情况

图 2.2.39　射线透过工件的情况和
与底片作用的情况

1)X 射线照相法的探伤原理

照相法探伤是利用射线在物质中的衰减规律和对某些物质产生的光化及荧光作用为基础进行探伤的。图 2.2.39(a)所示,是平行射线束透过工件的情况。从射线强度的角度看,若照射在工件上的射线强度为 J_0,由于工件材料对射线的衰减,穿过工件的射线被减弱至 J_c。当工件存在缺陷时,见图 2.2.39(a)的 A,B 点,因该点的射线透过的工件实际厚度减少,则穿过的射线强度 J_a,J_b 比没有缺陷的 C 点的射线强度大一些。从射线对底片的光化作用角度看,射线强的部分对底片的光化作用强烈,即感光量大。感光量较大的底片经暗室处理后变得较黑,如图 2.2.37(b)中 A,B 点比 C 点黑。因此,工件中缺陷通过射线在底片上产生黑色的影迹,这就是射线探伤照相法的探伤原理。

2)X 射线探伤照相法的工序

①确定产品的探伤位置和对探伤位置进行编号。在探伤工作中,抽查的焊缝位置一般选在:a.可能或常出现缺陷的位置;b.危险断面或受力最大的焊缝部位;c.应力集中的位置。

对选定的焊缝探伤位置必须按一定的顺序和规律进行编号,以便容易找出翻修位置。

②选取软片、增感屏和增感方式。探伤用的软片一般要求反差高、清晰度高和灰雾少。增感屏和增感方式可根据软片或探伤要求选择。

③选取焦点、焦距和照射方向。照射方向尤其重要,一定选择最佳透照角度。

④放置铅字号码、铅箭头及象质计。一定按规范(GB/T 3323.1—2019)要求放置。

⑤选定曝光规范。曝光规范要根据探伤机型事先作出,探伤时按工件的厚度和材质选取。

⑥进行暗室处理。

⑦焊缝质量的评定。由专业人员按规范(GB/T 3323.1—2019)进行评定,射线探伤必须由持证的专业人员按规范(GB/T 3323.1—2019)进行,根据图纸中的技术要求或行业标准确定验收。

2.4.4　高强螺栓及组合件力学性能试验

(1)扭剪型高强螺栓连接副预拉力复验方法

1)复验用的螺栓应在施工现场待安装的螺栓批中随机抽取,每批应抽取 5 套连接副进行复验。

2)连接副预拉力可采用各类轴力计进行测试。

3)试验用的电测轴力计、油压轴力计、电阻应变仪、扭矩扳手等计量器具,应在试验前进行标定,其误差不得超过 2%。

4)采用轴力计方法复验连接副预拉力时,应将螺栓直接插入轴力计。紧固螺栓分初拧、终拧两次进行,初拧应采用手动扭矩扳手或专用定扭电动扳手;初拧值应为预拉力标准值的 50% 左右。终拧应采用专用电动扳手,至尾部梅花部拧掉时,读出预拉力值。

5)每套连接副只应做一次试验,不得重复使用。在紧固中垫圈发生转动时,应更换连接副,重新试验。

6)复验螺栓连接副的预拉力平均值应符合表 2.2.32 的规定;其变异系数应按下式计算,并应小于或等于 100%。

表 2.2.32　扭剪型高强度螺栓紧固预拉力/kN

螺栓直径/mm	16	20	22	24
每批紧固预拉力的	≤120	≤186	≤231	≤270
平均值 $\overline{P}$	≥99	≥154	≥191	≥222

$$\delta = \frac{\sigma_P}{\overline{P}} \times 100\% \qquad (2.2.86)$$

式中:δ——紧固预拉力的变异系数;

　　σ_P——紧固预拉力的标准差;

　　$\overline{P}$——该批螺栓预拉力平均值,kN。

(2)高强度大六角头螺栓连接副扭矩系数的复验方法

1)复验用螺栓应在施工现场待安装的螺栓批中随机抽取,每批应抽取 8 套连接副进行复验。

2)连接副扭矩系数复验用的计量器具应在试验前进行标定,误差不得超过 2%。

3)每套连接副只应做一次试验,不得重复使用。

4)连接副扭矩系数的复验应将螺栓穿入轴力计,在测出螺栓预拉力 P 的同时,应测定施加于螺母的施拧矩值 T,并应按下式计算扭矩系数 K。

$$K = \frac{T}{Pd} \qquad (2.2.87)$$

式中:T——施拧扭矩,N·m;

　　d——高强度螺栓的螺纹规格(螺纹大径),mm;

　　P——螺栓预应力,kN。

5)进行连接副扭矩系数试验时,螺栓预拉力值应符合表 2.2.33 的规定。

表 2.2.33　螺栓预拉力值范围/kN

螺栓规格/mm	M12	M16	M20	M24	M27
P	≤59	≤113	≤177	≤250	≤324
	≥49	≥93	≥142	≥206	≥265

(3)高强度螺栓连接抗滑移系数试验方法

1)基本要求

①制造厂和安装单位应分别以钢结构制造批为单位进行抗滑移系数试验。制造批可按单位工程划分规定的工程量每 2 000 t 为一批,不足 2 000 t 的可视为一批。选用两种及两种以上表面处理工艺时,每种处理工艺应单独检验。每批三组试件。

②抗滑移系数试验应采用双摩擦面的二栓或三栓拼接的拉力试件(如图 2.2.40 所示)。

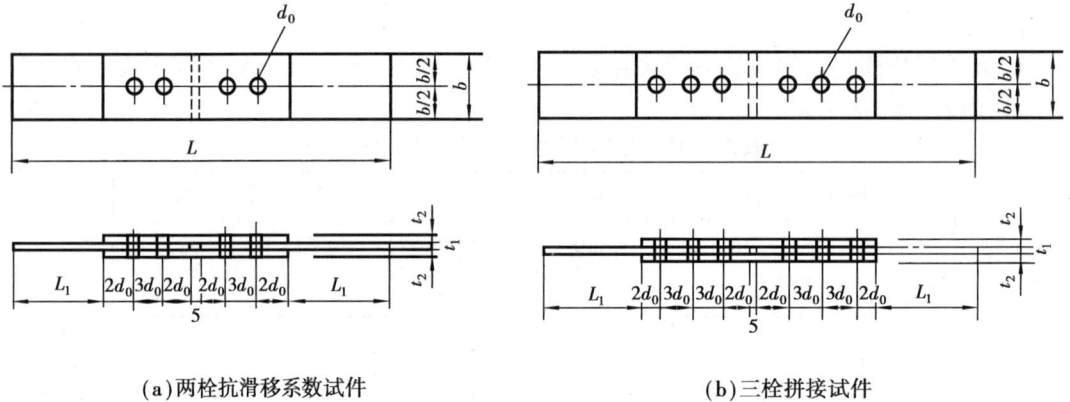

(a)两栓抗滑移系数试件　　　　　　　　(b)三栓拼接试件

图 2.2.40　抗滑移系数试件的型式和尺寸

③抗滑移系数试验用的试件应由金属结构厂或有关制造厂加工,试件与所代表的钢结构件应为同一材质、同批制作、采用同一摩擦面处理工艺和具有相同的表面状态,并应用同批同一性能等级的高强度螺栓连接副,在同一环境条件下存放。

④试件钢板的厚度 t_1,t_2 应根据钢结构工程中代表性的板材厚度来确定,宽度 b 规定如表 2.2.34 所示。

表 2.2.34　试件板的宽度

螺栓直径 d/mm	16	20	(22)	24
板宽 b/mm	60	75	(80)	85

⑤试件板面应平整,无油污,孔和板的边缘无飞边、毛刺。

2)试验方法

①试验用的试验机误差应在 1% 以内。

②试验用的贴有电阻片的高强度螺栓、压力传感器和电阻应变仪应在试验前用试验机进行标定,其误差应在 2% 以内。

③试件的组装顺序应符合下列规定:

A. 先将冲钉打入试件孔定位,然后逐个换成装有压力传感器或贴有电阻片的高强度螺栓,或接成同批经预拉力复验的扭剪型高强度螺栓。

B. 紧固高强度螺栓应分初拧、终拧。初拧应达到螺栓预拉力标准值的 50% 左右。终拧后,螺栓预拉力应符合下列规定:

a. 对装有压力传感器或贴有电阻片的高强度螺栓,采用电阻应变仪实测控制试件每个螺栓的预拉力值应在 $0.95P \sim 1.05P$(P 为高强度螺栓设计预拉力值)之间;

b. 不进行实测时,扭剪型高强度螺栓的预拉力(紧固轴力)可按同批复验预拉力的平均值取用。

C. 试件应在其侧面划出观察滑移的直线。

④将组装好的试件置于拉力试验机上,试件的轴线应与试验机夹具中心严格对中。

⑤加荷时,应先加 10% 的抗滑移设计荷载值,停 1 min 后,再平稳加荷,加荷速度为 $3 \sim 5$ kN/s。直拉至滑动破坏,测得滑移荷载 N。

⑥在试验中当发生以下情况之一时,所对应的荷载可定为试件的滑移荷载:

a. 试验机发生回针现象;

b. 试件侧面划线发生错动;

c. X—Y 记录仪上变形曲线发生突变;

d. 试件突然发生"嘣"的响声。

⑦抗滑移系数,应根据试验所测得的滑移荷载 N_v 和螺栓预拉力 P 的实测值,按下式计算,宜取小数点后二位有效数字。

$$\mu = \frac{N_v}{n_f \sum_{i=1}^{m} P_i} \tag{2.2.88}$$

式中:N_v——由试验测得的滑移荷载,kN;

$\qquad n_f$——摩擦面面数,取 $n_f = 2$;

$\qquad \sum_{i=1}^{m} P_i$——试件滑移一侧高强度螺栓预拉力实测值(或同批螺栓连接副的预拉力平均值)之和(取三位有效数字),kN;

$\qquad m$——试件一侧螺栓数量。

2.4.5　漆膜厚度现场检测

漆膜厚度测试一般有两种方法,即杠杆千分尺法和磁性测厚仪法。下面介绍磁性测厚仪法的主要步骤。

(1)仪器设备

磁性测厚仪,精度为 2 μm。

(2)检测步骤

1)调零。取出探头,插入仪器的插座上。将已打磨未涂漆的底板(与被测漆膜底材相同)擦洗干净,把探头放在底板上按下电钮,再按下磁芯。当磁芯跳开时,如指针不在零位,应旋动调零电位器,使指针回到零位,需重复数次。如无法调零,需更换新电池。

2)校正。取标准厚度片放在调零用的底板上,再将探头放在标准厚度片上,按下电钮,再按下磁芯。待磁芯跳开后,旋转标准钮使指针回到标准片厚度值上,需重复数次。

3)测量。取距样板边缘不少于 1 cm 的上、中、三个位置进行测量。将探头放在样板上,按下电钮,再按下磁芯,使之与被测漆膜完全吸合,此时指针缓慢下降,待磁芯跳开表针稳定时,即可读出漆膜厚度值。取各点厚度的算术平均值为漆膜的平均厚度值。

2.5 悬吊结构试验检测

悬吊结构桥梁主要包括斜拉桥和悬索桥(吊桥)。这两种桥型近十年来在我国发展很快,其检测体系有待于完善。斜拉桥和悬索桥均为高次超静定结构,施工过程存在多次体系转换。而这两种桥型跨径一般较大,结构受力变形非线性关系显著,影响结构受力变形的因素复杂,要保证桥梁的几何线型和内部受力达到设计要求的合理状态,其质量检验和施工中的监控检测十分重要。

2.5.1 斜拉桥施工控制与测试

斜拉桥型式、构造、施工方法多变。对特定的斜拉桥,其施工方法选定以后,应对各施工阶段的内力、变形和几何位置进行理论分析,并根据施工各阶段的实测值对下一阶段内力变形的预测值进行调整,从而实现斜拉桥的施工控制。

(1)结构分析

1)结构分析时要选用合理的计算图式,考虑施工过程中结构的逐步形成和体系转换、临时支承的设置和卸除,以及结构各部分的强度增长,合理估计主梁架设过程中各阶段的施工荷载。对于直桥施工控制计算采用平面分析即可,对位于平曲线上的斜拉桥施工控制计算必须进行空间结构分析。

2)结构分析计入非线性影响。斜拉桥施工张拉中主梁挠度大,张拉初期索的垂度较大,必须计入几何非线性影响。结构分析要计入混凝土收缩徐变对结构变形和内力的影响,考虑温度对变形和内力的影响,还应考虑风荷载等偶然因素对结构内力的不利影响分析控制。

3)由于斜拉桥施工过程中受力变形的影响因素(混凝土的收缩、徐变、温度变化)的复杂性、随机性和不可逆性,使得精确地计算斜拉桥施工过程变形十分困难,所以工程界提出了不同的算法模拟斜拉桥施工中的行为,如倒拆法,正算法、刚性支承连续梁法、零弯矩悬拼法等。

(2)施工控制的原则与方法

一般斜拉桥施工时,主梁架设阶段确保主梁的线型顺直正确是第一位的,即以标高控制为主。二期恒载施工时为保证结构的整体受力变形处于理想状态,拉索张拉时以索力控制为主。"标高控制为主"或以"索力控制为主"是相对的,应结合主梁刚度大小、施工方法等制定控制策略。对斜拉桥施工仅按理论分析值进行控制往往达不到预期的效果,理论计算值与实测值总是存在一定的偏差,并且这种偏差具有积累性,必须予以控制和调整。工程界已确定出了不同的控制方法,包括一次张拉法、卡尔曼滤波法、多次张拉法等。

(3)施工测试

施工测试是施工控制的主要组成部分,是控制调整的主要依据。施工测试的主要内容有:

1)结构的几何位置和变形。主要观测主梁轴线和索塔顶端位置,主梁挠度和塔顶水平位移。测试设备为:精密水准仪、经纬仪,测距仪等。

2)应力测试。主要测试斜拉索索力、支座反力和主梁,塔的应力在施工中的变化。主梁和索塔中的应力可以预埋钢弦式应变计测试。索力测试将在下面介绍。

3)温度测试。观测主梁、索塔和斜拉索的温度,以确定结构温场,监控主梁挠度及索塔位移随温度和时间的变化规律。测定温度时可采用热电偶、红外温度计等测试。

2.5.2　索力测试

斜拉索是斜拉桥梁、塔和索体系中的一个重要组成部分,斜拉索索力大小直接影响桥梁上部结构的受力和变形状态。各拉索中的实际索力大小的测试就成为斜拉桥施工控制中的一个重要问题。斜拉桥斜拉索索力测定的方法有:

①电阻应变片测定法;

②拉索伸长量测定法;

③索拉力垂度关系测定法;

④张拉千斤顶测定法;

⑤压力传感器测定法;

⑥振动测定法。

方法①~③从理论上进行是可行的,但实施会遇到较多的实际问题,一般不予采用,方法④~⑤测定拉索张拉过程的索力变化较方便,但不能测定成桥后索力,振动测定法实测斜拉索的固有频率,利用索的张力和固有频率的关系计算索力。实测频率仪器配置如图 2.2.41 所示。

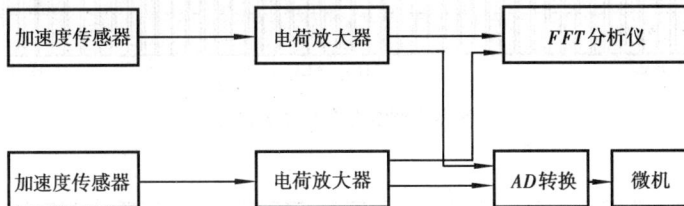

图 2.2.41　索力仪组成

振动法可采用激振器激振或人工激振,亦可采用环境随机振动法。测试时用索夹或绑带将传感器固定在拉索上,进行激振和信号采集,现场分析,可以很方便测求索力。下面介绍其分析原理。

不计算抗弯刚度的拉索的振动微分方程为:

$$\frac{W\partial^2 y}{g\partial t^2} - T\frac{\partial^2 y}{\partial x^2} = 0 \qquad (2.2.89)$$

式中:y——横坐标(垂直于索的长度方向);

　　　x——纵向坐标(索的长度方向);

　　　W——单位索长的重量;

　　　g——重力加速度;

　　　T——索的张力;

137

t——时间。

假定索的两端固定,由方程(2.2.89)可以求出拉索的自振频率为

$$f_n = \frac{n}{2l}\sqrt{\frac{Tg}{W}} \tag{2.2.90}$$

$$T = \frac{4Wl^2}{g}\left(\frac{f_n}{n}\right)^2 \tag{2.2.91}$$

式中:f_n——索的第 n 阶自振频率;

l——索的计算长度;

n——振动阶数。

用振动法则定索力,经济方便,精度能够满足工程应用的需要。不需消耗一次仪表,所有仪器都可以重复使用。图2.2.42给出了南浦大桥恒载作用下索力实测值与设计值的对比。近年国内对振动法测定索力进行了大量的研究,对拉索的抗弯刚度、支承条件、斜度、垂度以及拉索的初应力等影响索力测试的因素也进行了分析研究。

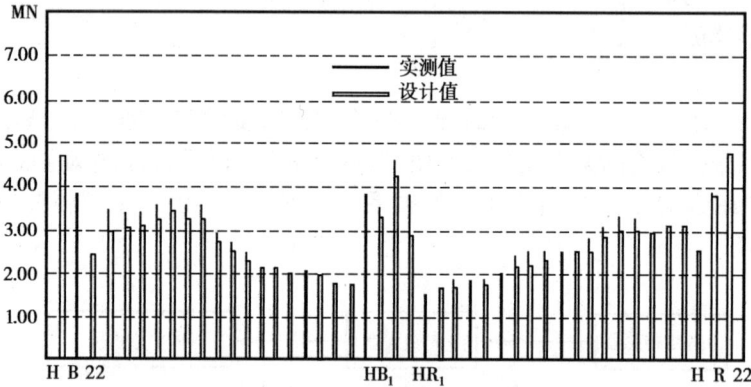

(a)浦西实测索力与设计索力对比

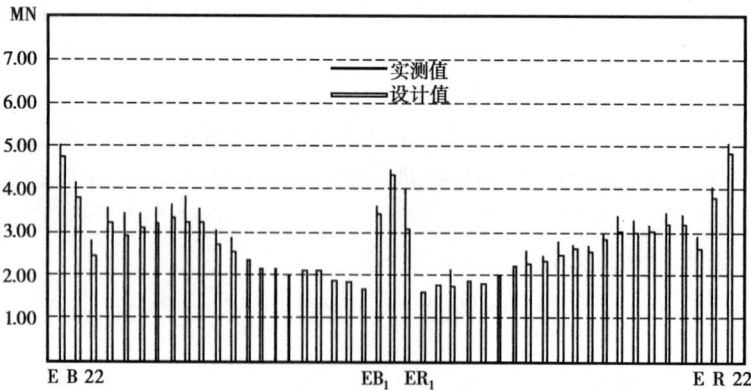

(b)浦东实测索力与设计索力对比

图2.2.42 南浦大桥索力对比图

考虑抗弯刚度后索的自由振动微分方程为

$$\frac{W\partial^2 \gamma}{g\partial t^2} + EI\frac{\partial^4 \gamma}{\partial x^4} - T\frac{\partial^2 \gamma}{\partial x^2} = 0 \tag{2.2.92}$$

式中：EI——拉索的抗弯刚度。其余符号意义同前。

假定拉索的边界条件为两端铰接，可由式(2.2.92)解得索拉力为：

$$T = \frac{4Wl^2}{g}\left(\frac{f_n}{n}\right)^2 - \frac{n^2 EI\pi^2}{l^2} \tag{2.2.93}$$

另外计入索自重时可解得索下端的拉力：

$$T = \frac{4Wl^2}{g}\left(\frac{f_n}{n}\right)^2 + \frac{2Wl^2}{g}\left(\frac{f_n}{n}\right)^2 \sqrt{1 - \frac{n^2 g^2 \sin^2\alpha}{16l^2 f_n \pi^2}} \tag{2.2.94}$$

式中：α——拉索弦线和水平向的夹角；

　　　T——拉索下端的拉力。

经过对斜拉索实例参数分析，式(2.2.91)和式(2.2.94)计算的结果非常接近，所以计算索力时可以不计拉索自重和斜度的影响，求得的索力为拉索下端的拉力。

经过式(2.2.91)和式(2.2.93)对比分析可知：细长拉索不计抗弯刚度时求得的索力比计入抗弯刚度时偏大，但一般不会超过3%，对于长度小于40 m的斜拉索和系杆拱的吊杆有可能超过5%，此时应计入抗弯刚度的影响。

经理论分析知，拉索初应力较小时计算索力应计入垂度的影响。斜拉桥施工中斜拉索都要经过几次张拉。第一次张拉索的初应力较小，垂度较大、垂度对实测低阶频率影响较大，为了减小垂度对实测索力的影响，建议采用4阶以上频率计算索力。

对斜拉索两端处理为铰接或固定对索力的影响相差不会超过5%，随着索长增加和抗弯刚度减小，两种边界条件分析的结果更接近。对于跨径内安装减振器的斜拉索，如索长度大于150 m减振器对索力的影响不会超过5%；对于一般情况，应在安装减振器前后进行识别，确定安装减振器前后拉索的支承长度；如减振器的支承刚度大于1.0×10^4 kN/m，则减振器可视为拉索的刚性支承。

2.5.3　冷铸锚试验

拉索锚具应采用强度和耐疲劳符合设计要求且可靠性高的锚具，包括热铸锚、镦头锚、冷铸镦头锚、夹片锚等。目前工程中通常采用的拉索锚具为冷铸镦头锚（Hiam锚具），简称冷铸锚，每副冷铸镦头锚具主要由锚筒、锚固板、锚固螺母、压板、接长筒、卡环、钢护筒、冷铸填料等部分组成（如图2.2.43所示）。国内通常用环氧树脂钢砂作冷铸填料，其配方由钢砂（钢球）、环氧树脂、矿粉、固化剂、增韧剂等组成，其中钢砂是支承材料，环氧树脂是粘结剂，砂粉用于提高耐热性能。冷铸填料的温度稳定性、弹性模量、热老化性能及对钢丝的握裹力，直接影响锚具组装件的工作性能，对所采用配方的冷铸填料应进行性能试验。冷铸锚试验内容包括：拉索钢丝力学性能试验，锚具部件尺寸和硬度检验，拉索锚具组装件静载试验，疲劳试验和疲劳试验后的静载试验。

（1）冷铸填料性能试验

①冷铸填料温度稳定性试验。温度稳定性试验主要检验冷铸填料低温脆性和高温强度下降趋势。低温脆性试验时，温度可选桥位处年最低温减10 ~ 15 ℃作为试验温度，考查冷铸填料在低温状态下强度的变化和试压时有无脆性破坏现象。高温强度试验时可以按一定温度增

139

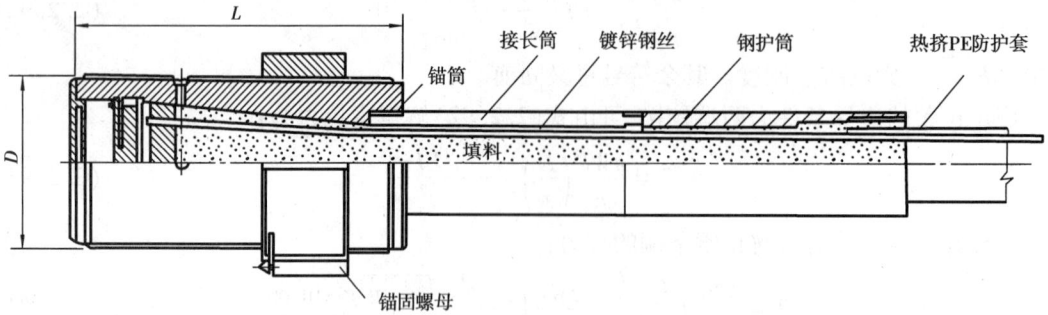

图 2.2.43　冷铸锚构造示意图

量(20 ℃左右)从常温到 100 ℃逐级对冷铸填料进行抗压强度试验,求出冷铸填料随温度升高强度的下降率,考查是否满足设计要求。

②钢丝拔出试验。冷铸锚中环氧填料与钢丝的粘结力对钢丝锚固起着非常重要的作用,为此采用钢丝拔出试验考查环氧填料与钢丝的粘结力。试验时取不同钢丝握裹长度(12 ~ 28 cm,每级相差 4 cm)测试钢丝拔出力,计算单位长度平均抗拔力和拔出时钢丝应力,确定钢丝的最小握裹长度。

③弹性模量试验。环氧填料的弹性模量试验参照静力受压弹性模量试验方法进行。

④热老化性能试验。将环氧填料抗压和抗折试件放入烘箱中经 240 h 连续 150 ℃高温加速热老化,然后进行抗压和抗折强度试验,并将试验结果和未经老化的试件的试验结果比较,若接近则环氧填料热老化性能满足要求。

(2)静载试验

1)试验内容

静载试验包括以下内容:

①冷铸锚在预拉荷载下锚板内缩值的测定;

②冷铸锚在使用荷载下,钢丝束的延伸率、钢丝和锚具的应力值、锚板的回缩值;锚具的径向变形、钢丝束的拔出量及一般性观察;

③实测冷铸锚的破断荷载以及钢丝束在破断荷载下的总延伸率及锚固效率系数;

④冷铸锚在破断荷载下,对锚具各部件状况的观察。

2)试验标准

按国内外冷铸锚静力试验标准,拟定如下技术要求:

①冷铸锚的锚固效率系数 $\eta_a \geq 0.95$;

②冷铸锚在破断时钢丝束的总延伸率不小于 2%;

③冷铸锚在达到破断荷载时断丝率不大于 5%;

④冷铸锚经预拉荷载后锚板回缩值不大于 6 ~ 7 mm;

⑤冷铸锚在承受破断荷载时锚杯和螺母不应咬死,螺母仍能拧动自如。

冷铸锚静载试验的组装件安装、试验设备、试验方法和结果分析按《预应力筋用锚具、夹具和连接器》(GB/T 14370—2015)和《公路桥梁预应力钢绞线用锚具、连接器试验方法及检验规则》(JT/T 329—2010)进行。

（3）疲劳试验

疲劳试验应根据拉索的受力情况确定试验应力上限 σ_{max} 和应力幅值 $\Delta\sigma$，σ_{max} 应低于一般锚具应力比例为 $0.65\sigma_b$，大于拉索中的最大应力；$\Delta\sigma$ 可取拉索应力幅值的 2 倍，试件长 5 mm 左右，防护筒后拉索的长度不少于 3 m。疲劳试验前先预拉二次，静载至应力上限并持荷 16 小时，测量静载下钢丝束的拔出量（同静载试验）；在静力逐级加载时，测量外围钢丝的应力分布及变化情况；测量 200 万次疲劳锚板的回缩量。经 200 万次疲劳试验后断丝率应小于 5%。疲劳试验的组装件安装、试验设备、试验方法及结果分析按《预应力筋用锚具、夹具和连接器》（GB/T 14370—2015）和《公路桥梁预应力钢绞线用锚具、连接器试验方法及检验规则》（JT/T 329—2010）进行。

练习题

2.1 桥梁支座的主要功能是什么？

2.2 桥梁支座按其材料可划分为哪些类别？

2.3 桥梁支座有产品合格证，工程使用时，是否还应在当地进行检验？主要检验项目有哪些？

2.4 橡胶支座的抗压弹性模量测定步骤是什么？

2.5 橡胶支座试样检验的判定规则是什么？

2.6 桥梁橡胶伸缩装置按伸缩体结构不同可划分为几类？各自适用范围是什么？

2.7 桥梁橡胶伸缩装置检验的主要原则是什么？

2.8 钢筋混凝土结构或预应力混凝土结构构件的检验主要包括哪三个方面？

2.9 混凝土立方体试件的取样原则是什么？

2.10 对于大桥等重要工程的混凝土强度评定，取样数是多少？数理统计法的评定公式是什么？

2.11 钻芯取样法检验混凝土强度的适用范围是什么？怎样用劈裂强度试验方法对混凝土进行测试？

2.12 回弹法测试混凝土强度的原则是什么？

2.13 回弹法检测混凝土强度的技术要点有哪些？

2.14 回弹法的测强曲线，常用的基准曲线分为哪几种类型？适用条件是什么？

2.15 何谓碳化深度？怎么测定其值？

2.16 计算测区平均值回弹值的公式是什么？哪些情况下应进行修正？

2.17 回弹法混凝土强度推算的方法和原则是什么？

2.18 有一构件的混凝土设计强度等级是 C20，自然养护 1 个月，由于试块丢失，现采用回弹法评定混凝土强度（水平回弹浇灌侧面），若测试的原始数据如下表，试问该试件的混凝土的强度是否达到设计要求？（22.8 MPa）

习题 2.18 的表

测区	回弹值																碳化深度/mm
1	34	35	34	35	35	35	34	29	35	29	35	36	31	34	34	36	3.0
2	36	43	41	39	39	37	40	37	43	35	35	37	36	38	43	35	3.5
3	38	39	39	33	41	40	34	38	38	34	35	35	35	37	33	41	3.5
4	36	35	35	37	29	30	36	37	36	35	36	30	35	35	37	29	4.0
5	39	35	40	33	40	36	39	38	37	37	39	35	42	40	33	40	3.0
6	37	36	39	33	38	34	36	39	40	35	33	34	39	39	33	40	3.0
7	44	41	43	39	43	41	45	41	42	39	41	44	44	43	39	43	3.0
8	37	39	43	41	38	41	43	45	45	44	42	40	42	43	41	38	3.0
9	38	44	43	42	44	36	41	41	40	42	41	40	45	43	42	44	3.5
10	41	43	41	39	37	44	41	43	40	45	41	43	41	41	39	37	3.0

2.19 某大桥有混凝土梁 24 根,混凝土墩 16 根需检测。它们属于原材料、配合比、成型工艺、养护条件基本一致且龄期相近的同类构件,工程验收时采用回弹法测试。试确定:

(1)梁、墩各取样多少根试件?

(2)若梁类 $m_{f_{cu,min}} = 19.7$ MPa,$m_{f_{cu}} = 26.3$ MPa,$S_{f_{cu}} = 3.38$;墩类 $m_{f_{cu,min}} = 19.8$ MPa,$m_{f_{cu}} = 27.4$ MPa,$S_{f_{cu}} = 3.53$,求梁类、墩类的混凝土强度推定值各是多少?（10 根,10 根;20.74 MPa;21.56 MPa）

2.20 超声-回弹综合法检测混凝土强度的基本原理是什么？技术要点有哪些？

2.21 超声-回弹法的测区回弹值及声速值的测量原则是什么？

2.22 简述后装拔出法检测混凝土强度的原理及拔出试验的基本要求。

2.23 用超声脉冲探伤法对一截面高 10 cm 的钢试件探伤,当探头移至某一部位时,量得荧光屏上始脉冲与底脉冲的间距为 10 个单位,伤脉冲与底脉冲的间距为 3 个单位,问探头至缺陷的间距是多少？（7 cm）

2.24 混凝土超声探伤采用什么作为判断缺陷的基本依据？

2.25 换能器常用的布置方法有几种？

2.26 简述混凝土不密实区和空洞检测的方法和步骤。

2.27 简述混凝土浅、深裂缝检测的方法和步骤。

2.28 预应力钢绞线检验应进行哪些内容？

2.29 预应力锚具、夹具和连接器检测主要有哪些内容？

2.30 张拉设备为什么要经过检验标定合格才能使用？试分别简述采用压力试验机和传感器校验张拉设备的步骤。

2.31 钢结构超声波探伤原理是什么？主要的探伤方法有哪些？

2.32 高强螺栓及组合体力学性试验的主要内容有哪些？

2.33 斜拉桥施工中常用哪些方法来进行控制和检测？

2.34　斜拉桥主梁施工控制的原则是什么？

2.35　斜拉桥拉索索力的测定有哪些？

2.36　简述环境随机振动法测定索力的原理，当不计拉索白重的索力公式是什么？

2.37　拉索采用的冷铸锚试验内容包括哪些？

2.38　当测定出拉索的自振频率 f 之后，代入公式计算得到的索力，是拉索的什么索力？

2.39　试分析说明斜拉桥施工中拉索的垂度对实测频率的影响，一般采用几阶频率计算索力。

2.40　斜拉桥的施工测试主要内容有哪些？

第**3**章
桥梁荷载试验

3.1 荷载试验的目的及主要内容

3.1.1 荷载试验的目的

桥梁荷载试验分静载试验和动载试验。进行桥梁荷载试验的目的是检验桥梁整体受力性能和承载力是否达到设计文件和规范的要求,对于新桥型及桥梁中运用新材料、新工艺的,应验证桥梁的计算模式,为完善结构分析理论积累资料。对于旧桥通过荷载试验可以评定出其运营荷载等级。

3.1.2 荷载试验的主要内容

桥梁的荷载试验是一项复杂细致的工作,技术含量高,应根据荷载试验的目的进行认真的调查,必要时进行相关的理论分析。在此基础上周密地考虑试验的全过程,预计可能出现的问题及处理方法,制定出切实可行的试验计划(包括荷载试验的主要内容)。荷载试验的主要内容为:

①荷载试验的目的;
②试验的准备工作;
③加载方案设计;
④测点设置与测试;
⑤加载控制与安全措施;
⑥试验结果分析与承载力评定;
⑦试验报告编写。

3.1.3　荷载试验的准备工作

荷载试验正式进行前应做好下列准备工作：

1）试验孔（或墩）的选择。对多孔桥梁跨径相同的桥孔（或墩）可选 1～3 孔具有代表性的桥孔（或墩）进行加载试验。选择时应综合考虑以下因素：

①该孔（或墩）计算受力最不利；

②该孔（或墩）施工质量较差、缺陷较多或病害较严重；

③该孔（或墩）便于塔设脚手架，便于设置测点或便于实施加载。

选择试验孔的工作与制定计划前的调查工作结合进行。

2）搭设脚手架和测试支架。脚手架和测试支架应分开搭设，互不影响，脚手架和测试支架应有足够的强度、刚度和稳定性。脚手架要保证工作人员的安全，方便操作。测试支架要满足仪表安装的需要，不因自身变形影响测试的精度，同时还应保证试验时不受车辆和行人的干扰。脚手架和测试支架设置要因地制宜就地取材，便于搭设和拆卸，一般采用木支架或建筑钢管支架。当桥下净空较大不便搭设固定脚手架时，可考虑采用轻便活动吊架，两端用尼龙绳或钢丝绳固定在栏杆或人行道缘石上。整套设置使用前应进行试载以确保安全，活动吊架如需多次使用可做成拼装式以便运输和存放。

晴天或多云天气下进行加载试验时，阳光直射下的应变测点，应设置遮挡阳光的设备，以减小温度变化造成的观测误差；雨季进行加载试验时，测应准备仪器、设备等的防雨设施，以备不时之需。

桥下或桥头用活动房或帐篷搭设临时实验室安放数据采集等仪器，并供测试人员临时办公和看管设备之用。

3）静载试验加载位置的放样和加载位置的安排。静载试验前应在桥面上对加载位置进行放样，以便于加载试验的顺利进行。如加载工况较少，时间允许，可在每次工况加载前临时放样；如加载工况较多，则应预先放样，且用不同颜色的标志区别不同加载工况时的荷载位置。

静载试验荷载卸载的安放位置应预先安排。卸载位置的选择既要考虑加卸载方便，离加载位置近一些，又要使安放的荷载不影响试验孔（或墩）的受力，一般可将荷载安放在桥台后一定距离处，对于多孔桥，如有必要将荷载停放在桥孔上，一般应停放在距试验孔较远处以不影响试验观测为度。

4）试验人员组织及分工。桥梁的荷载试验是一项技术性较强的工作，最好能组织专门的桥梁试验队伍来承担，也可由熟悉这项工作的技术人员为骨干来组织试验队伍。应根据每个试验人员的特长进行分工，每人分管的仪表数目除考虑便于进行观测外，应尽量使每人对分管仪表进行一次观测所需的时间大致相同。所有参加试验的人员应能熟练掌握所分管的仪器设备，否则应在正式开始试验前进行演练。为使试验有条不紊地进行，应设试验总指挥 1 人，其他人员的配备可根据具体情况考虑。

5）其他准备工作。加载试验的安全设施、供电照明设施、通讯联络设施、桥面交通管制等工作应根据荷载试验的需要进行准备。

3.2 加载方案和测点布置

3.2.1 加载方案与实施

(1)试验荷载工况的确定

为了满足鉴定桥梁承载力的要求,荷载工况选择应反映桥梁设计的最不利受力状态,简单结构可选 1~2 个工况,复杂结构可适当多选几个工况,但不宜过多。进行各荷载工况布置时可参照截面内力(或变形)影响线进行,下面给出常见桥型荷载工况。

1)简支梁桥:

跨中最大正弯矩工况

$l/4$ 最大正弯矩工况

支点最大剪力工况

桥墩最大竖向反力工况

2)连续梁桥:

主跨跨中最大正弯矩工况

主跨支点负弯矩工况

主跨桥墩最大竖向反力工况

主跨支点最大剪力工况

边跨最大正弯矩工况

3)悬臂梁桥(T 型刚构桥):

支点(墩顶)最大负弯矩工况

锚固孔跨中最大正弯矩工况

支点(墩顶)最大剪力工况

挂孔跨中最大正弯矩工况

4)无铰拱桥:

跨中最大正弯矩工况

拱脚最大负弯矩工况

拱脚最大推力工况

正负挠度绝对值之和最大工况

此外,对桥梁施工中的薄弱截面或缺陷修补后的截面可以专门进行荷载工况设计,以检验该部位或截面对结构整体性能的影响。

使用车辆加载而又未安排动载试验项目时,可在静载试验项目结束后,将加载车辆(多辆车则相应地进行排列)沿桥长慢速行驶一趟,以全面了解荷载作用于桥面不同部位时的结构承载状况。

动载试验一般安排标准汽车车列(对小跨径也可用单车)在不同车速时的跑车试验,跑车时速一般定为 5 km,10 km,20 km,30 km,40 km,50 km。此外可根据桥况安排其他试验项目,如需测定桥梁承受活载水平力性能时作车辆制动试验,为测定桥梁自振频率作跳车后的余振观测,并在无荷载时进行脉动观测。

(2)试验荷载等级的确定

1)控制荷载的确定

为了保证荷载试验的效果,必须先确定试验的控制荷载,控制桥梁设计的荷载有下列几种:

①汽车和人群(标准设计荷载);

②挂车或履带车(标准设计荷载);

③需通行的特殊重型车辆。

分别计算以上几种荷载对结构控制截面产生的内力(或变形)的最不利值,进行比较,取其中最不利者对应的荷载作为控制荷载。因为挂车和履带车不计冲击力,所以动载试验以汽车荷载作为控制荷载。

荷载试验应尽量采用与控制荷载相同的荷载,而组成控制荷载(标准设计荷载)的车辆是由运管车辆统计而得的概率模型。当客观条件所限,采用的试验荷载与控制荷载有差别的,为保证试验效果,在选择试验荷载的大小和加载位置时采用静载试验效率 η_q、动载试验效率 η_d 进行控制。

2)静载试验效率

静载试验效率为

$$\eta_q = \frac{S_s}{S(1 + \mu)}$$

式中:S_s——静载试验荷载作用下控制截面内力计算值;

　　S——控制荷载作用下控制截面最不利内力计算值;

　　μ——按规范采用的冲击系数,平板挂车、履带车、重型车辆,取 $\mu=0$。

　　η_q——该值可采用0.8~1.05,当桥梁的调查、检算工作比较完善而又受加载设备能力所限时,η_q 值可采用低限;当桥梁的调查、检算工作不充分,尤其是缺乏桥梁计算资料时,η_q 值应采用高限。总之应根据前期工作的具体情况来确定,一般情况下 η_q 值不宜小于0.95。

荷载试验宜选择温度稳定的季节和天气进行。当温度变化对桥梁结构内力影响较大时,应选择温度内力较不利的季节进行荷载试验,否则应考虑用适当增大静载试验效率 η_q 来弥补温度影响对结构控制截面产生的不利内力。

当控制荷载为挂车或履带车而采用汽车荷载加载时,考虑到汽车荷载的横向应力增大系数较小,为了使截面的最大应力与控制荷载作用下截面最大应力相等,可适当增大静载试验效率 η_q。

3)动载试验效率

动载试验效率为

$$\eta_d = \frac{S_d}{S}$$

式中:S_d——动载试验荷载作用下控制截面最大计算内力值;

　　S——标准汽车荷载作用下控制截面最大计算内力值(不计入汽车荷载冲击系数)。

　　η_d 值一般采用1,动载试验的效率不仅取决于试验车型及车重,而且取决于实际跑车时的车间距。因此在动载试验跑车时应注意保持试验车辆之间的间距,并采用实际测定跑车时的车间距作为修正动载试验效率 η_d 的计算依据。

(3) 静载加载分级与控制

为了加载安全和了解结构应变和变位随试验荷载增加的变化关系,对桥梁荷载试验的各荷载工况的加载应分级进行。

1) 分级控制的原则

① 当加载分级较为方便时,可按最大控制截面内力荷载工况均分为 4~5 级。

② 当使用载重车加载,车辆称重有困难时也可分成 3 级加载。

③ 当桥梁的调查和验算工作不充分,或桥况较差,应尽量增多加载分级。如限于条件,加载分级较少时,应注意每级加载过程中,车辆荷载应逐辆缓缓驶入预定加载位置,必要时可在加载车辆未到达预定加载位置前分次对控制测点进行读数临控,以确保试验安全。

④ 在安排加载分级时,应注意加载过程中其他截面内力亦应逐渐增加,且最大内力不应超过控制荷载作用下的最不利内力。

根据具体条件决定分级加载的方法,最好每级加载后卸载,也可逐级加载,达到最大荷载后逐级卸载。

2) 车辆荷载加载分级的方法

① 逐渐增加加载车数量;

② 先上轻车后上重车;

③ 加载车位于内力影响线的不同部位;

④ 加载车分次装载重物;

以上各法亦可综合采用。

3) 加卸载的时间选择。为了减少温度变化对试验造成的影响,加载试验时间以 22:00 至晨 6:00 为宜。尤其是采用重物直接加载,加卸载周期比较长的情况下只能在夜间进行试验。对于采用车辆等加卸载迅速的试验方式,如夜间试验照明等有困难时亦可安排在白天进行试验,但在晴天或多云的天气下进行加载试验时每一加卸载周期所花费的时间不宜超过 20 min。

4) 加载分级的计算。根据各荷载工况的加载分级按弹性阶段计算结构各测点在不同荷载等级下计算变位(或应变),以便对加载试验过程进行分析和控制。计算采用的材料弹性模量,如已作材料试验的用实测值,未作材料试验的可按规范规定取值。

(4) 加载设备的选择

静载试验加载设备可根据加载要求及具体条件选用,一般有以下两种加载方式:

1) 可行式车辆。宜选用三轴载重车辆,当设计荷载为汽车超—20 级或公路—Ⅰ级时,常采用两辆三轴车辆模拟 55 t 重车。选择装载重物时,要考虑车厢能否容纳得下,装载是否方便,装载的重物应置放稳定,以避免车辆行驶时因摇晃而改变重物的位置。

采用车辆加载优点很多,如便于调运和加载布置,加卸载迅速等。采用汽车荷载既能作静试验又有作动载试验。这是较常采用的一种方法。

2) 重物直接加载。一般可按控制荷载的着地轮迹先搭设承载架,再在承载架上堆放重物或设置水箱进行加载。如加载仅为满足控制面内力要求,也可采取直接在桥面堆放重物或设置水箱的方法加载。承载架的设置和加载物的堆放应安全、合理,能按要求分布和加载重量,并不使加载设备与桥梁结构共同承载而形成"卸载"现象。

重物直接加载准备工作量大,加卸载所需周期一般较长,交通中断时间亦较长,且试验时,温度变化对测点的影响较大,因此宜于安排夜间进行试验。

此外其他一些加载方式也可根据加载要求因地制宜采用。

(5)加载重物的称量

可根据不同的加载方法和具体条件选用以下方法,对所加载进行称量。

1)称重法。当采用重物直接在桥上加载时,可将重物化整为零称重后按逐级加载要求分堆置放,以便加载取用。

当采用车辆加载时,可将车辆逐轴开上称重台进行称重。如没有现成可供利用的称重台,可自制专用称重台进行称重。

2)体积法。如采用水箱加载,可通过测量水体积来换算水的重力。

3)综合计算法。根据车辆出厂规格确定空车轴重(注意考虑车辆零配件的更换和添减,汽油、水、乘员重力的变化)。再根据装载重物的重力及其重心将其分配至各轴。装载物最好采用规则外形的物体整齐码放或采用松散均匀料在车箱内摊铺平整,以便准确确定其重心位置。

无论采用何种确定加载物重力的方法,均应做到准确可靠,其称量误差最大不得超过5%,最好能采用两种称重方法互相校核。

3.2.2　测点设置

(1)测点布设

1)主要测点的布设。测点的布设不宜过多,但要保证观测质量。有条件时,同一测点可用不同的测试方法进行校对,一般情况下,对主要测点的布设应能控制结构的最大应力(应变)和最大挠度(或位移)。几种常用桥梁体系的主要测点布设如下:

①简支梁桥:跨中挠度,支点沉降,跨中截面应变;

②连续梁桥:跨中挠度,支点沉降,跨中和支点截面应变;

③悬臂梁桥:悬臂端部挠度,支点沉降,支点截面应变;

④拱桥:跨中,$\frac{l}{4}$处挠度,拱顶$\frac{l}{4}$和拱脚截面应变。

挠度观测测点一般布置在桥中轴线位置。截面抗弯应变测点应设置在截面横桥向应力可能分布较大的部分,沿截面上、下缘布设,横桥向测点设置一般不少于3处,以控制最大应力的分布。

当采用测点混凝土表面应变的方法来确定钢筋混凝土结构中钢筋承受的拉力时,考虑到混凝土表面已经和可能产生的裂缝对观测的影响,测点的位置应合理进行选择。如凿开混凝土保护层直接在钢筋上设置拉应力测点,但在试验完后必须修复保护层。

2)其他测点的布设。根据桥梁调查和检算工作的深度,综合考虑结构特点和桥梁目前状况等可适当加设以下测点:

①挠度沿桥长或沿控制截面桥宽方向分布;

②应变沿控制截面桥宽方向分布;

③应变沿截面高分布;

④组合构件的结合面上、下缘应变;

⑤墩台的沉降、水平位移与转角,连拱桥多个墩台的水平位移;

⑥剪切应变;

⑦其他结构薄弱部位的应变;

⑧裂缝的监测点。

一般应实测控制断面的横向应力增大系数,当结构横向联系构件质量较差、联接较弱时测必须测定控制截面的横向应力增大系数。简支梁跨中截面横向应力增大系数的测定,既可采用观测跨中沿桥宽方向应变变化的方法,也可采用观测跨中沿桥宽方向挠度变化的方法进行计算或用两种方法互校。

对于剪切应变测点一般采取设置应变花的方法进行观测。为了方便,对于梁桥的剪应力也可在截面中性轴处主应力方向设置单一应变测点来进行观测。梁桥的实际最大剪应力截面应设置在支座附近而不是支座上。

3)温度测点的布设。选择与大多数测点较接近的部位设置1~2处气温观测点,此外可根据需要在桥梁主要测点部位设置一些构件表面温度观测点。

3.3 静载试验仪器设备

桥梁静载试验时需测结构的反力、应变、位移、倾角、裂缝等物理量,应选择适当的仪器进行量测。常用的仪器有百分表、千分表、位移计、应变仪、应变计(应变片)、精密水准仪、经纬仪、倾角仪、刻度放大镜等。这些测试仪器按其工作原理可分为机械测试仪器、电测仪器、光测仪器等。机械式仪器具有安装与便用方便、迅速、读数可靠的优点,但需要搭设观测脚手架,而且使用试验人员较多,观测读数费时,不便于自动记录;电测仪表安装调试比较麻烦,影响测试的精度的因素也较多,但测试记录仪较方便,便于数据自动采集记录、操作安全。荷载试验应根据测试内容和量测值的大小选择仪器,试验前应对测试值进行理论分析估计,选择仪器的精度和量测范围,同时满足《公路旧桥承载能力鉴定方法》中对仪器精度和量测范围的要求。本节介绍几种常用的仪器设备。

3.3.1 机械式位移计

机械式位移计包括百分表、千分表及张线式位移计和挠度计等,其构造和工作原理基本相同,主要区别在于精度和量程不同。

百分表和千分表是一种多功能仪表,与其他附属装置配套后可用于量测位移、应变、力、倾角等。

(1)百分表的基本构造

图2.3.1是百分表的构造图。千分表和百分表相似,只不过增加了一对放大齿轮。

测杆1(图2.3.1中所示)穿过百分表躯体8,齿轮2和3同轴,轴上面套有短针(图中未示),齿轮4的轴上套有长针5,齿轮2和测杆的齿带相啮合,扇形齿轮3和中央齿轮4啮合。当测杆向上(下)运动时,这些齿轮都转动,从而带动了长针和短针。因此,指针在度盘上示值表示出了测杆相对于躯体8的位移。

弹簧6的作用是使测杆跟上测点的位移,并使它回到原始状态。固定在躯体上的轴颈7

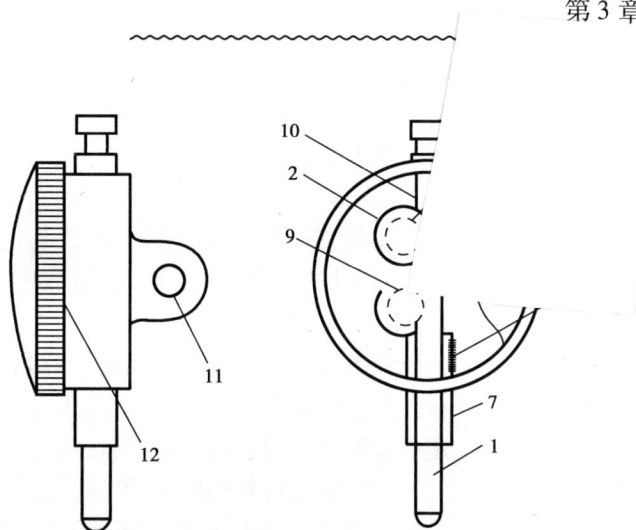

图 2.3.1　百分表构造图

1—测杆;2—小齿轮;3—扇形齿轮;4—中央齿轮;
5—长针;6—弹簧;7—轴颈;8—躯体;9—扇形齿轮;
10—平齿;11—孔环;12—表盘

可供安装百分表使用。有些百分表背壳上有耳环,也是为安装方便所设。

百分表的分辨力为 0.01 mm,通常的量程为 5 mm 或 10 mm。最近四川成都量具厂生产的大行程百分表量程为 30～52 mm。这些大行程百分表对结构试验尤为合适。

百分表的工作原理,就是利用齿轮转动机构所检测位置的位移值放大,并将验测的直线往复运动转换成指针的回旋转动,以指示其位移数值,如图 2.3.1。

千分表是一种测微位移计,其结构与百分表基本相同。由于多了对齿轮放大,灵敏度又提高了 10 倍,其分辨力为 0.001 mm,量程为 1 mm,有的为 3 mm。

机械式位移计是工程结构试验中测量位移最常用的仪器。它读数直观稳定,但读数工作量大。

(2)使用方法

使用时,百分表装在表座上(目前大都采用磁性表座),表架安装在临时专门搭设的支架上,支架应具有一定的刚度,并与被测结构物分开。

将测杆触头抵在测点上,借助弹簧的作用,使其接触紧密。当测点沿(或背向)测杆方向发生位移时,推动(或放松)测杆,使测杆的平齿带动小齿轮,小齿轮又和它同轴的大齿轮一起转动,最后使指针齿轮和指针旋转,经过一系列放大之后,便在表盘上指示出位移值。

(3)使用时应注意的事项

1)使用时,只能拿取外壳,不得任意推动测杆,避免磨损机件,影响放大倍数。注意保护触头,触头上不得有伤痕。

2)安装时,要使测杆与欲测的位移的方向一致,或者与被测物体表面保持垂直。并注意位移的正反方向和大小,以便调节测杆,使百分表有适宜的测量范围。

3)百分表架要安设稳妥,表架上各个螺丝要拧紧,但当颈箍夹住百分表的轴颈时,不可夹得过紧,否则会影响测杆移动。

4)百分表安装好,可用铅笔头在表盘上轻轻敲击,看指针摆动情况。若指针不动或绕某一固定值在小范围内左右摆动,说明安装正常。

5)百分表使用日久或经过拆洗修理后,必须进行标定,标定可在专门的百分表、千分表校正仪上进行。千分表与百分表的使用方法完全相同。

(4)用位移计测挠度与变位

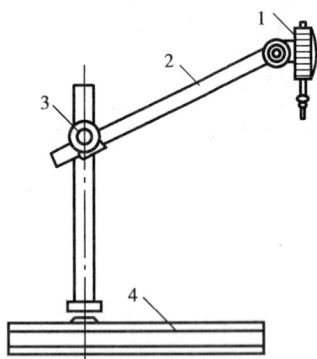

图 2.3.2　百分表安装
1—百分表;2—调距杆;
3—固紧螺丝;4—底座

用位移计测挠度或某点的位移时,要注意位移的相对性,位移计的定点(表壳)和动点(测杆)必须分别和相对位移的两点连接。

位移针可装在各种表架上(如图 2.3.2 所示),通常用颈箍夹住表的轴颈,也可用其他方式将表壳或轴颈固定在某一定点,测杆可直接顶住试件测点。

应用位移计量挠度与变位时,应注意下列问题:

1)作为固定位移计的不动点支架必须有足够的刚性。采用磁性或万能百分表架时,表架连杆不可挑出太长。因为位移计测杆顶住测点时,有一定的反力压在连杆上,如果连杆或支架的柔性较大,就会在该压力作用下产生变形。这样,当结构变形时,仪表就不动或跳动,反映不出测点的真正位移值。

2)位移计测杆与所量测的位移方向完全一致。测点表面需经一定处理,如在混凝土、木材等表面粘贴小块玻璃片或金属薄片等,以避免结构变形后,由于测点垂直于百分表测杆方向的位移,而使位移计产生误差,这种误差有时会很大。如果上述方式还不足以消除误差,则不应将位移测杆直接顶住测点,而须采用其他方式。

3)位移计使用前后要仔细检查测杆上下活动是否灵活。由于灰尘落入或表架颈拧得过紧等都会影响杆上下运动的灵活性。

(5)用位移计测应变

应变,就是结构上某区段纤维长度的相对变化($\varepsilon = \Delta L/L$)。应变仪就是用来测定这个长度变化的仪器。

采用特制的夹具将位移计安装在结构表面测定应变,具有精度高、量程大的特点。当应变值变化范围很大或需用大标距测定应变时,采用这种装置是非常合适的。

图 2.3.3 所示为位移计应变量测装置。固定位移计和顶杆的夹具,可用钢、铜或铝合金等制成,按照选定的标距以粘贴或预埋的方式固定在结构需量测应变的部位上。

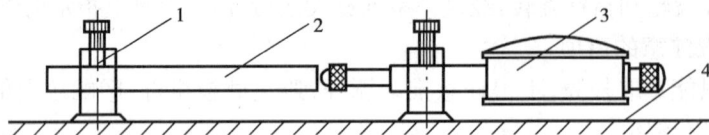

图 2.3.3　位移计应变量测装置
1—金属夹头;2—顶杆;3—位移计;4—试件

粘贴是最常用的固定方式。在混凝土结构上贴夹具时,应先将混凝土表面用砂轮打磨,除去泥灰,再用细砂布略为磨光,用丙酮等擦净,随后用胶粘剂将夹具按选定的标距粘上,待胶粘剂固化后,即可安装位移计进行量测。

位移计应变量测装置主要用于量测结构构件的轴向应变。常用的量测标距对混凝土为 10~20 cm,对砖石砌体则更大。

对受荷载后会发生曲率变化的构件,不宜用位移计应变量测装置来测定其表面的应变。因为位移计测杆与构件表面之间有一段距离,当构件发生曲率变化时,所测得的应变有时是虚应变(又称视应变),同时顶杆与位移计测杆接触点发生移动影响量测。因此,仅当构件截面变形满足平截面假定,且曲率变化很小时,才能从所测得的虚应变值,推算出实际应变。

3.3.2　手持式应变仪

当需要在现场较长期连续地观测结构的应变时,一般的应变仪不适用,手持式应变仪则比较适用。此种仪器的外形见图 2.3.4,构造原理见图 2.3.5。

此仪器的主要部分是千分表 4,它固定在一根金属杆 1 上,其测杆则自由地顶在另一金属杆 6 的突出部分上,两金属杆之间用两片富有弹性的薄钢片 3 相连,因而能平行地相对移动,每根金属杆的一端带有一个尖形插轴 2,两插轴间的距离 l 即仪器的标距。二次读数差即为结构在区段 l 内的变形 Δl,除以标距 l 即得杆件的应变值。

仪器的各部分合理地选用不同膨胀系数的金属制造,因而使仪器读数受仪器本身的温度影响得到最大限度的消除。

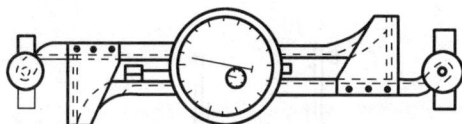

图 2.3.4　手持式应变仪外形	图 2.3.5　手持式应变仪构造原理
	1—刚性的金属杆;2—插轴(尖形);3—薄钢片;
	4—千分表;5—千分表的测杆;6—刚性的金属杆

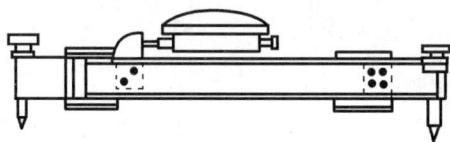

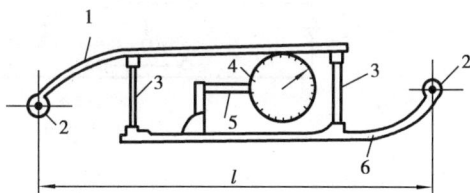

仪器不是固定在测点上,而是读数时才安上去。因此,为了保证仪器工作稳定可靠,标距两端的小孔必须钻得和仪器的插轴钢尖相吻合。因测量时仪器钢尖和测孔之间的按触稳定与否,直接影响到量测的准确性,如果测孔打得不标准,将使钢尖和测孔的接触极不稳定,增大读数误差,甚至无法读取稳定的读数。关于测孔的制作方法建议如下:

1)钢结构要顺杆件上直接钻孔。

2)圬工或木质构件则可粘贴特制的钢脚标(用环氧树脂粘接剂粘贴),脚标尺寸如图 2.3.6 所示。无论钢材上所钻的孔眼还是特制脚标上的孔眼均应按图 2.3.7 制作。

使用此种仪器,尚有一温度影响问题,即在长期量测过程中,初读数和加载数可能不在同一温度条件下读取,因此在量测读数中不仅包含了受载应变 ε。而且还包含了温度应变 ε_t,为了从读数中扣除温度部分的影响,就要在量测过程中进行"温度补偿"。一般较常用的温度补偿办法是采用与结构同一材料的"补偿块",和杆件放在一起,同时取得读数,从"补偿块"上取得的读数为单纯的温度应变,并将此应变作为结构的温度应变 ε_t。但是,补偿块与结构两者体

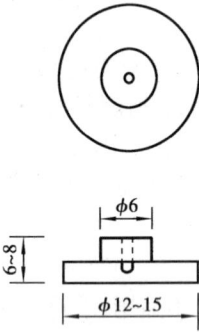

图 2.3.6　脚标尺寸(单位:mm)

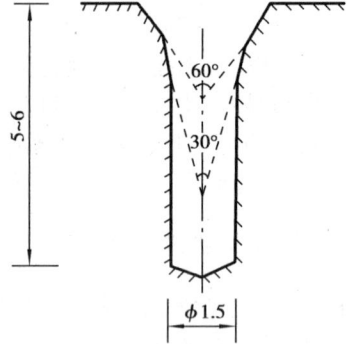

图 2.3.7　孔眼尺寸(单位:mm)

积差别极为悬殊,两者对气温变化的敏感程度差别很大,由于补偿块体积小,能在短时间内跟上气温的变化,而结构表现为极大"滞后"。因此在气温变化较大时(例如白天日照情况下)实际上无法起到补偿作用。

为了达到补偿目的,根据量测的实践,建议采取"横向温度补偿法"。在布置测应变的测点的同时,在垂直方向布置测点,如图 2.3.8 所示。

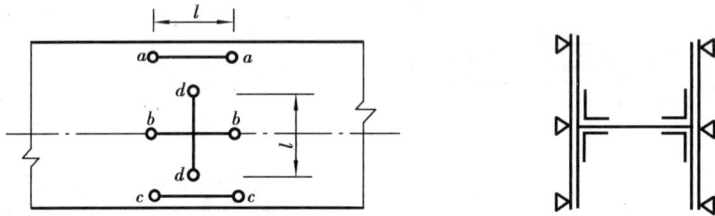

图 2.3.8　横向温度补偿测点

测点 a-a,b-b,c-c 等分别为杆件应变测点,d-d 为温度补偿测点,它垂直于应变测点,且在杆件中部。

当对测点 a-a,b-b,c-c 进行读数时,也对测点 d-d 进行读数。则

$$\varepsilon'_a = \varepsilon_a + \varepsilon_t, \varepsilon'_b = \varepsilon_b + \varepsilon_t, \varepsilon'_c = \varepsilon_c + \varepsilon_t, \varepsilon'_d = \varepsilon_t - \mu\varepsilon_b$$

式中:μ——材料泊桑比;

ε_t——温度应变;

$\varepsilon'_a,\varepsilon'_b,\varepsilon'_c,\varepsilon'_d$——测点 a-a,b-b,c-c,d-d 的综合应变读数。

联解上述四式得

$$\varepsilon_t = \frac{\mu\varepsilon'_b + \varepsilon_d}{l + \mu} \tag{2.3.1}$$

$$\varepsilon_a = \varepsilon'_a - \frac{\mu\varepsilon'_b + \varepsilon'_d}{l + \mu} \tag{2.3.2}$$

$$\varepsilon_b = \frac{\varepsilon'_b - \varepsilon'_d}{l + \mu} \tag{2.3.3}$$

$$\varepsilon_c = \varepsilon'_c - \frac{\mu\varepsilon'_b + \varepsilon'_d}{l + \mu} \tag{2.3.4}$$

量测时应注意:手持式应变仪操作简单,但量测的精度会随操作人员和每次操作方法的改变而改变,所以,量测时不宜更换使用者;要使仪器与试件表面垂直;每次对仪器施加的压力要尽量相等,并使仪器插足时应在同一孔穴等,以减小量测误差。

3.3.3　水准管式倾角仪

图2.3.9所示为水准管式倾角仪的构造,其原理是利用高灵敏度的水准管来测定结构节点、截面或支座处转角。水准管1安置在弹簧片4上,一端铰接于基座6,弹簧片使另一端上升,但被测微计的微调螺丝3顶住。将仪器用夹具5装在测点后,用微调螺丝使水准管的气泡调平居中,结构变形后气泡漂移,再转动微调螺丝使气泡重新居中,度盘上前后二次读数差即代表该测点的转角。这种仪器最小读数有的可达$1''\sim 2''$,量程为$3°$。

这种仪器的优点为尺寸小,精度高,使用简便。缺点是受外界温度影响很大,且不宜受阳光暴晒,以免水准管爆裂。

3.3.4　电阻应变仪

用电阻式应变仪测试桥梁结构应变时需用应变仪和电阻应变片(应变计)配合使用。

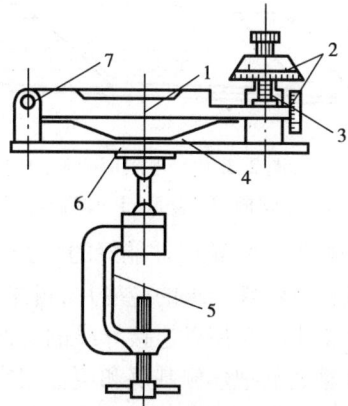

图2.3.9　水准管式倾角仪
1—水准管;2—刻度盘;3—微调螺丝;
4—弹簧片;5—夹具;6—基座;7—活动铰

(1)电阻应变片

电阻应变片又称电阻应变计,简称应变片或电阻片。它是非电量电测中最重要的变换器。应变片电测法与其他测试方法比较,有如下的一些优点。

①灵敏度高。由于利用电阻片将非电量转换成电量,再经电子仪器进行放大、显示和记录,所以能获得很高的放大倍数,从而达到很高的灵敏度。电阻应变仪可以精确地分辨出1×10^{-6}应变,这个应变的量级对于钢材而言相当于0.2 MPa的应力。

②电阻片尺寸小且粘贴牢固。这个特点十分重要,当前某些工程结构(如船体、桥梁、飞机、桁架等)进行全面的应力分析时,往往要测量数十点甚至数百点的应力,电阻片很容易大量粘贴使用。对于结构十分紧凑以至其他测量仪表(如杠杆引伸仪)根本无法安装的情况下,电阻片就能发挥很大的作用。尺寸大小的另一个重要意义在于可以用来测量局部应力,现在电阻片的标距甚至可以小于1 mm,这对于应力集中区的测量比较合适。

③电阻片质量小。这是一个突出的优点。它使得电测不仅可以作静态应力的测量,而且可以在动态应力分析方面发挥独特作用。对一系列重要的动力学参数(如加速度、振幅、频率、冲击力及爆炸压力等)能够比较精确地进行实验研究。同时应变片的基长可以制作得很短,并且有很高的频率响应能力。因此在应变梯度较大的构件上测量时仍能获得一定的准确度,在高频动应变测量中具有很好的动态响应。

④可以在高温(800~100 ℃)、低温(−100~−70 ℃)、高压(上万个大气压)、高速旋转(几千转/mm～几万转/mm)、核辐射等特殊条件下成功的使用。

此外,由于应变片输出的是电信号,就易于实现测量数字化和自动化。应变片已在实验应力分析,断裂力学,静、动态试验,宇航工程中都有广泛的用途。

应变片电测法在用于对结构物表面应变测量时的主要缺点是:粘贴工作量大,重复使用困难等。为克服这些缺点,人们利用电阻应变片的工作原理通过某种转换器间接地测定出被测量的数值。这种转换器称为电阻式应变传感器。

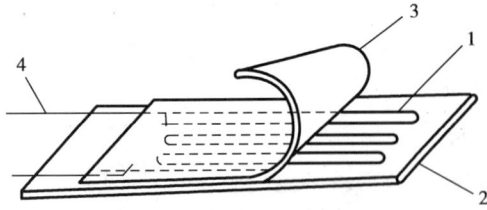

图 2.3.10 电阻应变片的构造
1—敏感丝栅;2—基底;3—覆盖层;4—引出线

1)电阻应变片的构造。绕线式应变片主要由敏感元件 1、基底 2、覆盖层 3 和引出线 4 等几部分组成,如图 2.3.10 所示。

①敏感丝栅是应变片的主要元件,一般由康酮、镍铬合金制成。

②基底和覆盖层起定位和保护应变片几何形状的作用,也起到与被测试试件之间电绝缘作用。纸基常用厚度为 0.015 ~ 0.02 mm 机械强度高、绝缘性能好的纸张制作。胶基则用性能稳定、绝缘度高、耐腐蚀的聚合胶制成。其他有特殊要求的应变片,可采用不同的材料做成基底。

③引出线是用以连接导线的过渡部分,一般用直径约为 0.15 ~ 0.30 mm 的金属丝。

④粘结剂把丝栅基底和覆盖层牢固地粘结成一个整体。

2)电阻应变片的分类。应变片的种类很多,至今各种规格的应变片有二万多种。根据不同的方法,有如下的分类:

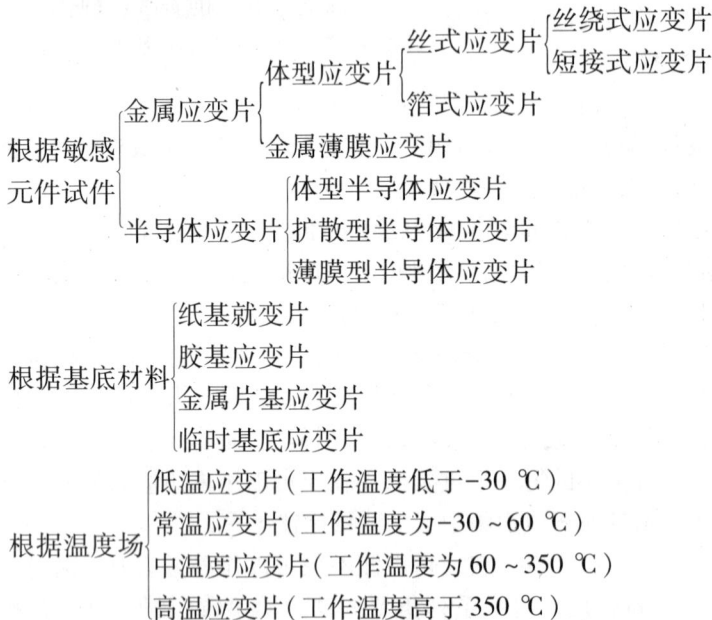

根据敏感元件试件
- 金属应变片
  - 体型应变片
    - 丝式应变片
      - 丝绕式应变片
      - 短接式应变片
    - 箔式应变片
  - 金属薄膜应变片
- 半导体应变片
  - 体型半导体应变片
  - 扩散型半导体应变片
  - 薄膜型半导体应变片

根据基底材料
- 纸基就变片
- 胶基应变片
- 金属片基应变片
- 临时基底应变片

根据温度场
- 低温应变片(工作温度低于-30 ℃)
- 常温应变片(工作温度为-30 ~ 60 ℃)
- 中温度应变片(工作温度为 60 ~ 350 ℃)
- 高温应变片(工作温度高于 350 ℃)

此外,按敏感栅的长度分,有大标距应变片和小标距应变片;按敏感栅形状分,有单轴应变片和应变花。还有各种特殊用途的应变片如防磁应变片、防水应变片、埋入式应变片、层式应变片、可拆应变片、疲劳寿命片、测压片、无基底式应变片、大应变片、裂缝探测片、温度自补偿应变片等。

①金属丝式应变片。金属丝式应变片最常用的形式为丝绕式,又称为圆角线栅式(如图 2.3.11 所示)。它的制造设备和技术都较简便,但横向灵敏度较箔式应变片为大(横向灵

敏度会给测量带来一定的误差）。丝式应变片常用的金属材料是康酮、镍铬合金、铁镍铬合金和铂铱金等。

②箔式应变片。箔式应变片是由照相、光刻技术腐蚀成丝。它在性能上的优点是散热条件好,逸散功率大,可以允许较大的电流、耐蠕变和漂移的能力强,易做成任意形状,但它的工艺较复杂。箔片的材料主要为康酮、镍铬合金等,其形式如图 2.3.12 所示。

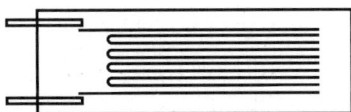

图 2.3.11　金属丝式应变片　　　　　　图 2.3.12　金属箔式应变片

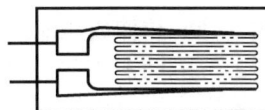

③应变花。在两向应力状态时,需要测出一点的两个或三个方向的应变,才可求出此测点的主应力的大小和方向。这就要使用粘贴在公共基底上,按一定方向布置的 2~4 个敏感栅组成的电阻应变片。这种应变片叫做电阻应变花或多轴应变片,如图 2.3.13 所示。

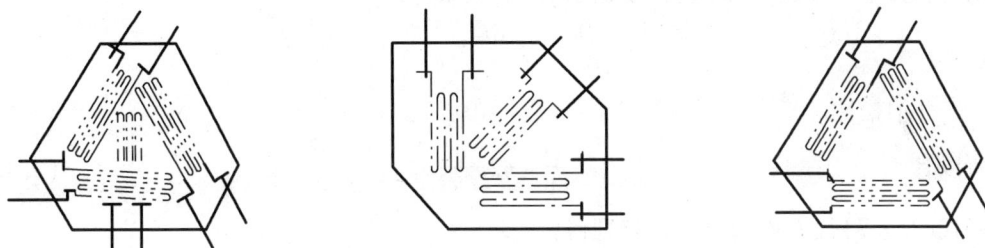

图 2.3.13　应变花

对于箔式应变片组成的应变花,因其横向效应系数极小,故不考虑修正问题;对于由半圆头丝绕式应变片组成的应变花,如果对测试结构要求不很严格的话,也不必考虑修正。

④半导体应变片。半导体应变片的外表如图 2.3.14 所示。它的优点是灵敏度高、频率响应好、可以做成小型和超小型应变片。半导体应变片的出现为应变电测技术的发展开创了新的途径。它的缺点是温度系数大,稳定性不及金属应变片等。

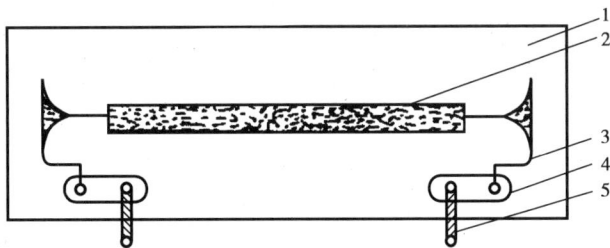

图 2.3.14　半导体应变片
1—胶膜衬底;2—$P—SI$ 片;3—内引线;4—接板;5—外引线

3)金属应变片的工作原理。金属应变片的工作原理在于导体的"电阻应变效应"。所谓电阻应变效应是指导体或半导体的机构变形(伸长或缩短)时,其电阻随其变形而发生变化的物理现象。金属导体产生电阻应变效应,主要是因为电阻丝的几何尺寸改变而引起阻值的变

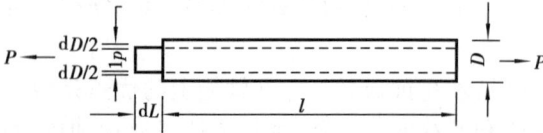

图 2.3.15　金属导体的电阻应变效应

化,如图 2.3.15 所示。

如果一根细长的金属导体长度为 L,截面积为 A,电阻率为 ρ,则它的电阻值 R 可以用下式示:

$$R = \rho \frac{L}{A} \qquad (2.3.5)$$

当电阻丝受到拉伸或压缩后,ρ,L,A 都产生了变化。为了求得三个参数变化对电阻的影响,可对式(2.3.5)进行全微分,经整理后并用相对变化率表示时,则有:

$$\frac{\mathrm{d}R}{R} = \frac{\mathrm{d}P}{P} + \frac{\mathrm{d}L}{L} - \frac{\mathrm{d}A}{A} \qquad (2.3.6)$$

一般电阻丝的横截面呈圆形,式中 $A = \frac{1}{4}\pi D^2$,D 为电阻丝的直径,显然

$$\frac{\mathrm{d}A}{A} = \frac{2\mathrm{d}D}{D}$$

由材料力学中知道,轴向应变与横向应变的关系为:

$$\frac{\mathrm{d}D}{D} = -\nu \frac{\mathrm{d}L}{L} = -\nu\varepsilon$$

式中:ν——泊松比。

所以有
$$\frac{\mathrm{d}A}{A} = -2\nu \frac{\mathrm{d}L}{L} \qquad (2.3.7)$$

将式(2.3.7)代入式(2.3.6),整理得:

$$\frac{\mathrm{d}R}{R} = (1 + 2\nu)\frac{\mathrm{d}L}{L} + \frac{\mathrm{d}\rho}{\rho}$$

$$\frac{\mathrm{d}R}{R} \Big/ \frac{\mathrm{d}L}{L} = (1 + 2\nu) + \frac{\mathrm{d}\rho}{\rho} \Big/ \frac{\mathrm{d}L}{L} \qquad (2.3.8)$$

令
$$K_0 = (1+2\nu) + \frac{\mathrm{d}\rho}{\rho} \Big/ \frac{\mathrm{d}L}{L} \qquad (2.3.9)$$

有
$$\frac{\mathrm{d}R}{R} = K_0\varepsilon \qquad (2.3.10)$$

式中 K_0 为常数,其物理意义是每单位应变所造成的相对电阻变化率。它标志着该类电阻丝的电阻应变效应显著与否,故称为金属丝电阻变化率对应变的灵敏度,或简称为电阻丝的灵敏系数。

由实验得知,常用于制造电阻应变片的金属电阻丝的 K_0 值多在 1.7~3.6 之间(主要由 $1+2\nu$ 的因素引起的),故金属导体的电阻应变效应主要是受电阻丝几何尺寸改变的影响。

由于存在半圆形弯头部分承受了横方向的应变,应变片的灵敏系数就不同于电阻丝的灵敏系数 K_0。所以应变片的灵敏系数就只有通过试验方法加以确定。

常用的公式可改写为:

$$\frac{\Delta R}{R} = K\varepsilon \qquad (2.3.11)$$

式中 K 称为应变片灵敏系数。K 的数值由制造厂按统一标准抽样测定。上述内容表达了一个十分重要的结论:在一定范围内,应变片的电阻变化率与应变成正比关系,这就是应变片测量应变的理论基础。

4）电阻应变片的选用。选用应变片时,应根据应变片的初始参数及试件的受力状态、应变梯度、应变性质、工作条件、测试精度要求等综合考虑。对于一般的结构试验,采用 120 Ω 纸基金属丝应变片就可满足试验要求。其标距可结合试件的材料来选定,如钢材常用 5 ~ 20 mm,混凝土则用 40 ~ 150 mm,石材用 20 ~ 40 mm。对于有特殊要求的,可选择特种应变片,如低温应变片、高温应变片、疲劳寿命片、裂纹探测片、应力片以及高压、核辐射、强磁场等条件下使用的应变片。

5）电阻应变片的粘贴技术

①粘结剂。粘贴应变片用的粘结剂称为应变胶。应变胶应能可靠地将试件应变传递到应变片的敏感栅上。同时,其线性滞后、零飘、蠕变等特性在一定程度上还影响着应变片的一些工作性能。

对应变胶的性能要求是:粘结强度高(剪切强度一般不低于 3 ~ 4 MPa),电绝缘性能好,化学稳定性及工艺性好等。在特殊条件下,还要考虑一些其他要求,例如耐高温、耐老化、耐介质(油、水、酸和碱等)、耐疲劳等。目前常用的应变胶分为有机胶和无机胶两类。常温上用有机胶,无机胶则用于高温应变片的粘贴。

常规桥梁试验粘贴应变片的应变胶一般为快干胶和热固性树脂胶等。

501 快干胶和 502 快干胶是借助于空气中微量水分的催化作用而迅速聚合固化产生粘结强度的。该类胶粘结强度能满足桥梁应变测试要求,但随生产厂家产品质量和存放时间长短,粘结强度差别很大,只能在低温、干燥和避光的条件下保存。

环氧树脂胶是靠分子聚合反应而固化产生粘结强度的。它有较高的剪切强度和防水性能,电绝缘性能好。它的主要成分是环氧树脂,并酌量加入固化剂和增韧剂等配制而成。环氧树脂胶可以自制,其配方是:

环氧树脂 100%

邻苯二甲酸二丁脂　　5% ~ 20%

乙二胺　　　　　　　6% ~ 7%

注意:乙二胺有毒,须通风操作。

②应变片的粘贴技术。应变片的粘贴是应变电测技术中一个很关键的环节,粘贴质量的好坏直接影响测量的结果。有时可能因某些主要测点的应变片失效,导致测量工作失败。因此,必须掌握粘贴技术,保证测量结果的准确性和可靠性。粘贴时应掌握下列技术环节:

a. 选片。用放大镜对应变片进行检查,保证选用的应变片无缺陷和破损。同批试验选用灵敏系数和阻值相同的应变片,采用兆欧表或万用表对其阻值进行测量,保证误差不大于 0.5 Ω。

b. 定位。先初步画出贴片位置,用砂布或砂轮机将贴片位置打磨平整,钢材光洁度达到 ▽3 ~ ▽5;混凝土表面无浮浆,必要时涂底胶处理,待固化后再次打磨。在打磨平整的部位准确画出测点的纵、横中心及贴片方向。

c. 贴片。用镊子夹脱脂棉球蘸酒精(或丙酮)将贴片位置清洗干净。用手握住应变片引出线,在其背面均匀涂抹一层胶水,然后放在测点上,调整应变片的位置,使其可准确定位。在应变片上覆盖小片玻璃纸,用手指轻轻滚压,挤出多余胶水和气泡。注意不要使应变片位置移动。用手指轻按 1 ~ 2 min,待胶水初步固化后,即可松手。粘贴质量较好的应变片,应是胶层均匀,位置准确。

d.干燥固化。干燥才能固化,当气温较高,相对湿度较低的短期试验,可用自然干燥,时间一般 1~2 d。人工干燥:待自然干燥 12 小时后,用红外线灯烘烤,温度不要高于 50 ℃,还要避免骤热,烘干到绝缘电阻符合要求时为止。

e.应变片的防护。在应变片引线端贴上接线端子,把应变片引线和连接导线分别焊在接线端子上,然后立即涂防护层,以防止应变片受潮和机械损伤。受潮会影响应变片的正常工作,故防潮就显得十分重要。应变片受潮的程度不易直接测量,一般用应变片和结构表面的绝缘电阻值来判断。绝缘电阻值高能保证测量精度,但要求过高会增加防潮难度和工作量。一般静态测量绝缘电阻应大于 200 MΩ,动态测量可以稍小于 200 MΩ,长期观测和高精度要求的测量应大于 500 MΩ。表 2.3.1 给出常用的防护剂配方。图 2.3.16 给出了几种防潮剂应用举例,(a)和(b)适用于一般潮湿条件,(c)和(d)用于水中和有混凝土浇筑的场所。

表 2.3.1　常用防护剂配方

材料 配方	石蜡/%	蜂蜡/%	松香/%	机油/%	凡士林/%	环氧树脂/%	邻苯二甲酸二丁脂/%	乙二胺/%
配方 1		100						
配方 2					100			
配方 3	65		20		15			
配方 4	32	8	35	10	15			
配方 5	40		35	10	15			
配方 6						86.2~75	8.6~19	5.1~6
配方 7						83~72	10~18	7~10

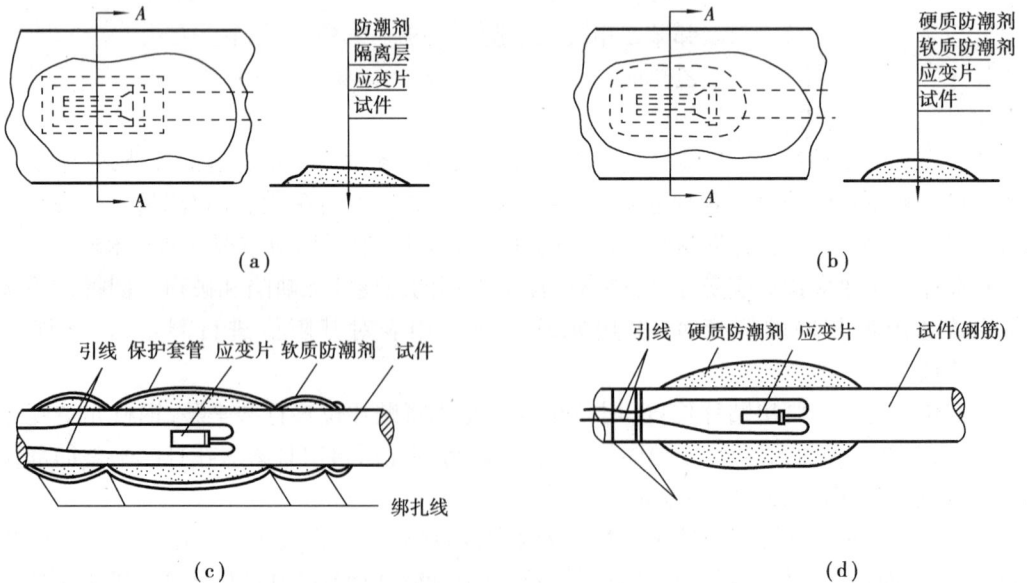

(a)　　　　　　　　　　　　　　(b)

(c)　　　　　　　　　　　　　　(d)

图 2.3.16　应变片防护构造

(2)应变仪

1)测量电阻

测量电路是应变仪的重要组成部分,其作用是将应变片的电阻变化转换为电压(或电流)的变化。在特殊情况下,应根据测量的目的和具体要求自行设计测量电路。应变片电测一般采用两种测量电路,一种是电位计式电路;一种是桥式电路,通常采用惠斯登电桥。

电位计式电路,常在冲击测量等场合使用,而且其阻值变化与输出电压的关系不是线性关系,在特定情况下可以满足试验要求。本节只讨论桥式电路原理及测试办法。

桥式电路也称应变电桥,其测量电路能精确地测量极其微小的电阻变化。例如我们假设用阻值 $R=120\ \Omega$、灵敏系数 $K=2$ 的应变片测量某一网结构,若钢材的弹模 $E=2\times10^5$ MPa,当某点应力为 100 MPa 时,根据电阻应变片的阻值与应变的关系即

$$\frac{\Delta R}{R} = K\varepsilon = K\frac{\sigma}{E}$$

$$\Delta R = KR\frac{\sigma}{E} = 2\times120\ \Omega\times\frac{100\ \text{MPa}}{2\times10^5\ \text{MPa}} = 0.12\ \Omega$$

如果求测量精度为 1%,那么测量电阻变化的应变刻度就要求不大于 0.001 Ω,这就产生了测量灵敏度要求高而量程又要求大的矛盾。在桥式电路中,采用惠斯登电桥就解决了这一矛盾。惠斯登电桥具有四个电阻(如图 2.3.17 所示),其中任一个都可以是应变片电阻,电桥的对角接入输入电压,另一对角来测量输出电压。电桥的一个特点是,四个电阻达到某一关系时,电桥输出为零,这样我们就能应用很灵敏的检流计来测量输出。由于这一特点使电桥能够精确地测量微小的电阻变化。

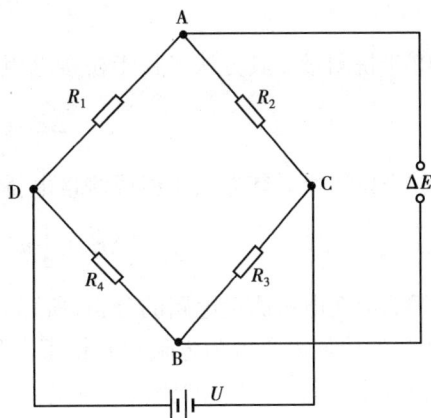

图 2.3.17 电桥

为了分析电桥中电阻的变化与输出端 E 的变化规律,假设电桥的四根桥臂上的电阻 R_1,R_2,R_3 和 R_4 为四个电阻片,把电桥分为 DAC 和 DBC 两部分。

从 DAC 这半个电桥来看,由 D 经过 A 到 C 的电压(即 DC 间的电压)降为 u,R_2 上的电压降为 u_{AC},则

$$u_{AC} = \frac{R_2}{R_1+R_2}u \qquad (2.3.12)$$

同样 DBC 这半个桥的电压降也是 u(因为 R_1,R_2 和 R_3,R_4 为并联在电压 u 上),R_3 上的电压降为 u_{BC},则

$$u_{BC} = \frac{R_3}{R_3+R_4}u \qquad (2.3.13)$$

整个电桥的输出电就是 u_{AC} 和 u_{BC} 之间的差

$$E = u_{AC} - u_{BC} = \frac{R_2}{R_1+R_2}u - \frac{R_3}{R_3+R_4}u = \frac{R_2R_4-R_1R_3}{(R_1+R_2)(R_3+R_4)}u \qquad (2.3.14)$$

为了使测量前的输出为零(即保持电桥平衡)应满足

$$R_1 R_3 = R_2 R_4 \tag{2.3.15}$$

根据分析,在符合该关系条件下,输出电压的增量与电阻片阻值变化可由下式计算:

$$\Delta E = \left[\frac{R_1 R_2}{(R_1 + R_2)^2}\left(\frac{\Delta R_1}{R_1} - \frac{\Delta R_2}{R_2}\right) + \frac{R_3 R_4}{(R_3 + R_4)^2}\left(\frac{\Delta R_3}{R_3} - \frac{\Delta R_4}{R_4}\right) \right] u$$

根据电桥平衡的条件,上式可写为

$$\Delta E = \frac{u}{4}\left(\frac{\Delta R_1}{R_1} - \frac{\Delta R_2}{R_2} + \frac{\Delta R_3}{R_3} - \frac{\Delta R_4}{R_4}\right)$$
$$= \frac{1}{4}uK(\varepsilon_1 - \varepsilon_2 + \varepsilon_3 - \varepsilon_4) \tag{2.3.16}$$

根据电桥的测量电路,对应变电桥的测量方法有下列几种:

①单点测量。单点测量时,组成测量电桥的四个电阻中,R_1 为电阻片电阻,其余三个为精密电阻(无电阻变化),则

$$\Delta E = \frac{1}{4}uK\varepsilon_1 \tag{2.3.17}$$

②半桥测量。其方法是将半桥接电阻片,另半桥为精密电阻($\Delta R_3 = \Delta R_4 = 0$),则

$$\Delta E = \frac{1}{4}uK(\varepsilon_1 - \varepsilon_2) \tag{2.3.18}$$

③全桥测量。其方法是组成测量电桥的四个电阻全由电阻片组成,即

$$\Delta E = \frac{1}{4}uK(\varepsilon_1 - \varepsilon_2 + \varepsilon_3 - \varepsilon_4) \tag{2.3.19}$$

根据应变电桥测量电路的分析,所建立的这些基本关系式表明了电桥的输出与桥臂电阻(由测量的接片需要可为电阻片和精密电阻组桥)的相对增量 $\Delta R/R$ 或应变 ε 成正比的关系。由此也可看出电桥的增减特性:相邻的输出符号相反,电桥输出具有相减特性;相对两臂符号相同,电桥输出具有相加特性。

根据电桥的这些特性,就可以对不同的测量(电阻片接线)方法进行选择。

2)电阻应变仪

电阻应变仪按使用内容不同,分为静态应变仪、动态应变仪和静动态应变仪。下面介绍常用的两种静态电阻应变仪。

①国产 YJS—14 型静态数字应变仪。YJS—14 型静态数字应变仪是一种静态应变自动测量装置,能自动平衡(或不需平衡)、自动换点、自动测量、数字显示和自动打印,并可与计算机联机进行数据处理。图 2.3.18 为 YJS—14 型应变仪的原理框图,主要由五个部分组成:

a. 转换器。它在控制器控制下将各测点依次接入桥路,以便进行测量。

b. 电阻应变仪。由桥压线性放大器和数字电压表组成。测点经自动切换装置接入,信号经过载保护单元鉴别后进入放大器,经线性放大、解调和滤波成为直流信号送入积分型 A/D 转换器转换成 8-4-2-1 码数字量。

c. 运算器。由贮存和运算单元组成。贮存单元用来保存测量前由于桥路初始不平衡而引起的数据信息,并在运算时迅速提供给运算单元,配合测量过程进行特定的加法、减法和乘法运算。

d.控制器。包括采样控制和数字钟两部分。它以不同的速率发出测量指令,通过应变仪和运算器,对各类测点进行定时、定点、定区间的测量和修正。

e.输出装置。分为打印输出和信息输出两种。根据需要可由专用插口与纸带穿孔器、数字磁带机或同电子计算机联接。

YJS—14 型数字应变测量装置的工作过程就是把应变测点组成惠斯登桥路。电桥的初始不平衡采用初始值存贮的办法,即把每一个测点的初始不平衡值通过放大和 A/D 转换器转换成数字信号,记入对应序号内存中。在测量时,测量信号也转换成数字信息送入运算器,运算器从内存中取出对应测点的转换或测量区段的选择,均由控制器控制。

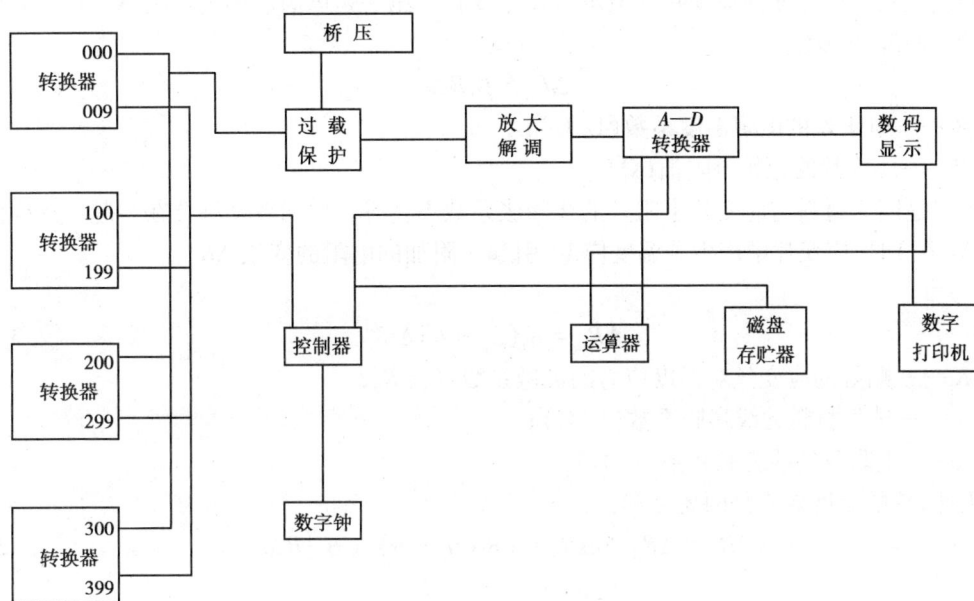

图 2.3.18　YJS—14 型静态数字应变仪原理框图

YJS—14 型数字应变测量装置最多可联四台转换器,每台 100 点共 400 点,仪器测点电阻值按 120 Ω 设计,但对 60～100 Ω 的应变片也适用,其非线性影响由运算器逐点在测量中修正。可任意控制转换测点位置,可任意选定转换或启动方式(自动或手动转换,定时自动启动或手动启动)。测点转换速度为每点 0.15 s,0.25 s,0.45 s,0.85 s,1.65 s,3.25 s,6.45 s,共七档。分辨率,A 级为 2 微应变/字;B 级为 1 微应变/字。灵敏系数 K 值在 1.5～3 之间可调。最大量程为 0～±19 998 微应变。

②日本产 7V08 型数据采集仪。7V08 型数据采集仪是应变仪的换代产品,也是 20 世纪 80 年代较先进的产品之一。该仪器是由单板机组成的一个计算机控制系统,可由键盘或面板触摸功能键直接输出数据或程序,主要是通过接口来输出模拟信号(电压、电流、应变、温度等),并通过 A/D 转换来完成存储、记录、转换、运算和输出。其测试过程如下:

该系统接线扫描箱采用直流电桥,因此,分布电容等不影响电桥平衡。在测试现场用接线箱连接,在 100 m 内连接电缆可与应变仪连接,测试数据记录和一次计算可进行程序控制或按

键控制。

7V08 型数据采集仪最大测点为 1 000 点,扫描速度可由程序选择(不小于 100 点/11.2 秒)。整个测试文件编制、测试曲线绘制等可用程序调用。计算机除直接配备热敏打印机输出或磁盘记录外,还配备了国际通用标准的 RS—232 接口、GP—1B 接口等。因此,该机引入国内后较受欢迎,测试计算都可使用。

(3)电阻应变测量的温度补偿

用应变片测量应变时,它除了能感受试件受力后的变形外,同样也能感受环境温度变化,并引起电阻应变仪指示部分的示值变动,这称为温度效应。

温度变化从两方面使应变片的电阻值发生变化。第一是电阻丝温度改变 $\Delta t(℃)$,其电阻将会随之而改变 ΔR_β。

$$\Delta R_\beta = \beta_1 R \Delta t \qquad (2.3.20)$$

式中:β_1——电阻丝的电阻温度系数(1/℃);

R——应变片的原始电阻值(Ω)。

第二是因为材料与应变片电阻丝的线膨胀系数不相等。但两者又粘合在一起。这样温度改变 $\Delta t(℃)$ 时,应变片中产生了温度应变,引起一附加的电阻的变化 ΔR_a。

$$\Delta R_\alpha = K_t(\alpha_j - \alpha)\Delta t R \qquad (2.3.21)$$

式中:K_t——贴好的应变丝对温度应力的灵敏系数,$K_t = K_0$;

α_j——试件材料的线膨胀系数(1/℃);

α——电阻丝的线膨胀系数(1/℃)。

因此,总的温度效应是两者之和:

$$R_1 = \Delta R_\alpha + \Delta R_\beta = \left[K_t(\alpha_j - \alpha) + \beta_i \right]R\Delta t \qquad (2.3.22a)$$

令

$$\beta = K_t(\alpha_j - \alpha) + \beta_1$$

则

$$\Delta R_t = \beta R \Delta t \qquad (2.3.22b)$$

式中:β——贴好的应变片总的电阻温度系数。

温度效应的应变值为:

$$\varepsilon_t = K_0 \beta_1 R \Delta t \qquad (2.3.23)$$

这个 ε_1 称视应变。当采用镍铬合金丝做成的应变片进行测量时,温度变动 1 ℃,会在钢材($E = 2.1×10^5$ MPa)中产生相当于 1.5 MPa 左右的应力示值变动,这是不能忽视的,必须加以消除。消除温度效应的应变值主要是利用惠斯登电桥路的特性进行,称为温度补偿。

如图 2.3.17 所示,在电桥的 BC 臂上接一个与测量片 R_1 同样阻值的温度补偿变片 R_2(简称补偿片)。测量应变片 R_1(简称工作片)贴在受力构件上,它既受应变作用又受温度作用,故 R_1 是由两部分组成。即:$\Delta R_1 = \Delta R_g + \Delta R_t$。

补偿片 R_2 贴在一个与试件材料相同并置于试件附近,具有同样温度化条件但不承受外力作用的小试块上,它只有 $\Delta R_2 = \Delta R_t$ 的变化。此时,电桥对角线上的电流计的反应为 $\Delta R_1 - \Delta R_2 = \Delta R_g$,测得结果仅是试件受力后产生的应变值,而温度效应所产生的视应变就消除了。

在实际工作中,为保证补偿效果,对补偿片的设置应考虑如下因素:

①补偿片与工作片应该是同批产品,具有相同电阻值、灵敏系数和几何尺寸。

②贴补偿片的试块材料应与试件的材料一致,并应做到热容量基本相等。如果是混凝土

材料,则需同样配合比和在同样条件下养护。

③补偿片的贴片、干燥、防潮等处理工艺必须与工作片完全一致。

④连接补偿片的导线应与连接工作片的导线同一规格、同一长度,并且相互平列靠近布置或捆扎成束。

⑤补偿片与工作片的位置应尽量接近,使两者处于同样温度场条件下,以防不均匀热源的影响。

⑥补偿片的数量多少,根据试验材料特性、测点位置、试验条件等决定。一般情况下,钢结构可用一个补偿片同时补偿 10 个工作片。对混凝土材料或木材可用一个补偿片补偿 5 ~ 10 个工作片。如果要求严格或者是某些测点所处条件特殊时,应单独补偿,以尽量减少因补偿片连接工作而工作片间断工作所造成的温差影响。

上述桥路补偿的主要优点是方法简单、适用经济、在常温下补偿效果较好,但在温度变化梯度较大时,将会有一定误差。

目前除采用桥路补偿外,还有采用应变片温度自补偿的办法,即使用一种特殊的应变片,当温度变化时,其电阻增量等于零或相互抵消而不产生视应变。这种特殊应变片称温度自补偿应变片,它主要用于机械类试验中,在结构试验中国内目前尚少采用。

3.3.5　电阻应变原理的推广——传感器

电阻应变仪不仅可以测量应变,在结构试验中尚可利用它的工作原理对其他物理参数进行测定。这时需通过相应的转换器,先把要求观测的物理量转换成该转换器中某一弹性元件的应变,由贴在该元件上的应变片所测得的应变量间接求得被测量的数值。这种转换器称为电阻应变式传感器,最常用的有以下几种:

(1) 应变式测力传感器

图 2.3.19 为一压力传感器的典型构造图,圆柱(或筒)形弹性元件承受轴向压力,而粘贴在元件上面的应变片感受其应变。知道元件的截面积,即可求得压力。为了提高量测的灵敏度和达到温度补偿,在元件上粘贴 8 片应变片,如图 2.3.19(a)所示,并组成全桥式接线,如图 2.3.19(b)所示。

采用上述应变片的桥路联接,电桥的灵敏度提高到 $2(1+\nu)$ 倍。同时,这种联接形式还能消除由于弹性元件因荷载偏心而产生的附加弯曲影响。

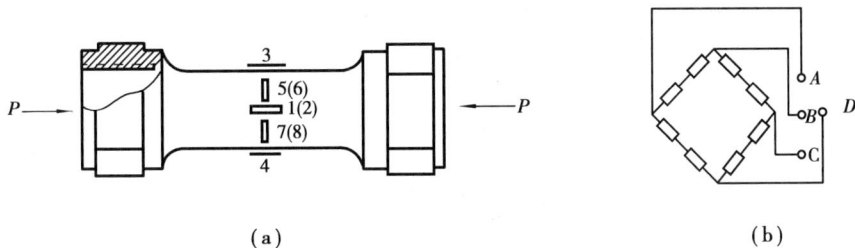

图 2.3.19　应变式测力传感器构造及全桥式接线方法

应变式测力传感器除可用电阻应变仪进行量测外,还可以用专门的电位差计(通称电子秤)进行测量,目前国内生产的 BLR 型电阻式拉压传感器和 BHR 型电阻式荷重传感器就是按上述原理制造的。量程从 0.10 ~ 100 t,可配以 DCZ 型电子秤进行测量和显示。国外发展了一种利用剪切应变的测力传感器,其高度小,稳定性好,精度高,非线性误差和滞后误差均在 0.02% 以内,温度零漂小于 0.003%(额定荷载)/℃。

(2)电子式位移传感器

电子式位移传感器是一种位移测量计,属于一次仪表,它只能检测试件的位移,而本身不能显示其数值,因此,使用时必须依赖二次仪表进行显示或指示。

1)电阻式位移。YHD 型电子位移计是电阻式位移计的一种,它主要由机械传动机构、应变电桥和滑线电阻等组成(如图 2.3.20 所示)。

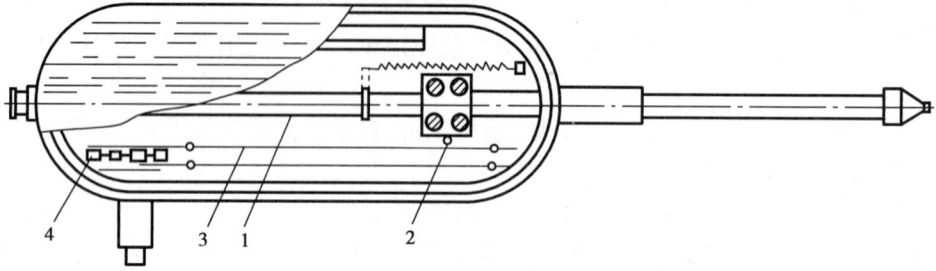

图 2.3.20 YHD 型电子位移计
1—测杆;2—触点;3—滑线电阻;4—精密无感电阻

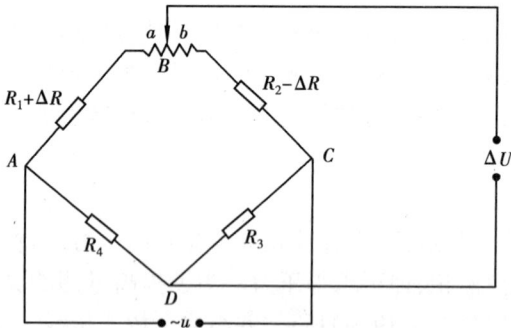

图 2.3.21 电桥接线图
a,b—滑线电阻;R_1,R_2,R_3,R_4—感电阻;B—触头

YHD 型位移计的工作原理也是利用应变电桥进行测量的。在仪器内部设置四个无感电阻 R_1,R_2,R_3 和 R_4,在 R_1 和 R_2 之间用一根电阻丝串联起来组成应变电桥。当试件产生位移时,位移计的测杆便沿着导向槽作轴向移动,带动触点在电阻丝上滑动。由图 2.3.21 可知,在两个桥臂上都产生电阻的变化。如触点向右移动时,AB 桥臂的电阻增为 $R_1 + \Delta R$;BC 桥臂的电阻则减为 $R_2 - \Delta R$,则输出

$$\Delta U = \frac{U}{4}(\frac{\Delta R}{R_1} + \frac{\Delta R}{R_2}) = \frac{1}{2}U\frac{\Delta R}{R} \qquad (2.3.24)$$

电阻式位移传感器的特点是结构简单、输出信号大,但因存在活动触点,使用寿命受磨损程度影响。

2)应变式位移传感器。应变式位移传感器结构见图 2.3.22,它主要由测杆、悬臂梁、应变片和弹簧等组成。由图 2.3.22 可见,将两个弹性元件、弹簧和悬臂梁串联,在矩形截面悬臂梁根部正、反面分别贴上 2 片应变片,组成应变电桥。结构位移时推动弹性变形,再用应变片来感受弹性元件的变形来实现位移的测量。这种传感器的特点是分辨率高,反应速度快,但测量精度和稳定性受应变片粘贴质量的影响。

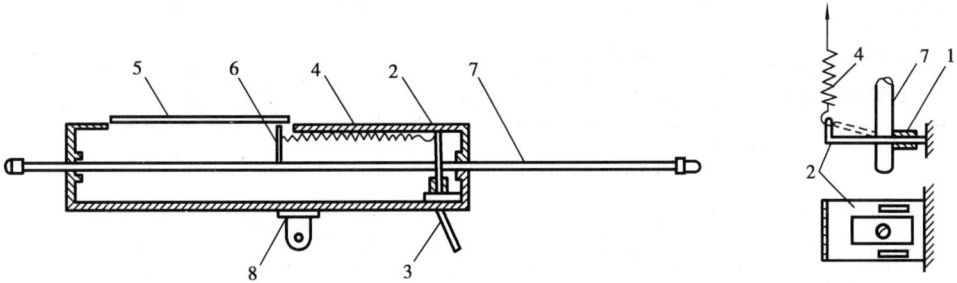

图 2.3.22　应变式位移计

1—测杆;2—悬臂梁;3—应变片;4—弹簧;5—导杆;6—滑臂;7—测杆;8—支架

3.4　静载试验

静载试验应在现场统一指挥下按计划有秩序进行。首先检查不同分工的测试人员是否各行其职;交通管理、加载(或司机)和联络人员是否到位;加载设备、通迅设备和电源(包括备用电源)是否准备妥当;加载位置测点放样和测试仪器安装是否正确。然后调试仪器(自动记录时对测试仪表数据采集和记录设备进行联接),利用过往车辆(或初试荷载)检查各测点的观测值的规律性,使整个测试系统进入正常工作状态。随后记录气候天气情况和试验开始时间,进行正式试验。

3.4.1　试验观测与记录

(1)温度稳定观测

仪表安装完毕后,一般在加载试验之前应对各测点进行一段时间的温度稳定观测,中间可每隔 10 min 读数一次。观测时间应尽量选择在加载试验时外界气候条件对观测造成误差的影响范围,用于测点的温度影响修正。

(2)仪表的测读与记录

人工读表时,仪表的测读应准确、迅速、并记录在专门的表格上(表 2.3.2,表 2.3.3),以便于资料的整理和计算。记录者应对所有测点量测值变化情况进行检查,看其变化是否符合规律,尤其应着重检查第一次加载时量测值变化情况。对工作反常的测点应检查仪表安装是否正确,并分析其他可能影响其正常工作的原因,及时排除故障。对于控制测点应在故障排除后重复一次加载测试项目。

表 2.3.2　电阻应变仪应变观测记录表

仪器型号:_____　仪器采用灵敏系数:_____　应变单位:με

电阻片标距:_____ mm　电阻片灵敏系数:

应变计算修正系数:_____

观点号　观测时间　加载程序		读数	应变	修正应变	总应变	读数	应变	修正应变	总应变	读数	应变	修正应变	总应变

表 2.3.3　百分表挠度(位移)观测记录表

仪器型号:_____　挠度(位移)　单位:0.01 mm

观点号　观测时间　加载程序		读数	应变	修正应变	总应变	读数	应变	修正应变	总应变	读数	应变	修正应变	总应变

当采用仪器自动采集数据记录时,应对控制点的应变和位移进行监控,测试结果规律异常时,应查明原因采取补救措施。将记录结果整理成表 2.3.2 和表 2.3.3 的格式,以便进行结果分析,并与原始记录一同保存备查。

(3) 裂缝观测

加载试验中裂缝观测的重点是结构承受拉力较大部位及旧桥原有裂缝较长、较宽的部位。在这些部位应测量裂缝长度、宽度,并在混凝土表面沿裂缝走向进行描绘。加载过程中观测裂缝长度及宽度的变化情况,可直接在混凝土表面进行描绘记录,也可采用专门表格记录。加载至最不利荷载及卸载后应对结构裂缝进行全面检查,尤其应仔细检查是否产生新的裂缝,并将最后检查情况填入裂缝观测记录表,必要时可将裂缝发展情况绘制在裂缝展开图上。

3.4.2　加载实施与控制

(1) 加载程序

加载应在指挥人员指挥下严格按计划程序进行。采用重物加载时按荷载分级逐级施加,每级荷载堆放位置准确、整齐稳定。荷载施加完毕后,逐级卸载。采用车辆加载时,先由零载加至第一级荷载,卸载至零载;再由零载加至第二级荷载,卸至零载……,直至所有荷载施加完毕(有时为了确保试验结果准确无误,每一级荷载重复施加 1~2 次),每一级荷载施加次序为纵向先施加重车,后施加两侧标准车;横向先施加桥中心的车辆,后施加外测的车辆。

(2) 加载稳定时间控制

为控制加卸载稳定时间,应选择一个控制观测点(如简支梁的跨中挠度或应变测点),在每级加载(或卸载)后立即测读一次,计算其与加载前(或卸载前)测读值之差值 S_g,然后每隔 2 min 测读一次,计算 2 min 前后读数的差值 ΔS,并按下式计算相对读数差值 m:

$$m = \frac{\Delta S}{S_g}$$

当 m 值小于 1% 或小于量测仪器的最小分辨值时即认为结构基本稳定,可进行各观测点读数。但当进行主要控制截面最大内力荷载工况加载程序时荷载在桥上稳定时间应不少于 5 min,对尚未投入营运的新桥应适当延长加载稳定时间。

某些桥梁,如拱桥,有时当拱上建筑或桥面系参与主要承重构件的受力,因连接较弱或变形缓慢,造成测点观测值稳定时间较长,如结构的实测变位(或应变)值远小于计算值,可将加载稳定时间定为 20~30 min。

(3) 加载过程的观察

加载试验过程应对结构控制点位移(或应变)、结构整体行为和薄弱部位破损实行监控,并将结果随时汇报给指挥人员作为控制加载的依据。随时将控制点位移与计算结果比较,如实测值超过计算值较多,则应暂停加载,待查明原因再决定是否继续加载。试验人员如发现其他测点的测值有较大的反常变化也应查找原因,并及时向试验指挥人员报告。加载过程中应指定人员随时观察结构各部位可能产生的新裂缝,注意观察:构件薄弱部位是否有开裂、破损,组合构件的结合面是否有开裂错位、支座附近混凝土是否开裂、横隔板的接头是否拉裂、结构是否产生不正常的响声、加载时墩台是否发生摇晃现象等等。如发生这些情况应报告试验指挥人员,以便采取相应的措施。

(4) 终止加载控制条件

发生下列情况应中途终止加载:

①控制测点应力值已达到或超过用弹性理论按规范安全条件反算的控制应力值时;

②控制测点变位(或挠度)超过规范允许值时;

③由于加载,使结构裂缝的长度、缝宽急剧增加,新裂缝大量出现,缝宽超过允许值的裂缝大量增多,对结构使用寿命造成较大的影响时;

④拱桥加载时沿跨长方向的实测挠度曲线分布规律与计算相差过大或实测挠度超过计算值过多时;

⑤发生其他损坏,影响桥梁承载能力或正常使用时。

3.5　试验数据分析及桥梁承载能力评定

通过静载试验得到的原始数据、文字和图像描述材料是荷载试验最重要的资料。虽然它们是可靠的,但这些原始资料数量庞大、不直观、不能直接用于评定承载能力,故进行承载力评定之前必须对它进行处理分析,得出直接进行承载能力评定的指标,以满足承载力评定的需要。

3.5.1　试验数据分析

(1)试验资料的修正

1)测值修正。根据各类仪表的标定结构进行测试数据的修正,如考虑机械式仪表较正系数、电测仪表率定系数、灵敏系数、电阻应变观测的导线电阻影响等等。当这类因素对测值的影响小于1%时可不予修正。

2)温度影响修正。温度对测试的影响比较复杂。结构构件的各部位不同的温度变化、结构的受力特性、测试仪表或元件的温度变化、电测元件的温度敏感性、自补性等等均对测试精度造成一定的影响,逐项分析这些影响是困难的。一般可采用综合分析的方法来进行温度影响修正,即利用加载试验前进行的温度稳定观测数据,建立温度变化(测点处构件表面温度或空气温度)和测点测值(应变和挠度)变化的线性关系,然后按下式进行温度修正计算:

$$S = S' - \Delta t \cdot K_t$$

式中:S——温度修正后的测点加载测值变化;

S'——温度修正前的测点加载测值变化;

Δt——相应于S'观测时间段内的温度变化(℃);

K_t——空载时温度上升1 ℃,测点测值变化量。

$$K_t = \frac{\Delta S}{\Delta t_1}$$

式中:ΔS——空载时某一时间区段内测点测值变化量;

Δt_1——相应于ΔS同一时间区段内温度变化量。

温度变化量的观测对应变宜采用构件表面温度,对挠度宜采用气温。温度修正系数K_t应采用多次观测的平均值,如测值变化与温度变化关系不明显时则不能采用。

由于温度影响修正比较困难,一般不进行这项工作,而采取缩短加载时间、选择温度稳定性较好的时间进行试验等办法尽量减小温度对测试精度的影响。

3)支点沉降影响的修正。当支点沉降量较大时,应修正其对挠度值的影响,修正量C可按下式计算:

$$C = \frac{l - x}{l}a + \frac{x}{l}b$$

式中:C——测点的支点沉降影响修正量;

l——A支点到B支点的距离;

x——挠度测点到A支点的距离;

a——A 支点沉降量；

b——B 支点沉降量。

（2）各测点变化（挠度、位移、沉降）与应变的计算

根据量测数据作下列计算：

总变位（或总应变）　$S_t = S_1 - S_i$

弹性变位（或弹性应变）　$S_e = S_1 - S_u$

残余变位（或残余应变）　$S_p = S_t - S_e = S_u - S_i$

式中：S_i——加载前测值；

S_1——加载达到稳定时测值；

S_u——卸载后达到稳定时测值。

引入相对残余变位（或应变）的概念描述结构整体或局部进入塑性工作状态的程度。

相对残余变位（或应变）按下式计算：

$$S_p' = \frac{S_p}{S_t} \times 100\% \tag{2.3.25}$$

式中：S_p'——相对残余变位（或应变），S_p，S_t 意义同前。

（3）应力计算

根据测量到的测点应变，当结构处于线弹性工作状态时可以利用应力应变关系计算测点的应力。

1）单向应力状态：

$$\sigma = E\varepsilon \tag{2.3.26}$$

2）平面应力状态：

①当主应力方向已知时：

$$\sigma_1 = \frac{E}{1 - \nu^2}(\varepsilon_1 + \nu\varepsilon_2) \tag{2.3.27}$$

$$\sigma_2 = \frac{E}{1 - \nu^2}(\varepsilon_2 + \nu\varepsilon_1) \tag{2.3.28}$$

式中：E——构件材料弹性模量；

ν——构件材料泊松比；

ε_1，ε_2——方向相互垂直的主应变；

σ_1，σ_2——方向相互垂直的主应力。

②主应力方向未知时需用应变花测量其应变计算主应力。应变花的常见形式为直角形或等边形，如图 2.3.23（a）、（b）、（c）所示，由三个应变片组成；也可以增加校核片布置为扇形和伞形，如图 2.3.23（d）、（e）所示。采用图 2.3.23 中的五种应变花时测点主应力可以表示为

$$\sigma_1 = \left(\frac{E}{1-\nu}\right)A + \left(\frac{E}{1+\nu}\right)\sqrt{B^2 + C^2} \tag{2.3.29}$$

$$\sigma_2 = \left(\frac{E}{1-\nu}\right)A - \left(\frac{E}{1+\nu}\right)\sqrt{B^3 + C^2} \tag{2.3.30}$$

$$\tau_{max} = \left(\frac{E}{1+\nu}\right)\sqrt{B^2 + C^2} \tag{2.3.31}$$

$$\phi_0 = \frac{1}{2}\arctan\frac{C}{B} \qquad (2.3.32)$$

其中参数 A,B,C 由应变花的形式而定,上面五种形式应变花的参数见表 2.3.4。

表 2.3.4 应变花参数

测量平面上一点主应变时应变计的布置		A	B	C
应变花名称	应变花形式			
45°直角应变花	图 2.3.23(a)	$\dfrac{\varepsilon_0+\varepsilon_{90}}{2}$	$\dfrac{\varepsilon_0-\varepsilon_{90}}{2}$	$\dfrac{2\varepsilon_{45}-\varepsilon_0-\varepsilon_{90}}{2}$
60°等边三角形应变花	图 2.3.23(c)	$\dfrac{\varepsilon_0+\varepsilon_{60}+\varepsilon_{120}}{3}$	$\varepsilon_0-\dfrac{\varepsilon_0+\varepsilon_{60}+\varepsilon_{120}}{3}$	$\dfrac{\varepsilon_{60}-\varepsilon_{120}}{\sqrt{3}}$
伞形应变花	图 2.3.23(e)	$\dfrac{\varepsilon_0+\varepsilon_{90}}{2}$	$\dfrac{\varepsilon_0-\varepsilon_{90}}{2}$	$\dfrac{\varepsilon_{60}-\varepsilon_{120}}{\sqrt{3}}$
扇形应变花	图 2.3.23(d)	$\dfrac{\varepsilon_0+\varepsilon_{45}+\varepsilon_{90}+\varepsilon_{135}}{4}$	$\dfrac{1}{2}(\varepsilon_0-\varepsilon_{90})$	$\dfrac{1}{2}(\varepsilon_{135}-\varepsilon_{45})$

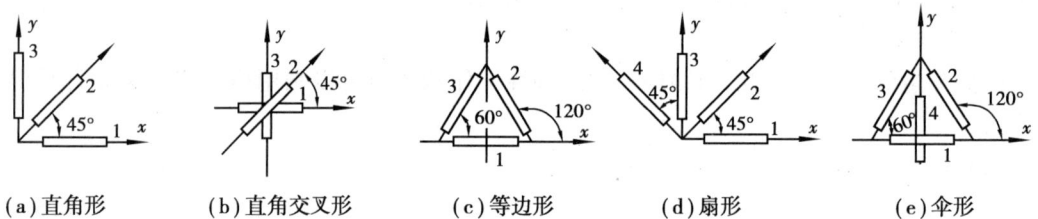

(a)直角形　(b)直角交叉形　(c)等边形　(d)扇形　(e)伞形

图 2.3.23 常用应变花的形式

(4)试验结果与理论分析的比较

为了评定结构整体受力性能,需对桥梁荷载试验结果与理论分析值比较,以检验新建桥是否达到设计要求的荷载标准,或判断旧桥的承载能力。比较时可以将结构位移、应变等试验值与理论计算值列表进行比较,对结构在最不利荷载工况作用下主要控制测点的位移、应力的实测值与理论分析值,要分别绘出荷载位移($P—\Delta$)曲线,荷载应力($P—\sigma$)曲线,并绘出最不利荷载工况作用下位移沿结构(纵、横向)分布曲线和控制截面应变(沿高度)分布图,绘制结构裂缝分布图(对裂缝编号注明长度、宽度、初裂荷载以及裂缝发展情况)。为了量化,以及描述试验值与理论分析值比较的结果,此处引入结构校验系数:

$$\eta = \frac{S_e}{S_s} \qquad (2.3.33)$$

式中: S_e——试验荷载作用下量测的弹性变位(或应变)值;

$\quad\ \ S_s$——试验荷载作用下的理论计算变位(或应变)值。

S_e 与 S_s 的比较可用实测的横截面平均值与计算值比较,也可考虑荷载横向不均匀分布而选用实测最大值与考虑横向增大系数的计算值进行比较。横向增大系数最好采用实测值,如无实测值也可采用理论计算值。

3.5.2　荷载试验成果分析与承载能力评定

经过荷载试验的桥梁,应根据整理的试验资料分析结构的工作状况,进一步评定桥梁承载能力,为新建桥验收做出鉴定结论,或作为旧桥承载力鉴定检算的依据,并纳入桥梁承载能力鉴定报告和桥梁载能力鉴定表。一般进行下列分析评定工作:

(1)结构工作状况

1)校验系数 η。校验系数 η 是评定结构工作状况、确定桥梁承载能力的一个重要指标。不同结构形式的桥梁,其 η 值常不相同,η 值常见的范围可参考表 2.3.5,一般要求 η 值不大于 1。η 值越小,结构的安全储备越大。η 值过大或过小都应该从多方面分析原因。如 η 值过大可能说明组成结构的材料强度较低,结构各部分联结性较差,刚度较低等等;η 值过小可能说明材料的实际强度及弹性模量较高,桥梁的混凝土桥面铺装及人行道等与主梁共同受力,拱桥拱上建筑与拱圈共同作用,支座摩阻力对结构受力的有利影响,计算理论或简化的计算式偏于安全等等。试验加载物的称量误差、仪表的观测误差等也对 η 值有一定影响。

表 2.3.5　桥梁校验系数常值表

桥梁类型	应变(或应力)校验系数	挠度校验系数	桥梁类型	应变(或应力)校验系数	挠度校验系数
钢筋混凝土板桥	0.20 ~ 0.40	0.20 ~ 0.50	预应力混凝土桥	0.60 ~ 0.90	0.70 ~ 1.00
钢筋混凝土梁桥	0.40 ~ 0.80	0.50 ~ 0.90	圬工拱桥	0.70 ~ 1.00	0.80 ~ 1.00
钢筋混凝土拱桥	0.50 ~ 0.90	0.50 ~ 1.00	钢桥	0.75 ~ 1.00	0.75 ~ 1.00

2)实测值与理论值的关系曲线。由于理论变位(或应变)一般系按线性关系计算,所以如测点实测弹性变位(或应变)与理论计算值成正比,其关系曲线接近于直线,说明结构处于良好的弹性工作状况。

3)相对残余变位(或应变)。测点在控制荷载工况作用下的相对残余变位(或应变)S_p/S_t 越小,说明结构越接近弹性工作状况。一般要求 S_p/S_t 值不大于 20% ,当 S_p/S_t 大于 20% 时,应查明原因。如确系桥梁强度不足,应在评定时,酌情降低桥梁的承载能力。

4)动载性能。当动载试验效率 η_d 接近 1 时,不同车速下实测的冲击系数最大值可用于结构的强度及稳定性检算。

结构的自振频率、活载强迫振动频率及阻尼系数等对桥梁承载能力的影响可参考其他有关资料进行分析。

(2)结构的强度及稳定性

当荷载试验项目比较全面时,可采用荷载试验主要挠度测点的校验系数 η 来评定结构的强度和稳定性。检算时用荷载试验后的桥梁检算系数 Z_2 代替《公路旧桥承载能力鉴定方法》中旧桥检算系数 Z_1,对桥梁结构抗力效应予以提高或折减。

砖石和混凝土桥

$$S_d(\gamma_{s0}\Psi \sum \gamma_{s1}Q) \leqslant R_d(\frac{R_J}{\gamma_m}, a_k) \times Z_2 \tag{2.3.34}$$

钢筋混凝土及预应力混凝土桥

$$S_d(\gamma_g G; \gamma_q \sum Q) \leqslant \gamma_b R_d(\frac{R_c}{\gamma_c}; \frac{R_s}{\gamma_s}) \times Z_2 \tag{2.3.35}$$

根据 η 值由表2.3.6查取 Z_2 的限值范围,再根据下列条件确定 Z_2 值。符合下列条件时, Z_2 值可取高限;否则应酌减,直至取低限。

1)加载内力与总内力(加载内力+恒载内力)的比值较大,荷载试验效果较好。

2)实测值与理论值线性关系较好,相对残余变位(或应变)较小。

表2.3.6 经过荷载试验的桥梁检算系数 Z_2 值表

η	Z_2	η	Z_2
0.4 及以下	1.20 ~ 1.30	0.8	1.00 ~ 1.10
0.5	1.15 ~ 1.25	0.9	0.97 ~ 1.07
0.6	1.10 ~ 1.20	1.0	0.95 ~ 1.05
0.7	1.05 ~ 1.15		

注:①η 值应经校核确保计算及实测无误;

②η 值在表列之间时可内插;

③当 η 值大于1时应查明原因,如确系结构本身强度不够,应适当降低检算承载能力。

3)桥梁结构各部分无损伤,风化、锈蚀裂缝等较轻微。

η 值应取控制截面内力最不利荷载工况时最大挠度测点进行计算。对梁桥可采用跨中最大正弯矩荷载工况的跨中挠度;对拱桥检算拱顶截面时可采用拱顶最大正弯矩荷载工况时跨中挠度;检算拱脚截面时可采用拱脚最大负弯矩荷载工况时 $l/4$ 截面处挠度;检算 $l/4$ 截面时则可用上者平均值;如已安排 $l/4$ 截面最大正、负弯矩荷载工况,则可采用该程序时 $l/4$ 截面挠度。但拱桥在采用 η 值根据表2.3.6进行检算时,应不再另行考虑拱上建筑联合作用。

对于旧桥采用 Z_1 值根据《公路旧桥承载能力鉴定方法》(第二章的第三节)检算不符合要求,但采用 Z_2 值根据式(2.3.34)和式(2.3.35)检算符合要求时,可评定桥梁承载能力满足检算荷载要求。

(3)地基与基础

当试验荷载作用下墩台沉降、水平位移及倾角较小,符合上部结构检算要求,卸载后变位基本回复时,认为地基与基础在检算荷载作用下能正常工作。

当试验荷载作用下墩台沉降、水平位移、倾角较大或不稳定,卸载后变位不能回复时,应进一步对地基、基础进行探查、检算,必要时应对地基基础进行加固处理。

(4)结构的刚度要求

试验荷载作用下,主要测点挠度校验系数 η 应不大于1。各点的挠度不超过"桥规"(JTG D61—2005 和 JTG 3362—2018)规定的允许值。即

圬土拱桥:一个桥范围内正负挠度的最大绝对值之和不小于 $L/1\,000$;履带车和挂车要验算时,应提高20%。

钢筋混凝土桥:梁桥主梁跨中 $\left.\begin{array}{l} L/600 \\ 梁桥主要悬臂端 \quad L/300 \\ 桁架、拱桥 \quad L/300 \end{array}\right\}$ (2.3.36)

（5）裂缝

对于新建桥试验荷载作用下预应力结构不应出现裂缝,钢筋混凝土结构裂缝不超"桥规"允许值:

$$\delta_{max} \leq [\delta] \tag{2.3.37}$$

对于旧桥试验荷载作用下绝大部分裂缝宽度应小于表2.3.7规定的允许值,荷载试验后所有裂缝应不大于表2.3.7规定的允许值。

表 2.3.7　裂缝限值表

结构类别	裂缝部位			允许最大缝宽/mm	其他要求
钢筋混凝土梁	主筋附近竖向裂缝			0.25	
	腹板斜向裂缝			0.30	
	组合梁结合面			0.50	不允许贯通结合面
	横隔板与梁体端部			0.30	
	支座垫石			0.50	
预应力混凝土梁	梁体竖向裂缝			不允许	
	梁体纵向裂缝			0.20	
砖、石、混凝土拱	拱圈横向			0.30	裂缝高小于截面高一半
	拱圈纵向			0.50	裂缝长小于跨 $\frac{1}{8}$
	拱波与拱肋结合处			0.20	
墩台	墩台帽			0.30	不允许贯通墩台身截面一半
	墩台身	经常受浸蚀性环境水影响	有筋	0.20	
			无筋	0.30	
		常年有水,但无浸蚀性影响	无筋	0.25	
			无筋	0.35	
		干沟或季节性有水河流		0.40	
	有冻结作用部分			0.20	

注:表中所列除特指外适用一般条件,对于潮湿和空气中含有较多腐蚀性气体等条件下的缝宽限制应要求严格一些。

通过对桥梁结构工作状况、强度稳定性、刚度和抗裂性各项指标进行综合评定,并结合结构下部评定和动力性能评定,综合给出桥梁承载能力评定结论,将评定结论写入桥梁承载能力鉴定报告。

3.5.3　静载试验报告编写

在全部试验资料整理与分析的基础上,提出桥梁结构静载试验报告,其内容应该包括下列各项:

①试验概况。主要内容是简要介绍被试验的桥梁结构的型式、构造特点、施工概况。对于

鉴定性试验,还要说明在施工设计中存在的技术问题,以及其对使用的影响等。对于科研性试验,还要说明设计中需要解决的问题。文中要适当附上必要的简图。

②试验的目的。根据试验对象的特点,要有针对性地说明结构静载试验所要达到的目的和要求。

③试验方案设计。这一部分要说明根据试验目的确定的测试项目和测试的方法、仪器配备、测点布置情况,并附以简图。同时要说明试验荷载的情况,如试验荷载的形成(是标准列车或汽车荷载,还是模拟的等代荷载)以及加载的程序。

④试验日期及试验的过程。说明具体组织桥梁静载试验的起迄日期、试验准备阶段的情况、整个试验阶段特殊的问题及其解决办法。

⑤各项试验达到的精度。将本次试验中使用的各种仪器、仪表的类型、精度(最小读数)列表说明,同时还要说明试验中可能使用的夹具对试验精度的影响程度。

⑥试验成果与分析。依据桥梁结构试验项目,将理论值、实测值以及有关的参考限值进行对比,说明理论与实践两者的符合程度,从中得出试验结构所具有的实际承载能力、抗裂性和使用的安全度,以及从试验中发现的新问题。从现场检查的综合情况,说明试验结构的施工质量。对于一些科研性试验,还要从综合分析中说明设计计算理论的正确性和实用性,以及尚存在未解决的问题。如果材料丰富,很有可能从综合分析中,提出简化计算公式等。

⑦试验记录摘录。将试验中所得的实测的控制数据,以列表或以曲线的形式表达出来。

⑧技术结论。根据综合分析的结果,得出最后的技术结论,对试验结构做出科学的评价,同时根据存在的问题,提出改进设计或者加强维修养护方面的建议。

⑨经验教训。从结构试验的角度,总结本次试验的计划、程序、测试方法等方面所存在的不足之处,并提出改进的意见。

⑩有关图表、照片。

3.6 桥梁动载测试范围

桥梁结构承受车辆、人群、风力和地震等动力荷载作用下产生振动,桥梁在动力荷载作用下的受力分析是桥梁结构分析的又一重要任务。桥梁的振动问题影响因素复杂,仅靠理论分析还不能满足工程应用的需要,需要理论分析与实验测试相结合的方法解决,桥梁动载试验就成为解决该问题必不可少的手段。桥梁的动力特性(频率、振型和阻尼比)是评定桥梁承载力状态的重要参数,随着我国公路桥梁检验评定制度的推行,桥梁动载试验会将越来越受到重视。

结构振动问题涉及振源(输入)、结构(系统)和响应(输出),它们的关系为:

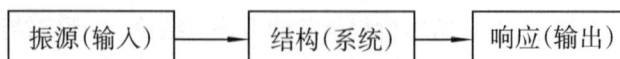

振源(输入) → 结构(系统) → 响应(输出)

在结构振动问题中输入、系统和输出中知其中两者,可以求第三者,所以桥梁的动载试验可以划分为三类基本问题:

①测定桥梁荷载的动力特性(数值、方向、频率等)。

②测定桥梁结构的动力特性(自振频率、阻尼、振型等)。

③测定桥梁在动荷载作用下的响应(动位移、动应力等)。

桥梁的振动试验涉及很宽的范畴,如模拟地震试验、抗风试验、疲劳试验等。常见的测试有桥梁结构动力特性和动载响应的试验与分析。

3.7　动载试验的常用仪器设备

结构振动的测试仪器包括:测振传感器、信号放大器、光线示波器、磁带记录仪和数字信号处理机。近年振动信号分析处理技术发展很快,已开发出多种以 A/D 转换和微机结合的数据采集和分析一体化的智能仪器,可以进行实时数据采集分析,并能实现数据储存,有取代磁带记录仪和专用信号处理的趋势,但目前还不普及。

3.7.1　测振传感器(拾振器)

(1)基本原理

振动参数有位移、速度和加速度。测量这些振动参数的传感器有许多种类。但由于振动测量的特殊性,如测量时难以在振动体附近找到一个静止点作为测量的基准点,所以就需要使用惯性式测振传感器。通常所指的测振传感器即为惯性式测振传感器(以下简称为测振传感器)。测振传感器的基本原理为:由惯性质量、阻尼和弹簧组成一个动力系统,这个动力系统固定在振动体上(即传感器的外壳固定在振动体上),与振动体一起振动。通过测量惯性质量相对于传感器外壳的运动,就可以得到振动体的振动分量(图2.3.24)。

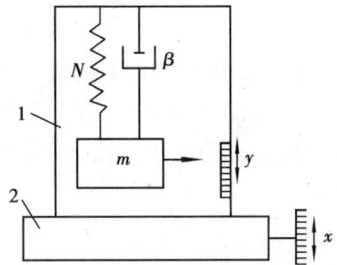

图 2.3.24　测振传感器力学原理
1—传感器;2—振动体

由于这是一种非直接的测量方法,所以,这个传感器动力系统的动力特性对测量结构具有很重要的影响。

设被测振动体的振动规律如下:

$$x = X_0 \sin \omega t \tag{2.3.38}$$

式中:x——振动体相对固定参考坐标的位移;

　　X_0——振动体振动的振幅;

　　ω——振动体振动的圆频率。

传感器外壳随振动体一起运动。以 y 表示质量块 m 相对于传感器外壳的位移,由图2.3.24可知,质量块 m 的总位移为$x+y$,它的运动方程为

$$m \frac{d^2(x+y)}{dt^2} + c \frac{dy}{dt} + ky = 0 \tag{2.3.39}$$

或

$$m \frac{d^2 y}{dt^2} + c \frac{dy}{dt} + ky = mX_0 \omega^2 \cdot \sin \omega t \tag{2.3.40}$$

上式为一单自由度有阻尼的强迫振动的方程,它的通解为

$$y = Be^{-nt} \cos\left(\sqrt{\omega^2 - n^2}\, t + a\right) + Y_0 \sin(\omega t - \varphi) \tag{2.3.41}$$

其中,$n = \dfrac{c}{2m}$。

上式中第一项为自由振动解,由于阻尼作用而很快衰减;第二项为强迫振动解,其中

$$Y_0 = \frac{X_0\left(\frac{\omega}{\omega_n}\right)^2}{\sqrt{\left(1 - \frac{\omega^2}{\omega_n^2}\right)^2 + 4\xi^2 \frac{\omega^2}{\omega_n^2}}} \qquad (2.3.42)$$

$$\varphi = \arctan \frac{2\xi \frac{\omega}{\omega_n}}{1 - \left(\frac{\omega}{\omega_n}\right)^2} \qquad (2.3.43)$$

式中：ξ——阻尼比，$\xi = \frac{n}{\omega_n}$；

ω_n——传感器质量弹簧系统的固有频率，$\omega_n = \sqrt{\frac{k}{m}}$。

由式(2.3.41)可知，传感器动力系统的稳态振动如下：

$$y = Y_0 \sin(\omega_t - \varphi) \qquad (2.3.44)$$

(2)传感器的频率特性

将式(2.3.44)与式(2.3.38)相比较，可以看出传感器中的质量块相对外壳的运动规律与振动体的运动规律一致，但两者相差一个相位角 φ。质量块的振幅 Y_0 与振动体的振幅 X_0 之比为

$$\frac{Y_0}{X_0} = \frac{\left(\frac{\omega}{\omega_n}\right)^2}{\sqrt{\left(1 - \frac{\omega^2}{\omega_n^2}\right)^2 + 4\xi^2 \frac{\omega^2}{\omega_n^2}}} \qquad (2.3.45)$$

式(2.3.45)和式(2.3.43)分别为测振传感器的幅频特性和相频特性，相应的曲线称为幅频特性曲线和相频特性曲线(如图2.3.25、图2.3.26所示)。由图2.3.25、图2.3.26可知，当 $\frac{\omega}{\omega_n}$ 较大时，即振动体振动频率较之传感器的固有频率大很多时，不管阻尼比 ξ 的大小如何，$\frac{Y_0}{X_0}$ 趋近于1，φ 趋近于180°，表示质量块的振幅和振动体的振幅趋近于相等，而它们的相位趋于相反，这是测振传感器的理想状态。当 $\frac{\omega}{\omega_n}$ 接近于1时，$\frac{Y_0}{X_0}$ 值随阻尼值的变化而作很大的变化，这一段的相位差 φ 随着 $\frac{\omega}{\omega_n}$ 的变化而变化，表示仪器测出的波形有畸变。当 $\frac{\omega}{\omega_n}$ 较小趋于零时，$\frac{Y_0}{X_0}$ 值也趋于零，表示传感器难以反映所要测的振动。所以，在设计和选择测振传感器时，应使传感器的固有频率 ω_n 与所测振动的频率 ω 相比尽可能小，即使 $\frac{\omega}{\omega_n}$ 尽可能大。但是，降低传感器的固有频率有时会有困难，这时可以适当选择阻尼器的阻尼值来延伸传感器的频率下限。

以上讨论是关于测量位移的传感器，如果使传感器的固有频率远远大于所测振动的频率，可以得到关于惯性式加速度传感器的频率特性。当 $\omega_n \geqslant \omega$ 时，由式(2.3.42)、式(2.3.43)可得：

$$Y_0 \approx X_0 \frac{\omega^2}{\omega_n^2} \qquad (2.3.46)$$

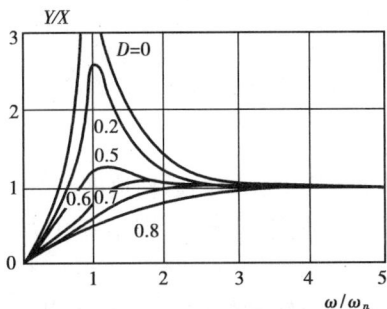

图 2.3.25　幅频特性曲线

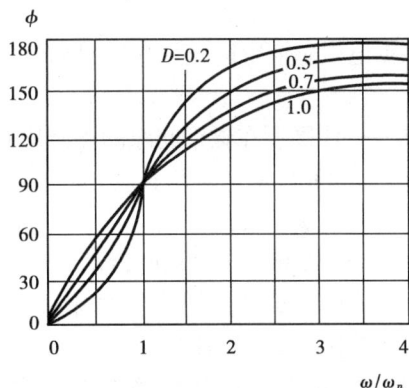

图 2.3.26　相频特性曲线

$$\varphi \approx 0 \qquad\qquad (2.3.47)$$

所测振动的加速度为：

$$\frac{\mathrm{d}^2 x}{\mathrm{d} t^2} = - X_0 \omega^2 \sin \omega t \qquad\qquad (2.3.48)$$

令 $a_m = X_0 \omega^2$，由式（2.3.46）可知：

$$Y_0 \approx \frac{a_m}{\omega_n^2} \qquad\qquad (2.3.49)$$

上式表示传感器的位移幅值与被测振动的加速度值成正比，这就是惯性式加速度传感器的工作原理。以 $\dfrac{\omega}{\omega_n}$ 为横坐标，以 $Y_0 \dfrac{\omega_n^2}{a_m}$ 为纵坐标，可得加速度传感器的幅频特性曲线（如图 2.3.27 所示）。

以上介绍的质量、弹簧和阻尼系统是测振传感器的感受部分。感受到振动信号要通过各种转换方式转换成电信号，转换方式有磁电式、压电式、电阻应变式等。传感器所测的振动量通常是以位移、速度和加速度等，按它们的转换方式和所测振动量可以分成很多种类。以下简要介绍磁电式速度传感器和压电式加速度传感器。

（3）磁电式速度传感器

磁电式速度传感器是根据电磁感应的原理制成的，其特点是灵敏度高，性能稳定，输出阻抗低，频率响应有一定宽度。调整质量、弹簧和阻尼系统的动力参数，可以使传感器既能测量非常微弱的振动，也能测量比较强的振动。

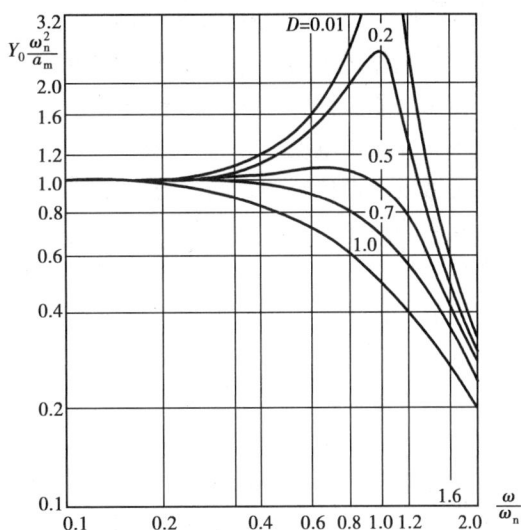

图 2.3.27　加速度传感器的幅频特性曲线

图 2.3.28 为一磁电式速度传感器，其中磁钢和壳体相固连，并通过壳体安装在振动体上，与振动体一起振动；芯轴和线圈组成传感器的系统质量，通过弹簧片（系统弹簧）与壳体连动。

振动体振动时,系统质量与传感器壳体之间发生相对位移,因此线圈与磁钢之间也发生相对运动。根据电磁感应定律,感应电动势 E 的大小为

$$E = Blnv \tag{2.3.50}$$

式中:B——线圈所在磁钢间隙的磁感应强度;

l——每匝线圈的平均长度;

n——线圈匝数;

v——线圈相对于磁钢的运动速度,即系统质量相对于传感器壳体的运动速度。

从上式可以看出,对于传感器来说 Bln 是常量,所以传感器的电压输出(即感应电动势 E)与相对运动速度 v 成正比。

图 2.3.29 为一摆式测振传感器。它的质量弹簧系统设计成转动的形式,因而可以获得更低的仪器固有频率。摆式传感器可以测垂直方向和水平方向的振动;它也是磁电式传感器,输出电压与相对运动速度成正比。

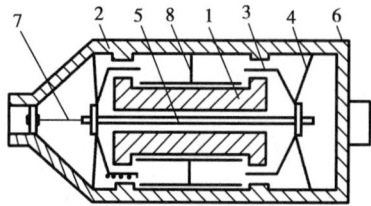

图 2.3.28 磁电式速度传感器

1—磁钢;2—线圈;3—阻尼环;4—弹簧片;

5—芯轴;6—外壳;7—输出线;8—铝架

图 2.3.29 摆式传感器

1—外壳;2—磁钢;3—重锤;4—线圈;

5—十字簧片;6—弹簧;7—输出线

磁电式测振传感器的主要技术指标如下:

①传感器质量弹簧系统的固有频率。它直接影响传感器的频率响应,固有频率取决于质量的大小和弹簧的刚度。

②灵敏度。即传感器在测振方向受到一个单位振动速度时的输出电压。

③频率响应。当所测振动的频率变化时,传感器的灵敏度、输出的相位差等也随之变化,这个变化的规律称为传感器的频率响应。对于一个阻尼值,只有一条频率响应曲线。

④阻尼。传感器的阻尼与频率响应有很大关系,磁电式测振传感器的阻尼比通常设计成 0.5~0.7。

磁电式传感器输出的电压信号一般比较微弱,需要用电压放大器进行放大。

(4)压电式加速度传感器

从物理学知道,一些晶体材料当受到压力并产生机械变形时,在其相应的两个表面上会出现异号电荷,当外力去掉后,晶体又重新回到不带电的状态,这种现象称为压电效应。压电式加速度传感器就是利用晶体的压电效应而制成的,其特点是稳定性高、机械强度高,并能在很宽的温度范围内使用,但灵敏度较低。

图 2.3.30 为压电式加速度传感器的结构原理,压电晶体片上是质量块,用硬弹簧将它们

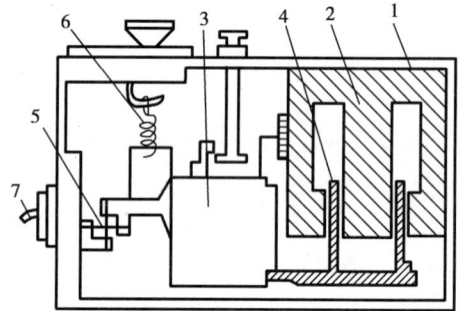

夹紧在基座上。质量弹簧系统的弹簧刚度由硬弹簧的刚度
和晶体片的刚度组成,刚度很大,质量块的质量较小,因而
质量弹簧系统的固有频率很高,可达数千赫兹,高的甚至可
达 100～200 kHz。

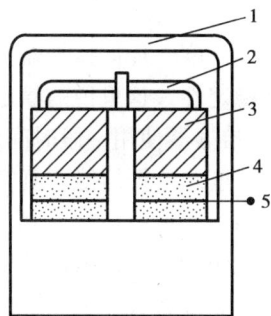

图 2.3.30　加速度传感器的结构原理
1—外壳;2—硬弹簧;3—质量块;
4—压电晶体;5—输出端

　　由前面的分析可知,当传感器的固有频率远远大于所
测振动的频率时,质量块相对于外壳的位移就反映所测振
动的加速度。质量块相对于外壳的位移乘上晶体的刚度就
是作用在晶体上的动压力。这个动压力与压电晶体两个表
面所产生的电荷量(或电压)成正比,因此可以通过测量压
电晶体的电荷量来得到所测振动的加速度。

　　压电式加速度传感器的主要技术指标如下:

　　①灵敏度。压电式加速度传感器有两种形式的灵敏
度,电荷灵敏度 S_q(S_q 的单位是 pC/g,pC 是微微库仑,g 是重力加速度)和电压灵敏度 S_v(S_v 的
单位通常是 mV/g)。传感器灵敏度的大小取决于压电晶体材料的特性和质量块的质量大小。
传感器几何尺寸愈大亦即质量块愈大,灵敏度愈大,但使用频率愈窄;传感器体积减小亦即质
量块减小,灵敏度也减小,但使用频率范围加宽。选择压电式加速度传感器,要根据测试要求
综合考虑。

　　②安装谐振频率 $f_安$。$f_安$ 是指传感器牢固地(用钢螺栓)装在一个有限质量 m(目前国际
上公认的标准是取体积为 1 立方英寸即 16.387 cm³,质量为 180 g)的物体上的谐振频率。压
电式加速度传感器本身有一个固有谐振频率,但是传感器总是要通过一定的方式安装在振动
体上,这样谐振频率就要受安装条件的影响。传感器的安装谐振频率与传感器的频率响应有
密切关系,不好的安装方法会大大影响测试的质量。

　　③频率响应。根据对测试精度的要求,通常取传感器安装谐振频率的 $\frac{1}{5}$～$\frac{1}{10}$ 为测量频率
的上限,测量频率的下限可以很低,所以压电式加速度传感器的工作频率很宽。

　　④横向灵敏度比。即传感器受到垂直于主轴方向振动灵敏度与沿主轴方向振动的灵敏度
之比。在理想的情况下,传感器的横向灵敏度比应等于零,即当与主轴垂直方向振动时不应有
信号输出。

　　⑤幅值范围。即传感灵敏度保持在一定误差大小(通常在 5%～10%)时的输入加速度幅
值的范围,也就是传感器保持线性的最大可测范围。

　　压电式加速度传感器用的放大器有电压放大器和电荷放大器两种。

　　(5)拾振器的选用

　　前面已了解了拾振器的主要原理和性能,但如何根据测试要求合理地选用拾振器则又是
一个十分重要的问题,首先讨论几点原则:

　　①灵敏度。传感器灵敏度当然越高越好,但是当灵敏度很高时,与测量无关的噪声也容易
混入,并且也同样被放大,这就要求拾振器的信噪比愈大愈好。与灵敏度密切相关的量程范围
要注意,当输入量超出拾振器标定的线性范围时,除非有专门的非线性校正措施,否则拾振器
不应进入非线性区域,更不能进入饱和区。

　　当被测量的是一个向量,并且是一维向量时,要求拾振器单向灵敏度愈高愈好,而横向灵

敏度愈小愈好;如被测量的是二维或是三维的,则要求拾振器的交叉灵敏度愈小愈好。

②线性度。任何拾振器都有一定的线性范围,线性范围宽,工作量程则大。

③稳定性。这里说的稳定性包括两方面:一是拾振器受现场环境影响后的使用性能的稳定;二是拾振器使用一段时间后,其性能指标会受各种因素的影响,一般须重新标定。

④精度。拾振器能否真实地反映被测量值大小对整个测试有直接影响,但是也并非要求拾振器的精度愈高愈好,还应考虑经济性。

⑤工作方式。拾振器的工作方式首先是要看它的安装方式,是惯性式还是非惯性式,是接触式还是非接触式等等;其次要结合拾振器与被测物的传感关系,选择能使拾振器恰当工作的方式安装测量。

此外,结合桥梁结构的特殊性,提出以下要求:

①摆式拾振器性能稳定、灵敏度高、使用方便可靠,对一般自振频率在 1 Hz 以上的桥梁结构都适用,它的不足是下限可测频率有限制(幅频率特性下落),所以不适合测大跨径柔性桥跨结构的振动。

②加速度计是振动测试中用得最多的拾振器,从原理上讲利用它频带宽体积小的优势可满足各种振动测试对象的要求,对大跨径桥梁的超低频率($f<0.5$ Hz)振动,可选用伺服式或大质量压电式加速度计达到目的;对室内模型振动试验,一般压电式、压阻式加速度计都能满足要求。

以上用了较大的篇幅介绍拾振器的原理和性能,因为,在桥梁振动测试仪器中拾振器是关键性的一次仪表,它的性能好坏(实际上是人们的选择恰当与否)是整个振动测试成败之所在,一定要引起注意。

3.7.2 测振放大器

测振放大器的种类很多,它们之间的输入和输出特性、频响特性等往往都是根据所配拾振器而定,如磁电式位移计通常要求匹配带有微积分电路的电压放大器,以便求得速度、加速度等力学量;压电式加速度计因为它的输出阻抗相当高,一般配电荷放大器,主要是从电学原理出发,达到使拾振器传来的信号真实地放大的目的,输出又能适应各种二次仪表的要求。

有关放大器这部分内容,这里不作详细介绍,具体可参阅有关书籍资料,表 2.3.8 已列出部分拾振器相应配套的放大器。

表 2.3.8 桥梁测振常用测振传感器(拾振器)一览

型号及原理 性能	701 磁电(摆)式	V401 伺服式	510B 大质量压电式	YJ2 压电式	EGA 压阻式
频响范围	大位移 0.5~20 Hz; 小位移 1~80 Hz	DC~100 Hz	0.03~250 Hz	1~10 kHz	DC~100 Hz
量程	大位移≤6 mm; 小位移≤0.6 mm	±2.3 g	±0.3 g	±5 g	±5 g
灵敏度	大位移 1.6 V/cm/s; 小位移 0.15 V/cm/s	5 V/g	8 mV/g (可放大 1 000 倍)	20 pc/g	14.8 mV/g
阻抗特性/Ω	36 k	4.37 k	1 500	高阻抗	530

续表

型号及原理 性能	701 磁电(摆)式	V401 伺服式	510B 大质量压电式	YJ2 压电式	EGA 压阻式
抗干扰性	好	好	好	一般	差
后续仪器	超低频微积分放大器	电压放大器	直流放大器	电荷放大器	电阻式放大器
自重	10 N	490 gr	5 N	13 gr	1 gr
生产厂家	中科院工程力学所	日本 AKASHI	日本 TEAC	杨无二厂	美国 ENTRAN
同类产品	CD-7 型,CZ 型,65 摆	国内少见	丹麦 8306 型	很多	国内无
适用场合	实桥	实桥	实桥	模型	模型

3.7.3　滤波器

在测试系统中,拾振器接放大器送出的信号有时包含许多与测量无关的信号(噪声)成分,去掉这些噪声信号而获得有用信号的方法之一就是采用滤波器,滤波器是实现电信号滤波的装置。

滤波器是一种选择装置,可以使信号中有用的成分通过,滤去不需要的成分,根据它的选频特点,滤波器有低通(通带 $0 \sim f_c$)、高通(通带 $f_c \sim \infty$)、带通(通带 $f_{c1} \sim f_{c2}$)、带阻(通带 $0 \sim f_{c1}, f_{c2} \sim \infty$)四种,桥梁测振中最常用的是低通滤波器,有时也用带通滤波器。

滤波器根据处理信号的不同,分成模拟和数字式两类,测试仪器中使用较多的是模拟滤波,目前数字滤波技术的发展相当快,一些数据处理设备往往带有数字滤波功能。

3.7.4　显示记录仪器

各种显示记录仪器是测振系统人机联系的纽带,一套由拾振器测量到放大器放大的振动信号,必须通过显示记录,才能供人们直接观察和分析,才能进一步处理。

(1)光线示波器

国内一直用得比较多的现场显示型记录仪器是光线示波器,光线示波器是利用细光束(包括紫外线光束)在感光胶卷、相纸上记录、显示被测信号的,它的频响范围为 DC-50 kHz,国内许多二次仪表(如动态应变仪)都按光线示波器的输入要求设计了(低电阻输出)匹配电路。该仪器是一种常用的模拟式记录器,主要用于振动测量的数据记录,它将电信号转换为光信号并记录在感光纸或胶片上,得到的是试验变量与时间的关系曲线。

图 2.3.31 为光线示波器的工作原理,

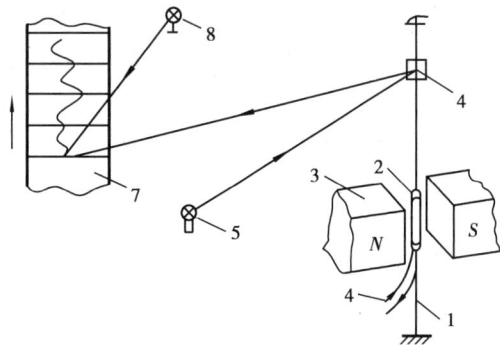

图 2.3.31　光线示波器的工作原理
1—张丝;2—线圈;3—磁场;4—镜片;
5—光源;6—输入线;7—记录纸;8—频闪灯

当振动的信号电流输入振动子线圈2时,在固定磁场3内的振动子线圈就发生偏转,与线圈连着的小镜片及其反射的光线也随之偏转,偏转的角度大小和方向与输入的信号电流相对应,光线射在前进着的感光记录纸上即留下所测信号的波形,与此同时在感光记录纸上用频闪灯8打上时间标记。光线示波器可以同时记录若干条波形曲线,它还可以用于静力试验的数据记录。

对光线示波器记录的试验结果进行数据处理,与 $X-Y$ 记录仪相同,要用尺直接在曲线上量取大小,根据标定值按比例换算得到代表试验结构的数值;关于时间的数值,可用记录纸上的时间标记按同样方法进行换算。

(2)磁带记录仪

磁带记录仪是一种常用的较理想的记录器,可以用于振动测量和静力试验的数据记录,它将电信号转换成磁信号并记录在磁带上,得到的是试验变量与时间的变化关系。

磁带记录仪由磁带、磁头、磁带传动机构、放大器和调制器等组成,它的原理见图2.3.32。记录时,从传感器来的信号输入到磁带记录仪,经过放大器和调制器的处理,通过记录磁头把电信号转换成磁信号,记录在以规定速度作匀速运动的磁带上。重放时,使记录有信号的磁带按原来记录时的速度(也可以改变速度)作匀速运动,通过重放磁头从磁带"读出"磁信号,并转换成电信号,经过放大器和调制器的处理,输出给其他仪器。磁带记录仪的记录方式有模拟式和数字式两种,对记录数据进行处理应采用不同的方法。用模拟式记录的数据,可通过重放,把信号输送给 $X-Y$ 记录仪或光线示波器等,用前面所提到的方法,得到相应的数值。或者可把信号输送给其他分析仪器,用 A/D 转换,得到相应的数值。用数字式记录仪记录的数据,可直接输送给打印机打印输出,或输送到计算机等。

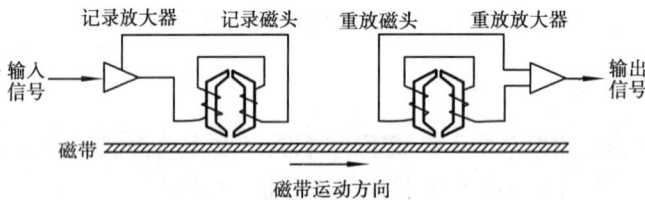

图2.3.32 直接记录式磁带记录仪原理图

磁带记录仪的特点是:①工作频带宽,可以记录从直流到 2 MHz(DC—2 MHz)的信号;②可以同时进行多通道记录,并能保持多通道信号之间正确的时间和相位关系;③可以快速记录慢速重放,或慢速记录快速重放,使数据记录和分析更加方便;④通过重放,可以很方便地将磁信号还原成电信号,输送给各种分析仪器。

(3)信号处理机

动态信号数据处理,一般在专用信号处理机或利用数据处理软件在通用计算机上进行。目前数字信号处理技术发展很快,它以 FFT 硬件和专用软件为基础,可以在幅值域、时域、频域对各种类型的信号进行处理。图2.3.33 给出一般信号处理机的组成图。输入信号首先通过低通抗混淆滤波器和前置放大器,然后经过模数转换器,将模拟电量信号转换成数字信号输入给计算机,在数据处理硬件和软件支持下进行各种数据处理,最后将分析结果显示在屏幕上或通过打印机(绘图仪)打印出来。功能较全的数据处理机还应配备磁盘驱动器、输入和输入接口,及不同算法语言编制的专用程序。信号分析处理已是一门独立的学科专业,广泛用于振

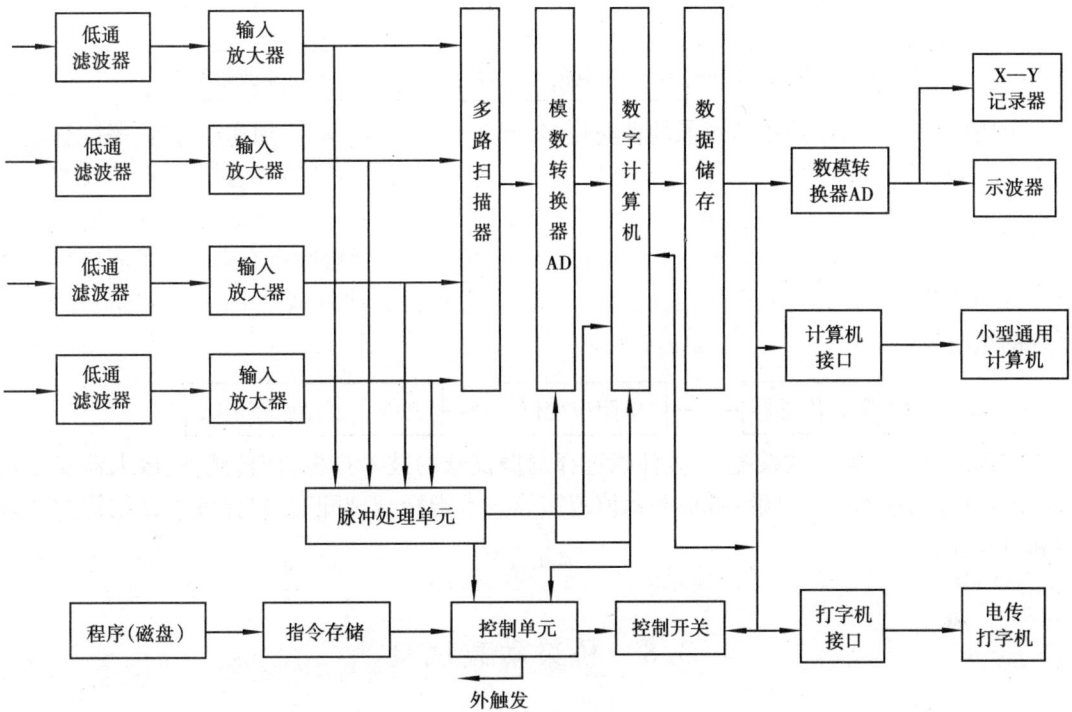

图 2.3.33 数字信号处理机的组成

动分析、通讯、气象、医疗等行业。信号处理机的规格型号也很多,如 HP3562A,BK2034,7T18S,CF—500,一般数据处理机由专人操作使用,进行桥梁动态信号分析时,可以根据条件和需要选用,这里就不一一介绍。

3.7.5 测试系统的选配

根据常用的一些测振仪器的性能,一般可构成电磁式测试系统、压电式测试系统和电阻应变式测试系统等三种测试系统。

电磁式测试系统在桥梁的动力测试中应用较为普遍,这类系统通过仪器的组合变换可测位移、速度和加速度。电磁式测试系统的特点是输出信号强、灵敏度高、稳定性好、传感器输出阻抗低、长导线的影响较小,因此抗干扰性能好。系统的组成为:

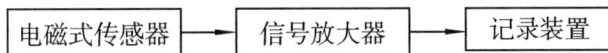

电磁式传感器 → 信号放大器 → 记录装置

压电式测试系统一般用于测量加速度。由于压电式传感器具有高输出阻抗的特性,要求与输入阻抗很高的放大器相连。因此,放大器输入阻抗的大小将对测试系统的特性产生重大影响。由于压电式传感器自振频率较高,因此可测频响较宽。但系统抗干扰性差。长导线对阻抗影响较大,易受电磁场干扰。配套的前置放大器有两种基本形式:一种是电压放大器,它的输出电压正比于输入电压;另一种是电荷放大器,它的输出电压正比于压电传感器输出电荷。这两种前置放大器各具特点,电压放大器的输出电压受输出电缆长度的影响,低频特性也受其他输出电阻的影响,由这种放大组配的系统适用于一般频率范围的动力测试。而电荷放大器不受输出电缆分布电容的影响,低频特性也很少受输入电阻的影响,使用频率可达到零,它适用低频或超低频长距离的动力测试。系统的组成为：

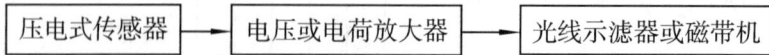

$$\boxed{压电式传感器} \rightarrow \boxed{电压或电荷放大器} \rightarrow \boxed{光线示滤器或磁带机}$$

电阻应变式测试系统中传感器的种类较多,例如应变计、位移计、加速度计等,需配套使用的放大器是各类动态电阻应变仪,记录装置为常用的光线振子示波器或磁带机等,这类测试系统的低频响应好,可从零赫兹开始。动态电阻应变仪可作为各类电阻应变式传感器的放大器,但这类测试系统易受温度的影响,抗干扰性能较差,长导线对灵敏度也有影响。电阻应变式测试系统中各部分仪器具有通用性强、应用方便等特点,在桥梁动载试验中的应用是很普遍的。系统的组成为：

$$\boxed{电阻式传感器} \rightarrow \boxed{电阻应变仪} \rightarrow \boxed{光线示波器或磁带机}$$

在选配上述三类测试系统时,要注意选择测振仪器的技术指标,使传感器、放大器和记录仪器的灵敏度、动态范围、频率响应和幅值范围等技术指标合理配套,以保证测试结构的准确性和可靠性。

3.8　桥梁动载试验

在进行桥梁动载试验时,首先要设法使桥梁产生一定的振动,然后应用测振仪器加以测试和记录,通过对记录的振动信号分析得到桥梁的动力特性和响应。可用于桥梁动载试验的激振方法很多,应根据被测桥梁的结构型式和刚度大小选择激振效果好、易于实施的方法。

3.8.1　自振动(瞬态激振法)

自振动的特点是使桥梁产生有阻尼的自由衰减振动,记录到的振动图形是桥梁的衰减振动曲线。为使桥梁产生自由振动,一般常用突然加载荷和突然卸荷载两种方法。

(1)突然加荷载法(冲击法)

在被测结构上急速地施加一个冲击作用力,由于施加冲击作用的时间短促,因此,施加于结构的作用实际上是一个冲击脉冲作用。由振动理论可知,冲击脉冲的动能传递到结构振动系统的时间,要小于振动系统的自振周期,并且冲击脉冲一般都包含了从零到无限大的所有频率的能量,它的频谱是连续谱,只有被测结构的固有频率与之相同或很接近时,冲击脉冲的频率分量才对结构起作用,从而激起结构以其固有频率作自由振动。

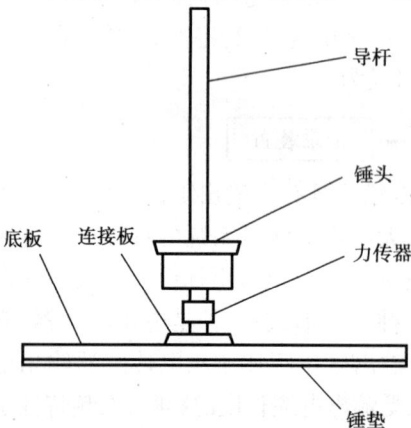

对于中、小型桥梁结构,可用落锤激振器(或枕木)垂直地冲击桥梁,激起桥梁竖直方向的自由振动。如果水平方向冲击桥面缘石,则可激起横向振动。图2.3.34为工程界常用的落锤激振器的构造图。

工程界常利用试验车辆在桥面上驶越三角垫木,利

图2.3.34　落锤激振器构造图

用车轮的突然下落对桥梁产生冲击作用,激起桥梁的竖向振动。但此时所测得的结构固有频率包括了试验车辆这一附加质量的影响。图 2.3.35 为试验用汽-10 级载重汽车后轮在跨度为 25 m 预应力混凝土简支梁桥的跨中位置越过 15 cm 高三角垫木后,激起桥跨结构的振动波形记录。

近年来,在桥梁的动载试验中,还采用了爆炸和发射小型火箭产生脉冲荷载等办法来进行激振,但还不普及。采用突然加荷载法时,应注意冲击荷载的大小及其作用位置。如果要激起结构的整体振动,则必须在桥梁的主要受力构件上施加足够的冲击力,冲击荷载的位置可按所测结构的振型来确定,如为了获得

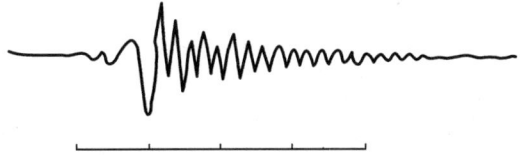

图 2.3.35　跳车引起的结构振动图形

简支梁桥的第一振型,则冲击荷载作用于跨中部位,测第二振型时冲击荷载应加于跨度的四分之一处。

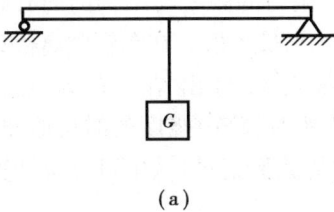

(a)

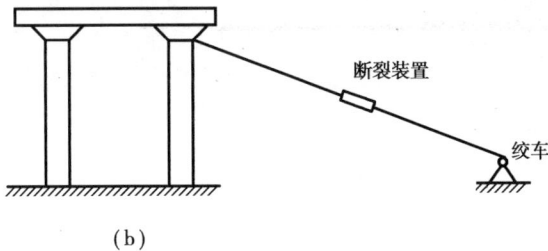

(b)

图 2.3.36　卸载法试验装置

冲击法引起的自由振动,一般可记录到第一固有频率的振动图形。如用磁带记录仪录取结构某处之响应,通过频谱分析,则可获得多阶固有频率的参数。

(2)突然卸载法(位移激振法)

采用突然卸载法时,在结构上预先施加一个荷载作用,使结构产生一个初位移,然后突然卸去荷载,利用结构的弹性性质使其产生自由振动。图 2.3.36 示出卸载法的激振装置。

为卸落荷载,可通过自动脱钩装置或剪绳索等方法,有时也专门设计一种断裂装置,当预施加力达到一定的数值时,在绳索中间的断裂装置便突然断离,从而激发结构的振动。突卸荷载的大小要根据所需最大振幅计算求出。

3.8.2　共振法(强迫振谐法)

激振设备有机械式激振器、电磁式激振器和电气液压式振动台。

共振法是利用激振器,对结构施加激振力,使结构产生强迫振动,改变激振力的频率而使结构产生共振现象并借助共振现象来确定结构的动力特性。

激振器在结构上安装位置和激振方向要根据试验的要求和目的而定。使用时,激振器应牢固地固定于结构上,由底座将激振器产生的交变激振力传给结构。如果将两台激振器安放于结构的适当位置上,反向激振,则可进行扭转振动试验。

连续改变激振器的频率,当激振力的频率与结构的固有频率相等时,结构出现共振现象,此时,所记录到的频率即为结构的固有频率。

对于较复杂的结构,有时需要知道基频以后的几个频率。此时可以连续改变激振力的频率,进行"频率扫描",使结构连续出现第一次、第二次……共振,同进记录结构的振动图形。由此可得到结构的第一频率(基频)、第二频率……,在此基础上,再在共振频率附近进行稳定的激振试验,则可准确地测定结构的固有频率与振型。图2.3.37为进行频率扫描时的记录曲线。

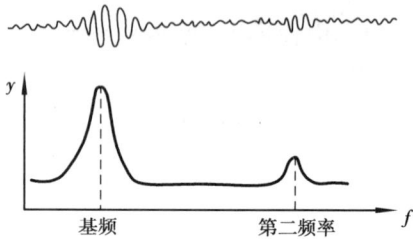

图 2.3.37 频率扫描时结构的振动图

在上述频率扫描试验时,同时记录结构的振幅变化情况,则可作出共振曲线,即频率—振幅关系曲线,从而确定结构的阻尼特性。

对于自振频率较低的大跨度柔性桥梁结构,也可利用人群在桥面上作有规律的运动,使结构发生共振现象。

在桥梁的动载试验中,常用载重车队由低到高的不同速度驶过桥梁,使结构产生不同程度的强迫振动。在若干次运行车辆荷载试验中,当某一行驶速度产生的激振力的频率与结构的固有频率相接近时,结构便产生共振现象,此时结构各部位的振动响应达到最大值。在车辆驶离桥跨以后,结构作自由衰减振动,这时可由记录到的波形曲线分析得出结构的动力特性。图2.3.38为车速21 km/h,驶过25 m预应力混凝土简支梁桥时,跨中挠度的时历曲线。振动波形曲线中A,B一段,是车辆离桥后,结构作自由衰减振动的波形记录,从中可分析计算出结构的固有频率和阻尼特性。

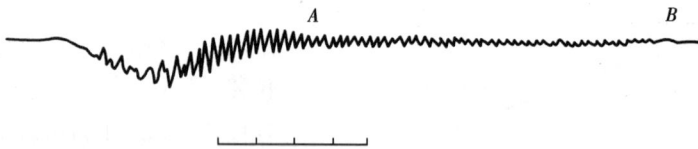

图 2.3.38 车速为 21 km/h 时跨中挠度时历曲线

3.8.3 脉动法

对于大跨度悬吊结构,如悬索桥、斜拉索桥跨结构、塔墩以及具有分离式拱肋的大跨度下承式或中承式拱桥,可利用结构由于外界各种因素所引起的微小而不规则的振动来确定结构动力特性。这种微振动通常称为"脉动",它是由附近的车辆、机器等振动或附近地壳的微小破裂和远处的地震传来的脉动所产生。

结构的脉动有一重要特性,就是它能明显地反映出结构的固有频率。因为结构的脉动是因外界不规则的干扰所引起的,因此它具有各种频率成分,而结构的

图 2.3.39 结构脉动曲线

固有频率的谐量是脉动的主要成分,在脉动图上可直接量出。如图2.3.39所示结构脉动记录曲线,振幅呈现有规律的增减现象,凡振幅大波形光滑之处的频率都相同,而且多次重复出现,此频率即为结构的基频。如果在结构不同部位同时进行检测,记录在同一记录纸上,读出同一瞬时各测点的振幅值,并注意它们之间的相位关系,则可分析得到某一固有频率的振型。

在桥梁结构的正常运营条件下,经常地作用于结构上的动力荷载是各类车辆荷载,在进行桥梁的动载试验中,首先应考虑采用车辆荷载作为试验荷载,以便确定桥梁在使用荷载作用下的动力特性及响应。对需要考虑风动荷载或地震荷载的桥梁,应结合桥梁的结构型式做进一步的研究。

3.9 试验数据整理和分析

桥梁结构的动力特性(例如结构的固有频率、阻尼系数和振型等)只与结构本身的固有性质有关(如结构的组成形式、刚度、质量分布和材料的性质等),而与荷载等其他条件无关。结构的动力特性是结构振动系统的基本特性,是进行结构动力分析所必需的参数。

对于比较简单的结构,一般只需结构的一阶频率,对于较复杂的结构动力分析,还应考虑第二、第三甚至更高阶的固有频率及相应的振型。至于系统的阻尼特性只能通过试验的方法确定。

桥梁在实际的动荷载作用下,结构各控制部位的动力响应,如振幅、频率、速度和加速度以及反映结构整体动力作用的冲击系数等,除了可用来分析结构在动荷载作用下的受力状态外,还可验证或修改理论计算值,并作为结构设计的依据。

3.9.1 结构固有频率的测定

按照前面叙述的激振方法,使桥梁产生的自由振动,通过测试系统实测记录结构的衰减振动波形,如图 2.3.40 所示。在记录的振动波形曲线上,可根据时标符号直接计算出结构的固有频率 f_0:

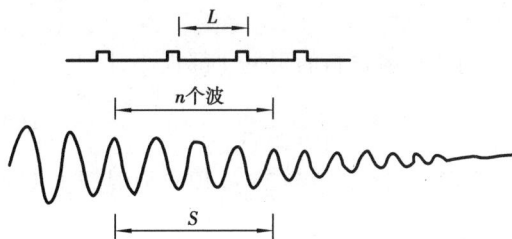

图 2.3.40 由衰减振动曲线求固有频率

$$f_0 = \frac{Ln}{t_1 S} \qquad (2.3.51)$$

式中:L——两个时标符号间的距离,mm;

n——波数;

S——n 个波长的距离,mm;

t_1——时标的间隔(常用 1 s,0.1 s,0.01 s 这三种标定值)。

在计算频率时,为消除冲击荷载的影响,开始的一、二个波形应舍弃,从第三个波形开始计算分析。

当使用激振器时,结构产生连续的周期性强迫振动,在激振器振动频率与结构的固有频率一致时,结构出现共振现象,振幅达到最大值,共振波峰处的频率即为结构的固有频率,如图 2.3.41 所示。

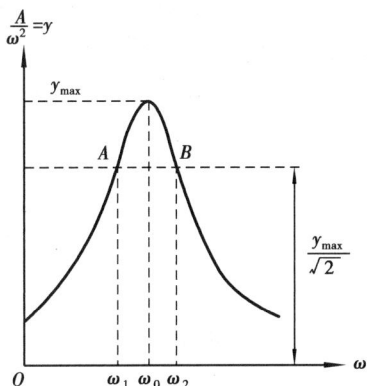

图 2.3.41 共振曲线

采用偏心式激振器时,由于激振力的大小与激振器转速的平方成正比,激振器转数不同,激振力大小不一样,为便于比较,应将振幅折算成单位激振力作用下的振幅,即振幅除以相应的激振力,或者将振幅换算为在相同激振力作用下的振幅,即 A/ω^2,其中 A 为振幅,ω 为激振器的频率。以 A/ω^2 为纵坐标,ω 为横坐标绘出共振曲线,如图 2.3.41 所示,曲线之峰值所对应的频率即为结构的固有频率。

3.9.2 结构阻尼的测定

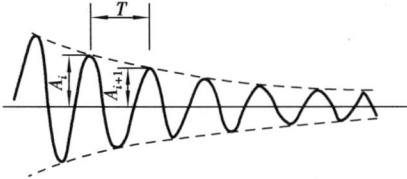

图 2.3.42 由衰减振动曲线求阻尼特性

桥梁结构的阻尼特性,一般用对数衰减率 δ 或阻尼比 D 来表示。实测的振动衰减曲线如图 2.3.42 所示,由振动理论知,对数衰减率为

$$\delta = \ln \frac{A_i}{A_{i+1}} \quad (2.3.52)$$

式中:A_i,A_{i+1}——相邻两个波的振幅值,可直接从衰减曲线上量取。

实践中,常从衰减曲线上量取 m 个波形,求得平均的衰减率:

$$\delta_a = \frac{1}{m} \ln \frac{A_i}{A_{i+m}} \quad (2.3.53)$$

由振动理论知,对数衰减率 δ 与阻尼比 D 的关系为

$$\delta = \frac{2\pi D}{\sqrt{1 - D^2}} \quad (2.3.54)$$

对于一般材料的阻尼比都很小,因此

$$D \approx \frac{\delta}{2\pi} \quad (2.3.55)$$

图 2.3.43 为净跨 25 m 预应力混凝土 T 型简支梁桥在动载试验时的自由振动和强迫振动波形曲线。

试验时,采用的激振方法是用载重汽车驶越垫木后给桥梁一个冲击作用,使结构产生自由振动。图 2.3.43(a)、(b)表示结构作自由衰减振动的波形记录。图 2.3.43(a)的波形是在跨中利用 WCD—5 型位移传感器,通过 Y6D—2 型动态电阻应变仪放大及 SC—16 型光线示波器记录钢丝的应力时历曲线。图 2.3.43(b)的波形是利用电阻应变片作为传感器测得的跨中断面预应力钢丝的应力时历曲线。由于挠度和钢丝应力的测点都位于同一控制断面,所以两者的波形相位是一致的。

按照前述的方法,可求出结构的动力特性:

固有频率　$f_0 = 4.56$ Hz

对数衰减率　$\delta = 0.0876$

阻尼比　$D = 0.0139$

应当指出,上述分析中,包含有载重汽车这一附加质量的影响。

图 2.3.43(a)、(b)为载重汽车以 28 km/h 的速度通过桥梁时引起结构产生强迫振动的记录曲线。图 2.3.43(c)为挠度曲线,图 2.3.43(d)为钢丝应力曲线。由图可见,当汽车驶离桥跨后,桥跨结构恢复到静力平衡位置时仍在振动,只有在这个时候结构才作自由衰减振动。

在结构作自由衰减振动这一段记录上,仍可按上述方法求出结构的动力特性,但此时没有载重汽车的附加质量的影响。

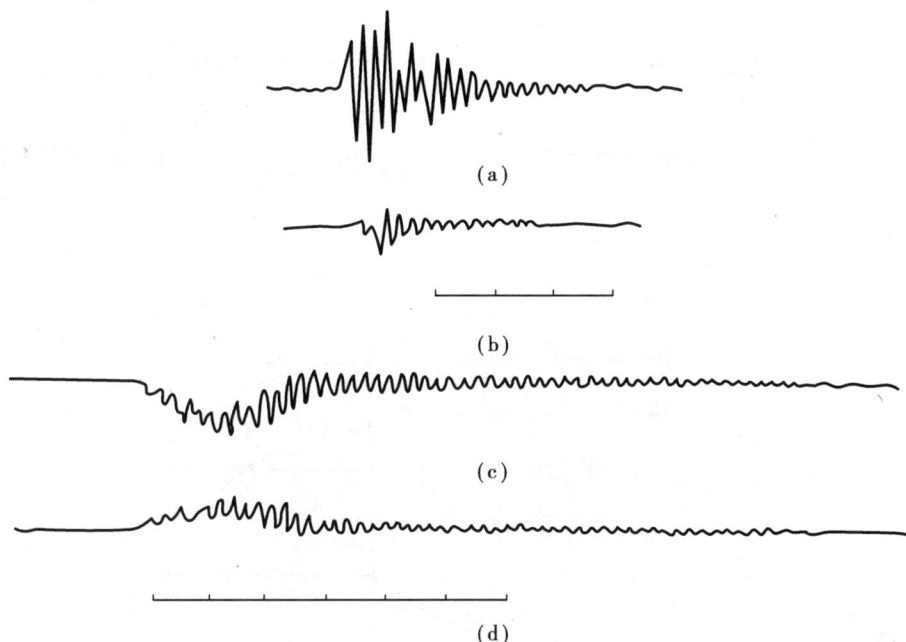

(a)

(b)

(c)

(d)

图 2.3.43　桥梁动载试验实测记录曲线

仍用上述方法求出结构的动力特性：

固有频率　$f_0 = 4.63$ Hz

对数衰减率　$\delta = 0.062$

阻尼比　$D = 0.096$

在实测的共振曲线上也可推算阻尼比,如图 2.3.41。具体作法是取 $Y_{max}/\sqrt{2}$ 值作一水平线,同曲线相交于 A,B 两点,其对应的横坐标为 ω_1,ω_2,即

阻尼系数　$n = \dfrac{1}{2}(\omega_2 - \omega_1)$　　　　　　　　　　　　　　(2.3.56)

阻尼比　$D = \dfrac{n}{\omega_0} = \dfrac{\omega_2 - \omega_1}{2\omega_0}$　　　　　　　　　　　　(2.3.57)

式中:ω_0——结构的固有频率。

3.9.3　振型的测定

结构的振型是结构相应于各阶固有频率的振动形式,一个振动系统振型的数目与其自由度数目相等。桥梁结构是一个具有连续分布质量的体系。也就是说,桥梁是一无限多自由度体系,因此,其固有频率及相应的振型也有无限多个。但是,如前所述,对于一般的桥梁结构,第一固有频率即基频,对结构的动力分析才是重要的。对于较复杂的动力分析问题,也仅需前面几个固有频率。也就是说,通常情况下,一般低阶振型才是重要的。图 2.3.44 表示具有分布质量的各种梁的振型。

采用共振法测定振型时,将若干传感器安装在结构各有关部位,当激振装置激发结构共振时,同时记录结构各部位的振幅和相比,比较各测点的振幅及相位便可绘出振型曲线。

传感器的测点布置视结构型式而定,一般要根据理论分析,估计振型的大致形状,然后在

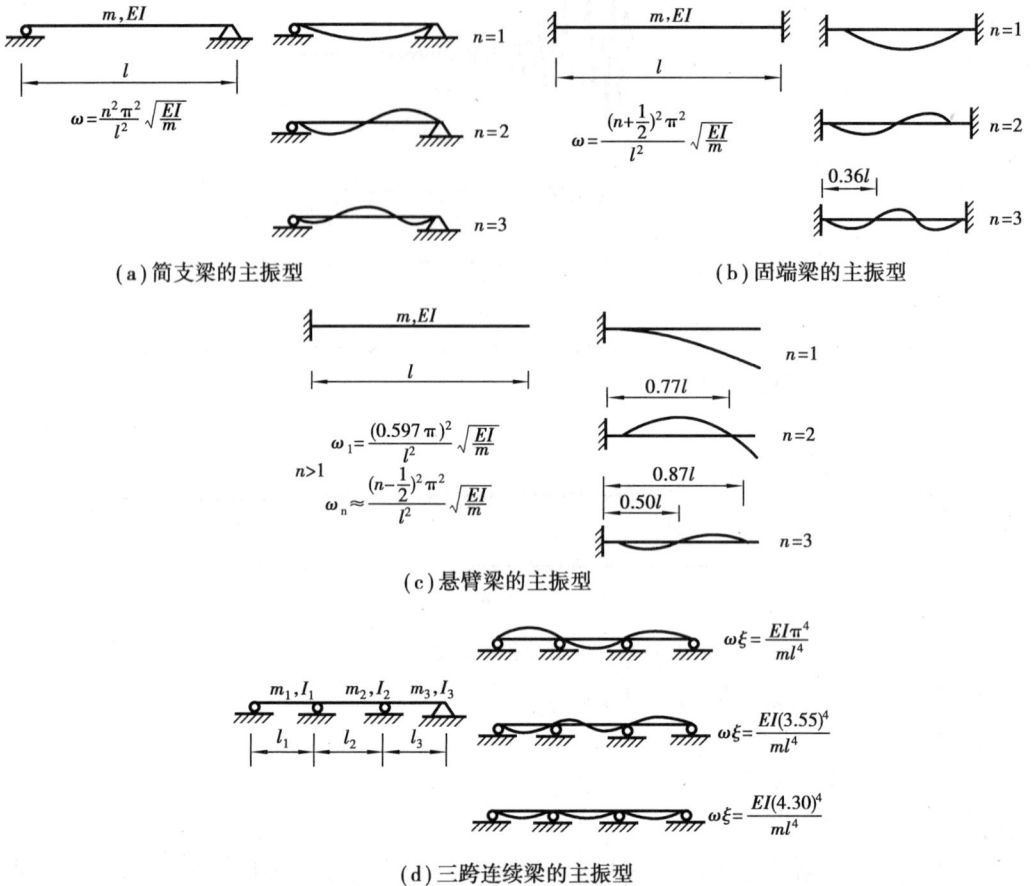

(a) 简支梁的主振型

$$\omega = \frac{n^2\pi^2}{l^2}\sqrt{\frac{EI}{m}}$$

$n=1$
$n=2$
$n=3$

(b) 固端梁的主振型

$$\omega = \frac{(n+\frac{1}{2})^2\pi^2}{l^2}\sqrt{\frac{EI}{m}}$$

$n=1$
$n=2$
$0.36l$
$n=3$

(c) 悬臂梁的主振型

$$\omega_1 = \frac{(0.597\pi)^2}{l^2}\sqrt{\frac{EI}{m}}$$

$n>1$

$$\omega_n \approx \frac{(n-\frac{1}{2})^2\pi^2}{l^2}\sqrt{\frac{EI}{m}}$$

$n=1$
$0.77l$
$n=2$
$0.87l$
$0.50l$
$n=3$

(d) 三跨连续梁的主振型

$$\omega\xi = \frac{EI\pi^4}{ml^4}$$

$$\omega\xi = \frac{EI(3.55)^4}{ml^4}$$

$$\omega\xi = \frac{EI(4.30)^4}{ml^4}$$

图 2.3.44　具有分布质量的各种梁的振型

变位较大的部位布点,以便能较好地连接出振型曲线。

振型的测定一般采用两种方法。一是在结构上同时安装许多传感器,这时必须保证预先要精确标定所有传感器的灵敏度,在用多路放大器时,还要求放大器的特性相同;另一种方法只用一个传感器,测试时要不断改变它的位置,以便测出各点的振幅。这种方法需要对传感器多次拆卸和安装。并且还需要有一个作用参考点不能移动的传感器,各次测定值均应同参考点对应比较。

3.9.4　结构动力响应的测定

在动力荷载作用下,桥梁结构某些部位的振动参数如振幅、频率、位移、应力等的测定,可根据试验的具体要求和结构的型式布置测点,采用适当的仪表进行测试。动力荷载作用于结构上产生的动挠度,一般较同样的静荷载所产生的相应静挠度要大。动挠度与静挠度的比值称为活荷载的冲击系数。由于挠度反映了桥跨结构的整体变形,是衡量结构刚度的主要指标,因此活载冲击系数综合反映了荷载对桥梁的动力作用。它与结构的型式、车辆运行速度和桥面的平整度等有关。

为了测定冲击系数,应使车辆荷载以不同的速度驶过桥梁,并逐次记录跨中挠度的时历曲

线,如图 2.3.45 所示。按冲击系数的定义有:

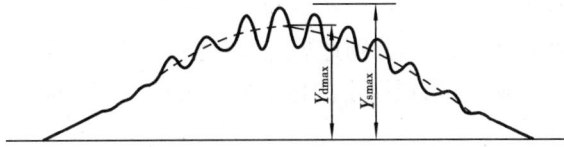

图 2.3.45　移动荷载作用下结构变形曲线

$$1 + \mu = \frac{Y_{dmax}}{Y_{smax}} \quad 或 \quad 1 + \mu = \frac{\delta_{dmax}}{\delta_{smax}} \qquad (2.3.58)$$

式中:Y_{dmax}——最大动挠度值;

Y_{smax}——最大静挠度值。

图 2.3.46 为 25 m 预应力混凝土梁桥的强迫振动记录。图 2.3.46(a)为跨中挠度的时间历程曲线,图 2.3.46(b)为跨中断面预应力钢丝的应力时间历程曲线。试验采用的动荷载为载重汽车,速度为 22 km/h,桥面为平整度很差的泥结碎石面层。

在图 2.3.46 中,可从光线示波器所记录的曲线上直接量取 Y_d 值和 Y_s 值,则活荷载的冲击系数$(1+\mu)$值为:

$$1 + \mu = \frac{Y_{dmax}}{Y_{smax}} = \frac{241.67}{166.64} = 1.45$$

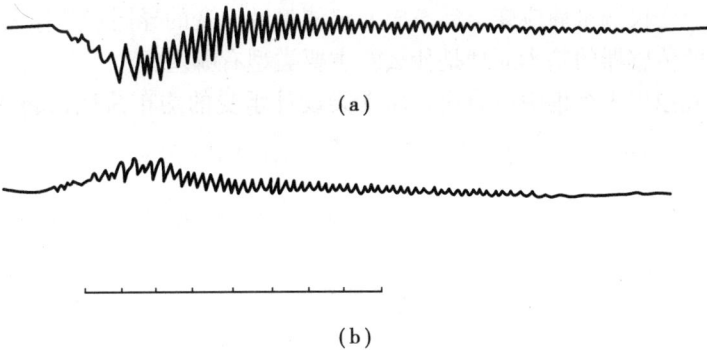

(a)

(b)

图 2.3.46　汽车过桥时结构振动图形

练习题

3.1　桥梁荷载试验的主要内容有哪些?

3.2　分别简述简支梁桥和连续梁桥试验荷载工况的主要内容。

3.3　桥梁动载试验的目的是什么? 跑车试验的时速一般规定为多少?

3.4　静梁试验效率系数 η_q 的意义是什么? 一般情况下的取值是多少?

3.5　静载试验的荷载选用一般有几种? 当采用车辆加载时的分级方法是什么?

3.6　简述几种常见桥梁体系应力测试主要测点布置情况。

3.7　测力计的一般工作原理是什么?

3.8　用位移计观测挠度与变位时,应注意的要求有哪些?

3.9　在以下不同测试情况下,试分别选择应变片型号测定应变。

(1)钢筋混凝土梁做短期测试,混凝土的粗骨料最大粒径 40 mm;

(2)钢桁架做长期测试。

3.10　有一根钢筋试件,$E = 2.1 \times 10^5$ MPa,其中间部位用 $R = 120\ \Omega$,$K = 2.02$ 的应变片沿受拉方向粘贴,当试件上应变为 1 000 $\mu\varepsilon$ 时,应变片的阻值是多少? 试件的应力是多少? (120.2 Ω,210 MPa)

3.11　公式 $K = \dfrac{\Delta R / R}{\Delta L / L}$ 的物理意义是什么?

3.12　有一试件受弯矩和轴力的复合作用,采用什么样的桥路联接方式,才能测出弯矩 M 和轴力 N 引起的应变值? 若在不同的桥路联接情况时,应变仪示值 $\varepsilon_{仪} = 2\ 000\ \mu\varepsilon$,问弯矩 M 和轴力 N 所引起的应变值各是多少? 上、下边缘的合应变是多少? (1 000 $\mu\varepsilon$,2 000 $\mu\varepsilon$;1 000 $\mu\varepsilon$,3 000 $\mu\varepsilon$)

3.13　有一轴向受力试件($\nu = 0.17$),其上纵、横两方向上粘贴 $R = 120\ \Omega$ 的应变片,已知连接仪器的导线电阻为 8 Ω,加至某级荷载时,应变仪的测值 $\varepsilon = -500\ \mu\varepsilon$,问这两应变片的应变各是多少? ($-456\ \mu\varepsilon$,$78\ \mu\varepsilon$)

3.14　简述应变电桥测量电路的增减特性。

3.15　测量电桥的温度计补偿原理是什么? 试作图说明半桥双臂的温度补偿方法。

3.16　静态应变仪测量静应变与动态应变仪测量动应变的异同点是什么?

3.17　常见的传感器的基本原理是什么? 主要类型有哪些?

3.18　某检验拟用 3 个集中荷载代替简支梁设计承受的均布荷载,试确定集中荷载的大小及作用点,画出等效内力图。($P = \dfrac{1}{3}ql$,两侧加载点距支座 $l/8$)

3.19　有一钢筋混凝土梁用集中荷载进行鉴定性检测,当荷载 $P = 40$ kN 时,位移计读数 $\Delta U_l = 0.02$ mm,$\Delta U_r = 0.04$ mm,$\Delta U_m = 1.30$ mm;当荷载 P 达到正常使用短期荷载检测值时,位移计读数 $\Delta U_l = 0.10$ mm,$\Delta U_r = 0.12$ mm,$\Delta U_m = 10.16$ mm。已知测点偏离支座轴线 9 cm,试件跨度 $l = 3$ m,自重 0.5 kN/m,求加载量为正常使用短期检测值时的跨中实测挠度。(11.11 mm)

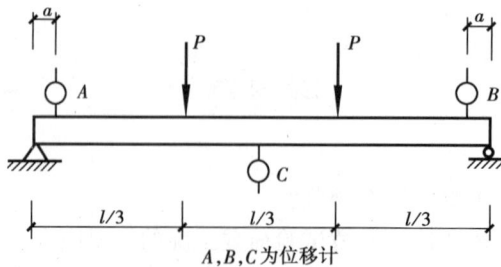

习题 3.19 图示

3.20　对下图所示的不同尺寸的试件,请布置适当的位移测点量测挠度,用符号"ϕ"表示位移计(虚线表示支座轴线)。

(a)简支梁　　　　　　　　　　　(b)简支梁

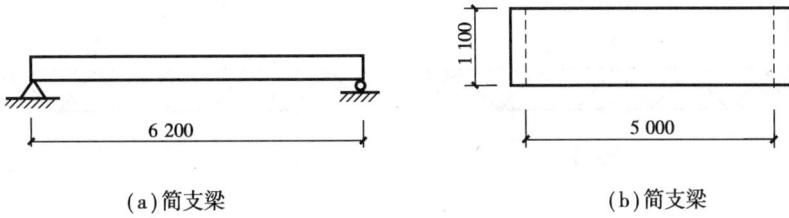

习题 3.20 图示(尺寸单位:mm)

3.21　对于下图所示结构,请布置适当应变测点测量内力,用符号"一"表示应变片。

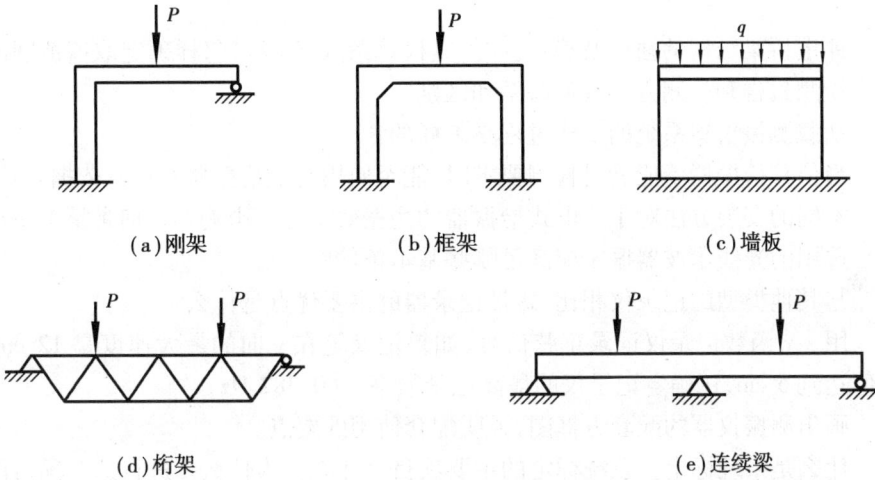

(a)刚架　　　　　　(b)框架　　　　　　(c)墙板

(d)桁架　　　　　　　　　　(e)连续梁

习题 3.21 图示

3.22　下图为钢筋混凝土简支矩形梁桥的截面应变测点布置图,各测点应变值($\mu\varepsilon$)如下表所列,试绘出截面应变图。

荷　载 测　点应　变	1	2	3	4	5
A 级	-10	-5	0	+5	+10
B 级	-15	-7	+3	+8	+11
C 级	-20	-8	+5	+19	+32

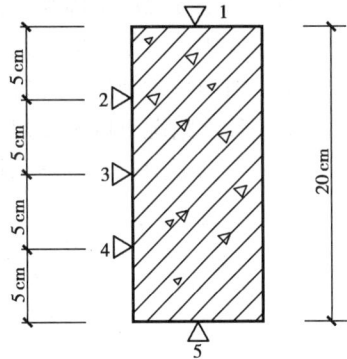

习题 3.22 图示

3.23　试确定下图所示钢桁架的设计荷载。若钢桁架的短期荷载检测值为 40 000 N,试确定杆件应力、跨中挠度、支座节点转角的理论值,并拟定加载程序,标明应变片、挠度仪表和倾角仪的测点布置位置。已知:$E=2.1\times10^5$ MPa;设计强度 $f=215$ MPa;上下弦杆为 2∟30×4,$Z=8.9$ mm。

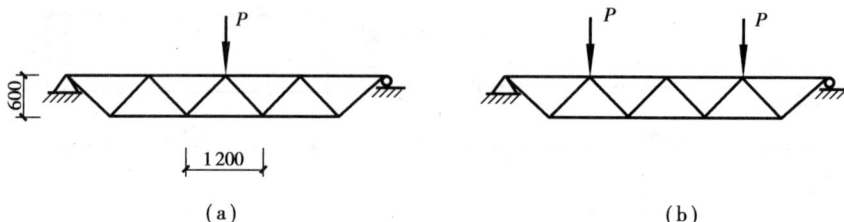

习题 3.23 图示

3.24　何谓结构校验系统 η？根据试验荷载作用下检测的数据,如何评定结构的工作性能？

3.25　评定桥梁结构的强度及稳定性时,其检算系数 $Z_2(Z_1)$ 怎样确定取值范围的？

3.26　检测报告和检测方案有何联系和区别？

3.27　动载测振仪器系统的工作过程是怎样的？

3.28　当位移拾振器不能满足检测要求时,能否使用其他拾振器？理论依据是什么？

3.29　不同的安装方法对于压电式拾振器的测振效果有何影响？在何种情况下应用？

3.30　选用的光线示波器振子应满足哪些基本条件？

3.31　与其他类型的记录仪相比,磁带记录器的主要优点是什么？

3.32　用 x-y 函数记录仪记录正弦信号,如果记录笔在 y 向的最大速度是 12 cm/s,要求记录的幅值达到 5 cm,试确定记录仪的最高记录频率。(0.382 Hz)

3.33　画出测振仪器的配套方框图,说明配套使用的要点。

3.34　什么是系统标定？系统标定的主要项目是什么？为什么要进行这些项目的标定才能将测振仪器用于动载观测？

3.35　桥梁动载试验常用试验车辆在桥面上驶越三角垫木,引起竖向振动,试定性绘出该时刻的振动波形,能够测试到的内容有哪些？

3.36　简述环境激励脉动法测定桥梁结构的动力特性的原理和方法。

3.37　振源动力特性的直接测定法和间接测定法各自的适用条件是什么？

3.38　何谓桥梁结构动力特性？结构动力特性包括哪些参数？测定方法有哪几种？这些方法适用于什么情况下的测试以及所能测定的参数是什么？

3.39　根据下图所示桥梁结构变形记录图,求该桥梁结构的动力系数。

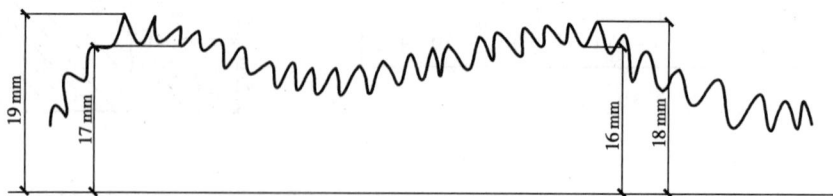

习题 3.39 图示

3.40 如下图所示,在采用激振法时,由东风牌重车驶越三角垫木后,所记录的桥梁结构产生衰减振动的波形。已知 $t=0.1$ s,$\varepsilon_0=300$ $\mu\varepsilon$,求该桥梁的最大正应变和最大负应变、应变频率、应变周期、平均对数衰减率、临界阻尼比。

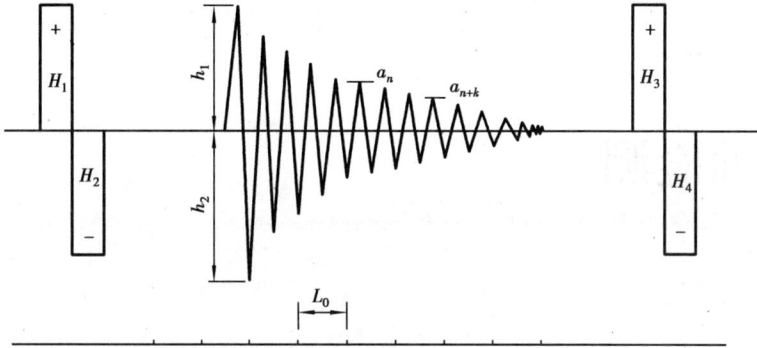

习题 3.40 图示

第 **4** 章
桥梁基础检测

4.1　地基承载力检测

公路桥涵地基的岩土可分为岩石、碎石土、砂土、粉土、黏性土和特殊性岩土。工程中应对地基及基础的承载力的验算应以修正后的地基承载力特征值 f_a 乘以地基承载力抗力系数 γ_R 来控制, f_a 应基于地基承载力特征值 f_{a0}, 根据基础基底埋深、宽度及地基土的类别按式 2.4.1 修正确定。

$$f_a = f_{a0} + k_1 \gamma_1 (b-2) + k_2 \gamma_2 (h-3) \qquad (2.4.1)$$

式中: f_a——修正后的地基承载力特征值(kPa);

$\quad b$——基础底面的最小边宽(m), 当 $b<2$ m 时, 取 $b=2$ m;当 $b>10$ m 时, 取 $b=10$ m;

$\quad h$——基底埋置深度(m), 从自然地面起算, 有水流冲刷时自一般冲刷线起算;当 $h<3$ m 时, 取 $h=3$ m;当 $h/b>4$ 时, 取 $h=4b$;

$\quad k_1, k_2$——基底宽度、深度修正系数, 根据基底持力层土的类别按表 2.4.1 确定;

$\quad \gamma_1$——基底持力层土的天然重度(kN/m³)。若持力层在水面以下且为透水者, 应取浮重度;

$\quad \gamma_2$——基底以上土层的加权平均重度(kN/m), 换算时若持力层在水面以下, 且不透水时, 不论基底以上土的透水性质如何, 均取饱和重度;当透水时, 水中部分土层取浮重度。

表2.4.1 地基土承载力宽度、深度修正系数 k_1, k_2

系数	黏性土				粉土	砂土								碎石土			
	老黏性土	一般黏性土		新近沉积黏性土	—	粉砂		细砂		中砂		砾砂、粗砂		碎石、圆砾、角砾		卵石	
		$I_L \geq 0.5$	$I_L < 0.5$		—	中密	密实	中密	密实	中密	密实	中密	密实	中密	密实	中密	密实
k_1	0	0	0	0	0	1.0	1.2	1.5	2.0	2.0	3.0	3.0	4.0	3.0	4.0	3.0	4.0
k_2	2.5	1.5	2.5	1.0	1.5	2.0	2.5	3.0	4.0	4.0	5.5	5.0	6.0	5.0	6.0	6.0	10.0

注：1. 对稍密和松散状态的砂、碎石土，k_1, k_2 值可采用表列中密值的50%。

2. 强风化和全风化的岩石，可参照所风化成的相应土类取值；其他状态下的岩石不修正。

地基承载力抗力系数 γ_R 按表2.4.2取值，单桩承载力抗力系数 γ_R 按表2.4.3取值。

表2.4.2 地基承载力抗力系数 γ_R

受荷阶段	作用组合或地基条件		f_a(kPa)	γ_R
使用阶段	频遇组合	永久作用与可变作用组合	≥150	1.25
			<150	1.00
		仅计结构重力、预加力、土的重力、土侧压力和汽车荷载、人群荷载	——	1.00
	偶然组合		≥150	1.25
			<150	1.00
	多年压实未遭破坏的非岩石旧桥基		≥150	1.50
			<150	1.25
	岩石旧桥基		——	1.00
施工阶段	不承受单向推力		——	1.25
	承受单向推力		——	1.50

表2.4.3 单桩承载力抗力系数 γ_R

受荷阶段	作用组合		γ_R
使用阶段	频遇组合	永久作用与可变作用组合	1.25
		仅计结构重力、预加力、土的重力、土侧压力和汽车荷载、人群荷载	1.00
		偶然组合	1.25
施工阶段	施工荷载组合		1.25

4.1.1 黏性土地基承载力检测

对于黏性土地基,可在现场取有代表性的土样(一般每个基础的地基不少于 4 个土样)进行土工试验,得到地基土的有关物理力学指标,由规范求出承载力,对于老黏土和残积性黏土地基,可取土样进行压缩试验,求得土样压缩模量,并按表 2.4.4 和表 2.4.5 确定承载力特征值。对于一般黏性土和新近沉积黏性土地基,测土样含水量、湿容重、液限、塑限和颗粒密度,求出土样天然孔隙比和液限指数,并按表 2.4.6 和表 2.4.7 确定承载力特征值。

表 2.4.4　老黏土的承载力特征值 $[f_{a0}]$

E_S/MPa	10	15	20	25	30	35	40
$[f_{a0}]$/kPa	380	430	470	510	550	580	620

注:老黏土是指第四纪晚更新世(Q_3)及其以前沉积的黏性土。一般具有较高的强度和较低的压缩性。

表 2.4.5　残积性黏土的承载力特征值 $[f_{a0}]$

E_S/MPa	4	6	8	10	12	14	16	18	20
$[f_{a0}]$/kPa	190	220	250	270	290	310	320	330	340

注:本表适用于西南地区碳酸盐类岩层的残积红土,其他地区可参照使用。

表 2.4.6　一般黏性土的容许承载力特征值 $[f_{a0}]$

$[f_{a0}]$/kPa　　　I_L e	0	0.1	0.2	0.3	0.4	0.5	0.6	0.7	0.8	0.9	1.0	1.1	1.2
0.5	450	440	430	420	400	380	350	310	270	240	220	—	—
0.6	420	410	400	380	360	340	310	280	250	220	200	180	—
0.7	400	370	350	330	310	290	270	240	220	190	170	160	150
0.8	380	330	300	280	260	240	230	210	180	160	150	140	130
0.9	320	280	260	240	220	210	190	180	160	140	130	120	100
1.0	250	230	220	210	190	170	160	150	140	120	110	—	—
1.1	—	—	160	150	140	130	120	110	100	90	—	—	—

注:①一般黏性土是指第四纪全新世(Q_4)(文化期以前)沉积的黏性土,一般为正常沉积的黏性土;

②土中含有粒径大于 2 mm 的颗粒重量超过全部重量 30% 以上时,$[\sigma_0]$ 可酌量提高;

③当 $e<0.5$ 时,取 $e=0.5$;$I_L<0$ 时,取 $I_L=0$。

此外,超过表列范围的一般黏性土,$[f_{a0}]$ 可按下式计算:

$$[f_{a0}] = 57.22 E_s^{0.57}$$

式中:E_s——土的压缩模量,MPa。

表 2.4.7　新近沉积黏性土的容许承载力特征值 $[f_{a0}]$

$[f_{a0}]$/kPa ＼ I_L ＼ e	≤0.25	0.75	1.25	$[f_{a0}]$/kPa ＼ I_L ＼ e	≤0.25	0.75	1.25
≤0.8	140	120	100	1.0	120	100	80
0.9	130	110	90	1.1	110	90	—

注:新近沉积的黏性土是指自文化期以来沉积的黏性土,一般为欠固结,且强度较低。

4.1.2　砂土、碎石地基承载力检测

对于砂类土、碎石土地基承载力可按其分类和密实度确定,表2.4.8和表2.4.9给出其承载力特征值,砂类土和碎石土的分类可以按桥规规定确定。砂土的密实度可用相对密度表示,碎石土的密度根据钻探情况按规范而定。土的密实度一般可用孔隙比 e 表示,但对砂类土和碎石土只用孔隙比一个指标还不够,密实度还和颗粒的形状、大小以及级配有关。在此,举一个极端的情况来分析,假如用一定的方法把砂土捣实到最紧密状态,这时孔隙比称为最小孔隙比 e_{min},对不同级配的砂土,e_{min} 不同,级配越好,e_{min} 越小。反之,即使天然孔隙比相同的几种砂土,由于级配不同而可能处于不同的密实状态。因此引入相对密度的概念,如用一定的试验方法测得砂土最紧密状态的孔隙比 e_{min} 和最疏松状态的孔隙比 e_{max}(最大孔隙比),则相对密度 D_r 可由下式求得:

$$D_r = \frac{e_{max} - e}{e_{max} - e_{min}} \tag{2.4.2}$$

式中:e——砂土天然状态的孔隙比。如 $D_r=0$,$e=e_{max}$,表示砂土处于最疏松的状态;如 $D_r=1$,则 $e=e_{min}$,表示砂土处于最紧密的状态。

表 2.4.8　砂土地基承载力特征值 f_{a0}(kPa)

土名	湿度	密实程度			
		密实	中密	稍密	松散
砾砂、粗砂	与湿度无关	550	430	370	200
中砂	与湿度无关	450	370	330	150
细砂	水上	350	270	230	100
	水下	300	210	190	
粉砂	水上	300	210	190	—
	水下	200	110	90	—

表 2.4.9　碎石土地基承载力特征值 f_{a0}(kPa)

土名	密实程度			
	密实	中密	稍密	松散
卵石	1200~1000	1000~650	650~500	500~300

续表

土名	密实程度			
	密实	中密	稍密	松散
碎石	1000～800	800～550	550～400	400～200
圆砾	800～600	600～400	400～300	300～200
角砾	700～500	500～400	400～300	300～200

不同矿物成分、不同级配和不同粒度成分的砂土，最大孔隙比和最小孔隙比都是不同的；因此相对密度 D_r 比孔隙比 e 能更全面地反映上述各因素对密实度的影响。从理论上讲，用相对密度划分砂土的密实度的概念是比较理想的，但是测定 e_{max} 和 e_{min} 的试验方法却缺少完善的标准，试验结果常常有很大的出入。同时由于很难在地下水位以下的砂土层取得原状土样，因而测定天然孔隙比的结果很不可靠，这就使相对密度的指标更难于测准，所以实际工程中直接测试相对密度并不普遍，而是通过标准贯入试验，测得地基标准贯入撞锤击数来确定相对密度和密实度。

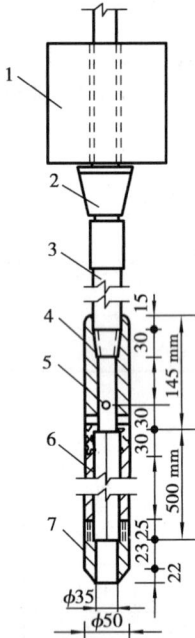

图 2.4.1　标准贯入试验设备
1—穿心锤；2—锤垫；3—触探杆；4—贯入器头；5—出水孔；6—由两半圆管合成的贯入器身；7—贯入器靴

4.1.3　标准贯入试验

标准贯入试验（SPT）是一种重型动力触探法，采用质量为 63.5 kg 的穿心锤，以 76 cm 的落距，将一定规格的标准贯入器先打入土中 15 cm，然后开始记录锤击数目，将标准贯入器再打入土中 30 cm，用此 30 cm 的锤击数作为标准贯入试验的指标 N。标准贯入试验是国内外广泛应用的一种现场原位测试手段，该试验法方便经济，不仅用于砂土，亦可用于黏性土的测试。标准贯入锤击数 N，可用于判定砂土的密实度、黏性土的稠度、地基土的容许承载力、砂土的振动液化、桩基承载力等，也是检验地基处理效果的重要手段。

（1）试验设备
标准贯入试验装置的重要部件为：
①落锤。质量为 63.5 kg 的穿心锤；
②贯入器。形状和尺寸如图 2.4.1 所示；
③探杆。直径 ϕ42 mm；
④锤垫和导向杆；
⑤自动落锤装置。
（2）试验注意事项
1）将贯入器打入土中，贯入速率为 15～30 击/min，并记录锤击数，包括先打 15 cm 的预打击数，后 30 cm 中每 10 cm 的锤击数以及 30 cm 的累计锤击数 N。

如锤击数超过 50,则按下式换算锤击数 N:

$$N = \frac{30n}{\Delta_s} \qquad (2.4.3)$$

式中:n——所选取的锤击数;

　　　Δ_s——相应于 n 的锤击量,cm。

2)旋转探杆,提出贯入器,并取出贯入器中的土样进行鉴别、描述、记录,必要时送试验室分析。

3)由于钻杆的弹性压缩会引起功能损耗,钻杆过长时传入贯入器的功能降低,因而减少每击的贯入深度、亦即提高了锤击数,所以需要根据杆长对锤击数进行修正:

$$N = \alpha N_0 \qquad (2.4.4)$$

式中:N_0——实际记录的锤击数;

　　　α——修正系数,按钻杆长度由表 2.4.10 选用;

　　　N——修正后的锤击数。

表 2.4.10　标准贯入试验钻杆长度修正系数值

钻杆长度/m	3	6	9	12	15	18	21
α	1.00	0.92	0.86	0.81	0.77	0.73	0.70

4)对于同一土层应进行多次试验,然后取锤击数的平均值。

(3)标准贯入试验的应用

标准贯入试验国内外已积累了大量的实践资料,给出了砂性土和黏性土一些物理性质和标准贯入试验锤击数 N 的经验关系,可供工程中使用。

1)根据 N 估计砂土的密实度,见表 2.4.11。

表 2.4.11　砂土密实度表

密实度	标准贯入锤击数 N
松散	$N \leqslant 10$
稍密	$10 < N \leqslant 15$
中密	$15 < N \leqslant 30$
密实	$N > 30$

2)根据 N 估计天然地基的承载力特征值 $[f_{a0}]$,见表 2.4.12 和表 2.4.13。

表 2.4.12　砂土承载力特征值 $[f_{a0}]$/kPa

N	10~15	5~30	30~50
$[f_{a0}]$	140~180	180~340	340~500

表 2.4.13　一般黏性土和老黏性土的承载力特征值 $[f_{a0}]$/kPa

N	3	5	7	9	11	13	15	17	19	21	23
$[f_{a0}]$	120	160	200	240	280	320	360	420	500	580	660

3)根据 N 估计黏性土的状态,见表 2.4.14(冶金工业武汉勘察公司资料)。

4)根据 N 估计土的内摩擦角 φ,见表 2.4.15。

表 2.4.14　N 与黏性土稠度状态关系

N	<2	2 ~ 4	4 ~ 7	7 ~ 18	18 ~ 35	>35
液性指数 I_L	>1	1 ~ 0.75	0.75 ~ 0.5	0.5 ~ 0.25	0.25 ~ 0	<0
稠度状态	流塑	软塑	可塑	可塑 ~ 硬塑	硬塑	坚硬

表 2.4.15　N 值与土的内摩擦角 φ 的关系

研究者 ＼ N 值	<4	4 ~ 10	10 ~ 30	30 ~ 50	>50
Peck	<28.5°	28.5° ~ 30°	30° ~ 36°	36° ~ 41°	>41°
Meyerhof	<30°	30° ~ 35°	35° ~ 40°	40° ~ 45°	>45°

现场(野外)荷载试验是向置于自然地基上的模型基础施加荷载,测量模型在不同荷载等级作用下的沉降量,根据荷载和沉降量的关系计算地基土的变形模量和评定地基承载力。现场荷载试验是一种古老的原位试验方法,该方法能克服室内压缩试验土样处于无侧胀条件下单向受力状态的局限性,模拟建筑物基础与地基之间实际受力变形状态。

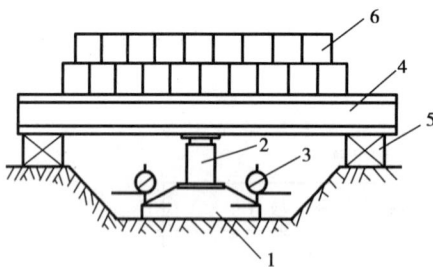

图 2.4.2　现场荷载试验
1—荷载板;2—千斤顶;3—百分表;4—反力梁;
5—枕木垛;6—压重

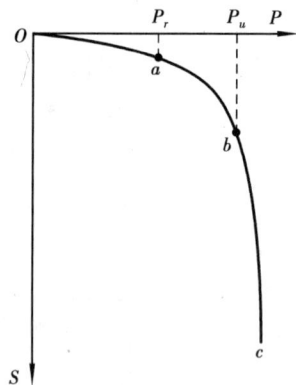

图 2.4.3　荷载强度与沉降量的关系

现场荷载试验是将一个一定尺寸的荷载板(常用 5 000 cm² 的方板或圆板)置于欲试验的土层表面(图 2.4.2),在荷载板上分级施加荷载。每级荷载增量持续时间相同或接近,测记每级荷载作用下荷载板沉降量的稳定值,加载至总沉降量为 25 mm,或达到加载设备的最大容量为止,然后卸载,记录土的回弹值,持续时间应不小于一级荷载增量的持续时间。根据试验记录绘制荷载 P(或荷载强度 P)和沉降量 S 的关系曲线(图 2.4.3)。地基在荷载作用下达到破坏状态的过程可以分为三个阶段(图 2.4.4):①压密阶段(直线变形阶段)。相当于 P—S 曲线上的 oa 段,P—S 曲线接近于直线,土中各点的剪应力均小于土的抗剪强度,土体处于弹性平衡状态,这一阶段荷载板的沉降主要是由于土的压密变形引起的,曲线上相应于 a 点的荷载称为比例界限 P_r;②剪切阶段。相当于 P—S 曲线上的 ab 段。这一阶段 P—S 曲线已不再保持线性关系,沉降的增长率$\frac{\Delta S}{\Delta P}$随荷载的增加而增大。在这个阶段,地基土中局部范围内(首先在基础边缘处)的剪应力达到土的抗剪强度,土体发生剪切破坏,这些区域也称塑性区。随着荷载的继续增加,土中塑性区的范围也逐步扩大,直到土中形成连续的滑动面,由荷载板两侧挤出而破坏。因此,剪切阶段也是地基中塑性区的发生及发展阶段。相应于 P—S 曲线上 b 点的荷载称为极限荷载 P_u;③破坏阶段。相当于 P—S 曲线上的 bc 段。当荷载超过极限荷载后,荷载板急剧下沉,即使不增加荷载,沉降也不能稳定,因此,P—S 曲线陡直下降。这一阶段,由于土中塑性区范围的不断扩展,最后在土中形成连续滑动面,土从荷载板四周挤出隆起,地基土失稳而破坏。

对于典型的荷载试验 P—S 曲线,在曲线上能够明显地区分三个阶段,则在确定地基容许承载力时,一方面要求地基容许承载力不超过比例界限,这时地基土是处于压密阶段,地基变形较小。但有时为了提高地基容许承载力,在满足建筑物沉降要求的前提下,也可超过比例界限,允许土中产生一定范围的塑性区。另一方面又要求地基容许承载力对极限荷载 P_u 有一定的安全度,即地基容许承载力等于极限荷载除以安全系数。而安全系数的大小,取决于建筑物的重要性和试验资料的可靠程度,同时还要满足建筑物对沉降的要求。如图 P—S 曲线是非典型性的,在曲线上没有明显的三个阶段,也很难直接从曲线上得到比例界限,这时根据实践经验,可以取相应于沉降 S 等于荷载板宽度(或直径)B 的 2% 时的荷载作为地基的容许承载力。

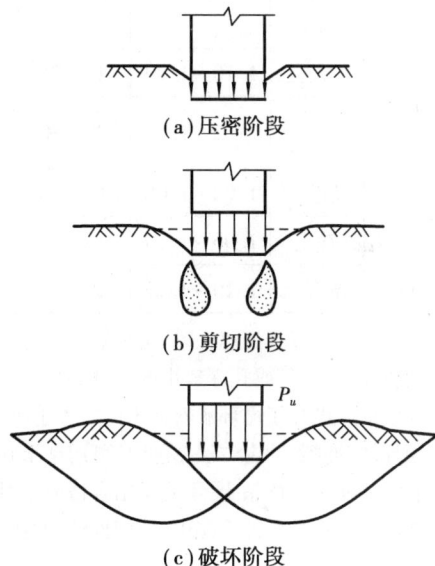

(a) 压密阶段

(b) 剪切阶段

P_u

(c) 破坏阶段

图 2.4.4　地基破坏过程的三个阶段

4.2　钻(挖)孔灌注桩检测

4.2.1　泥浆性能指标检测

钻孔灌注桩调制的护壁泥浆及经过循环净化的泥浆,应根据钻孔方法和地层情况采用不同性能指标,一般可参照表 2.4.16 选用。下面介绍表中各项指标的检测方法。

(1) 相对密度 γ_x

可用泥浆相对密度计测定。将要量测的泥浆装满泥浆杯,加盖并洗净从小孔溢出的泥浆,然后置于支架上,移动游码,使杠杆呈水平状态(即水平泡位于中央),读出游码左侧所示刻度,即为泥浆的相对密度 γ_x。

若工地无以上仪器,可用一口杯称其质量设为 m_1,再装满清水称其质量 m_2,再倒去清水,装满泥浆并擦去杯周溢出的泥浆,称其质量设为 m_3,则 $\gamma_x = \dfrac{m_3 - m_1}{m_2 - m_1}$。

表 2.4.16　泥浆性能指标要求

钻孔方法	地层情况	泥浆性能指标						
		相对密度	粘度/s	静切力/Pa	含砂率/%	胶体率/%	失水率/mL/30 min	酸碱度 pH
正循环回转、冲击	黏性土	1.05～1.20	16～22	1.0～2.5	<8～4	>90～95	<25	8～10
	砂土碎石土卵石漂石	1.2～1.45	19～28	3～5	<8～4	>90～95	<15	8～10
推钻、冲抓	黏性土	1.10～1.20	18～24	1～2.5	<4	>95	<30	8～11
	砂土碎石土	1.2～1.4	22～30	3～5	<4	>95	<20	8～11
反循环回转	黏性土	1.02～1.06	16～20	1～2.5	<4	>95	<20	8～10
	砂土	1.06～1.10	19～28	1～2.5	<4	>95	<20	8～10
	碎石土	1.10～1.15	20～35	1～12.5	<4	>95	<20	8～10

注:①地下水位高或其流速大时,指标取高限,反之取低限;

②地质较好、孔径或孔深较小的,指标取低限;

③孔壁皮厚度除正循环旋转冲击的砂类土等应≤2 mm 外,其余均应≤3 mm;

④用推钻、冲抓、冲击方法钻进时,可用粘土碎块投入孔内,由钻锥自行造浆固壁;

⑤若当地缺乏优质粘土,不能调出合格泥浆时,可掺用添加剂以改善泥浆性能;

⑥在不易坍塌的黏性土层中,使用推钻、冲抓、反循环回转方法钻进时,可用清水提高水头(≥2 m)维护孔壁;

⑦对遇水膨胀或易坍塌的地层如泥页岩等,其失水率应小于 3～5 mL/30 min;

⑧相对密度是泥浆密度与 4 ℃纯水密度之比(过去称为比重)。

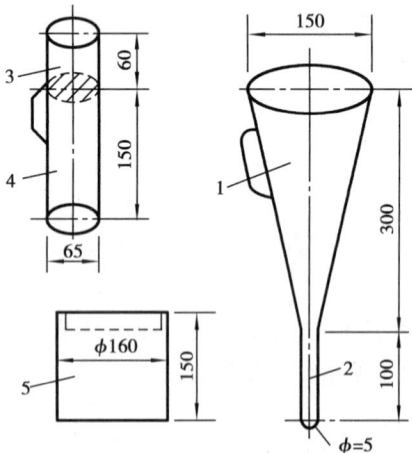

图 2.4.5　粘度计(尺寸单位:mm)

1—漏斗;2—管子;3—量杯 200 mL 部分;
4—量杯 500 mL 部分;5—筛网及杯

(2)粘度 η

用工地标准漏斗粘度计测定,粘度计如图 2.4.5 所示。用两端开口量杯分别量取 200 mL 和 500 mL 泥浆,通过滤网滤去大砂粒后,将泥浆 700 mL 均注入漏斗,然后使泥浆从漏头流出,流满 500 mL 量杯所需时间(s),即为所测泥浆的粘度。

校正方法:漏斗中注入 700 mL 清水,流出 500 mL,所需时间应是 15 s,其偏差如超过±1 s,测量泥浆粘度时应校正。

(3)静切力 θ

工地可用浮筒切力计测定(图 2.4.6)。测量泥

浆切力时,可用下式表示:

$$\theta = \frac{G - \pi d\delta h\gamma}{2\pi dh + \pi d\delta} \tag{2.4.5}$$

式中:G——铝制浮筒质量,g;

　　　d——浮筒的平均直径,cm;

　　　h——浮筒的沉没深度,cm;

　　　γ——泥浆容量,g/cm³;

　　　δ——浮筒壁厚,cm。

量测时,先将约500 mL泥浆搅匀后,立即倒入切力计中,将切力筒沿刻度尺垂直向下移至与泥浆接触时,轻轻放下,当它自由下降到静止不动时,即静切力与浮筒重力平衡时,读出浮筒上泥浆面所对的刻度(刻度是按公式(2.4.5)计算值刻画的),即为泥浆的初切力。取出切力筒,洗净粘着的泥浆,用棒搅动筒内泥浆后,静止10 min,用上述方法量测,所得即为泥浆的终切力。它们的单位均为Pa,此切力计如买不到可自制。

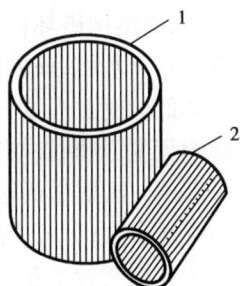

图2.4.6　浮筒切力计
1—泥浆筒;2—切力浮筒

(4)含砂率

工地可用含砂率计(图2.4.7)测定,量测时,把调好的泥浆50 mL倒进含砂率计,然后再倒进清水,将仪器口塞紧摇动1 min,使泥浆与水混合均匀。再将仪器垂直静放3 min,仪器下端沉淀物的体积(由仪器刻度上读出)乘2就是含砂率(有一种大型的含砂率计,内装900 mL的,从刻度读出的数乘2即为含砂率)。

(5)胶体率(%)

胶体率是泥浆中土粒保持悬浮状态的性能。测定方法可将100 mL泥浆倒入100 mL的量杯中,用玻璃片盖上,静置24 h后量杯上部泥浆可能澄清为水,测量时其体积如为5 mL,则胶体率为100-5=95,即95%。

(6)失水率($mL/30\ min$)

用一张12 cm×12 cm的滤纸,置于水平玻璃板上,中央画一直径3 cm的圆,将2 mL的泥浆滴入圆圈内,30 min后,测量湿圆的平均直径减去泥浆摊平的直径(mm),即为失水率。在滤纸上量出泥浆皮的厚度(mm)即为泥皮厚度。泥皮愈平坦、愈薄则泥浆质量愈高,一般不宜厚于2~3 mm。

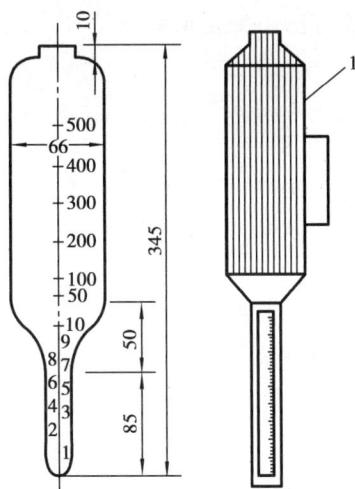

图2.4.7　含砂率计(尺寸单位:mm)
1—外壳

(7)酸碱度

即酸和碱的强度简称,也有简称为酸碱值的。pH值是常用的酸碱标度之一。pH值等于溶液中氢离子浓度的负对数值,即$pH = -\lg[H^+] = \lg 1/[H^+]$。pH值等于7时为中性,大于7时为碱性,小于7时为酸性。工地测量pH值方法,可取一条pH试纸放在泥浆面上,0.5 s后拿出来与标准颜色相比,即可读出pH值。也可用pH酸碱计,将其探针插入泥浆,直接读出pH值。

207

4.2.2 混凝土钻孔灌注桩完整性检测

作为最重要的基础形式之一,基桩越来越多的被应用在桥梁基础中,其质量直接关系桥梁结构的安全。另外,基桩是典型的隐蔽工程,一旦上部结构施工后,基桩的状况就很难再把握。因此,基桩的质量检测是建设工程中最受关注的项目之一。

基桩桩身完整性检测的常用方法有:开挖目视法、低应变反射波法(简称低应变法)、高应变动测法、声波透射法、孔内成像法、取芯法等。

①开挖目视法通过一次开挖可清楚了解基桩的长度、缺陷及地质条件,但由于工作量大、成本高、对结构破坏性大,不能广泛使用,适用检测范围非常有限;另一方面,对于港口、码头、河流等水下基桩,该方法根本无法使用。

②低应变法通过分析实测桩顶速度响应信号的特征检测桩身完整性,判定桩身缺陷位置及影响程度,判断桩端嵌固情况及完整性类别。

③声波透射法通过预埋在桩身的声测管,用声测换能器的发射和接收,测出被测混凝土介质的声学参数,分析声测管之间混凝土的缺陷位置及影响程度,判定桩身完整性类别。

④孔内成像法在基桩上钻孔,放入 CCD(电荷耦合器件)相机对孔壁摄像,进而判断基桩损伤的有无和部位。该方法比较直观,测试精度高,但仍然需要在桩头部位进行测试,并且需要钻孔,对基桩有一定损害,不建议使用。

⑤取芯法是利用钻孔取芯机械设备,直接对桩身钻孔取芯,检测混凝土灌注桩的桩长、桩身混凝土的强度,桩底沉渣厚度和桩身完整性,判定或鉴别桩端持力层岩土性状。

考虑操作的方便性和经济成本,目前在工程中常用的检测方法主要是低应变法和声波透射法。

4.2.2.1 低应变法

(1)试验设备

检测仪器的主要技术性能应符合《基桩动测仪》(JG/T 518—2017)的有关规定,同时考虑现场作业的需要,一般要求仪器能够轻量、便携、防尘及较长时间供电,同时具备数据采集、记录储存、数字计算和信号分析的功能。

传感器可用速度或加速度传感器,若用后者则需要在放大器或采集系统或传感器本身中另加积分线路。传感器的频响特性应能满足不同测试对象、不同测试目的的需要。当检测长桩的桩端反射信息或深部缺陷时,应选择低频性能好的传感器;当检测短桩或桩的浅部缺陷时,应选择加速度器或宽频带的速度传感器。

激振设备可选范围较广,形式可选力锤、力棒等;材料可选工程塑料、尼龙、硬橡胶、铜、钢等;锤头质量可从几十克到几十千克不等。对于激振力度,一般而言,激振力度越大,能量越强,检测深度越大。

(2)现场准备工作

收集有关建设资料,了解场地地质条件、桩型、桩设计参数、成桩工艺等信息,对桩头进行以下处理:清除桩顶浮浆及未胶结好的混凝土,使桩头露出坚硬的混凝土表面,并使桩面平整,必要时使用砂轮机磨平,不应采用水泥砂浆打平层,以免砂浆结合不好造成误判。上述工作都应以不损坏桩头整体性为原则,因为一旦桩头受损势必在测试时带来较多的子波干扰,造成信号的复杂化,给正确判别桩身质量带来一定难度。

连接测试系统各部分。

（3）**传感器安装**

传感器安装应注意以下事项：

①传感器用黏合剂黏结时，黏结层应尽可能薄，必要时可采用冲击钻打孔安装方式，但传感器底面应与桩顶面紧密接触。激振及传感器安装均应沿桩的轴线方向。

②激振点与传感器安装点应远离钢筋笼的主筋，其目的是减少外露主筋振动对测试产生干扰信号。若外露主筋过长而影响正常测试时，应将其割短。

③测桩的目的是激励桩的纵向振动振型，但相对桩顶横截面尺寸面言，激振点处为集中力作用，在桩顶部位难免出现与桩的径向振型相对应的高频干扰。当锤击脉冲变窄或桩径增加时，三维尺寸效应引起的干扰便加剧。传感器安装点与激振点距离和位置不同，所受干扰的程度各异。实心桩安装点在距桩中心约 2/3 半径时，所受干扰相对较小；空心桩安装点与激振点平面夹角等于或略大于 90°时也有类似效果，该处相当于径向耦合低阶振型的驻点。另外应注意，加大安装与激振两点间距离或平面夹角，将增大锤击点与安装点响应信号的时间差，造成波速或缺陷定位误差。传感器安装点、激振点布置见图 2.4.8。

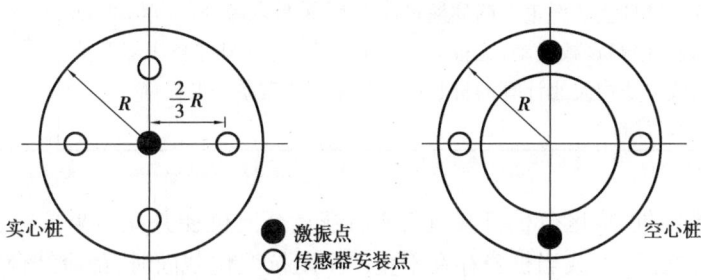

图 2.4.8　传感器安装点、激振点布置示意图

④检测过程中，同一工程的同一批桩的试验操作宜保持同条件，不仅要记录激振操作、传感器和激振点布置等某一条件发生的改变，也要对桩头外观尺寸和混凝土质量有异常的情况进行记录。

（4）**检测数据分析与判定**

为分析不同时段或频段信号所反映的桩身阻抗信息、核验桩底信号并确定桩身缺陷位置，需要确定桩身波速及其平均值。

选取不少于 5 根已知桩长，且地质条件、桩型及成桩工艺相同的 I 类桩进行检测，求出各根桩的波速平均值 C_m。利用该平均值作为波速值去检测未知桩长的长度 L 及缺陷离桩顶的距离。

桩身完整性应结合缺陷出现的深度、测试信号衰减特性及设计桩型、成桩工艺、地质条件、施工情况、混凝土波速，依据测试时域特征、幅频特征进行综合分析判定。

桩身完整性检测结果评价，应给出每根受检桩的桩身完整性类别，桩身完整性分类应符合表 2.4.17 的规定。

表 2.4.17　桩身完整性判定

桩身完整性类别	时域信号特征	幅频信号特征	分类原则
I 类桩	$2L/C_m$ 时刻前无缺陷反射波,有桩底反射波	桩底谐振峰排列基本等间距,其相邻频差 $\Delta f \approx C_m/2L$	桩身完整
II 类桩	$2L/C_m$ 时刻前出现轻微缺陷反射波,有桩底反射波	桩底谐振峰排列基本等间臣,其相邻频差 $\Delta f \approx C_m/2L$,轻微缺陷产生的谐振峰与桩底谐振峰之间的频差 $\Delta f' > C_m/2L$	桩身有轻微缺陷,不会影响桩身结构承载力的正常发挥
III 类桩	有明显缺陷反射波,其他特征介于 II 类和 IV 类之间	桩身有明显缺陷,对桩身结构承载力有影响	
IV 类桩	$2L/C_m$ 时刻前出现严重缺陷反射波或周期性反射波,无桩底反射波;或因桩身浅部严重缺陷使波形呈低频大振幅衰减振动,无桩底反射波;或按平均波速计算的桩长明显短于设计桩长	缺陷谐振峰排列基本等间距,其相邻频差 $\Delta f' > C_m/2L$;无桩底谐振峰;或因桩身浅部严重缺陷只出现单一谐振峰	桩身存在严重缺陷

对于混凝土灌注桩,应区分桩身截面渐变后恢复至原桩径并在该阻抗突变处的一次反射与扩径突变处的二次反射;或当桩身存在不止一个阻抗变化截面时,都应结合成桩工艺和地质条件综合分析判断被测桩的完整性类别。

对于嵌岩桩,桩底反射信号为单一反射波且与激振信号同相时,应采取其他方法核验桩底嵌岩情况。

当实测信号复杂、无规律、不能明确完整性类别或无法进行准确评价时,应结合其他方法分析判定桩身完整性。

(5)典型状况的时域、频域信号

1)断桩的反射。

若桩身较长,上部断裂,波阻抗界面明显,反射系数大就会产生多次反射。图 2.4.9 可见断桩部位的 1 次、2 次、3 次乃至 4 次反射。其规律是:多次反射波的波幅按指数规律衰减;反射的时间间隔基本相同。至于断桩多次反射的次数,与断裂部位的长度、断裂部位桩身的声波衰破系数的大小、断裂处的反射系数有关。

需要指出的是,断桩难以得到桩实际底部反射信号。

2)扩径桩的多次反射。

桩身扩径会产生反射,但其多次反射的规律较为特殊。如图 2.4.10 所示,激振波会在扩径处产生多次反射,奇数次反射波的相位与激振波相位相反,但偶数次反射波的相位则与激振波相位相同。

需要指出的是,扩径桩能得到桩底实际反射信号,但明显比完整桩底部反射信号弱。

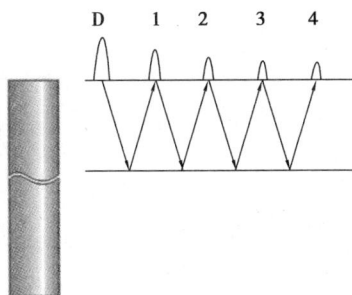

图 2.4.9　断桩的反射特性

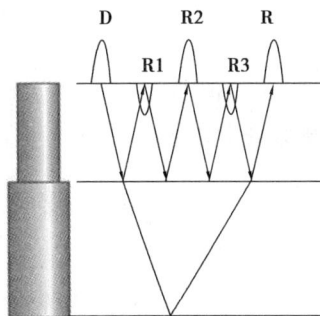

图 2.4.10　扩径桩反射特征

3）缩径桩的多次反射。

与扩经对应的缩径桩的多次反射与断桩的反射特性类似,如图 2.4.11。其规律是多次反射波 $R1$、$R2$、$R3$ 的波幅按指数规律递减,且反射的时间间隔基本相同。至于缩径的多次反射的次数,与缩径部位的长度、缩径部位桩身的波衰减、缩径处的反射系数的大小有关。

需要指出的是,缩径桩能得到桩底实际反射信号,但明显比完整桩底部反射信号弱。

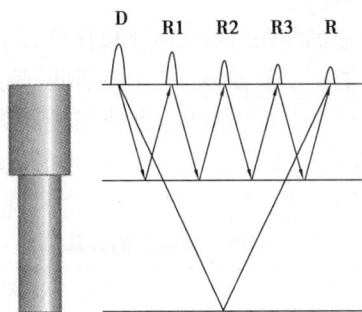

图 2.4.11　缩径桩反射特征

4.2.2.2　声波透射法

在混凝土灌注桩成桩过程中,将两根或两根以上的声测管固定于桩身钢筋笼上,预埋做声波换能通道,每对声测管构成一个检测剖面,通过水的耦合,超声波从一根声测管发射、另一根声测管接收,利用声波的透射原理,根据声时、波幅及主频等特征参数的变化,对桩身混凝土介质状况进行检测,确定桩身完整性的技术,称为基桩声波透射法检测技术。

声波透射法也称跨孔声波法、跨孔超声法,该方法测试客观性好、分辩力高,近年来在交通、水利等大型工程中的应用日益广泛。

（1）仪器设备的选择

超声波检测仪的作用是产生重复的电脉冲并激励发射换能器,发射换能器发射的超声波经水耦合进入混凝土,在混凝土中传播后被接收换能器接收并转换为电信号,电信号送至超声仪,经放大后显示在示波屏上。为了提高现场检测及室内数据处理的工作效率,保证检测结果的准确性和科学性,声波测试仪器必须具有实时显示和记录接受信号的时程曲线以及频率量测或频谱分析功能。可见超声检测系统应包括三部分:径向振动换能器、接收信号放大器、数据采集及处理存储器。各部分的主要技术指标要求如下:

1)高压发射:声波发射脉冲宜为高压阶跃或矩形脉冲,电压幅值为 200 ~ 1 000 V,且分档可调。

2)换能器(径向振动)。

常用换能器分类如下:

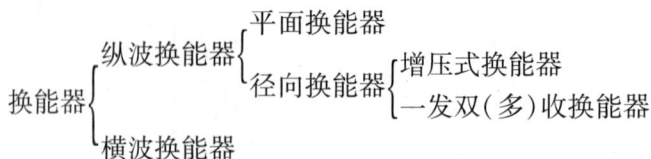

$$
换能器
\begin{cases}
纵波换能器
\begin{cases}
平面换能器\\
径向换能器
\begin{cases}
增压式换能器\\
一发双(多)收换能器
\end{cases}
\end{cases}\\
横波换能器
\end{cases}
$$

换能器种类的选用需根据被测结构物的测试要求和测试条件确定。测桩所用的换能器应是柱状径向换能器,声波发射与接受换能器应符合如下要求:

换能器沿径向振动,无轴向振动;其外径小于声测管内径,有效工作面轴线长度不大于150 mm;谐振频率为 30 ~ 50 kHz;水密性应满足在 1 MPa 水压下不漏水。

收、发换能器的导线均应有长度标注,其标注允许偏差不应大于 10 mm;为提高接收换能器的灵敏度,可在换能器中安装前置放大器。前置放大器的频带宽度宜为 5 ~ 50 kHz;单孔检测采用一发双收一体型换能器,其发射换能器至接收换能器的最近距离不应小于 300 mm,两接收换能器的间距宜为 200 mm。

换能器频率的选择需综合考虑测距、声波的衰减程度、测试精度等。测距越大,声波衰减越大,选用换能器的频率越低;混凝土质量越差、强度越低、龄期越短,对声波的衰减越大,使用频率越低。在满足首波幅度测读精度的条件下,宜选用较高频率换能器原因是提高换能器的谐振频率,可使其外径减少到 30 mm 以下。对于一般的正常混凝土,换能器频率选择可参见表 2.4.18。

表 2.4.18 换能器的频率选择

测距(mm)	选用换能器频率(kHz)
10 ~ 20	100 ~ 200
20 ~ 100	50 ~ 100
100 ~ 300	50
300 ~ 500	30 ~ 50
>500	20

3)声测管

声测管是进行超声透射法检测时换能器进入桩体的通道。它是灌注桩超声检测系统的重要组成部分。

声测管的选择,以透声率较大、便于安装及费用较低为原则。由于混凝土的水化热作用及钢筋笼安放和混凝土浇注过程中存在较大的作用力,容易造成检测管变形、断裂,从而影响检测工作的顺利进行,因此声测管最好采用强度较高的金属管。

声测管的内径以 50 ~ 60 mm 为宜。为了便于换能器在管中上下移动,声测管的内径通常比径向换能器的外径大 10 mm,当对换能器加设定位器时,声测管内径应比换能器外径大 20 mm。

声波透射法只能检测到收、发检测管间连线附近近似橄榄叶状区域的混凝土质量,即图 2.4.12 中的阴影区为检测的控制面积。一般桩径小于等于 800 mm 时声测管可布置 2 根;桩径为 800 ~ 2 000 时声测管不少于 3 根;桩径大于 2 000 mm 时,声测管不少于 4 根。

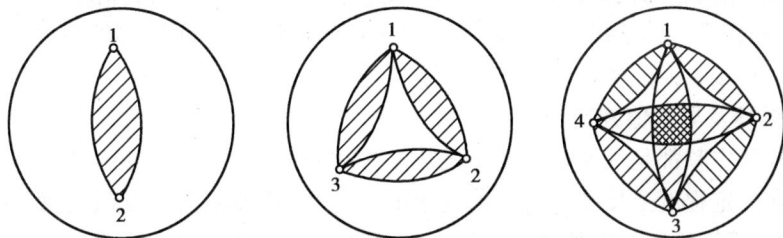

图 2.4.12　声测管布置及检测区域

(2)测试方法的选择

在每对声测管之间的测试剖面进行检测时,根据现场实际需要可采用平测、斜侧,交叉斜侧或扇形扫测几种方法,测点布置如 2.4.13。通过深度标志分别置于两根声测管中的测点处。

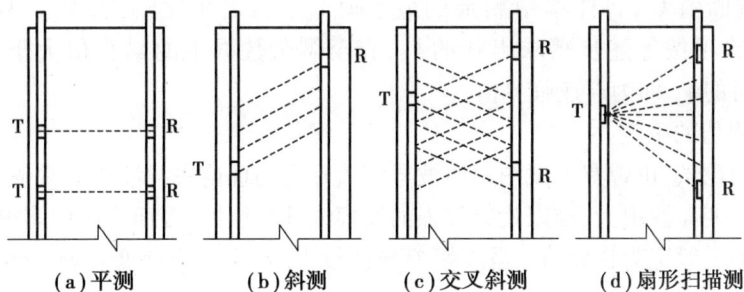

(a)平测　　(b)斜测　　(c)交叉斜测　　(d)扇形扫描测

图 2.4.13　平测、斜测和扇形扫示意图

在不知道桩内混凝土情况时,通常先用平测法进行普测,普测时的测点间距应适当小些,通常为 20cm,以免漏掉缺陷,当出现异常数据时应进行复测,以排除因测试操作失误造成的数据异常。仍有数据异常时,可在异常点附近布置斜测法测点进行斜测,以便进一步查明可疑区范围,必要时应加密测点。有时遇到薄层夹泥或扁平缺陷,采用平测法普测时可能检测不到,因此也可以直接采用斜测法进行普测。当发现可疑区域时,应围绕可疑区域进行交叉斜测,以便进一步查明可疑缺陷的确切位置和范围。实践证明,斜测和交叉斜测时斜角越大,对缺陷的位置和范围判定越准确,因此斜测时尽量增大接收换能器与发换能器的高差,有利于对缺陷的检测和判断。但斜度增大,声波能量损耗大,接收信号减弱,给声时、波幅和频率的测读带来困难,实际操作中可根据桩径大小、桩身混凝土质量情况灵活考虑。当存在全断面夹泥时,可采用扇形扫测法测试,以确定夹泥层的上下边界位置。

(3)现场测试

1)按要求收集地质勘察资料、基桩设计资料及施工场地初始记录等相关资料,根据调查结果和检测目的,制定相应的检测方案。

2)检测的时间应满足混凝土强度龄期的要求。为保证检测结果的可靠性,一般要求混凝土灌注桩强度至少达到设计强度的 70%,且不小于 15 MPa,考虑到混凝土在龄期 14 天后的超声波波速等特性参数变化已经趋于平缓,龄期 14 天也可作为参考标准。

3)用直径明显大于换能器的圆钢疏通声测管,以保证换能器在全程范围内升降顺畅。

4)清水冲洗声测管,清水做为耦合剂。

5)准确量测声测管的内、外径和两相邻声测管外壁间的距离,测量精度为±1 mm。

6)根据检测桩的具体情况,调整超声波检测仪各参数。以每两根声测管组成的剖面作为检测面,将发射和接收换能器置于相应测点进行检测。

（4）**数据处理及异常值判定**

声速、波幅和主频都是反映桩身质量的声学参数测量值。大量实测经验表明,声速的变化规律性较强,在一定程度上反映了桩身混凝土的均匀性,而波幅的变化较灵敏,主频在保持测试条件一致的前提下也有一定的规律。因此,在确定测点声学参数测量值的判据时,存在三种不同的方法。

1)声速临界值的确定。

将同一检测剖面 n 个测点的声速值 $V_i(i=1,2,3,\cdots,n)$,由大到小依次排序,即 $V_1 \geqslant V_2 \geqslant \cdots V_i \geqslant \cdots \geqslant V_{n-1} \geqslant V_n$,记录并去掉样本中最小的数据 V_n,计算剩余数据的平均值 V_m 和标准差 S_x,由本教材第二部分第二章的表 2.2.12 查得对应的 λ 值,代入公式 $V_0 = V_m - \lambda S_x$ 计算异常判断值 V_0,将样本中剩余的最小值 V_{n-1} 与之相比较,若 $V_{n-1} < V_0$,则记录并去掉 V_{n-1},再将剩余项按上述步骤求出新的 V_0,直至剩余数据中的最小值大于最后一次求取的 V_0 为止,此时的 V_0 即为声速临界值。

2)波幅临界值的确定。

波幅是相对测试,也曾有人试图用声波异常值确定的理论去找波幅异常值,但由于桩身混凝土内部结构的变异性很大,难以找出较强的波幅统计规律性,因而实际中多事根据实测经验将波幅平均值的一般定为临界值。当波幅差异性较大时,应与声速变化及主频变化情况相结合进行综合分析。

3)桩身混凝土缺陷 PSD 值的确定。

PSD 法是基于缺陷处声时的变化会引起声时-深度曲线的斜率明显增大,而声时差的大小又与缺陷程度密切相关,因此两者之积对缺陷的反应更加明显,如式 2.4.6 至式 2.4.8 所示。

$$K = \frac{t_i - t_{i-1}}{z_i - z_{i-1}} \tag{2.4.6}$$

$$\Delta T = t_i - t_{i-1} \tag{2.4.7}$$

$$PSD = K \times \Delta T = \frac{(t_i - t_{i-1})^2}{z_i - z_{i-1}} \tag{2.4.8}$$

式中:t_i——第 i 个测点对应的声时值(μs);

t_{i-1}——第 $i-1$ 个测点对应的声时值(μs);

z_i——第 i 个测点对应的深度(m);

z_{i-1}——第 $i-1$ 个测点对应的深度(m)。

4)主频判据。

主频-深度曲线上明显降低可判为疑似异常,另由于实测主频与诸多因素有关,因此主频仅做辅助声学参数。

(5)桩身完整性类别判定

混凝土声速、波幅、*PSD* 值和主频出现异常被判为可疑缺陷区的部位,应采用水平加密、斜测或扇形扫测等方法进行细测,同时结合波形、施工工艺和施工记录等有关资料进行综合分析,以确定桩身混凝土缺陷的位置和程度。当声速普遍低于低限值时,应通过钻孔取芯法检验基桩的混凝土强度。

桩身完整性类别一般分为以下四类:

Ⅰ类桩:各声测剖面每个测点的声速、波幅均大于临界值,波形正常。

Ⅱ类桩:某一声测剖面个别测点的声速、波幅略小于临界值,但波形基本正常。

Ⅲ类桩:某一声测剖面连续多个测点或某一深度桩截面处的声速、波幅值小于临界值,*PSD* 值变大,波形畸变。

Ⅳ类桩:某一声测剖面连续多个测点或某一深度桩截面处的声速、波幅值明显小于临界值,*PSD* 值突变,波形严重畸变。

4.3　基桩承载力检测

现有确定基桩承载力的检测方法有两种,一种是静荷载试验,另一种是各种桩的动测方法。静荷载试验是确定基桩承载力最可靠的方法,而各种桩的动测方法,则要在与桩静荷载试验结果大量对比的基础上,找出对比系数,才能推广应用。下面介绍静荷载试验方法和基桩高应变动力检测法。

4.3.1　基桩的垂直静载试验

垂直静载试验是在试桩顶上分级施加静荷载直到土对试桩的阻力破坏时为止,从而求得桩的容许承载力单桩的下沉量。按现行地基基础规范:“单桩承载力宜通过现场静载试验确定,在同一条件下试桩数量不宜少于总桩数的 1% ,并不少于 3 根”。就地灌注桩的静载试验应在混凝土强度达到能承受预定破坏荷载后开始。斜桩做静载试验时,荷载方向应与斜桩轴线相同。

(1)加荷装置

1)基本要求。首先要求安全可靠,保证有足够的加载量,不能发生加载量达不到要求而中途停止试验的事故;其次从节约材料、少用经费、取用方便、缩短筹备时间等方面进行比较,选用合适的加载系统。

2)加载量的确定。根据《公路桥涵地基与基础设计规范》(JTG 3363—2019)推荐的地基上强度数据或参考类似的试桩经验并按照鉴定性或破坏性试验的不同要求,确定试桩的破坏荷载或最大的试验荷载(以下称最大加载量)。荷载系统的加载能力至少不低于破坏荷载或最大加载量的 1.5 倍,最好能达到 1.5 ~ 2.0 倍。

3)反力装置。反力装置是加载系统中最主要的组成部分,对它应事先做好周密的设计。

反力装置有平台式和杠杆式的加荷装置,但这两种装置不宜用于较大荷载要求,且加荷、卸荷很费时间、劳动强度亦大。因此,目前多采用液压千斤顶、锚桩、横梁等设备加荷,见图 2.4.14。

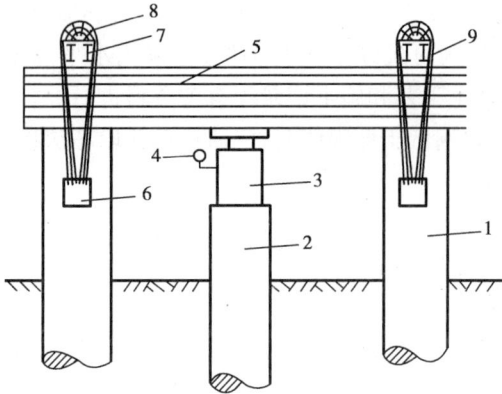

图 2.4.14 锚桩反力梁加载装置

1—锚桩;2—试桩;3—千斤顶;4—油压表;5—反力梁;6—穿墙洞;7—小挑梁;8—半圆木;9—钢索

采用锚桩方案时,应注意锚桩在受力方面和受压桩有所不同。受轴向压力的受压桩,由于桩身材料泊桑比的关系,它的截面在横向有扩大的趋势,这有利于增强桩壁摩阻力,并且地基土受力后的塑性区是在桩的下段发展。而作为反力装置的抗拔锚桩,受力后横向有缩小的趋势,相对地降低了桩壁摩阻力,塑性区在桩的上段发展。因此在入土长度相等时,同一地点的锚桩上抗拔力低于受压的抗力。根据一些试验的资料,上拔时桩壁摩阻力极限值约为受压时的 1/5～1/3(入土长度在 30 m 以上时用高值)。

锚桩视土质情况用 4～8 根,锚桩入土深度应大于试桩的深度,锚桩与试桩的净距应大于试桩直径的 3 倍,且不小于 1 m。

用实际工程的桩作锚桩时,一般不允许把它拉裂。对此类的桩,应根据要求的锚固荷载,通过抗裂设计来确定其配筋量。专门用于试验的锚桩允许按开裂设计。锚桩一般在全部长度内配置钢筋,锚桩同反力梁等联接强度也应验算。

(2)基准点与基准梁的设置

作为下沉量测试的基准点和基准梁原则上应该是不动的。但是,由于试桩与锚桩的变位、气象、日照、潮汐以及附近施工与交通引起的振动等影响,都会使基准点或基准梁产生一定的变位或变形。如果对此掉以轻心或熟视无睹,那么测得的试桩下沉量将是不可靠的。

1)基准点的设置。基准点的设置应满足以下几个条件:基准点本身不变动;没有被接触或遭破损的危险;附近没有振源;不受直射阳光与风雨等干扰;不受试桩下沉的影响。

2)基准梁的设置。基准梁一般采用型钢,其优点是有磁性、刚度大、便于加工、形状一致,缺点是温度膨胀系数大。在受温度影响大的长期荷载试验时,并且当桩本身的下沉又不大时,测试精度会受很大影响。根据宫岛信雄的试验,当基准点间隔为 6.87 m,在基准梁跨中产生 1/100 mm 的挠度所需的温度变化,对于角钢(∠100×100)、H 型钢(150×100)和槽钢([<200×80)等断面,分别为 0.4,0.3 和 0.2 ℃;试验中气温只在 10～15 ℃ 范围内变化,而基准梁的挠度变化范围为 0.5～0.7 mm;用 2 只 100 W 灯泡,在 H 型钢(150×100)跨中 0.5 m 高处,向基准梁照射 30 min 后,引起 2 ℃ 温差,使 H 型钢基准梁产生 0.09 mm 的挠度。

因此,当量测桩位移用的基准梁如采用钢梁时,为保证测试精度需采取下述措施:基准梁的一端固定,另一端必须自由支承;防止基准梁受日光直接照射;基准梁附近不设照明及取暖炉;必要时基准梁可用聚苯乙烯等隔热材料包裹起来,以消除温度影响。

(3)测试仪器与装置

测量仪器必须精确,一般使用精度为 1/20 mm 的光学仪器或力学仪器,如水平仪、挠度仪测力器(包括荷载传感器、拉应力传感器、电子秤、压力环等)、倾角仪、位移计等,如无此类仪器则需要千分表、游标卡尺、杠杆指针等,精确度至少为 0.1 mm。测量仪器一般应设 2～4 套,对称安装在试桩的两侧或四周。观测用的测桩与试桩和锚桩的净距参见表 2.4.19,并在任何情况下不得小于桩直径的 3 倍。

测定系统固定在围堰上时,围堰与试桩及锚桩间的最小距离不加限制。

仪器安装前应予校定,擦干润滑剂。

(4)试验加载方式

试验加载方式分为三类,见表 2.4.20,可根据具体情况选择采用。

表 2.4.19　测桩与试、锚桩最小间距表

锚桩数量	测桩与试桩和锚桩净距	
	测桩距试桩/m	测桩距锚桩/m
4	2.40	1.60
6	1.70	1.00

表 2.4.20　试验加载方式

序号	试验顺序	试验方式			序号	试验顺序	试验方式		
		第一类	第二类	第三类			第一类	第二类	第三类
1	加至计算静力载重	−	+	+	6	加至计算主力加附加力载重	−	−	+
2	全部卸载	−	+	+					
3	加至计算主力加附加力载重	−	+	+	7	卸至计算静力载重	−	−	+
4	全部卸载	−	+	−	8	加至破坏载重	+	+	+
5	卸至计算静力载重	−	−	+	9	全部卸载	+	+	+

注:①"+"表示采用,"−"号表示不采用。

②第二、三类为反复加卸载方式,埋设在桩内的仪器的标定要考虑到反复加卸载试验方式的影响。

在所有基桩尚未沉入前做试验时,有可能根据试桩结果改变桩基结构(沉桩深度、桩的数量等)。因此,试桩载重一般应达到破坏载重,或试桩下沉量大大超过建筑物的容许限度,甚至达到基桩本身材料的破坏程度。

在所有基桩均已沉入完毕,若试验仅是为了检验基桩是否符合设计要求,试桩载重可等于设计荷载乘以安全系数。如果试验条件制限时,这一载重可减少 10%。

试桩加载应分阶段进行,每阶段加载重可以相等或者递变。每阶段载重的大小,应按要求试验的精确度决定:等重加载时,一般为预计极限载重量的 1/10 ~ 1/15;递变加载时,开始阶段为 1/2.5 ~ 1/5,终了阶段为 1/10 ~ 1/15。

下沉量观测间隔时间,视桩尖土质和每阶段载重量而定,一般可按累计 0′、2′、5′、10′、30′观测一次,以后每隔 30′测读一次,黏性土在后阶段要延长到每小时测读一次。每阶段的测读间隔次数不少于 5 次。

每一阶段载重的下沉量,在下列时间内,如不大于 0.1 mm,即可视为休止:

对于砂类土,最后 30 min;

对于黏性土,最后 1 h。

这一阶段下沉休止后,即可进行下一阶段的加载。

(5)破坏载重、极限载重及容许载重的确定

1)破坏载重。当试桩全部下沉量已大于 40 mm,同时这一阶段下沉量大于前一阶段下沉量的 5 倍,或者这一阶段的下沉量大于前一阶段下沉量的 2 倍但下沉在 24 h 仍不休止时,其荷载即为破坏荷载。(此标准不适用于对下沉量有特殊规定者)

2)极限载重。在破坏载重前一阶段的累计载重即为极限载重。

3)容许载重。极限载重除以安全系数(规范规定为 2)为容许载重。如因结构上对桩的下

沉量有特殊要求时,则应按下沉量确定容许载重。

先做静载试验后挖基的桩,应从试验所得的极限荷载值中,减去从地面至开挖后的基底一段高度内的土对桩身的摩擦力临界值,再据以计算容许荷载。高桩承台的桩,也应扣除从地面至最大冲刷线间的一段高度内土的摩擦力。

(6)卸除载重

卸载应分阶段进行,每阶段卸载量可为每两个阶段的加载重。如加载阶段为奇数时,第一阶段的卸载重可为最后三个阶段的加载重。

每次按顺序卸除载重后应将桩的回弹量在各仪器的读数分别记录。开始两次每隔15 min记录一次到回弹休止为止,回弹休止标准与沉降休止标准相同。回弹稳定后即可进行下一次卸载。载重完全卸除后,至少应在2 h内每隔30 min记录一次。

(7)试验操作注意事项

1)利用已完成的桩作锚桩,当用常备式钢梁、工字钢叠合梁或用高强钢材特殊设计的钢梁时,应根据最大试验荷载验算反力梁的强度和挠度。一般钢梁挠度要求不大于1/100跨度。

2)如利用已有的基桩当作锚桩,不允许损伤桩身。

3)验算锚桩抗拔能力时的极限摩阻力值,应采取比桩受压时极限摩阻力值为低的值。

4)当采用加载平台时,每件压重以及平台自重均应标定,需要时可以用颜色标明,易于计算。为了操作安全,在专设的防护垜上置有楔块,在传递荷载时将楔块撤除。

5)使用的千斤顶必须逐台加以标定。在标定时所使用的压力表、油管、电动轴泵、人工手摇泵等应与试验时基本相同。

6)观测桩的沉降量一般采用百分表测量。桩身下沉量超过百分表量程范围时,应及时调整百分表位置。调整前和调整后的读数应取得联系。应随时检查百分表是否灵敏,支架是否稳定。

7)预计千斤顶的顶起量,力求避免在一次试验的中途松顶加垫。估计时应考虑0.5~1倍的观测余量。

8)为减少千斤顶有效顶程的耗损,可采取以下措施:

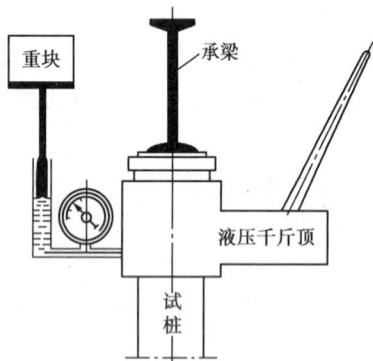

图2.4.15 液压补偿器作用示意

①试验前先用千斤顶加压,消除垫材、栓孔等处的压缩变形及空隙,然后将千斤顶松回,加填垫材,填补空隙。

②加强试验设备的结构刚度。

③锚桩的受拔力应小于其极限摩阻力,其拔起量一般应小于20 mm。

9)锚桩拔起的休止应先于试桩下沉的休止。

10)对锚桩的拔起应同时进行观测,以便从拔起的均衡程度及拔起与时间关系曲线中分析其对试桩的可能影响。

11)试桩的下沉和锚桩的拔起都将使千斤顶降压,必须不断观察压力表,随时加压,以维持其每阶段的加载量不变。最好安设液压补偿器(见图2.4.15),使千斤顶自动保持恒压。

12)应随时检查加载设备情况,注意有无变形、倾侧或声响等异状。随时检查观测设备的转动与指示部分的灵敏度,有无障碍,以及固定部分的稳定性。

13）一个或几个千斤顶的中轴线，必须与试桩的中轴线相吻合，否则由于偏压易产生压坏桩头及偏斜的事故。

14）应防止试验地点附近的震动干扰、装置自身的温度变形及土的冻胀影响。

(8)试验记录及资料整理

所有试验观测读数，应随时直接填入记录表，见表 2.4.21，并根据记录资料整理绘制桩的下沉与荷载关系曲线及桩的下沉与时间关系曲线，如图 2.4.16。图上应绘制锤击次数、落锤高度、射水冲刷压力及沉桩时间等与沉桩的关系曲线。图上还应标明工程地点、工程名称、桩号，并附桩的平面位置及桩所贯入各土层的示意图，注明各层土质及桩尖、桩顶、地面与各土层的标高。

表 2.4.21　试桩试验报告

工程名称							文件号：			
地　　点：							桩　　号：			
地质情况：										
复打次数及日期：										
冲击试验日期：										
试桩位于第××号：										
制桩材料、时间、桩载截面(平方厘米)：										
静载试验记录										
建筑物名称：							桩　　号：			
载重平台类型：							桩的重量(t)：			
测量仪器类别：							号　　码：			
加载顺序：										
桩设计载重(t)							极限载重(t)			
载重阶段编号	起止日时分	间歇时间/min	每阶段载重/t	仪器读数/mm 仪器号	仪器号	平均读数/mm	下沉量/mm	温度/℃	备注	
其他记录										
记录人							施工负责人			

(9)根据垂直静载试验求算冲击公式的修正系数

用静载试验前的冲击试验得出的贯入度 e_1，代入冲击公式求出容许承载力 P_1，以 P_2 表示

静载试验得出的实际容许承载力,则正式沉桩时采用冲击公式的修正系数 a 应为:

$$a = \frac{P_2}{P_1} \qquad (2.4.9)$$

现以格氏公式为例,修正后的容许承载力应为:

$$P' = a\frac{1}{m}\left[-\frac{nF}{2} + \sqrt{\left(\frac{nF}{2}\right)^2 + \frac{nFQH}{e} \times \frac{Q + K^2 q}{Q + q}} \right] \qquad (2.4.10)$$

而控制贯入度应为:

$$e' = \frac{nFQH}{m\frac{p}{a}\left(m\frac{p}{a} + nF\right)} \times \frac{Q + K^2 q}{Q + q} \qquad (2.4.11)$$

考虑土的休息系数 b,则沉桩施工时的控制贯入度应为:

$$e'' = \frac{e'}{b} \qquad (2.4.12)$$

应该注意,除前述的吸入现象及假极限现象外,在较紧密的土中,当沉下大批基桩时,土受挤紧作用,沉桩时容易达到 e' 值,而经过休止以后如做冲击试验,往往不易达到 e' 值,则承载力不够,也就是实际休息系数 b' 将大于试桩的休息系数 b。在这种场合,应使基桩的入土深度不小于试桩的入土深度,在 e' 达到以后,如入土深度还比试桩浅,则应继续沉入至与试桩同样深度为止。

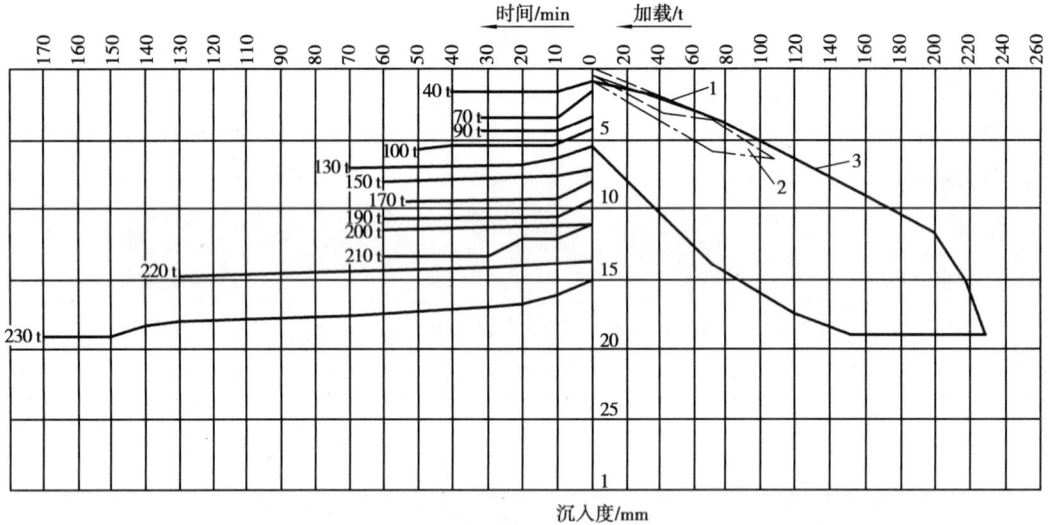

图 2.4.16　基桩垂直静载试验曲线图示例

(10)快速加载试验法

一般桩的垂直静载试验系采用慢速循环加载(维持荷载法),即上述的方法。本法试验工作长,配备人员多,慢速试验的"休止"标准缺乏理论依据,基准梁和测读精度也存在一些问题。故静载试验得出的结果中除了临界承载力(即极限承载力)外,桩的沉降资料与以后桩群的长期下沉量差别很大。若静载试验仅仅为了检验桩的承载力,亦可采用国内外已取得一定成果的"快速加载法"(即贯入速率法)的垂直静载试验法。

快速加载法的特点是将临界荷载(极限荷载)分为 10~15 级,每 45 min 加载一级,其间不必等待下沉的"休止",到达 45 min 即继续加载,直到加载完毕。一般总的试验时间为 450 ~ 675 min,测读时间是 0,1,2,5,10,15,30,45 min 各一次。

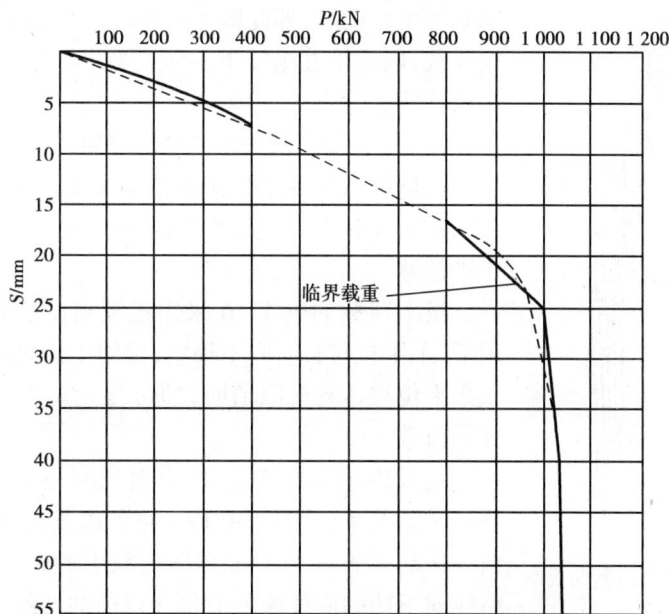

图 2.4.17 快速、慢速静载试验 P—S 曲线对比
---快速静载试验 ——慢速静载试验

经过实践证明,对摩擦桩的临界载重值,快速试验值与慢速试验值基本上相同。对设计荷载阶段(一般是小于临界荷载的 1/2),快速试验与慢速试验的桩下沉量也基本一致,见图 2.4.17。

4.3.2 基桩的水平静载试验

(1)加载装置及观测装置

水平荷载试验常采用横向放置的千斤顶加荷,如图 2.4.18 所示,两试桩净距不小于 4 m 或按设计规定办理。桩在水平荷载作用下,桩顶同时产生横向位移和转动。为了保持水平力的作用点和受力面不变,千斤顶应有球形支座装置。

观测装置原则上与垂直加载试验相似。试桩水平位移的测点不少于 2 个,且与中轴线对称布置。观测装置的固定点位置,应与试桩至少有 1.7 m 的净距,以免影响观测精度。

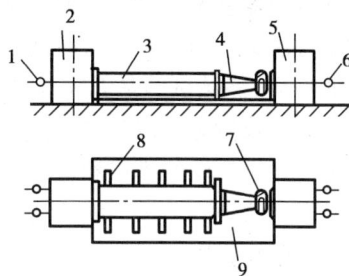

图 2.4.18 水平荷载试验装置
（一二桩法）
1,6—百分表;2,5—桩;3—道木;
4—千斤顶;7—测力环;8—圆铁;9—垫板

(2)加载方式和程序

加载有连续加载方式和循环加载方式,按等级差递增荷载,每次加载等级为估计的最大水平荷载的 1/10 ~ 1/5,一般为 0.5 ~ 1.0 t 递增,过软土的土质可采用 0.2 t 级差。

连续加载方式在每级加载后保持 10 min,测读水平位移,再加下一级荷载,这样连续加至极限荷载。在确定桩的极限荷载时,以此方式为好。

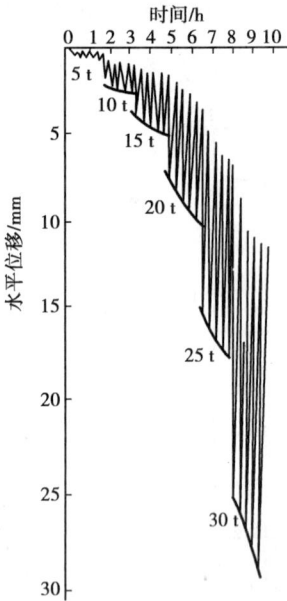

图 2.4.19　水平位移—时间曲线图

循环加载方式为一般常用的方式,每级加载后保持 10 min,记录水平位移读数,然后卸载至零,再经过 10 min,又记录水平位移读数,如此即为一循环。每级反复 5 次循环为一级荷载,以后接着施加下一级荷载,直到达到极限荷载或满足设计要求为止。

(3)资料整理及极限荷载的确定

根据试验结果,绘制水平荷载试验的"荷载—位移曲线",取横坐标 10 cm 为 0.5 t 荷载,纵坐标 1 cm 为 1 mm 的水平位移。

极限荷载的确定:在采用连续加载法时,在某级荷载作用下,水平位移长时间不稳定,桩周土出现明显裂缝并隆起,或水平位移达到极限值时,即可终止试验,其前一级荷载为极限荷载。

在采用循环加载法时,根据观测记录,绘制循环荷载位移—时间关系,见图 2.4.19。将各级荷载反复作用下的位移值连接起来的曲线,就是该级荷载下的位移包络线。当此包络线向下凹的曲线如图中 25 t 以前的曲线,表示在该级荷载的反复作用下,桩的位移逐渐趋近一个定值,变形趋于稳定。当此包络线向上凸的曲线如图中 30 t 级曲线,表示变形不稳定,则认为 30 t 级为破坏荷载,而其前一级 25 t 为极限荷载,极限荷载除以安全系数为容许荷载。

4.3.3　基桩高应变动力检测(凯斯法)

随着我国基本建设事业的飞速发展,桩基工程日益增多,桩的检测工作量很大。传统的静荷试验方法,由于其费用高,时间长,通常检测数量只能达到总桩数的 1% 左右;而且随着桩径桩长的增大,静载试验从其实施规模、消耗资金和需要时间来看,均已到了难以接受的程度。而各种动力检测方法以其技术相对先进,操作较为简便,占用时间较短,所需费用较低等优点,近年来得到了广泛的推广和应用。下面仅介绍《建筑基桩检测技术规范》(JGJ 106—2014)中采用的凯斯法。

(1)基本原理

凯斯法以现代波动理论为基础,导出了一套简捷的分析计算公式,借助于现代的振动测量和信号处理技术,在锤击桩的过程中检测桩头的受力和运动响应信息,借助计算机分析技术,较全面地考虑桩和土及其相互作用的各种因素,通过复杂的运算,获得桩的承载力。这里略去冗长的数学推导,直接给出凯斯法判定计限承载力的计算公式。

$$R_c = (1 - J_c)[F(t_1) + Zv(t_1)]/2 + (1 + J_c)$$
$$[F(t_1 + 2L/c) - Zv(t_1 + 2L/c)]/2$$
$$Z = AE/c \qquad\qquad (2.4.13)$$

式中:R_c——由凯斯法判定的单桩极限承载力,kN;

　　　J_c——凯斯法阻尼系数;

　　　t_1——速度峰值对应的时刻,ms;

$F(t_1)$——t_1 时刻的锤击力,kN;

$v(t_1)$——t_1 时刻的质点运动速度,m/s;

Z——桩身截面力学阻抗,kN·s/m;

A——桩截面积,m^2;

L——测点下桩长,m。

(2)检测仪器及设备

试验仪器应具有现场显示、记录、保存实测力与加速度信号的功能,并能进行数据处理、打印和绘图,如图 2.4.20 所示。其性能应符合下列规定:

1)数据采集装置的模/数转换精度不应小于 10 位,通道之间的相位差应小于 50 μs。

图 2.4.20　仪器设备装置框图

2)力传感器宜采用工具式应变传感器,应变传感器安装谐振频率应大于 2 kHz,在 0~1 000 μs 测量范围内的非线性误差不应大于 ±1%,由于导线电阻引起的灵敏度降低不应大于 1%。

3)安装后的加速度计在 2~3 000 Hz 范围内,灵敏度变化不应大于 ±5%,冲击加速度不大于 10 000 m·s^{-2},其幅值非线性误差不应大于 ±5%。

4)传感器应每年标定一次。

5)打桩机械或类似的装置都可作为锤击设备。重锤应质量均匀,形状对称,锤底平整,宜用铸钢或铸铁制作。当采用自由落锤时,锤的重量应大于预估的单桩极限承载力的 1%。

6)桩的贯入度可用精密水准仪、激光变形仪等光学器测定。因为检测时,重锤对桩的冲击,使桩周土产生振动,采用传统设置基准梁、基准桩的方法,会使贯入度的测量带来较大误差。

(3)检测方法

1)混凝土桩桩头的处理。为了确保检测时锤击力的正常传递,桩头顶面应水平、平整,桩头中轴线与桩身中轴线应重合,桩头载面积应与原桩身截面积相同。

桩头主筋应全部直通至桩顶混凝土保护层之下,各主筋应在同一高度上。

距桩顶 1 倍桩径范围内,宜用厚度为 3~5 mm 的钢板围裹或距桩顶 1.5 倍桩径范围内设置箍筋,间距不宜大于 150 mm。桩顶应设置钢筋网片 2~3 层,间距 60~100 mm。

桩头混凝土强度等级宜比桩身混凝土提高 1~2 级,且不得低于 C30;桩顶应设置桩垫,并根据使用情况及时更换;桩垫宜采用胶合板、木板和纤维板等材质均匀的材料。

2)传感器的安装。为监视和减少可能出现的偏心锤击的影响,检测时应安装应变传感器和加速度传感器各两只。传感器的安装应符合下列规定:

①传感器应分别对称安装在桩顶以下桩身两侧如图 2.4.21 所示,传感器与桩顶之间的垂直距离,对于一般桩型,不宜小于 2 倍桩的直径或边长;对于大直径桩,不得小于 1 倍桩的直径或边长。

②安装传感器的桩身表面应平整,且其周围不得有缺损或断面突变,安装面范围内的材质和截面尺寸应与原桩身等同。

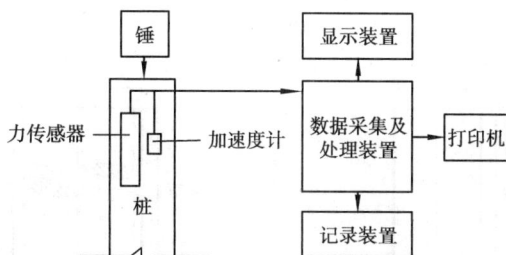

223

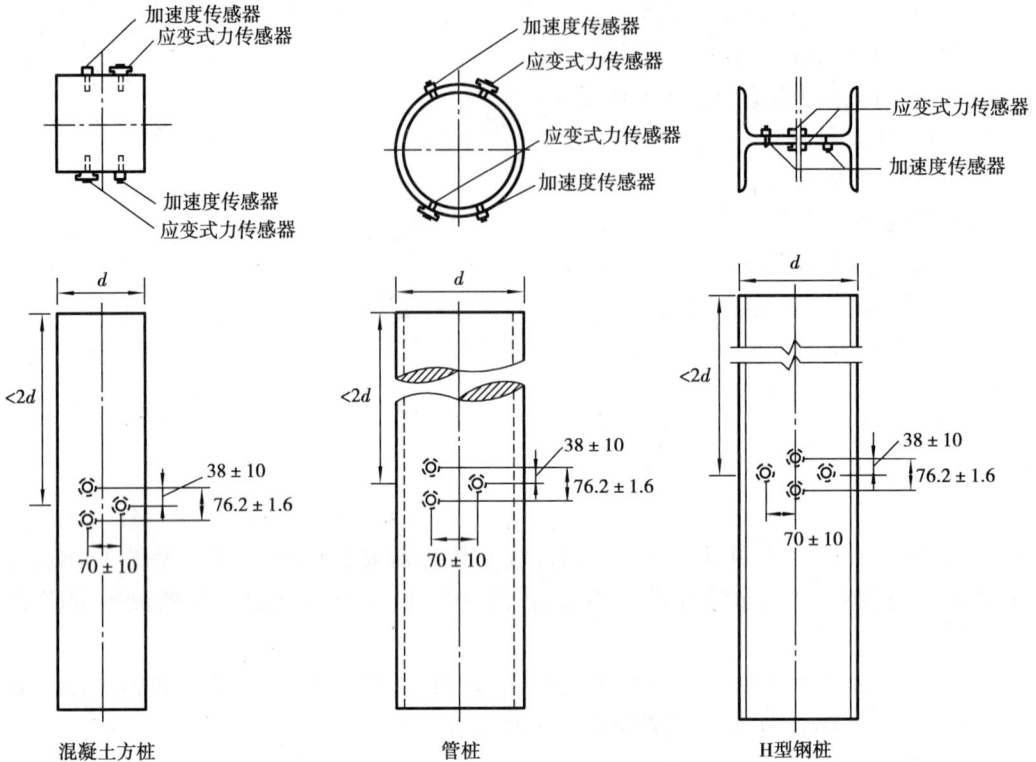

图 2.4.21　测点处传感器安装(单位:mm)

③应变传感器的中心,与加速度传感器中心应位于同一水平线上,两者之间的水平距离不宜大于 10 cm。

④当采用膨胀螺栓固定传感器时,安装时应满足螺栓孔应与桩身中轴线垂直,其直径应与采用的膨胀螺栓尺寸相匹配。

⑤安装完毕后的应变传感器固定面应紧贴桩身表面,初始变形值不得超过规定值,检测过程中不得产生相对滑动。

⑥当进行连续锤击检测时,应先将传感器引线与桩身固定可靠,防止引线振动受损。

3)现场检测参数设定。高应变动力检测是通过在桩顶采集力和速度信号,通过计算得到桩的承载力的。实际上,传感器直接测到的其安装面上的应变和加速度信号,还要根据其他参数设定值计算后才能得到力和速度信号,因此桩的参数必须按测点处桩的性状设定。

①桩的参数设定。现场检测时桩头测点处的桩截面面积、桩身波速、桩材质密度和弹性模量应按测点处桩的实际情况确定。

测点下桩长和截面积的设定值应符合下列规定:测点下桩长应取传感器安装点至桩底的距离;对于预制桩,可采用建设或施工单位提供的实际桩长和桩截面积作为设定值;对于混凝土灌注桩,测点下桩长和截面积设定值宜按建设或施工单位提供的施工记录确定。

桩身波速设定可符合下列规定:对于普通钢桩,波速值可设定为 5 120 m/s;对于混凝土预制桩,宜在打入前实测无缺陷桩的桩身平均波速作为设定值;对于混凝土灌注桩,在桩长已知的情况下,可用反射波法按桩底反射信号计算桩的平均波速作设定值,如桩底反射信号不清晰,可根据桩身混凝土强度等级参数综合设定。

桩身质量密度设定应符合下列规定:对于普通钢桩,质量密度应设定为 7.85 t/m³;对于普通混凝土预制桩,质量密度可设定为 2.45 ~ 2.55 t/m³;对于普通混凝土灌注桩,质量密度可设定为 2.40 t/m³。

桩材弹性模量设定值应按下式计算:

$$E = \rho v^2 \tag{2.4.14}$$

式中:E——桩材弹性模量,kPa;

　　　v——桩身内应力波传播速度,m/s;

　　　ρ——桩材质量密度,kg/m³。

②采样频率和采样数据长度的设定。采样频率宜为 5 ~ 10 kHz;每个信号的采样点数不宜少于 1 024 点。

③力传感器和加速度传感器标定系数的设定。力传感器和加速度传感器标定系数应由国家法定计量单位开具的标定系数或传感器出厂标定系数作为设定值。

4)测试技术要求。检测前应认真检查确认整个测试系统处于正常状态,并逐一核对各类参数设定值,直到确认无误时,方可开始检测。

检测时要记录的每根桩的有效锤击次数,应根据贯入度及信号质量确定。因此,检测时宜实测每一锤击力上桩的贯入度,为使桩周土产生塑性变形,单击贯入度不宜小于 2.5 mm,但也不宜大于 10 mm。由于检测工作现场情况复杂,种种影响很难避免,为确保采集可靠的数据,即使对于灌注桩,每根桩检测时应记录的有效锤击数也不得只有一击。否则,一旦在室内分析时,发现采集数据有误就无法补救。每根桩检测时应记录的有效锤击次数可参照表 2.4.22 取定。

表 2.4.22　有效锤击次数

检测目的	桩型	有效锤击次数	检测目的	桩型	有效锤击次数
基桩检测	灌注桩	2 ~ 3 击	施工控制	预制桩(初打)	收锤前 3 阵
	预制桩(复打)	2 ~ 3 击		预制桩(复打)	1 阵

注:每阵为 10 击。

采用自由落锤为锤击设备时,宜重锤低击,最大锤击落距不宜大于 2.5 m。当检测仅为检验桩身结构完整性时,可减轻锤重,降低落距,减少桩垫厚度,但应能测到明显的桩底反射信号。

表 2.4.23　休止时间(d)

土的类别		休止时间
砂　　土		7
粉　　土		10
黏性土	非饱和	15
	饱　和	25

检测时应及时检查采集数据的质量。如发现测试系统出现问题、桩身有明显缺陷或缺陷程度加剧,应停止检测,进行检查。

当检测承载力时,从设桩至检测的休止时间,预制桩不应少于表 2.4.23 中规定的时间,混凝土灌注桩应达到混凝土的设计强度等级,并不应少于表 2.4.23 中规定的时间。

(4)基桩承载力判定

1)现场测量信号的判读。凯斯法在现场量测的直接结果是取得一条力波曲线和一条速度波曲线。用这两条曲线可做现场实时分析计算或带回室内做更详细的分析计算。因为主要计算都是由计算机或有关电子线路自动完成的,计算程序不会判断现场采集的信号是否可靠,错误的记录也会有一个相应的计算值,所以判断现场采集的信号的可靠性是相当重要的。

锤击后出现下列情况之一的,其信号不得作为分析计算依据:

①力的时程曲线最终未归零;

②严重偏心锤击,一侧力信号呈现受拉;

③传感器出现故障;

④传感器安装处混凝土开裂或出现塑性变形。

检测承载力时选取锤击信号,宜符合下列规定:

①预制桩初打,宜取最后一阵中锤击能量较大的击次;

②预制桩初打,宜取最后一阵中锤击能量较大的击次;

③预制桩复打和灌注桩检测,宜取其中锤击能量较大的击次。

分析计算前,应根据实测信号按下列方法确定桩身波速平均值:

①桩底反射信号明显时,可根据下行波波形升起沿的起点到上行波下降沿的起点之间的时差与已知桩长值确定(图2.4.22);

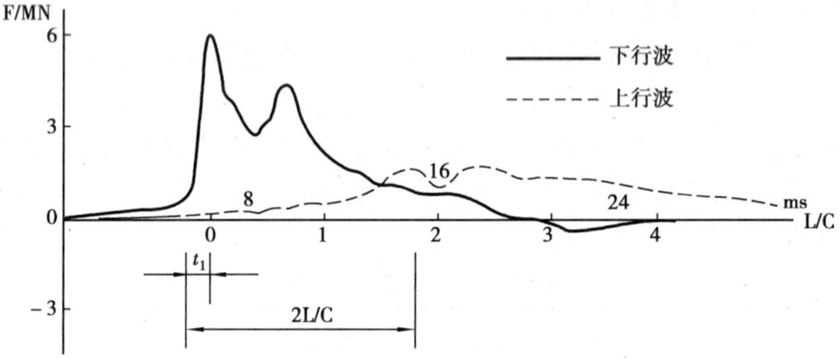

图 2.4.22　桩身波速的确定

F—锤击力;L—测点下桩长;C—桩身波速

②桩底反射信号不明显时,可根据桩长、混凝土波速的合理取值范围以及邻近桩的桩身波速值综合判定。

2)凯斯法判定桩承载力。凯斯法判定单桩极限承载力的公式见式(2.4.13)。利用该式判定单桩承载力的关键是选取合理的阻尼系数 J_c。我国目前采用的阻尼系数值基本上是参照美国 PID 公司给出的取值范围,其取值的规律为:随着土中细粒含量的增加,阻尼系数值也随之增加。而且只给出了砂、粉砂、粉土、粉质粘土和粘土五种土质条件下的取值范围,常见的以风化岩作为桩端持力层的情况未能包括在内。此外,考虑到 PID 公司所建议的取值范围是基于打入式桩提出的,而我国灌注桩高应变动力检测的数量又很大,应用时难以满足公式推导中关于等截面的假定。加上灌注桩施工工艺不同所造成的桩端持力层的差异对阻尼系数取值的影响,使采用凯斯法判定承载力带有较大的经验性和不确定性。为防止凯斯法的不合理应用,应采用动静对比试验或实测曲线拟合法确定阻尼系数值。

表 2.4.24　美国 PID 公司的凯斯阻尼系数建议值

土的类型	取值范围
砂	0 ~ 0.15
砂质粉土	0.15 ~ 0.25
粉质粘土	0.45 ~ 0.70
粘土	0.9 ~ 1.20

还应指出,尽管 PID 公司给出的阻尼系数值的范围(见表2.4.24)是通过静载荷载试验

表 2.4.25　上海地区凯斯尼系数建议值

土的类型	取值范围	土的类型	取值范围
污泥质灰色粘土;灰色粘土	0.6 ~ 0.9	灰色砂质粉土;黄绿色砂质粉土	0.15 ~ 0.45
褐黄色表土;污泥质灰色粉质粘土;灰色粉质粘土;暗绿色粉质粘土	0.4 ~ 0.7	粉砂;细砂;砂	0.05 ~ 0.20

校核后得到的,但其静载荷试验确定极限承载力的准则与我国现行规范的规定有差异。此外,某些以端承为主的大直径桩、嵌岩桩、高应变动力检测所产生的动位移通常比静载荷试验时所产生的沉降要小得多,因此对于由动静对比试验得到的阻尼系数值,也应通过认真分析后取定。

(5)凯斯法适用范围和优点

1)适用范围。凯斯法判定单桩极限承载力只限于中、小直径桩;用于混凝土灌注桩时,桩身材质应均匀,且有可靠经验。在无静试验情况下,应采用实测曲线拟合法确定 J_c 值,拟合计算的桩数不应小于检测总数的 30%,并不少于 3 根;在同一场地,桩型、尺寸相同情况下,阻尼系数极值与平均值之差不应大于 0.1。

2)优点。凯斯法有较完整的理论体系,测试较简单,尤其对打入桩,可在沉桩过程中同步进行测试。传感器为工具式的,装卸方便,能重复使用和进行实时分析。可对施工进行监测,并可作为确定打入桩的停打标准手段,也可随机抽样检查。功能较多,能提供的数据也多,例如:能确定单桩极限承载力,能对桩身的缺损、裂缝和桩材整体质量作检测,能给出打桩时桩身的最大动压应力和最大动拉应力值,还能给出桩锤的有效锤击能量。

3)精度。动、静试验资料对比的精度不仅取决于动测方法本身,还依赖于静载试验所采用的破坏差别标准,世界各地大量的动静对比资料表明,凯斯法预估的单桩极限承载力值与静载荷试验相比其误差一般不超过±20%。根据上海地区近两年的试验资料统计,其误差也在这一范围之内。

4)存在问题。凯斯法有许多优点,但也还存在着不少问题有待进一步研究。有兴趣的读者可查阅有关专著。

练习题

4.1　按桥梁规范确定地基承载力时,满足什么条件才可以提高容许承载力?

4.2　土的孔隙比 e 的物理意义是什么? 与相对密度 D_r 的关联怎样?

4.3　标准贯入试验适用于什么场合? 可作哪些内容的测试?

4.4　钻(冲)孔灌注桩调制的泥浆起什么作用? 泥浆的相对密度 γ_x 怎样测试?

4.5　常用的钻孔灌注桩质量检测方法有几种? 适用条件各是什么?

4.6　简述基桩静载试验的原理和测试主要内容。

4.7　什么是桩的允许荷载、允许承载力? 什么是桩的极限荷载、极限承载力?

4.8　用静载法检测单桩的垂直承载力时,对基准桩的设置要求有哪些?

4.9　有一钻孔灌注桩,静载检测数据如下表:

荷载/kN	300	600	900	1 200	1 500	1 800
沉降/mm	0.10	0.20	0.36	0.50	0.74	1.00
荷载/kN	2 100	2 400	2 700	3 000	3 300	3 600
沉降/mm	1.35	1.70	2.14	3.00	6.20	9.20

根据上列数据绘制 P—S 曲线,解释桩的破坏模式,确定此桩的允许承载力和极限承载力。(1 500 kN,3 000 kN)

4.10 某打入桩用穿心锤加载,记录振波波长为 8 mm,记录纸移动速度为 200 mm/s,参振桩土折算重量为 445 kN,求试桩的极限承载力是多少?(1 893.05 kN)

附录 测区混凝土强度换算表

附表1 测区混凝土强度换算表

平均回弹值 R_m	测区混凝土强度换算值/MPa 平均碳化深度值(d_m)/mm												
	0	0.5	1.0	1.5	2.0	2.5	3.0	3.5	4.0	4.5	5.0	5.5	≥6.0
20.00	10.3	10.1	9.8	—	—	—	—	—	—	—	—	—	—
20.2	10.5	10.3	10.0	—	—	—	—	—	—	—	—	—	—
20.4	10.7	10.5	10.2	9.8	—	—	—	—	—	—	—	—	—
20.6	11.0	10.8	10.4	10.1	—	—	—	—	—	—	—	—	—
20.8	11.2	11.0	10.6	10.3	9.9	—	—	—	—	—	—	—	—
21.0	11.4	11.2	10.8	10.5	10.0	—	—	—	—	—	—	—	—
21.2	11.6	11.4	11.0	10.7	10.2	9.9	—	—	—	—	—	—	—
21.4	11.8	11.6	11.2	10.9	10.4	10.0	—	—	—	—	—	—	—
21.6	12.0	11.8	11.4	11.0	10.6	10.2	9.8	—	—	—	—	—	—
21.8	12.3	12.1	11.7	11.3	10.8	10.5	10.1	—	—	—	—	—	—
22.0	12.5	12.2	11.9	11.5	11.0	10.6	10.2	9.9	—	—	—	—	—
22.2	12.7	12.4	12.1	11.7	11.2	10.8	10.4	10.0	—	—	—	—	—
22.4	13.0	12.7	12.4	12.0	11.4	11.0	10.7	10.3	10.0	—	—	—	—
22.6	13.2	12.9	12.5	12.1	11.6	11.2	10.8	10.4	10.2	9.8	—	—	—
22.8	13.4	13.1	12.7	12.3	11.8	11.4	11.0	10.0	10.3	9.9	—	—	—
23.0	13.7	13.4	13.0	12.6	12.1	11.6	11.2	10.8	10.5	10.1	—	—	—
23.2	13.9	13.6	13.2	12.8	12.2	11.8	11.4	11.0	10.7	10.3	10.0	—	—
23.4	14.1	13.8	13.4	13.0	12.4	12.0	11.6	11.1	10.9	10.4	10.2	9.9	—
23.6	14.4	14.1	13.7	13.2	12.7	12.2	11.8	11.4	11.1	10.7	10.4	10.1	
23.8	14.6	14.3	13.9	13.4	12.8	12.4	12.0	11.5	11.2	10.8	10.5	10.2	9.9
24.0	14.9	14.6	14.2	13.7	13.1	12.7	12.2	11.8	11.5	11.0	10.7	10.4	10.1
24.2	15.1	14.8	14.3	13.9	13.3	12.8	12.4	11.9	11.6	11.2	10.9	10.6	10.3
24.4	15.4	15.1	14.6	14.1	13.6	13.1	12.6	12.2	11.9	11.4	11.1	10.8	10.4
24.6	15.6	15.3	14.8	14.4	13.7	13.3	12.8	12.3	12.0	11.5	11.2	10.9	10.6
24.8	15.9	15.6	15.1	14.6	14.0	13.5	13.0	12.6	12.2	11.8	11.4	11.1	10.7
25.0	16.2	15.9	15.4	14.9	14.3	13.8	13.3	12.8	12.5	12.0	11.7	11.3	10.9
25.2	16.4	16.1	15.6	15.1	14.4	13.9	13.4	13.0	12.6	12.1	11.8	11.5	11.0
25.4	16.7	16.4	15.9	15.4	14.7	14.2	13.7	13.2	12.9	12.4	12.0	11.7	11.2

续表

平均回弹值 R_m	测区混凝土强度换算值/MPa												
	平均碳化深度值(d_m)/mm												
	0	0.5	1.0	1.5	2.0	2.5	3.0	3.5	4.0	4.5	5.0	5.5	≥6.0
25.6	16.9	16.6	16.1	15.7	14.9	14.4	13.9	13.4	13.0	12.5	12.2	11.8	11.3
25.8	17.2	16.9	16.3	15.8	15.1	14.6	14.1	13.6	13.2	12.7	12.4	12.0	11.5
26.0	17.5	17.2	16.6	16.1	15.4	14.9	14.4	13.8	13.5	13.0	12.6	12.2	11.6
26.2	17.8	17.4	16.9	16.4	15.7	15.1	14.6	14.0	13.7	13.2	12.8	12.4	11.8
26.4	18.0	17.6	17.1	16.6	15.8	15.3	14.8	14.2	13.9	13.3	13.0	12.6	12.0
26.6	18.3	17.9	17.4	16.8	16.1	15.6	15.0	14.4	14.1	13.5	13.2	12.8	12.1
27.0	18.9	18.5	18.0	17.4	16.6	16.1	15.5	14.1	14.6	14.0	13.6	13.1	12.4
27.2	19.1	18.7	18.1	17.6	16.8	16.2	15.7	15.0	14.7	14.1	13.8	13.3	12.6
27.4	19.4	19.0	18.4	17.8	17.0	16.4	15.9	15.2	14.9	14.3	14.0	13.4	12.7
27.6	19.6	19.3	18.7	18.0	17.2	16.6	16.1	15.4	15.1	14.5	14.1	13.6	12.9
27.8	20.0	19.6	19.0	18.2	17.4	16.8	16.3	15.6	15.3	14.7	14.2	13.7	13.0
28.0	20.3	19.7	19.2	18.4	17.6	17.0	16.5	15.8	15.4	14.8	14.4	13.9	13.2
28.2	20.6	20.0	19.5	18.6	17.8	17.2	16.7	16.0	15.6	15.0	14.6	14.0	13.3
28.4	20.9	20.3	19.7	18.8	18.0	17.4	16.9	16.2	15.8	15.2	14.8	14.2	13.5
28.6	21.2	20.6	20.0	19.1	18.2	17.6	17.1	16.4	16.0	15.4	15.0	14.3	13.6
28.8	21.5	20.9	20.2	19.4	18.5	17.8	17.3	16.6	16.2	15.6	15.2	14.5	13.8
29.0	21.8	21.1	20.5	19.6	18.7	18.1	17.5	16.8	16.4	15.8	15.4	14.6	13.9
29.2	22.1	21.4	20.8	19.9	19.0	18.3	17.7	17.0	16.6	16.0	15.6	14.8	14.1
29.4	22.4	21.7	21.1	20.2	19.3	18.6	17.9	17.2	16.8	16.2	15.8	14.8	14.1
29.6	22.7	22.0	21.3	20.4	19.5	18.8	18.2	17.5	17.0	16.4	16.0	15.1	14.4
29.8	23.0	22.3	21.6	20.7	19.8	19.1	18.4	17.7	17.2	16.6	16.2	15.3	14.5
30.0	23.3	22.6	21.9	21.0	20.0	19.3	18.6	17.9	17.4	16.8	16.4	15.4	14.7
30.2	23.6	22.9	22.2	21.2	20.3	19.6	18.9	18.2	17.6	17.0	16.6	15.6	14.9
30.4	23.9	23.2	22.5	21.5	20.6	19.8	19.1	18.4	17.8	17.2	16.8	15.8	15.1
30.6	24.3	23.6	22.8	21.9	20.9	20.2	19.4	18.7	18.0	17.5	17.0	16.0	15.2
30.8	24.6	23.9	23.1	22.1	21.2	20.4	19.7	28.9	18.2	17.7	17.2	16.2	15.4
31.0	24.9	24.2	23.4	22.4	21.4	20.7	19.9	19.2	18.4	17.9	17.4	16.4	15.5
31.2	25.2	24.4	23.7	22.7	21.7	20.9	20.2	19.4	18.6	18.1	17.6	16.6	15.7
31.4	25.6	24.8	24.1	23.0	22.0	21.2	20.5	19.7	18.9	18.4	17.8	16.9	15.8
31.6	25.9	25.1	24.3	23.3	22.3	21.5	20.7	19.9	19.2	18.6	18.0	17.1	16.0
31.8	26.2	25.4	24.6	23.6	22.5	21.7	21.0	20.2	19.4	18.9	18.2	17.3	16.2

续表

平均回弹值 R_m	测区混凝土强度换算值/MPa												
	平均碳化深度值(d_m)/mm												
	0	0.5	1.0	1.5	2.0	2.5	3.0	3.5	4.0	4.5	5.0	5.5	≥6.0
32.0	26.5	25.7	24.9	23.9	22.8	22.0	21.2	20.4	19.6	19.1	18.4	17.5	16.4
32.2	26.9	26.1	25.3	24.2	23.1	22.3	21.5	20.7	19.9	19.4	18.6	17.7	16.6
32.4	27.2	26.4	25.6	24.5	23.4	22.6	21.8	20.9	20.1	19.6	18.8	17.9	16.8
32.6	27.6	26.8	25.9	24.8	23.7	22.9	22.1	21.3	20.4	19.9	19.0	18.1	17.0
32.8	27.9	27.1	26.2	25.1	24.0	23.0	22.3	21.5	20.6	20.1	19.2	18.3	17.2
33.0	28.2	27.4	26.5	25.4	24.3	23.4	22.6	21.7	20.9	20.3	19.4	18.5	17.4
33.2	28.6	27.7	26.8	25.7	24.6	23.7	22.9	22.0	21.2	20.5	19.6	18.7	17.6
33.4	28.9	28.0	27.1	26.0	24.9	24.0	23.1	22.3	21.4	20.7	19.8	18.9	17.8
33.6	29.3	28.4	27.4	26.4	25.2	24.2	23.3	22.6	21.7	20.9	20.0	19.1	18.0
33.8	29.6	28.7	27.7	26.6	25.4	24.4	23.5	22.8	21.9	21.1	20.2	19.3	18.2
34.0	30.0	29.1	28.0	26.8	25.6	24.6	23.7	23.0	22.1	21.3	20.4	19.5	18.3
34.2	30.3	29.4	28.3	27.0	25.8	24.8	23.9	23.2	22.3	21.5	20.6	19.7	18.4
34.4	30.7	29.8	28.6	27.2	26.0	25.0	24.1	23.4	22.5	21.7	20.8	19.8	18.6
34.6	31.1	30.2	28.9	27.4	26.2	25.2	24.3	23.6	22.7	21.9	21.0	20.0	18.8
34.8	31.4	30.5	29.2	27.6	26.4	25.4	24.5	23.8	22.9	22.1	21.2	20.2	19.0
35.0	31.8	30.8	29.6	28.0	26.7	25.8	24.8	24.0	23.2	22.3	21.4	20.4	19.2
35.2	32.1	31.1	29.9	28.2	27.0	26.0	25.0	34.2	23.4	22.5	21.6	20.6	19.4
35.4	32.5	31.5	30.2	28.6	27.3	26.3	25.4	24.4	23.7	22.8	21.8	20.8	19.6
35.6	32.9	31.9	30.6	29.0	27.6	26.6	25.7	24.7	24.0	23.0	22.0	21.0	19.8
35.8	33.3	32.3	31.0	29.3	28.0	27.0	26.0	25.0	24.3	23.0	22.2	21.2	20.0
36.0	33.6	32.6	31.2	29.6	28.2	27.2	26.2	25.2	24.5	23.5	22.4	21.4	20.2
36.2	34.0	33.0	31.6	29.9	28.6	27.5	26.5	25.5	24.8	23.8	22.6	21.6	20.4
36.4	34.4	33.4	32.0	30.3	28.9	27.9	26.8	25.8	25.1	24.1	22.8	21.8	20.6
36.6	34.8	33.8	32.4	30.6	29.2	28.2	27.1	26.1	25.4	24.4	23.0	22.0	20.9
36.8	35.2	34.1	32.7	31.0	29.6	28.5	27.5	26.4	25.7	24.6	23.2	22.2	21.1
37.0	35.5	34.4	33.0	31.2	29.8	28.8	27.7	26.6	25.9	24.8	23.4	22.4	21.3
37.2	35.9	34.8	33.4	31.6	30.2	29.1	28.0	26.9	26.2	25.1	23.7	22.6	21.5
37.4	36.3	35.2	33.8	31.9	30.5	29.4	28.3	27.2	26.5	25.4	24.0	22.9	21.8
37.6	36.7	35.6	34.1	32.3	30.8	29.7	28.6	27.5	26.8	25.7	24.2	23.1	22.0
37.8	37.1	36.0	34.5	32.6	31.2	30.0	28.9	27.8	27.1	26.0	24.5	23.4	22.3
38.0	37.5	36.4	34.9	33.0	31.5	30.3	29.2	28.1	27.4	26.2	24.8	23.6	22.5

续表

平均回弹值 R_m	测区混凝土强度换算值/MPa												
	平均碳化深度值(d_m)/mm												
	0	0.5	1.0	1.5	2.0	2.5	3.0	3.5	4.0	4.5	5.0	5.5	≥6.0
38.2	37.9	36.8	35.2	33.4	31.8	30.6	29.5	28.4	27.7	26.5	25.0	23.9	22.7
38.4	38.3	37.2	35.6	33.7	32.1	30.9	29.8	28.7	28.0	26.8	25.3	24.1	23.0
38.6	38.7	37.5	36.0	34.1	32.4	31.2	30.1	29.0	28.3	27.0	25.5	24.4	23.2
38.8	39.1	37.9	36.4	34.4	32.7	31.5	30.4	29.3	28.5	27.2	25.8	24.6	23.5
39.0	39.5	38.2	36.7	34.7	33.0	31.8	30.6	29.6	28.8	27.4	26.0	24.8	23.7
39.2	39.9	38.5	37.0	35.0	33.3	32.1	30.8	29.8	29.0	27.6	26.2	25.0	24.0
39.4	40.3	38.8	37.3	35.3	33.6	32.4	31.0	30.0	29.2	27.8	26.4	25.2	24.2
39.6	40.7	39.1	37.6	35.6	33.9	32.7	31.2	30.2	29.4	28.0	26.6	25.4	24.4
39.8	41.2	39.6	38.0	35.9	34.2	33.0	31.4	30.5	29.7	28.2	26.8	25.6	24.7
40.0	41.6	39.9	38.3	36.2	34.5	33.3	31.7	30.8	30.0	28.4	27.0	25.8	25.0
40.2	42.0	40.3	38.6	36.5	34.8	33.6	32.0	31.1	30.2	28.6	37.3	26.0	25.2
40.4	42.4	40.7	39.0	36.9	35.1	33.9	32.3	31.4	30.5	28.8	27.6	26.2	25.4
40.6	42.8	41.1	39.4	37.2	35.4	34.2	32.6	31.7	30.8	29.1	27.8	26.5	25.7
40.8	43.3	41.6	39.8	37.7	35.7	34.5	32.9	32.0	31.2	29.4	28.1	26.8	26.0
41.0	43.7	42.0	40.2	38.0	36.0	34.8	33.2	32.3	31.5	29.7	28.4	27.1	26.2
41.2	44.1	42.3	40.6	38.4	36.3	35.1	33.5	32.6	31.8	30.0	28.7	27.3	26.5
41.4	44.5	42.7	40.9	38.7	36.6	35.4	33.8	32.9	32.0	30.3	28.9	27.6	26.7
41.6	45.0	43.2	41.4	39.2	36.9	35.7	34.2	33.3	32.4	30.6	29.2	27.9	27.0
41.8	45.4	43.6	41.8	39.5	37.2	36.0	34.5	33.6	32.7	30.9	29.5	28.1	27.2
42.0	45.9	44.1	42.2	39.9	37.6	36.3	34.9	34.0	33.0	31.2	29.8	28.5	27.5
42.2	46.3	44.4	42.6	40.3	38.0	36.6	35.2	34.3	33.3	31.5	30.1	28.7	27.8
42.4	46.7	44.8	43.0	40.6	38.3	36.9	35.5	34.6	33.6	31.8	30.4	29.0	28.0
42.6	47.2	45.3	43.4	41.1	38.7	37.3	35.9	34.9	34.0	32.1	30.7	29.3	28.3
42.8	47.6	45.7	43.8	41.4	39.0	37.6	36.2	35.2	34.3	32.4	30.9	29.5	28.6
43.0	48.1	46.2	44.2	41.8	39.4	38.0	36.6	35.6	34.6	32.7	31.3	29.8	28.9
43.2	48.5	46.6	44.6	42.2	39.8	38.3	36.9	35.9	34.9	33.0	31.5	30.1	29.1
43.4	49.0	47.0	45.1	42.6	40.2	38.7	37.2	36.3	35.3	33.3	31.8	30.4	29.4
43.6	—	47.4	45.4	43.0	40.5	39.0	37.5	36.6	35.6	33.6	32.1	30.6	29.6
43.8	—	47.9	45.9	43.4	40.9	39.4	37.9	36.9	35.9	33.9	32.4	30.9	29.9
44.0	—	48.4	46.4	43.8	41.3	39.8	38.3	37.3	36.3	34.3	32.8	31.2	30.2
44.2	—	48.8	46.7	44.2	41.7	40.1	38.6	37.6	36.6	34.5	33.0	31.5	30.5

| 平均回弹值 R_m | 测区混凝土强度换算值/MPa |||||||||||||
| | 平均碳化深度值 (d_m)/mm |||||||||||||
	0	0.5	1.0	1.5	2.0	2.5	3.0	3.5	4.0	4.5	5.0	5.5	≥6.0
44.4	—	—	47.2	44.6	42.1	40.5	39.0	38.0	36.9	34.9	33.3	31.8	30.8
44.6	—	—	47.6	45.0	42.4	40.8	39.3	38.3	37.2	35.2	33.6	32.1	31.0
44.8	—	—	48.0	45.4	42.8	41.2	39.7	38.6	37.6	35.5	33.9	32.4	31.3
45.0	—	—	48.5	45.8	43.2	41.6	40.1	39.0	37.9	35.8	34.3	32.7	31.6
45.2	—	—	48.9	46.3	43.6	42.0	40.4	39.4	38.3	36.2	34.6	33.0	31.9
45.4	—	—	—	46.6	44.0	42.3	40.7	39.7	38.6	36.4	34.8	33.2	32.2
45.6	—	—	—	47.1	44.4	42.7	41.1	40.0	39.0	36.8	35.2	33.5	32.5
45.8	—	—	—	47.5	44.8	43.1	41.5	40.4	39.3	37.1	35.5	33.9	32.8
46.0	—	—	—	47.9	45.2	43.5	41.9	40.8	39.7	27.5	35.8	34.2	33.1
46.2	—	—	—	48.3	45.5	43.8	42.2	41.1	40.0	37.7	36.1	34.4	33.3
46.4	—	—	—	48.7	45.9	44.2	42.6	41.4	40.3	38.1	36.4	34.7	33.6
46.6	—	—	—	—	46.3	44.6	42.9	41.8	40.7	38.4	36.7	35.0	33.9
46.8	—	—	—	—	46.7	45.0	43.3	42.2	41.0	38.8	37.0	35.3	34.2
47.0	—	—	—	—	47.2	45.4	43.7	42.6	41.4	39.1	37.4	35.6	34.5
47.2	—	—	—	—	47.6	45.8	44.1	42.9	41.8	39.4	37.7	36.0	34.8
47.4	—	—	—	—	48.0	46.2	44.5	43.3	42.1	39.8	38.0	36.3	35.1
47.6	—	—	—	—	48.4	46.6	44.8	43.7	42.5	40.1	38.4	36.6	35.4
47.8	—	—	—	—	48.8	47.0	45.2	44.0	42.8	40.5	38.7	36.9	35.7
48.0	—	—	—	—	—	47.4	45.6	44.4	43.2	40.8	39.0	37.2	36.0
48.2	—	—	—	—	—	47.8	46.0	44.8	43.6	41.1	39.3	37.5	36.3
48.4	—	—	—	—	—	48.2	46.4	45.1	43.9	41.5	39.6	37.8	36.6
48.6	—	—	—	—	—	48.6	46.7	45.5	44.3	41.8	40.0	38.1	36.9
48.8	—	—	—	—	—	49.0	47.1	45.9	44.6	42.2	40.3	38.4	37.2
49.0	—	—	—	—	—	—	47.5	46.2	45.0	42.5	40.6	38.8	37.5
49.2	—	—	—	—	—	—	47.9	46.6	45.4	42.8	41.0	39.1	37.8
49.4	—	—	—	—	—	—	48.3	47.1	45.8	43.2	41.3	39.4	38.2
49.6	—	—	—	—	—	—	48.7	47.4	46.2	43.6	41.7	39.7	38.5
49.8	—	—	—	—	—	—	—	47.8	46.5	43.9	42.0	40.1	38.8
50.0	—	—	—	—	—	—	—	48.2	46.9	44.3	42.3	40.4	39.1
50.2	—	—	—	—	—	—	—	48.5	47.2	44.6	42.6	40.7	39.4
50.4	—	—	—	—	—	—	—	49.0	47.7	45.0	43.0	41.0	39.7

续表

平均回弹值 R_m	测区混凝土强度换算值/MPa												
	平均碳化深度值(d_m)/mm												
	0	0.5	1.0	1.5	2.0	2.5	3.0	3.5	4.0	4.5	5.0	5.5	≥6.0
50.6	—	—	—	—	—	—	—	—	48.0	45.4	43.4	41.4	40.0
50.8	—	—	—	—	—	—	—	—	48.4	45.7	43.7	41.7	40.3
51.0	—	—	—	—	—	—	—	—	48.8	46.1	44.1	42.0	40.7
51.2	—	—	—	—	—	—	—	—	—	46.4	44.4	42.3	41.0
51.4	—	—	—	—	—	—	—	—	—	46.8	44.7	42.7	41.3
51.6	—	—	—	—	—	—	—	—	—	47.2	45.1	43.0	41.6
51.8	—	—	—	—	—	—	—	—	—	47.5	45.4	43.3	41.8
52.0	—	—	—	—	—	—	—	—	—	47.9	45.8	43.7	42.3
52.2	—	—	—	—	—	—	—	—	—	48.3	46.2	44.0	42.6
52.4	—	—	—	—	—	—	—	—	—	48.7	46.5	44.4	43.0
52.6	—	—	—	—	—	—	—	—	—	49.0	46.9	44.7	43.3
52.8	—	—	—	—	—	—	—	—	—	—	47.3	45.1	43.6
53.0	—	—	—	—	—	—	—	—	—	—	47.6	45.4	43.9
53.2	—	—	—	—	—	—	—	—	—	—	48.0	45.8	44.3
53.4	—	—	—	—	—	—	—	—	—	—	48.3	46.1	44.6
53.6	—	—	—	—	—	—	—	—	—	—	48.7	46.4	44.9
53.8	—	—	—	—	—	—	—	—	—	—	—	46.8	45.3
54.0	—	—	—	—	—	—	—	—	—	—	—	47.1	45.6
54.2	—	—	—	—	—	—	—	—	—	—	—	47.5	46.0
54.4	—	—	—	—	—	—	—	—	—	—	—	47.9	46.3
54.6	—	—	—	—	—	—	—	—	—	—	—	48.2	46.6
54.8	—	—	—	—	—	—	—	—	—	—	—	48.5	47.0
55.0	—	—	—	—	—	—	—	—	—	—	—	48.9	47.3
55.2	—	—	—	—	—	—	—	—	—	—	—	—	47.7
55.4	—	—	—	—	—	—	—	—	—	—	—	—	48.0
55.6	—	—	—	—	—	—	—	—	—	—	—	—	48.4
55.8	—	—	—	—	—	—	—	—	—	—	—	—	48.7

注:本表系按全国统一曲线制定。

附表 2　测区混凝土强度换算表（卵石）

R_a \ v_a / f_{cu}	3.80	3.82	3.84	3.86	3.88	3.90	3.92	3.94	3.96	3.98	4.00	4.02	4.04	4.06	4.08	4.10
24.0					10.0	10.0	10.1	10.2	10.2	10.3	10.4	10.4	10.5	10.5	10.6	10.7
25.0	10.5	10.6	10.7	10.7	10.8	10.9	10.9	11.0	11.1	11.1	11.2	11.3	11.3	11.4	11.5	11.6
26.0	11.4	11.4	11.5	11.6	11.7	11.7	11.8	11.9	12.0	12.0	12.1	12.1	12.2	12.3	12.4	12.5
27.0	12.2	12.3	12.4	12.5	12.5	12.6	12.7	12.8	12.9	12.9	13.0	13.1	13.2	13.3	13.3	13.4
28.0	13.1	13.2	13.3	13.4	13.5	13.5	13.6	13.7	13.8	13.9	14.0	14.1	14.1	14.2	14.3	14.4
29.0	14.1	14.1	14.2	14.3	14.4	14.5	14.6	14.7	14.8	14.9	15.0	15.1	15.1	15.2	15.3	15.4
30.0	15.0	15.1	15.2	15.3	15.4	15.5	15.6	15.7	15.8	15.9	16.0	16.1	16.2	16.3	16.4	16.5
31.0	16.0	16.1	16.2	16.3	16.4	16.5	16.6	16.7	16.8	16.9	17.0	17.1	17.2	17.3	17.5	17.6
32.0	17.0	17.1	17.2	17.3	17.5	17.6	17.7	17.8	17.9	18.0	18.1	18.2	18.3	18.5	18.6	18.7
33.0	18.1	18.2	18.3	18.5	18.6	18.7	18.8	18.9	19.0	19.1	19.2	19.4	19.5	19.6	19.7	19.8
34.0	19.1	19.3	19.4	19.5	19.6	19.8	19.9	20.0	20.1	20.2	20.4	20.5	20.6	20.8	20.9	21.0
35.0	20.3	20.4	20.5	20.7	20.8	20.9	21.0	21.2	21.3	21.4	21.6	21.7	21.8	22.0	22.1	22.2
36.0	21.4	21.5	21.7	21.8	22.0	22.1	22.2	22.3	22.4	22.7	22.8	22.9	23.1	23.2	23.4	23.5
37.0	22.6	22.7	22.9	23.0	23.2	23.3	23.4	23.6	23.7	23.9	24.0	24.2	24.3	24.5	24.6	24.8
38.0	23.8	23.9	24.1	24.2	24.4	24.6	24.7	24.9	25.0	25.2	25.3	25.4	25.6	25.8	25.9	26.1
39.0	25.0	25.2	25.3	25.5	25.7	25.8	26.0	26.1	26.3	26.5	26.6	26.8	27.0	27.1	27.3	27.5
40.0	26.3	26.5	26.6	26.8	27.0	27.1	27.3	27.5	27.6	27.8	28.0	28.2	28.3	28.5	28.7	28.8
41.0	27.6	27.8	27.9	28.1	28.3	28.5	28.6	28.8	29.0	29.2	29.4	29.5	29.7	29.9	30.1	30.3
42.0	28.9	29.1	29.3	29.5	29.6	29.8	30.0	30.2	30.1	30.6	30.8	31.0	31.2	31.3	31.5	31.7
43.0	30.3	30.5	30.6	30.8	31.0	31.2	31.4	31.6	31.8	32.0	32.2	32.4	32.6	32.8	33.0	33.2
44.0	33.1	33.3	33.5	33.7	33.9	34.1	34.3	34.6	34.8	35.0	35.2	35.4	35.6	35.9	36.1	36.3
45.0	33.1	33.3	33.5	33.7	33.9	34.1	34.3	34.6	34.8	35.0	35.2	35.4	35.6	35.9	36.1	36.3
46.0	34.5	34.7	35.0	35.2	35.4	35.6	35.9	36.1	36.3	36.5	36.7	37.0	37.2	37.4	37.7	37.9
47.0	36.0	36.2	36.5	36.7	36.9	37.2	37.4	37.6	37.9	38.1	38.3	38.6	38.8	39.0	39.3	39.5
48.0	37.5	37.7	38.0	38.2	38.5	38.7	39.0	39.2	39.4	39.7	39.9	40.2	40.4	40.7	40.9	41.2
49.0	39.0	39.3	39.5	39.8	40.0	40.3	40.5	40.8	41.1	41.3	41.6	41.8	42.1	42.3	42.6	42.8
50.0	40.6	40.9	41.1	41.4	41.7	41.9	42.2	42.1	42.7	42.3	43.2	43.5	43.8	44.0	44.3	44.6

续表

R_a \ f_{cu} \ v_a	4.12	4.14	4.16	4.18	4.20	4.22	4.24	4.26	4.28	4.30	4.32	4.34	4.36	4.38	4.40	4.42
23.0			10.0	10.1	10.1	10.2	10.2	10.3	10.4	10.4	10.5	10.5	10.6	10.7	10.7	10.8
24.0	10.7	10.8	10.9	10.9	11.0	11.1	11.1	11.2	11.2	11.3	11.4	11.4	11.5	11.6	11.6	11.7
25.0	11.6	11.7	11.8	11.8	11.9	12.0	12.0	12.1	12.2	12.2	12.3	12.4	12.5	12.5	12.6	12.7
26.0	12.5	12.6	12.7	12.8	12.8	12.9	13.0	13.1	13.1	13.2	13.3	13.4	13.4	13.5	13.6	13.7
27.0	13.5	13.6	13.7	13.7	13.8	13.9	14.0	14.1	14.1	14.2	14.3	14.4	14.5	14.5	14.6	14.7
28.0	14.5	14.6	14.7	14.7	14.8	14.9	15.0	15.1	15.2	15.3	15.4	15.5	15.5	15.6	15.7	15.8
29.0	15.5	15.6	15.7	15.8	15.9	16.0	16.1	16.2	16.3	16.3	16.4	16.5	16.6	16.7	16.8	16.9
30.0	16.6	16.7	16.8	16.9	17.0	17.1	17.2	17.3	17.4	17.5	17.6	17.7	17.8	17.9	18.0	18.1
31.0	17.7	17.8	17.9	18.0	18.1	18.2	18.3	18.4	18.5	18.6	18.7	18.8	18.9	19.0	19.1	19.3
32.0	18.8	18.9	19.0	19.1	19.2	19.3	19.5	19.6	19.7	19.8	19.9	20.0	20.1	20.3	20.4	20.5
33.0	19.9	20.1	20.2	20.3	20.4	20.5	20.7	20.8	20.9	21.1	21.1	21.3	21.4	21.5	21.6	21.7
34.0	21.1	21.3	21.4	21.5	21.6	21.8	21.9	22.0	22.2	22.3	22.4	22.5	22.7	22.8	22.9	23.0
35.0	22.1	22.5	22.6	22.8	22.9	23.0	23.2	23.3	23.3	23.6	23.7	23.8	24.0	24.1	24.2	24.4
36.0	23.6	23.8	23.9	24.1	24.2	24.3	24.5	24.6	24.8	24.9	25.0	25.2	25.3	25.5	25.6	25.8
37.0	24.9	25.1	25.2	25.4	25.5	25.7	25.8	26.0	26.1	26.3	26.4	26.6	26.7	26.9	27.0	27.2
38.0	26.3	26.4	26.6	26.7	26.9	27.0	27.2	27.4	27.5	27.7	27.8	28.0	28.1	28.3	28.5	28.6
39.0	27.6	27.8	28.0	28.1	28.3	28.4	28.6	28.8	28.9	29.1	29.3	29.4	29.6	29.8	29.9	30.1
40.0	29.0	29.2	29.4	29.5	29.7	29.9	30.1	30.2	30.4	30.6	30.8	30.9	31.1	31.3	31.5	31.6
41.0	30.1	30.6	30.8	31.0	31.2	31.4	31.5	31.7	31.9	32.1	32.3	32.5	32.6	32.8	33.0	33.2
42.0	31.9	32.1	32.3	32.5	32.7	32.9	33.1	33.2	33.4	33.6	33.8	34.0	34.2	34.4	34.6	34.8
43.0	33.4	33.6	33.8	34.0	34.2	34.4	34.6	34.8	35.0	35.2	35.4	35.6	35.8	36.0	36.2	36.4
44.0	34.9	35.2	35.4	35.6	35.8	36.0	36.2	36.4	36.6	36.8	37.0	37.2	37.5	37.7	37.9	38.1
45.0	36.5	36.7	36.9	37.2	37.4	37.6	37.8	38.0	38.3	38.5	38.7	38.9	39.1	39.4	39.6	39.8
46.0	38.1	38.3	38.6	38.8	39.0	39.2	39.5	39.7	39.9	40.2	40.4	40.6	40.8	41.1	41.3	41.5
47.0	39.7	40.0	40.2	40.4	40.7	40.9	41.2	41.4	41.6	41.9	42.1	42.4	42.6	42.8	43.1	43.3
48.0	41.4	41.7	41.9	42.1	42.4	42.6	42.9	43.1	43.4	43.6	43.9	44.1	44.4	44.6	44.9	45.1
49.0	43.1	43.4	43.6	43.9	44.1	44.4	44.6	44.9	45.2	45.4	45.7	45.9	46.2	46.5	46.7	47.0
50.0	44.8	45.1	45.4	45.6	45.9	46.2	46.4	46.7	47.0	47.2	47.5	47.8	48.1	48.3	48.6	48.9

续表

R_a ＼ f_{cu} ＼ v_a	4.44	4.46	4.48	4.50	4.52	4.54	4.56	4.58	4.60	4.62	4.64	4.66	4.68	4.70	4.72	4.74
22.0		10.0	10.0	10.1	10.2	10.2	10.3	10.3	10.4	10.4	10.5	10.5	10.6	10.6	10.7	10.8
23.0	10.8	10.9	10.9	11.0	11.1	11.1	11.2	11.2	11.3	11.4	11.4	11.5	11.6	11.6	11.7	11.7
24.0	11.8	11.8	11.9	12.0	12.0	12.1	12.2	12.2	12.3	12.4	12.4	12.5	12.5	12.6	12.7	12.7
25.0	12.7	12.8	12.9	12.9	13.0	13.1	13.2	13.2	13.3	13.4	13.4	13.5	13.6	13.7	13.7	13.8
26.0	13.7	13.8	13.9	14.0	14.0	14.1	14.2	14.3	14.4	14.4	14.5	14.6	14.7	14.7	14.8	14.9
27.0	14.8	14.9	15.0	15.0	15.1	15.2	15.3	15.4	15.4	15.5	15.5	15.7	15.8	15.9	15.9	16.0
28.0	15.9	16.0	16.1	16.1	16.2	16.3	16.4	16.5	16.6	16.7	16.8	16.8	16.9	17.0	17.1	17.2
29.0	17.0	17.1	17.2	17.3	17.4	17.5	17.6	17.7	17.8	17.8	17.9	18.0	18.1	18.2	18.3	18.4
30.0	18.2	18.3	18.4	18.5	18.6	18.7	18.8	18.9	19.0	19.1	19.2	19.3	19.4	19.5	19.6	19.7
31.0	19.4	19.5	19.6	19.7	19.8	19.9	20.0	20.1	20.2	20.3	20.4	20.5	20.6	20.8	20.9	21.0
32.0	20.6	20.7	20.8	20.9	21.0	21.2	21.3	21.4	21.5	21.6	21.7	21.8	22.0	22.1	22.2	22.3
33.0	21.9	22.0	22.1	22.2	22.3	22.5	22.6	22.7	22.8	23.0	23.1	23.2	23.3	23.4	23.6	23.7
34.0	23.2	23.3	23.4	23.6	23.7	23.8	23.9	24.1	24.2	24.3	24.5	24.6	24.7	24.8	25.0	25.1
35.0	24.5	24.7	24.8	24.9	25.1	25.2	25.3	25.5	25.6	25.7	25.9	26.0	26.2	26.3	26.4	26.6
36.0	25.9	26.0	26.2	26.3	26.5	26.6	26.8	26.9	27.1	27.2	27.3	27.5	27.6	27.8	27.9	28.1
37.0	27.3	27.5	27.6	27.8	27.9	28.1	28.2	28.4	28.5	28.7	28.8	29.0	29.1	29.3	29.4	29.6
38.0	28.8	28.9	29.1	29.3	29.4	29.6	29.7	29.9	30.1	30.2	30.4	30.5	30.7	30.9	31.0	31.2
39.0	30.3	30.4	30.6	30.8	30.9	31.1	31.3	31.4	31.6	31.8	32.0	32.1	32.3	32.5	32.6	32.8
40.0	31.8	32.0	32.2	32.3	32.5	32.7	32.9	33.0	33.2	33.4	33.6	33.7	33.9	34.1	34.3	34.5
41.0	33.4	33.6	33.7	33.9	34.1	34.3	34.5	34.7	34.9	35.0	35.2	35.4	35.6	35.8	36.0	36.6
42.0	35.0	35.2	35.4	35.6	35.8	35.9	36.1	36.3	36.5	36.7	36.9	37.1	37.3	37.5	37.7	31.9
43.0	36.6	36.8	37.0	37.2	37.4	37.6	37.8	38.0	38.2	38.5	38.7	38.9	39.1	39.3	39.5	39.7
44.0	38.3	38.5	38.7	38.9	39.1	39.4	39.6	39.8	40.0	40.2	40.4	40.6	40.9	41.1	41.3	41.5
45.0	40.0	40.2	40.5	40.7	40.9	41.1	41.3	41.5	41.8	42.0	42.2	42.5	42.7	42.9	43.1	43.4
46.0	41.8	42.0	42.2	42.5	42.7	42.9	43.2	43.4	43.6	43.9	44.1	44.3	44.6	44.8	45.0	45.3
47.0	43.6	43.8	44.0	44.3	44.5	44.8	45.0	45.2	45.5	45.7	46.0	46.2	46.5	46.7	47.0	47.2
48.0	45.4	45.5	45.9	46.1	46.4	46.6	46.9	47.1	47.4	47.7	47.9	48.2	48.4	48.7	48.9	49.2
49.0	47.2	47.5	47.8	48.0	48.3	48.6	48.8	49.1	49.3	49.6	49.9					
50.0	49.1	49.4	49.7	50.1												

续表

R_a \ f_{cu} \ v_a	4.76	4.78	4.80	4.82	4.84	4.86	4.88	4.90	4.92	4.94	4.96	4.98	5.00
21.0			10.0	10.0	10.1	10.1	10.2	10.2	10.3	10.3	10.4	10.4	10.5
22.0	10.8	10.9	10.9	11.0	11.0	11.1	11.2	11.2	11.3	11.3	11.4	11.4	11.5
23.0	11.8	11.9	11.9	12.0	12.0	12.1	12.2	12.2	12.3	12.3	12.4	12.5	12.5
24.0	12.8	12.9	12.9	13.0	13.1	13.1	13.2	13.3	13.3	13.4	13.5	13.5	13.6
25.0	13.9	13.9	14.0	14.1	14.2	14.2	14.3	14.4	14.4	14.5	14.6	14.7	14.7
26.0	15.0	15.0	15.1	15.2	15.3	15.4	15.4	15.5	15.6	15.7	15.7	15.8	15.9
27.0	16.1	16.2	16.3	16.4	16.4	16.5	16.6	16.7	16.8	16.9	16.9	17.0	17.1
28.0	17.3	17.4	17.5	17.6	17.6	17.7	17.8	17.9	18.0	18.1	18.2	18.3	18.4
29.0	18.5	18.6	18.7	18.8	18.9	19.0	19.1	19.2	19.3	19.4	19.5	19.6	19.7
30.0	19.8	19.9	20.0	20.1	20.2	20.3	20.4	20.5	20.6	20.7	20.8	20.9	21.0
31.0	21.1	21.2	21.3	21.4	21.5	21.6	21.7	21.8	22.0	22.1	22.2	22.3	22.4
32.0	22.4	22.5	22.7	22.8	22.9	23.0	23.1	23.2	23.4	23.5	23.6	23.7	23.8
33.0	23.8	23.9	24.1	24.2	24.3	24.4	24.5	24.7	24.8	24.9	25.0	25.2	25.3
34.0	25.2	25.4	25.5	25.6	25.8	25.9	26.0	26.1	26.3	26.4	26.5	26.7	26.8
35.0	26.7	26.8	27.0	27.1	27.3	27.4	27.5	27.7	27.8	27.9	28.1	28.2	28.4
36.0	28.2	28.4	28.5	28.6	28.8	28.9	29.1	29.2	29.4	29.5	29.7	29.8	30.0
37.0	29.8	29.9	30.1	30.2	30.4	30.5	30.7	30.8	31.0	31.1	31.3	31.5	31.6
38.0	31.3	31.5	31.7	31.8	32.0	32.2	32.3	32.5	32.6	32.8	33.0	33.1	33.3
39.0	33.0	33.1	33.3	33.5	33.7	33.8	34.0	34.2	34.3	34.5	34.7	34.8	35.0
40.0	34.6	34.8	35.0	35.2	35.4	35.5	35.7	35.9	36.1	36.3	36.4	36.6	36.8
41.0	36.3	36.5	36.7	36.9	37.1	37.3	37.5	37.7	37.9	38.0	38.2	38.4	38.6
42.0	38.1	38.3	38.5	38.7	38.9	39.1	39.3	39.5	39.7	39.9	40.1	40.3	40.5
43.0	39.9	40.1	40.3	40.5	40.7	40.9	41.1	41.3	41.5	41.7	42.0	42.2	42.4
44.0	41.7	41.9	42.1	42.4	42.6	42.8	43.1	43.2	43.4	43.7	43.9	44.1	44.3
45.0	43.6	43.8	44.0	44.3	44.5	44.7	44.9	45.2	45.4	45.6	45.8	46.1	46.3
46.0	45.5	45.7	46.0	46.2	46.4	46.7	46.9	47.1	47.4	47.6	47.8	48.1	48.3
47.0	47.4	47.7	47.9	48.2	48.4	48.7	48.9	49.2	49.4	49.6	49.9		
48.0	49.4	49.7	49.9										

注:1. 表内未列数值可用内插法求得,精确至 0.1 MPa;

2. 表中 R_a 为修正后的测区回弹值,v_a 为修正后的超声声速值,f_{cu} 为测区混凝土强度换算值。

附表3　测区混凝土强度换算表(碎石)

R_a ＼ f_{cu}^e ＼ v_a	3.80	3.82	3.84	3.86	3.88	3.90	3.92	3.94	3.96	3.98	4.00	4.02	4.04	4.06	4.08	4.10
20.0															10.0	10.0
21.0						10.0	10.0	10.1	10.2	10.3	10.4	10.5	10.6	10.7	10.8	10.8
22.0	10.2	10.3	10.4	10.5	10.6	10.7	10.8	10.9	11.0	11.1	11.2	11.3	11.4	11.5	11.6	11.7
23.0	11.0	11.1	11.2	11.3	11.4	11.5	11.6	11.7	11.8	11.9	12.0	12.1	12.2	12.3	12.4	12.5
24.0	11.7	11.8	11.9	12.0	12.1	12.3	12.4	12.5	12.6	12.7	12.8	12.9	13.0	13.1	13.2	13.4
25.0	12.5	12.6	12.7	12.8	12.9	13.1	13.2	13.3	13.4	13.5	13.6	13.8	13.9	14.0	14.1	14.2
26.0	13.3	13.4	13.5	13.6	13.8	13.9	14.0	14.1	14.3	14.4	14.5	14.6	14.8	14.9	15.0	15.1
27.0	14.1	14.2	14.3	14.5	14.6	14.7	14.9	15.0	15.1	15.3	15.4	15.5	15.7	15.8	15.9	16.1
28.0	14.9	15.1	15.2	15.3	15.5	15.6	15.7	15.9	16.0	16.2	16.3	16.4	16.6	16.7	16.9	17.0
29.0	15.8	15.9	16.0	16.2	16.3	16.5	16.6	16.8	16.9	17.1	17.2	17.4	17.5	17.7	17.8	18.0
30.0	16.6	16.8	16.9	17.1	17.2	17.4	17.5	17.7	17.8	18.0	18.1	18.3	18.5	18.6	18.8	18.9
31.0	17.5	17.6	17.8	18.0	18.1	18.3	18.4	18.6	18.8	18.9	19.1	19.3	19.4	19.6	19.8	19.9
32.0	18.4	18.5	18.7	18.9	19.0	19.2	19.4	19.6	19.7	19.9	20.1	20.2	20.4	20.6	20.8	20.9
33.0	19.3	19.5	19.6	19.8	20.0	20.2	20.3	20.5	20.7	20.9	21.1	21.2	21.4	21.6	21.8	22.0
34.0	20.2	20.4	20.6	20.8	20.9	21.1	21.3	21.5	21.7	21.9	22.1	22.3	22.5	22.6	22.8	23.0
35.0	21.1	21.3	21.5	21.7	21.9	22.1	22.3	22.5	22.7	22.9	23.1	23.3	23.5	23.7	23.9	24.1
36.0	22.1	22.3	22.5	22.7	22.9	23.1	23.3	23.5	23.7	23.9	24.1	24.3	24.6	24.8	25.0	25.2
37.0	23.1	23.3	23.5	23.7	23.9	24.1	24.3	24.5	24.8	25.0	25.2	25.4	25.6	25.8	26.1	26.3
38.0	24.1	24.3	24.5	24.7	24.9	25.1	25.4	25.6	25.8	26.0	26.3	26.5	26.7	27.0	27.2	27.4
39.0	25.0	25.3	25.5	25.7	26.0	26.2	26.4	26.7	26.9	27.1	27.4	27.6	27.8	28.1	28.3	28.5
40.0	26.1	26.3	26.5	26.8	27.0	27.3	27.5	27.7	28.0	28.2	28.5	28.7	29.0	29.2	29.5	29.7
41.0	27.1	27.3	27.6	27.8	28.1	28.3	28.6	28.8	29.1	29.3	29.6	29.8	30.1	30.4	30.6	30.9
42.0	28.1	28.4	28.6	28.9	29.2	29.4	29.7	29.9	30.2	30.5	30.7	31.0	31.3	31.5	31.8	32.1
43.0	29.2	29.5	29.7	30.0	30.3	30.5	30.8	31.1	31.3	31.6	31.9	32.2	32.4	32.7	33.0	33.3
44.0	30.3	30.5	30.8	31.1	31.4	31.6	31.9	32.2	32.5	32.8	33.0	33.3	33.6	33.9	34.2	34.5
45.0	31.3	31.6	31.9	32.2	32.5	32.8	33.1	33.4	33.6	33.9	34.2	34.5	34.8	35.1	35.4	35.7
46.0	32.4	32.7	33.0	33.3	33.6	33.9	34.2	34.5	34.8	35.1	35.2	35.7	36.0	36.3	36.7	37.0
47.0	33.5	33.9	34.2	34.5	34.8	35.1	35.4	35.7	36.0	36.3	36.6	37.0	37.3	37.6	37.9	38.2
48.0	34.7	35.0	35.3	35.6	35.9	36.3	36.6	36.9	37.2	37.5	37.9	38.2	38.5	38.9	39.2	39.5
49.0	35.8	36.1	36.5	36.8	37.1	37.4	37.8	38.1	38.4	38.8	39.1	39.5	39.8	40.1	40.5	40.8
50.0	37.0	37.3	37.6	38.0	38.3	38.7	39.0	39.3	39.7	40.0	40.4	40.7	41.1	41.4	41.8	42.1

续表

R_a \ f_{cu}^e \ v_a	4.12	4.14	4.16	4.18	4.20	4.22	4.24	4.26	4.28	4.30	4.32	4.34	4.36	4.38	4.40	4.42
20.0	10.1	10.2	10.3	10.4	10.5	10.6	10.6	10.7	10.8	10.9	11.0	11.1	11.2	11.3	11.3	11.4
21.0	10.9	11.0	11.1	11.2	11.3	11.4	11.5	11.6	11.7	11.8	11.9	12.0	12.0	12.1	12.2	12.3
22.0	11.8	11.9	12.0	12.1	12.2	12.3	12.4	12.5	12.6	12.7	12.8	12.9	13.0	13.1	13.2	13.3
23.0	12.6	12.7	12.8	12.9	13.0	13.1	13.2	13.3	13.5	13.6	13.7	13.8	13.9	14.0	14.1	14.2
24.0	13.5	13.6	13.7	13.8	13.9	14.0	14.1	14.3	14.4	14.5	14.6	14.7	14.8	15.0	15.1	15.2
25.0	14.4	14.5	14.6	14.7	14.8	15.0	15.1	15.2	15.3	15.4	15.6	15.7	15.8	15.9	16.1	16.2
26.0	15.3	15.4	15.5	15.6	15.8	15.9	16.0	16.2	16.3	16.4	16.6	16.7	16.8	17.0	17.1	17.2
27.0	16.2	16.3	16.5	16.6	16.7	16.9	17.0	17.1	17.3	17.4	17.6	17.7	17.8	18.0	18.1	18.3
28.0	17.1	17.3	17.4	17.6	17.7	17.9	18.0	18.2	18.3	18.4	18.6	18.7	18.9	19.0	19.2	19.3
29.0	18.1	18.3	18.4	18.6	18.7	18.9	19.0	19.2	19.3	19.5	19.6	19.8	20.0	20.1	20.3	20.5
30.0	19.1	19.3	19.4	19.6	19.7	19.9	20.1	20.2	20.4	20.5	20.7	20.9	21.0	21.2	21.4	21.5
31.0	20.1	20.3	20.4	20.6	20.8	20.9	21.1	21.3	21.5	21.6	21.8	22.0	22.2	22.3	22.5	22.7
32.0	21.1	21.3	21.5	21.7	21.8	22.0	22.2	22.4	22.6	22.7	22.9	23.1	23.3	23.5	23.6	23.8
33.0	22.2	22.3	22.5	22.7	22.9	23.1	23.3	23.5	23.7	23.9	24.0	24.2	24.4	24.6	24.8	25.0
34.0	23.2	23.4	23.6	23.8	24.0	24.2	24.4	24.6	24.8	25.0	25.2	25.4	25.6	25.8	26.0	26.2
35.0	24.3	24.5	24.7	24.9	25.1	25.3	25.5	25.7	25.9	26.2	26.4	26.6	26.8	27.0	27.2	27.4
36.0	25.4	25.6	25.8	26.0	26.2	26.5	26.7	26.9	27.1	27.3	27.6	27.8	28.0	28.2	28.4	28.7
37.0	26.5	26.7	27.0	27.2	27.4	27.6	27.9	28.1	28.3	28.5	28.8	29.1	29.2	29.5	29.7	29.9
38.0	27.6	27.9	28.1	28.3	28.6	28.8	29.0	29.3	29.5	29.7	30.0	30.2	30.5	30.7	30.9	31.2
39.0	28.8	29.0	29.3	29.5	29.8	31.0	30.2	30.5	30.7	31.0	31.2	31.5	31.7	32.0	32.2	32.5
40.0	30.0	30.2	30.5	30.7	31.0	31.2	31.5	31.7	32.0	32.2	32.5	32.8	33.0	33.3	33.5	33.8
41.0	32.3	32.6	32.9	33.1	33.4	33.7	34.0	34.2	34.5	34.8	35.1	35.4	35.6	35.9	36.2	36.5
42.0	32.3	32.6	32.9	33.1	33.4	33.7	34.0	34.2	34.5	34.8	35.1	35.4	35.6	35.9	36.2	36.5
43.0	33.5	33.8	34.1	34.4	34.7	35.0	35.2	35.5	35.8	36.1	36.4	36.7	37.0	37.3	37.6	37.9
44.0	34.8	35.1	35.4	35.6	35.9	36.2	36.5	36.8	37.1	37.4	37.7	38.0	38.3	38.6	38.9	39.2
45.0	36.0	36.3	36.6	36.9	37.2	37.5	37.8	38.1	38.5	38.8	39.1	39.4	39.7	40.0	40.3	40.6
46.0	37.3	37.6	37.9	38.2	38.5	38.9	39.2	39.5	39.8	40.1	40.4	40.8	41.1	41.4	41.7	42.1
47.0	38.6	38.9	39.2	39.5	39.9	40.2	40.5	40.8	41.2	41.5	41.8	42.2	42.5	42.8	43.2	43.5
48.0	39.8	40.2	40.5	40.9	41.2	41.5	41.9	42.2	42.6	42.9	43.2	43.6	43.9	44.3	44.6	45.0
49.0	41.2	41.5	41.8	42.2	42.5	42.9	43.2	43.6	43.9	44.3	44.7	45.0	45.4	45.7	46.1	46.5
50.0	42.5	42.8	43.2	43.6	43.9	44.3	44.6	45.0	45.4	45.7	46.1	46.5	46.8	47.2	47.6	47.9

续表

R_a ＼ v_a ＼ f_{cu}^e	4.44	4.46	4.48	4.50	4.52	4.54	4.56	4.58	4.60	4.62	4.64	4.66	4.68	4.70	4.72	4.74
20.0	11.5	11.6	11.7	11.8	11.9	12.0	12.1	12.1	12.2	12.3	12.4	12.5	12.6	12.7	12.8	12.9
21.0	12.4	12.5	12.6	12.7	12.8	12.9	13.0	13.1	13.2	13.3	13.4	13.5	13.6	13.7	13.8	13.9
22.0	13.4	13.5	13.6	13.7	13.8	13.9	14.1	14.2	14.3	14.4	14.5	14.6	14.7	14.8	14.9	15.0
23.0	14.3	14.4	14.6	14.7	14.8	14.9	15.0	15.1	15.2	15.3	15.5	15.6	15.7	15.8	15.9	16.0
24.0	15.3	15.4	15.6	15.7	15.8	15.9	16.0	16.2	16.3	16.4	16.5	16.6	16.8	16.9	17.0	17.1
25.0	16.3	16.5	16.6	16.7	16.8	17.0	17.1	17.2	17.3	17.5	17.6	17.7	17.9	18.0	18.1	18.3
26.0	17.4	17.5	17.8	17.8	17.9	18.0	18.2	18.3	18.4	18.6	18.7	18.9	19.0	19.1	19.3	19.4
27.0	18.4	18.6	18.7	18.8	19.0	19.1	19.3	19.4	19.6	19.7	19.9	20.0	20.2	20.3	20.5	20.6
28.0	19.5	19.6	19.8	19.9	20.1	20.3	20.4	20.6	20.7	20.9	21.0	21.2	21.3	21.5	21.7	21.8
29.0	20.6	20.7	20.9	21.1	21.2	21.4	21.6	21.7	21.9	22.0	22.2	22.4	22.5	22.7	22.9	23.0
30.0	21.7	21.9	22.0	22.2	22.4	22.6	22.7	22.9	23.1	23.2	23.4	23.6	23.8	23.9	24.1	24.3
31.0	22.9	23.0	23.2	23.4	23.6	23.7	23.9	24.1	24.3	24.5	24.7	24.8	25.0	25.2	25.4	25.6
32.0	24.0	24.2	24.4	24.6	24.8	25.0	25.1	25.3	25.5	25.7	25.9	26.1	26.3	26.5	26.7	26.9
33.0	25.2	25.4	25.6	25.8	26.0	26.2	26.4	26.6	26.8	27.0	27.2	27.4	27.6	27.8	28.0	28.2
34.0	26.1	26.6	26.8	27.0	27.2	27.4	27.7	27.9	28.1	28.3	28.5	28.7	28.9	29.1	29.3	29.6
35.0	27.6	27.9	28.1	28.3	28.5	28.7	28.9	29.2	29.4	29.6	29.8	30.0	30.3	30.5	30.7	30.9
36.0	28.9	29.1	29.3	29.6	29.8	30.0	30.2	30.5	30.7	30.9	31.2	31.4	31.6	31.9	32.1	32.3
37.0	30.1	30.4	30.6	30.9	31.1	31.3	31.6	31.8	32.0	32.3	32.5	32.8	33.0	33.3	33.5	33.7
38.0	31.4	31.7	31.9	32.2	32.4	32.7	32.9	33.2	33.4	33.7	33.9	34.2	34.4	34.7	34.9	35.2
39.0	32.7	33.0	33.2	33.5	33.8	34.0	34.3	34.5	34.8	35.1	35.3	35.6	35.8	36.1	36.4	36.6
40.0	34.1	34.3	34.6	34.9	35.1	35.4	35.7	35.9	36.2	36.5	36.7	37.0	37.3	37.6	37.8	38.1
41.0	35.4	35.7	36.0	36.2	36.5	36.8	37.1	37.4	37.6	37.9	38.2	38.5	38.8	39.1	39.3	39.6
42.0	36.8	37.1	37.3	37.6	37.9	38.2	38.5	38.8	39.1	39.4	39.7	40.0	40.3	40.6	40.9	41.2
43.0	38.2	38.4	38.7	39.0	39.3	39.6	39.9	40.2	40.5	40.9	41.2	41.5	41.8	42.1	42.4	42.7
44.0	39.5	39.9	40.2	40.5	40.8	41.1	41.4	41.7	42.0	42.3	42.7	43.0	43.3	43.6	43.9	44.3
45.0	41.0	41.3	41.6	41.9	42.2	42.6	42.9	43.2	43.5	43.9	44.2	44.5	44.9	45.2	45.5	45.8
46.0	42.4	42.7	43.1	43.4	43.7	44.1	44.4	44.7	45.1	45.4	45.7	46.1	46.4	46.8	47.1	47.5
47.0	43.9	44.2	44.5	44.9	45.2	45.6	45.9	46.3	46.6	47.0	47.3	47.7	48.0	48.4	48.7	49.1
48.0	45.3	45.7	46.0	46.4	46.7	47.1	47.5	47.8	48.2	48.5	48.9	49.3	49.6	50.0		
49.0	46.8	47.2	47.5	47.9	48.3	48.6	49.0	49.4	49.8							
50.0	48.3	48.7	49.1	49.4	49.8											

参考文献

[1] 中华人民共和国行业标准. JTG 3450—2019 公路路基路面现场测试规程[S]. 北京: 人民交通出版社, 2019.

[2] 中华人民共和国行业标准. JTGF80/1—2017 公路工程质量检验评定标准(第一册土建工程)[S]. 北京: 人民交通出版社, 2017.

[3] 中华人民共和国行业标准. JTGD60—2015 公路桥涵设计通用规范[S]. 北京: 人民交通出版社, 2015.

[4] 中华人民共和国行业推荐性标准 JTG/T 3650—2020. 公路桥涵施工技术规范[S]. 北京: 人民交通出版社, 2020.

[5] 中华人民共和国行业推荐性标准 JTG/T J21—2011. 公路桥梁承载能力检测评定规程[S]. 北京: 人民交通出版社, 2011.

[6] 中华人民共和国交通运输行业标准 JT/T 4—2019. 公路桥梁板式橡胶支座[S]. 北京: 人民交通出版社, 2019.

[7] 中华人民共和国国家标准 GB/T 50344—2019. 建筑结构检测技术标准[S]. 北京: 中国建筑工业出版社, 2019.

[8] 中华人民共和国国家标准 GB 50204—2015. 混凝土结构工程施工质量验收规范[S]. 北京: 中国建筑工业出版社, 2015.

[9] 中华人民共和国行业标准 GB/T 50784—2013. 混凝土结构现场检测技术标准[S]. 北京: 中国建筑工业出版社, 2013.

[10] 中华人民共和国行业标准 JGJ/T 23—2011. 回弹法检测混凝土抗压强度技术规程[S]. 北京: 中国建筑工业出版社, 2011.

[11] 中华人民共和国行业标准 JGJ/T 384—2016. 钻芯法检测混凝土强度技术规程[S]. 北京: 中国建筑工业出版社, 2016.

[12] 中国工程建设标准化协会标准 T/CECS 02—2020. 超声回弹综合法检测混凝土抗压强度技术规程[S]. 北京: 中国计划出版社, 2020.

[13] 天津市工程建设标准 DB/T 29-237—2016. 后装拔出法检测混凝土强度技术规程[S]. 北京: 中国计划出版社, 2016.

[14] 中国工程建设标准化协会标准 CECS 21 : 2000. 超声法检测混凝土缺陷技术规程[S]. 北

京:中国城市出版社,2000.

[15] 中华人民共和国国家标准 GB/T 50107—2010.混凝土强度检验评定标准[S].北京:中国建筑工业出版社,2010.

[16] 中华人民共和国行业标准 JGJ/T 152—2019.混凝土中钢筋检测技术标准[S].北京:中国建筑工业出版社,2019.

[17] 中华人民共和国国家标准 GB/T 5224—2014.预应力混凝土用钢绞线[S].北京:中国标准出版社,2014.

[18] 中华人民共和国国家标准 GB/T 21839—2019.预应力混凝土用钢材试验方法[S].北京:中国标准出版社,2019.

[19] 中华人民共和国国家标准 GB/T 20065—2016.预应力混凝土用螺纹钢筋[S].北京:中国标准出版社,2016.

[20] 中华人民共和国国家标准 GB/T 5223—2014.预应力混凝土用钢丝[S].北京:中国标准出版社,2014.

[21] 中华人民共和国国家标准 GB/T 14370—2015.预应力筋用锚具、夹具和连接器[S].北京:中国标准出版社,2015.

[22] 中华人民共和国交通运输行业标准 GT/T 329—2010.公路桥梁预应力钢绞线用锚具、夹具和连接器[S].北京:人民交通出版社,2010.

[23] 中华人民共和国国家标准 GB/T 17505—2016.钢及钢产品　交货一般技术要求[S].北京:中国标准质检出版社,2016.

[24] 中华人民共和国国家标准 GB/T 2103—2008.钢丝验收、包装、标志及质量证明书的一般规定[S].北京:中国标准出版社,2008.

[25] 中华人民共和国行业推荐性标准 JTG/T J21-01—2015.公路桥梁荷载试验规程[S].北京:人民交通出版社,2015.

[26] 中华人民共和国行业标准 JTG 3363—2019.公路桥涵地基与基础设计规范[S].北京:人民交通出版社,2019.